中國古代史學叢書

三國志集解

［晉］陳壽 撰　［南朝宋］裴松之 注

盧弼 集解　錢劍夫 整理

肆

魏書十五

劉司馬梁張温賈傳第十五〔一〕

〔一〕周壽昌曰：「劉馥傳前載馥事，後半全載馥子靖事，既詳且多，似不應不列名，疑鈔脱。梁習傳末附載王思，應列名，此或亦傳鈔脱去。李孚、楊沛皆不載賈逵傳中，僅裴注引入，似不應列名。據後裴注所言，似裴氏特爲補入。然補注可也，列名於傳目，則非體。」

劉馥字元穎，沛國相人也。〔一〕避亂揚州。建安初，説袁術將戚寄、秦翊，使率衆與俱詣太祖。太祖悦之，司徒辟爲掾。〔二〕後孫策所置廬江太守李述〔三〕攻殺揚州刺史嚴象，廬江梅乾、雷緒、陳蘭等聚衆數萬，在江、淮閒，郡縣殘破。太祖方有袁紹之難，謂馥可任以東南之事，遂表爲揚州刺史。

〔一〕郡國志：「豫州沛國相。」一統志：「相縣故城，今安徽鳳陽府宿州西北。」

〔二〕宋本、元本、馮本、吴本、毛本皆作「司徒辟爲掾」。監本、官本作「辟爲司徒掾」。趙一清曰：「曹公時爲司空，令三府辟之，作辟爲司徒掾者非。」沈家本曰：「賈逵傳亦有司徒辟爲掾語，恐趙説未是。」

〔三〕官本考證曰：「吴志作術。」

馥既受命，單馬造合肥空城，建立州治，〔一〕南懷緒等，皆安集之，貢獻相繼。數年中，恩化大行，百姓樂其政，流民越江山而歸者以萬數。於是聚諸生，立學校，廣屯田，興治芍陂〔二〕及茹陂、〔三〕七門、吴塘諸堨，以溉稻田，官民有畜。〔四〕又高爲城壘，多積木石，編作草苫數千萬枚，益貯魚膏數千斛，〔五〕爲戰守備。

〔一〕揚州刺史先治歷陽，後治壽春，後又徙治曲阿。孫策攻殺嚴象，江、淮間郡縣殘破，劉馥爲刺史，乃治合肥，曹魏以此爲重鎮。魏明帝云：「先帝東置合肥，南守襄陽，西固祁山，賊來輒破於三城之下者，地必有所爭也。」趙一清曰：「後漢揚州刺史治壽春，建安五年移治合肥，後復治壽春，見毌丘儉、諸葛誕傳。」一統志：「合肥故城，今安徽廬州府合肥縣東北金斗城。」

〔二〕芍陂見武紀建安十四年。

〔三〕御覽「茹」作「茄」。

〔四〕何焯校改「畜」作「稸」。趙一清曰：「方輿紀要卷二十一：芍陂在南直壽州安豐城南百步，亦曰安豐塘，亦曰期思陂。周圍二百二十四里，與陽泉大葉陂並叔敖所作，開溝引淠水爲子午渠，開六門，灌田萬頃。建安十四年開芍陂屯田，即此也。寰宇記卷百二十七：茹陂在光州固始縣東南四十八里，劉馥興築，以水溉田。又卷百二十六：七門堰在廬州廬江縣南百一十里，劉馥修築，斷龍舒水灌田千五百頃。宋劉敞七門廟記曰：嘉祐二年，予爲廬州從事，始以事至舒城，觀所謂七門三堰者。問其居人，其溉田幾何？對曰：凡二萬頃。攷於圖書，實魏揚州刺史劉馥所造，自魏迄今七百有餘歲云。予於是歎美其功。後二年，校書郎包君廓爲縣主簿，嘗與予語及之。包君謂予曰：

馥信有功，然吾聞於耆老，而得羹頡侯信焉。初，漢以龍舒之地封信爲列侯，信乃爲民畎澮，舒得以廣溉浸。信爲基始，至馥時廢而復修耳。」清案：廬江府舒城縣西北三十里有頡羹城，蓋信之所封。七門三堰者，堰在縣七門山下，所謂烏羊堰、千功堰、槽牘堰也。詳方輿紀要卷二十六。又寰宇記卷百二十五：「吳陂塘在舒州懷寧縣西二十里，有吳陂祠。馥開吳陂以溉稻田，吕蒙鑿石通水，注稻田三百餘頃，功利及人。里人以灊山廟在陂側，因指名以祀焉。」清案：劉元穎蓋與吳吕蒙並祠也。詳蒙傳。」

〔五〕苫蓑覆城，魚膏燎望。

建安十三年卒。〔一〕孫權率十萬衆攻圍合肥城百餘日，時天連雨，城欲崩，於是以苫蓑覆之，〔二〕夜然脂照城外，視賊所作而爲備，賊以破走。揚州士民益追思之，以爲雖董安于之守晉陽，不能過也。〔三〕及陂塘之利，至今爲用。

〔一〕文選四十二阮元瑜爲曹公作書與孫權云：「抑遏劉馥，相厚益隆。」李善注引魏志云：「太祖任劉馥爲揚州刺史。」吕延濟曰：「劉馥每請伐吳，（太祖）〔而曹公〕常遏絶不許。」今按：本傳無此文，是時劉馥已死，魏武殆虛設此詞，以招徠孫權耳。

〔二〕錢大昭曰：「古有蓑城之法，春秋定公元年公羊傳曰：『仲幾之罪，何不蓑城也？』何休曰，若今以草衣城也。」

〔三〕戰國策：「張孟談曰：『夫董閼安于，簡子之才臣也，世治晉陽，而尹鐸循之，其餘政教猶存，君其定居晉陽。』」

馥子靖，〔一〕黄初中，從黄門侍郎遷廬江太守。詔曰：「卿父昔爲彼州，今卿復據此郡，〔二〕可謂克負荷者也。」轉在河内，遷尚書，賜爵關内侯，出爲河南尹。散騎常侍應璩書與靖曰：〔三〕「入作納言，出臨京任，富民之術，日引月長。藩落高峻，絶穿窬之心，五種別出，遠水火之災；〔四〕農器必具，無失時之闕，蠶麥有苦備之用，無雨溼之虞；封符指期，無流連之吏，〔五〕鰥寡孤獨，蒙廩振之實。加之以明擿幽微，重之以秉憲不撓，有司供承王命，百里垂拱仰辦。〔六〕雖昔趙、張、三王之治，〔七〕未足以方也。」靖爲政類如此。初雖如碎密，終於百姓便之，有馥遺風。母喪去官，後爲大司農、衛尉，進封廣陸亭侯，邑三百户。上疏陳儒訓之本曰：「夫學者，治亂之軌儀，聖人之大教也。自黄初以來，崇立太學二十餘年，而寡有成者，蓋由博士選輕，諸生避役，高門子弟，恥非其倫，故無學者。雖有其名，而無其人，〔八〕雖設其教，而無其功。〔九〕宜高選博士，取行爲人表，經任人師者，掌教國子。依遵古法，使二千石以上子孫，年從十五，皆入太學。明制黜陟榮辱之路。其經明行修者，則進之以崇德，荒教廢業者，則退之以懲惡。〔一〇〕舉善而教，不能則勸，浮華交游，不禁自息矣。闡弘大化，以綏未賓，六合承風，遠人來格，此聖人之教，致治之本也。」〔一一〕後遷鎮北將軍，假節都督河北諸軍事。請以爲「經常之大法，莫善於守防，使民夷有別」。遂開拓邊守，屯據險要。〔一二〕又修廣戾渠陵大堨，水溉灌薊南北，〔一三〕三更種稻，〔一四〕邊民利之。嘉平六年薨，追贈征北將軍，進封建成鄉侯，謚曰景侯。子熙嗣。

晉陽秋曰：劉弘字叔和，〔一五〕熙之弟也。弘與晉世祖同年，居同里，〔一六〕以舊恩屢登顯位。自靖至弘，世不曠名，而有政事才。晉西朝之末，弘爲車騎大將軍〔一七〕開府，荆州刺史，假節都督荆、交、廣州諸軍事，封新城郡公。〔一八〕其在江、漢，值王室多難，得專命一方，盡其器能。推誠羣下，厲以公義，簡刑獄，務農桑。每有興發，手書郡國，丁寧款密，故莫不感悅，顛倒奔赴。咸曰：「得劉公一紙書，賢於十部從事也。」時帝在長安，命弘得選用宰守。徵士武陵伍朝，高尚其事，牙門將皮初有勳江、漢，弘上朝爲零陵太守，初爲襄陽太守。詔書以襄陽顯郡，初資名輕淺，以弘壻夏侯陟爲襄陽。弘曰：「夫統天下者，當與天下同心；治一國者，當與一國推實。吾統荊州十郡，安得十女壻，然後爲治哉！」乃表「陟姻親，舊制不得相監臨事，初勳宜見酬。」報聽之。衆益服其公當。〔一九〕廣漢太守辛冉〔二〇〕以天子蒙塵，四方雲擾，進從横計於弘，弘怒斬之，時人莫不稱善。

晉諸公贊曰：于時天下雖亂，荊州安全。弘有劉景升保有江、漢之志，〔二一〕不附太傅司馬越，越甚銜之。會弘病卒。子璠，北中郎將。〔二二〕

〔一〕夏侯玄傳注引魏略、傅嘏傳注引傅子，均作劉靜。又按當時有兩劉靖，一爲匈奴王劉靖，見孫禮傳。何焯曰：「靖字文恭，見水經注卷十四。」

〔二〕御覽「據」作「爲」。

〔三〕何焯曰：「以失其事實，故採此書。靖爲治，亦杜畿之亞矣。」

〔四〕漢書食貨志：「種穀必雜五種，以備災害。」師古曰：「五種，謂黍、稷、麻、麥、豆也。」

〔五〕東觀漢記：「郭丹之長安，從宛人陳洮買入關符以入。既入，封符乞人。歎曰：不乘使者，車，不入關矣！」

〔六〕宋本「辦」作「辨」。

〔七〕漢書王吉傳：「吉字子陽，琅邪皋虞人。吉與貢禹爲友，世稱王陽在位，貢公彈冠。吉子駿，以孝廉爲郎，出爲京兆尹。先是京兆有趙廣漢、張敞、王尊、王章，至駿皆有能名。故京師稱曰：前有趙、張，後有三王。」

〔八〕宋書禮志一、册府元龜「人」作「實」。

〔九〕錢大昭曰：「典略儒宗傳敘云：（弼按：典略當作魏略。）太和、青龍中，中外多事，人懷避就，雖性非解學，多求詣太學。太學諸生有千數，而諸博士率皆麤疏，無以教弟子，弟子本以避役，竟無能習學。冬來春去，歲歲如是。學校如此，廢弛已極。劉靖所以有此疏也。」

〔一〇〕毛本「惡」作「一」，誤。

〔一一〕此疏互見宋書禮志一，云：魏文帝黄初五年，立太學於洛陽。齊王正始中，劉馥上疏（宋志誤作「馥」。）不從。又見通典五十三。

〔一二〕何焯云：「其先見在江統之前。」

〔一三〕何焯曰：「水經注作戾陵堨車箱渠，其元康中所立碑，宜補録以廣世期之闕。」趙一清曰：「當作戾陵渠。水經鮑丘水注：高梁水，首受㶟水於戾陵堰，水北有梁山，山有燕刺王旦之陵，故以戾陵名堰。水自堰枝分，東逕梁山南，又東北逕劉靖碑北。其詞云：魏使持節都督河北道諸軍事、征北將軍、建城鄉侯沛國劉靖，字文恭。登梁山以觀源流，相㶟水以度形勢，嘉武安之通渠，羡秦民之殷富。乃使帳下丁鴻督軍士千人，以嘉平二年立遏於水，導高梁河，造戾陵遏，開車箱渠。其遏表云：高梁河水者，出自并州潞河之别源也。長岸峻固，直截中流，積石籠以爲主。遏高一丈，東西長三十丈，南北廣七十餘步。依北岸立水門，門廣四丈，立水十丈。山水暴發，則乘遏東下；平流守常，則自門北入。灌田歲二千頃，凡所封地百餘萬畮。至景元三年辛酉，詔書以民食轉廣，陸費不贍，遣謁者樊晨，更制水門，限田千頃，刻地四千三百一十六頃，出給郡縣，改定田五千九百三十頃。水流乘車箱渠自薊西北逕昌平，東盡漁陽潞縣，凡所潤含四五百里，所灌田萬有餘頃。高下孔齊，原隰底平，疏之斯溉，決之斯散。導渠口以爲濤門，灑滮池以爲甘澤。施加於當時，敷被於後世。晉元康四年，君少子驍騎將軍平鄉侯弘，受命使持節監幽州諸軍事，領護烏丸校尉、寧朔將軍。遏立積三十六載，至五年夏六月，洪水暴出，毀損四分之三，剩北岸七十餘丈，上渠車箱，所在漫溢。追惟前立遏之勳，親臨山川，指授規略，命司馬關内侯逄惲内外將士二千人，起長岸，立石渠，修主遏，治水門。門廣四丈，立水五尺，興復載利，通塞之宜，準遵舊制，凡用功四萬有餘焉。諸部王侯，不召而自至，襁負而事者，蓋數千人。詩載經始勿亟，易稱民忘其勞，斯之謂乎！於是二府文武之士，感秦國思鄭渠之績，魏人置豹祀之義，乃遐慕仁政，追述成功。元康五年十月十一日，刊石立表，以紀勳烈，并記遏制度，永爲後式焉。」潘眉曰：「戾陵乃地名，傳言戾渠陵，當作戾陵渠，文誤倒耳。修廣戾陵渠大堨，與碑稱戾陵堨之文合。大堨猶陸抗傳大堰、諸葛恪傳大堤也。何義門欲以戾渠陵大堨水六字依水經注改戾陵車箱渠，以他書羼入陳志，不可從。修廣戾陵渠大堨句絶，何氏以大堨水三字爲句，亦失之。」李慈銘曰：「此文當曰修廣戾陵渠，立堨於水。以陵渠二字誤倒，立字誤作大，水上又脱於字耳。遏即古堨字，亦作閼。」謝鍾英曰：「戾陵遏在今通州南。」一統志：「車箱渠在宛平縣西北。」

〔一四〕三更，或三歲更耕之意。

〔一五〕趙一清曰：「水經沔水注，宏字季和。晉書劉宏傳，字和季，未知孰審。」

〔一六〕晉書劉弘傳：「弘有幹略政事之才，少家洛陽，與武帝同居永安里，又同年共研席。」錢大昭曰：「晉武帝河内温人，劉弘沛國相人，此云居同里者，謂同居雒陽之永安里也。」

〔一七〕晉書無「大」字，此衍。

〔一八〕晉書本傳，封宣城，卒贈新城郡公。與此不同。

〔一九〕晉書劉弘傳：「時荆部守宰多闕，弘請補選。弘迺敘功銓德，隨才補授，甚爲論者所稱。朝廷以皮初雖有功，襄陽又是名郡，名器宜慎，不可授初。乃以前東平太守夏侯陟爲襄陽太守，餘並從之。陟，弘之壻也。」錢大昭曰：「郡國志荆州七郡，此多三郡，疑是魏興、新城、上庸耳。」沈家本曰：「此西晉之荆州，與後漢及魏不同，錢説未是。攷晉志，武帝時荆州統郡二十二。至惠帝時，桂陽、武昌、安城三郡屬江州，新城、魏興、上庸三郡屬梁州。懷帝時，長沙、衡陽、湘東、零陵、邵陵屬湘州。當西晉之末，荆州所屬郡則有江夏、南郡、襄陽、南陽、順陽、義陽、建平、宜都、南平、武陵、天門，及惠帝分立之隨、新野、竟陵，凡十四郡。而此云十郡，未詳。又案，晉書敘宏此事，在惠帝幸長安之前，則其時湘州未立，隨、新野、竟陵三郡未分，并長沙等五郡計之，爲十六郡，與十郡之説亦不符。」弼按：三國魏、吳割據荆州，互有增置。魏所屬凡八郡，吳所屬凡十六郡。晉書地理志，荆州統郡二十二，皆與十郡之説不合。十郡之詞，當係概言之耳，不可以文字拘泥也。

〔二〇〕晉書弘傳作「前廣漢太守羊冉」。

〔二一〕毛本「景」誤作「昇」。

〔二二〕晉書劉弘傳：「東海王越奉迎大駕，弘遣參軍劉盤爲督護，率諸軍會之。弘卒於襄陽，士女嗟痛，若喪所親。弘子璠爲順陽内史，江、漢之閒，翕然歸心。」

司馬朗，字伯達，河内温人也。〔一〕

司馬彪序傳曰：〔二〕朗祖父儁，字元異。〔三〕博學好古，倜儻有大度。長八尺三寸，腰帶十圍，儀狀魁岸，與衆有異。鄉黨宗族，咸景附焉。位至潁川太守。父防，字建公，性質直公方，雖閒居宴處，威儀不忒。雅好漢書名臣列傳，所諷誦者數十萬言。少仕州郡，歷官洛陽令、京兆尹，〔四〕以年老轉拜騎都尉。養志閭巷，闔門自守。諸子雖冠成人，不命曰進，不敢進；不命曰坐，不敢坐；不指有所問，不敢言。父子之閒，肅如也。年七十一，建安二十四年終。有子八人，朗最長，次即晉宣皇帝也。〔五〕

九歲，人有道其父字者，朗曰：「慢人親者，不敬其親者也！」客謝之。十二，試經爲童子郎，〔六〕監試者以其身體壯大，疑朗匿年，劾問。朗曰：「朗之内外，累世長大，朗雖稚弱，無仰高之風，損年以求早成，非志所爲也！」監試者異之。後關東兵起，故冀州刺史李邵，〔七〕家居野王，〔八〕近山險，欲徙居温。朗謂邵曰：「脣齒之喻，豈唯虞、虢？温與野王即是也。今去彼而居此，是爲避朝亡之期耳。且君，國人之望也，今寇未至而先徙，帶山之縣必駭，是摇動民之心，而開姦宄之原也。竊爲郡内憂之！」邵不從。邊山之民果亂，内徙或爲寇鈔。

〔一〕潘眉曰：「朗與司馬芝爲族兄弟，見楊俊傳。芝傳已書河内温人，朗傳但書支系足矣，如夏侯尚傳書淵從子，荀攸傳書彧從子，袁術傳書紹從弟，皆是。其鍾會、賀邵傳與此同病。范史袁紹、袁術傳兩書汝南汝陽人，亦非。」

〔二〕司馬彪序傳見武紀建安二十一年注。

〔三〕晉書宣帝紀：「周以夏官爲司馬，其後程伯休父周宣王時以世官克平徐方，錫以官族，因而爲氏。楚、漢閒司馬卬爲殷王，都河内，漢以其地爲郡，子孫遂家焉。自卬八世，生征西將軍鈞，字叔平；鈞生豫章太守量，字公度；量生潁川太守儁。」

〔四〕防爲尹時，舉曹操爲北部尉，見武紀建安二十一年注。

〔五〕趙一清曰：「晉書安平獻王孚傳，孚字叔達，宣帝次弟。長兄朗，字伯達，宣帝字仲達，孚弟馗字季達，恂字顯達，進字惠達，通字雅達，敏字幼達，俱知名。故時號爲八達。馗，魏魯相、東武城侯；恂，魏鴻臚丞；進，魏中郎；通，魏司隸從事，安城亭侯。惟敏不見史傳。」

〔六〕范書左雄傳：「汝南謝廉、河南趙建年始十二，各能通經，雄並奏拜童子郎。」

〔七〕李邵見董昭傳。

〔八〕野王見文紀黃初二年。

是時董卓遷天子都長安，卓因留洛陽。朗父防爲治書御史，〔一〕當徙西，以四方雲擾，乃遺朗將家屬還本縣。或有告朗欲逃亡者，執以詣卓。卓謂朗曰：「卿與吾亡兒同歲，〔二〕幾大相負！」朗因曰：「明公以高世之德，遭陽九之會，清除羣穢，廣舉賢士，此誠虛心垂慮，將興至治也。威德以隆，功業以著，而兵難日起，州郡鼎沸，郊境之內，民不安業，捐棄居產，流亡藏竄，雖四關設禁，重加刑戮，猶不絕息，此朗之所以於邑也。願明公監觀往事，少加三思，即榮名並於日月，伊、周不足侔也。」卓曰：「吾亦悟之，卿言有意。」

臣松之案：朗此對但爲稱述卓功德，未相箴誨而已。〔三〕了不自申釋，而卓便云：「吾亦悟之，〔四〕卿言有意。」客主之辭，如爲不相酬塞也。

〔一〕續百官志：「治書侍御史二人，六百石。」治一作持，又見明紀卷首。
〔二〕姚範曰：「同歲未詳，疑同歲舉也。」
〔三〕宋本「未」作「末」。
〔四〕毛本「卓」誤作「也」。

朗知卓必亡，恐見留，即散財物，以賂遺卓用事者，求歸鄉里。到，謂父老曰：「董卓悖逆，爲天下所讎，此忠臣義士奮發之時也。郡與京都境壤相接，洛東有成皋，〔一〕北界大河，天下興義兵者，若未得進，其執必停於此。此乃四分五裂戰爭之地，難以自安，不如及道路尚通，舉宗東到黎陽。黎陽有營兵，〔二〕趙威孫鄉里舊婚，爲監營謁者，統兵馬，足以爲主。若後有變，徐復觀望，未晚也。」父老戀舊，莫有從者，惟同縣趙咨，將家屬俱與朗往焉。後數月，關東諸州郡起兵，衆數十萬，皆集熒陽及河內。諸將不能相一，縱兵鈔掠，民人死者且半。久之，關東兵散，太祖與呂布相持於濮陽，〔三〕朗乃將家還温。時歲大饑，人相食。〔四〕朗收恤宗族，教訓諸弟，不爲衰世解業。〔五〕

〔一〕成皋見武紀卷首。

〔二〕黎陽見武紀建安四年。方輿紀要卷十六：「後漢有黎陽營。漢官儀云：中興以幽、冀、并州兵平定天下，故於黎陽立營，兵鋒嘗爲天下冠。」馬與龍曰：「光武以幽、并州兵騎定天下，故於黎陽立營，以謁者監之。兵騎千人，復除甚重，見百官志。」

〔三〕兗州東郡治濮陽，見武紀卷首。

〔四〕毛本「食」誤作「貪」。

〔五〕解，疑作懈。

年二十二，太祖辟爲司空掾屬，除成皋令，以病去，復爲堂陽長。〔一〕其治務寬惠，不行鞭杖，而民不犯禁。先時民有徙充都內者，後縣調當作船，徙民恐其不辦，乃相率私還助之，其見愛如此。遷元城令，〔二〕入爲丞相主簿。朗以爲：「天下土崩之勢，由秦滅五等之制，而郡國無蒐狩習戰之備故也。今雖五等未可復行，可令州郡並置兵，外備四夷，內威不軌，於策爲長。」又以爲宜復井田：「往者，以民各有累世之業，難中奪之，是以至今。今承大亂之後，民人分散，土業無主，皆爲公田，宜及此時復之。」〔三〕議雖未施行，然州郡領兵，朗本意也。〔四〕遷兗州刺史，政化大行，百姓稱之。雖在軍旅，〔五〕常麤衣惡食，〔六〕儉以率下。雅好人倫典籍，〔七〕鄉人李覿等盛得名譽，朗常顯貶下之。後覿等敗，時人服焉。鍾繇、王粲著論云：「非聖人不能致太平。」以朗爲伊、顔之徒，〔八〕雖非聖人，使得數世相承，太平可致。

魏書曰：文帝善朗論，命秘書録其文。

孫盛曰：繇既失之，朗亦未爲得也。昔「湯舉伊尹，而不仁者遠矣」。易稱「顔氏之子，其殆庶幾乎！有不善未嘗不知，知之未嘗復行」。由此而言，聖人之與大賢，行藏道一，舒卷斯同，御世垂訓，〔九〕理無降異，升泰之美，豈俟積世哉！「善人爲邦百年，亦可以勝殘去殺」。又曰「不踐跡，亦不入於室」。數世之論，其在斯乎！方之大賢，固有閒矣。

建安二十二年，與夏侯惇、臧霸等征吴，到居巢，〔一〇〕軍士大疫。朗躬巡視，致醫藥。遇疾卒，時年四十七。〔一一〕遺命布衣幅巾，〔一二〕斂以時服。〔一三〕州人追思之。

魏書曰：朗臨卒，謂將士曰：「刺史蒙國恩厚，督司萬里，〔一四〕微功未效，而遭此疫癘，既不能自救，辜負國恩。身没之後，其布衣幅巾，斂以時服，勿違吾志也。」

明帝即位，封朗子遺昌武亭侯，邑百户。朗弟孚〔一五〕又以子望繼朗後。遺薨，望子洪嗣。

晉諸公贊曰：望字子初，孚之長子。有才識，早知名。咸熙中，位至司徒。入晉，封義陽王，遷太尉、大司馬。時孚爲太宰，父子居上公位，自中代以來，未之有也。〔一六〕洪字孔業，封河閒王。

〔一〕堂陽見郭后傳。

〔二〕元城見文紀黄初二年。

〔三〕顧炎武日知録卷十九云：「天下事有言在一時，效見於數百年之後者。司馬朗復井田之議，當時未行，及拓跋氏有中原，令戸絶者虚宅桑榆，盡爲公田，以給授而口分。世業之制，自此而起，迄於隋、唐守之。」何焯云：「伯達前一條所以救建武之後盡罷郡國都尉官，一變西京舊制，罷輕車騎士、材官、樓船士及軍假吏，令還復民伍，廢立秋講肄課試之禮。馴至三十六方，同日並起，天下土崩也。後一條則奪累世之業，王莽慕古制而失其宜，及亂後而復，世祖懲近謬而失其會，適在此時。然曹氏無遠見，創制經久，故口分世業，反有待于拓跋之據中原也。」

〔四〕杜畿傳：「杜恕以爲古之刺史，奉宣六條，今可勿令領兵，以專民事。」是朗州郡領兵之議已施行，未施行者，井田制耳。

〔五〕監本無「旅」字。

〔六〕御覽「麤」作「惡」。

〔七〕「人倫」解見蜀志龐統傳。

〔八〕宋本「以朗」作「朗以」，馮本、毛本作「以朗」，誤。錢大昕曰：「伊、顔以下，乃朗駮鍾繇王粲之論，當云朗以爲，今本誤顛倒兩字。」

〔九〕宋本「訓」作「風」，官本作「法」。

〔一〇〕居巢見武紀建安二十二年。

〔一一〕潘眉曰：「太祖以建安元年拜司空，辟朗爲司空掾，朗時年二十二。至建安二十二年卒，止有四十三歲。傳誤。」

〔一二〕「幅巾」解見華歆傳。

〔一三〕禮記檀弓下：「孔子曰：『延陵季子，吴之習禮者也，往而觀其葬焉。其斂以時服。』」鄭注云：「以行時之服，不改制節。」陳澔曰：「時服，隨死時之寒暑所衣也。」范書鄧騭傳：「鄧弘遺言，悉以常服，不得用錦衣玉匣。」

〔一四〕監本、官本「司」作「師」，各本皆作「司」。

〔一五〕晉書宗室傳安平獻王孚傳：「孚以貞白自立。高貴鄉公遭害，百官莫敢奔赴，孚枕尸於股，哭之慟曰：殺陛下者，臣之罪。奏推主者。及武帝受禪，陳留王就金墉城，孚拜辭，執王手流涕歔欷，不能自勝。曰：臣死之日，固大魏之純臣也。臨終遺令曰：有魏貞士，河内温縣司馬孚，不伊不周，不夷不惠，立身行道，終始若一。當以素棺單槨，斂以時服。薨時年九十三。」王應麟曰：「司馬孚自謂貞士，孚上不如晉叔肸，下不如朱全昱，謂之貞士可乎？」通鑑輯覽曰：「孚雖未與廢立之謀，然身爲上公，曾不知大義滅親，或極言規正，或爲國討賊，事勢已去，乃以拜辭流涕，自號純臣，遺令猶稱魏貞士，其誰欺乎？」王懋竑曰：「司馬孚位爲上公，歷事四世，於師、昭爲尊屬，於齊王之廢，高貴鄉公之弑，無能有所匡正，僅流涕痛哭而已。且父子尊官厚禄，榮寵終其身，未嘗有所辭讓。以云魏之純臣，其無愧乎？梁之朱全昱亦然。全昱田野之人，不知書；其不能辭爵，宜也。君子於孚，不能無惜焉。」

〔一六〕望事見高貴鄉公紀甘露二年注引晉諸公贊。晉書宗室傳：「魏高貴鄉公好才愛士，望與裴秀、王沈、鍾會並見親待，數侍筵宴。公性急，秀等居内職，急有召便至，以望外官，特給追鋒車一乘、虎賁五人。時景、文相繼輔政，未嘗朝覲，權歸晉室。望雖見寵待，每不自安，求出爲征西將軍，持節都督雍、涼二州諸軍事。在任八年，威化明肅。」

初，朗所與俱徙趙咨，〔一〕官至太常，爲世好士。

咨字君初。子酆字子晉，驃騎將軍，封東平陵公，並見百官名志。〔二〕

〔一〕毛本「所」誤作「初」。

〔三〕趙酆見齊王紀嘉平六年注。晉書景帝紀：「嘉平四年，趙酆預朝議」，即此人也。百官名見司馬芝傳注。官本考證曰：「北宋本作子酆字仲子，多仲字。並見百官名，無志字。」

梁習字子虞，陳郡柘人也。〔一〕爲郡綱紀。〔二〕太祖爲司空，辟召爲漳長，〔三〕累轉乘氏、海西、下邳令，〔四〕所在有治。〔五〕還爲西曹令史，遷爲屬。〔六〕并土新附，〔七〕習以別部司馬領并州刺史。時承高幹荒亂之餘，胡、狄在界，張雄跋扈。〔八〕吏民亡叛，入其部落，〔九〕兵家擁衆，作爲寇害，〔一〇〕更相扇動，往往棊跱。〔一一〕習到官，誘諭招納，皆禮召其豪右，稍稍薦舉，使詣幕府；豪右已盡，乃次發諸丁彊，以爲義從。〔一二〕又因大軍出征，分請以爲勇力吏兵。〔一三〕已去之後，稍移其家，前後送鄴凡數萬口。其不從命者，興兵致討，斬首千數，降附者萬計。單于恭順，名王稽顙，部曲服事供職，同於編戶。〔一四〕邊境肅清，百姓布野，勤勸農桑，令行禁止。〔一五〕貢達名士，咸顯於世，語在常林傳。〔一六〕太祖嘉之，賜爵關內侯，更拜爲真。〔一七〕長老稱詠，以爲自所聞識，刺史未有及習者。建安十八年，州并屬冀州，〔一八〕更拜議郎、西部都督從事，〔一九〕統屬冀州總故部曲。又使於上黨取大材供鄴宮室。習表置屯田都尉二人，領客六百夫，於道次耕種菽粟，以給人牛之費。後單于入侍，西北無虞，習之績也。

魏略曰：鮮卑大人育延，常爲州所畏，而一旦將其部落五千餘騎詣習，求互市。習念不聽則恐其怨，若聽到州下，又恐爲所略，於是乃許之，往與會空城中交市。遂勑郡縣，自將治中以下軍往就之。市易未畢，市吏收縛一胡。延騎皆驚，上馬彎弓圍習數重，吏民惶怖，不知所施。習乃徐呼市吏，問縛胡意，而胡實侵犯人。習乃使譯呼延，延到，習責延曰：「汝胡自犯法，吏不侵汝，汝何爲使諸騎驚駭邪？」遂斬之，餘胡破膽不敢動。是後無寇虜。至二十二年，太祖拔漢中，諸軍還到長安，因留騎督太原烏丸王魯昔，使屯池陽，〔二〇〕以備盧水。昔有愛妻，住在晉陽，〔二一〕昔既思之，又恐遂不得歸，乃以其部五百騎叛還并州，留其餘騎置山谷閒，而單騎獨入晉陽，盜取其妻。已出城，州郡乃覺，吏民又畏昔善射，不敢追。習乃令從事張景，募鮮卑使逐昔。昔馬負其妻，重騎行遲，未及與其衆合，而爲鮮卑所射死。始，太祖聞昔叛，恐其爲亂於北邊，會聞已殺之，大喜。以習前後有策略，封爲關內侯。

文帝踐阼，復置并州，〔二二〕復爲刺史，進封申門亭侯，邑百户；政治常爲天下最。〔二三〕太和二年，徵拜大司農。習在州二十餘年，而居處貧窮，無方面珍物，明帝異之，禮賜甚厚。四年，薨。子施嗣。

〔一〕郡國志：「豫州陳國柘。」吴增僅曰：「元和志，漢末陳王寵爲袁紹所殺，國除爲郡。」一統志：「柘縣故城，今河南歸德府柘城縣城北。」

〔二〕郡綱紀見劉放傳。

〔三〕郡國志：「兗州東平國章縣。」趙一清曰：「漳字誤。」王先謙曰：「章縣，三國魏闕，晉志無。」一統志：「故城今山東泰安府東平州東六十里鄣城集。」

〔四〕乘氏見武紀興平二年，下邳見武紀初平四年。郡國志：「徐州廣陵郡海西。」一統志：「海西故城，今江蘇海州南。」趙一清曰：「習爲海西令，爲亂民所逐，賴徐宣以免。而本傳諱之。」弼按：此事見徐宣傳，此略彼詳，非諱也。

〔五〕監本、官本「治」下有「名」字，各本均脱之。

〔六〕本傳，習與王思同爲西曹令史。遷爲屬者，遷西曹屬也。

〔七〕事在建安十一年。

〔八〕何焯校本作「雄張」。倉慈傳「大姓雄張」。弼按：通鑑亦作「雄張」。

〔九〕胡三省曰：「南匈奴部落皆在并州界。」

〔一〇〕胡三省曰：「謂諸豪右擁衆自保者。」

〔一一〕吴志陸遜傳：「遜建議曰：方今英雄棊跱，豺狼闚望。」

〔一二〕胡三省曰：「言其以義從軍也。」

〔一三〕句絶。

〔一四〕胡三省曰：「名王即匈奴諸部王也。編，聯次也。編於民籍，故曰編户。」

〔一五〕令之則行，禁之則止。

〔一六〕常林傳：「刺史梁習薦州界名士常林、楊俊、王淩、王象、荀緯，太祖皆以爲縣長。」

〔一七〕元本「真」作「貞」，誤。

〔一八〕是年詔書，並十四州爲九州。洪亮吉曰：「漢中平末，并州大擾，定襄、雲中、五原、朔方、上郡等五郡流徙分散。建安十一年，魏武破高幹，上黨等郡入魏；十八年省并州屬冀州。」

〔一九〕武紀，建安十八年分魏郡爲東西部，此魏郡西部之都督從事也。

〔二〇〕郡國志：「司隸左馮翊池陽。」一統志：「今陝西西安府涇陽縣東北。」

〔二一〕郡國志：「并州太原郡晉陽。」一統志：「今山西太原府太原縣治。」

〔二二〕潘眉曰：「并州，建安十八年省，并入冀州。二十年新立新興、樂平二郡。至黄初元年，復置并州，領漢舊郡四，新郡二。」弼按：即太原、上黨、西河、雁門、樂平、新興六郡也。吴增僅曰：「漢末大亂，匈奴侵邊，自定襄以西，盡雲中、雁門、西河之閒遂空。建安十八年省并州入冀州，其時以上郡別屬雍州，冀州兼得太原、上黨、西河、定襄、雁門、雲中、五原、朔方等郡，其實地皆荒廢，有名而已。二十年魏武省雲中、定襄、五原、朔方等郡，各置一縣，立新興郡，以統其民。黄初元年，復置并州。二年，遷郡於嶺南。於是棄雁門郡之陰陶等十一城於陘北，徙新興郡雲中等四縣於陘南，又移置西河郡於太原，自是以後，終魏、晉之世，不復越句注一步，而漢時故地，戎狄遂薦居矣。」又曰：「晉志黄初元年復置并州，自陘嶺以北并棄之。輿地廣記，仍治晉陽。」

〔一三〕文紀：「黄初六年，并州刺史梁習討鮮卑軻比能，大破之。」本傳未載。

初，濟陰王思與習俱爲西曹令史。思因直日白事，失太祖指。太祖大怒，教召主者，將加重辟。時思近出，習代往對，已被收執矣，思乃馳還，自陳己罪，罪應受死。太祖歎習之不言，思之識分，曰：「何意吾軍中有二義士乎！」

臣松之以爲習與王思，同寮而已，親非骨肉，義非刎頸，而以身代思受不測之禍，以之爲義，無乃乖先哲之雅旨乎！史遷云：「死有重於太山，有輕於鴻毛。」故君子不爲苟存，不爲苟亡。若使思不引分，主不加恕，則所謂「自經於溝瀆而莫之知也」。習之死義者，豈其然哉！

後同時擢爲刺史，思領豫州。思亦能吏，然苛碎無大體；官至九卿，封列侯。

魏略苛吏傳曰：思與薛悌、〔一〕郤嘉俱從微起，官位略等。三人中，悌差挾儒術，所在名爲閑省；嘉與思事行相似。文帝詔曰：「薛悌駮吏，王思、郤嘉純吏也。各賜關内侯，以報其勤。」思爲人雖煩碎，而曉練文書，敬賢禮士，傾意形埶，亦以是顯名。正始中爲大司農，年老目瞑，瞋怒無度，下吏嗷然，不知何據。〔二〕性少信，時有吏父病篤，近在外舍，自白求假。思疑其不實，發怒曰：「世有思婦病母者，豈此謂乎！」遂不與假。吏父明日死，思無恨意。其爲刻薄類如此。思又性急，嘗執筆作書，蠅集筆端，驅去復來，如是再三。思恚怒，自起逐蠅，不能得，還取筆擲地，蹋壞之。時有丹陽施畏、魯郡倪顗、南陽胡業，亦爲刺史、郡守，時人謂之苛暴。又有高陽劉類，歷位宰守，苛慝尤甚，以善修人事，不廢於世。嘉平中，爲弘農太守。吏二百餘人，不與休假，專使爲不急。過無輕重，輒捽其頭；又亂杖撾之，牽出復入。如是數四，乃使人掘地求錢，所在市里，皆有孔穴。又外託簡省，每出行，陽敕督郵不得使官屬曲修禮敬，而陰識不來者，輒發怒中傷之。性又少信，每遣大吏出，輒使小吏隨覆察之。白日常自於牆壁閒闚閃，〔三〕夜使幹廉察諸曹。〔四〕復以幹不足信，又遣鈴下及奴婢〔五〕使轉相檢驗。嘗案行宿止民家，民家二狗逐豬，豬驚走，頭插柵閒，號呼良久。類以爲外之吏〔六〕擅共飲食，不復徵察，便使伍百曳五官掾孫弼入，頓頭責之。弼以實對，類自愧不詳，因託問以他事。民尹昌年垂百歲，聞類出行，當經過，謂其兒曰：「扶我迎府君，我欲陳恩。」兒扶昌在道左，類望見，呵其兒曰：「用是死人，使來見我！」其視人無禮皆此類也。舊俗，民謗官長者有三不肯，謂遷、免與死也。類在弘農，吏民患之，乃題其門曰：「劉府君有三不肯。」類雖聞之，猶不能自改。其後安東將軍司馬文王西征，路經弘農，弘農人告類荒耄不任宰郡，乃召入爲五官中郎將。〔七〕

〔一〕薛悌見張遼傳。

〔二〕書鈔五十四引魏略「瞋」作「喜」，「何據」作「所知」。

〔三〕白氏六帖四一作「闚門」。

〔四〕「幹」見司馬芝傳。

〔五〕「鈐下」解見吴志吴範傳。

〔六〕「之」，以意改作「舍」。

〔七〕御覽八百二十三引魏略云：「弘農太守劉類，多市犂鎋，載所部貿絲。」書鈔七十八引魏略云：「劉類守尋責令，見門幹二人，皆有面首欲色，好之無由，乃託疾詐臥齋中，佯病引內。官屬陰伺知之，莫不吐舌，流聞州郡。」

張既字德容，馮翊高陵人也。〔一〕年十六，爲郡小吏。

魏略曰：既世單家富，〔二〕爲人有容儀。少小工書疏，爲郡門下小吏，而家富。自惟門寒，念無以自達，乃常畜好刀筆〔三〕及版奏，〔四〕伺諸大吏有乏者輒給與，以是見識焉。

後歷右職，舉孝廉，不行。太祖爲司空，辟，未至；舉茂才，除新豐令，〔五〕治爲三輔第一。袁尚拒太祖於黎陽，〔六〕遣所署河東太守郭援、〔七〕并州刺史高幹及匈奴單于取平陽，〔八〕發使西與關中諸將合從。司隸校尉鍾繇遣既說將軍馬騰等，既爲言利害，騰等從之。騰遣子超將兵萬餘人，與繇會擊幹、援，大破之，斬援首。幹及單于皆降。〔九〕其後幹復舉并州反。河内張晟衆萬餘人，無所屬，寇淆、澠閒，〔一〇〕河東衞固、弘農張琰各起兵以應之。太祖以既爲議郎，參繇軍事，使西徵諸將馬騰等，皆引兵會擊晟等，破之。斬琰、固首，幹奔荆州。封既武始亭侯。太祖將征荆州，而騰等分據關中。太祖復遣既喻騰等，令釋部曲求還。騰已許之，而更猶豫。既恐爲變，乃移諸縣促儲偫，〔一一〕二千石郊迎。騰不得已，發東。〔一二〕太祖表騰爲衛尉，〔一三〕子超爲將軍，統其衆。後超反，既從太祖破超於華陰，〔一四〕西定關右。以既爲京兆尹，招懷流民，興復縣邑，百姓懷之。魏國既建，爲尚書，出爲雍州刺史。〔一五〕太祖謂既曰：「還君本州，〔一六〕可謂衣繡晝行矣。」〔一七〕從征張魯，別從散關入討叛氐，〔一八〕收其麥以給軍食。魯降，既説太祖拔漢中民數萬户，以實長安及三輔。其後與曹洪破吴蘭於下辯，〔一九〕又與夏侯淵、宋建，別攻臨洮狄道，平之。〔二〇〕是時，太祖徙民以充河北，隴西、天水、南安民相恐動，〔二一〕擾擾不安。既假三郡人爲將吏者休課，使治屋宅，作水碓，〔二二〕民心遂安。太祖將拔漢中守，恐劉備北取武都氐以逼關中，〔二三〕問既。既曰：「可勸使北出就穀以避賊，前至者厚其寵賞。則先者知利，後必慕之。」太祖從其策，乃自到漢中引出諸軍。令既之武都，徙氐五萬餘落出居扶風天水界。〔二四〕

三輔決録注曰：既爲兒童，爲郡功曹游殷察異之，〔二五〕引既過家，既敬諾。殷先歸，勑家具設賓饌。及既至，殷妻笑曰：「君其悖乎？〔二六〕張德容童昏小兒，何異客哉！」殷曰：「卿勿怪，乃方伯之器也。」〔二七〕殷遂與既論霸王之略。饗訖，以子楚託之，既謙不受，殷固託之。既以殷邦之宿望，難違其旨，乃許之。殷先與司隸校尉胡軫有隙，軫誣構殺殷。殷死月餘，軫得疾患，自説但言「伏罪，伏罪，游功曹將鬼來」。於是遂死。于時關中稱曰：「生有知人之明，死有貴神之靈。」子楚，字仲允，爲蒲阪令。〔二八〕太祖定關中，時漢興郡缺，〔二九〕太祖以問既，既稱楚才兼文武，遂以爲漢興太守。後轉隴西。〔三〇〕魏略曰：楚爲人慷慨，歷位宰守，所在以恩德爲治，不好刑殺。太和中，諸葛亮出隴右，吏民騷動，天水、南安太守各棄郡東下，楚獨據隴西，召會吏民，謂之曰：「太守無恩德。今蜀兵至，〔三一〕諸郡吏民皆已應之，此亦諸卿富貴之秋也。太守本爲國家守郡，義在必死，卿諸人便可取太守頭持往。」吏民皆涕淚言：「死生當與明府同，無有二心。」楚復言：「卿曹若不願，我爲卿畫一計，今東二郡已去，必將寇來，但可共堅守。若國家救到，寇必去。是爲一郡守義，人人獲爵寵也。若官救不到，蜀攻日急，爾乃取太守以降，未爲晚也。」吏民遂城守，而南安果將蜀兵，就攻隴西。楚聞賊到，乃遣長史馬顒出門設陣，而自於城上曉謂蜀帥〔三二〕言：「卿能斷隴，使東兵不上，一月之中，則隴西吏人不攻自服；卿若不能，虛自疲弊耳。」使顒鳴鼓擊之，蜀人乃去。後十餘日，諸軍上隴，諸葛亮破走。南安、天水皆坐應亮破滅，兩郡守各獲重刑，而楚以功封列侯，長史掾屬皆賜拜。帝嘉其治，詔特聽朝，引上殿。楚爲人短小而大聲，自爲吏，初不朝覲，被詔登階，不知儀式。帝令侍中贊引，呼「隴西太守前」，楚當言「唯」，而大應稱「諾」。帝顧之而笑，遂勞勉之。罷會，自表乞留宿衛，拜駙馬都尉。楚不學問，而性好遊遨音樂。乃畜歌者，琵琶、箏、簫，每行來將以自隨。所在樗蒲、投壺，〔三三〕歡欣自娛。數歲，復出爲北地太守，年七十餘卒。

〔一〕郡國志：「司隸左馮翊，治高陵。」一統志：「高陵故城，今陝西西安府高陵縣西南。」

〔二〕何焯云：「富字衍。」錢儀吉曰：「單家之文，前後屢見。」劉家立曰：「所衍富字，乃涉下文家富而誤。」

〔三〕史記蕭相國世家：「太史公曰：蕭相國何於秦時爲刀筆吏。」後漢書劉盆子傳：「其中一人出刀筆，書謁欲賀。」章懷注：「古者記事，書於簡策，謬誤者以刀削而除之。故曰刀筆。」

〔四〕小竹爲簡，（本）〔木〕版爲牘。說文云：牘，書版也。蓋長一尺，故名尺牘。

〔五〕新豐見董卓傳。

〔六〕黎陽見武紀建安四年。

〔七〕北宋本「署」作「置」。

〔八〕平陽見武紀卷首。胡三省曰：「時南單于呼廚泉居之。」

〔九〕通鑑建安七年作「南單于遂降」。通鑑考異曰：「魏志張既傳作幹及單于皆降，非也。」

〔一〇〕崤、澠見管寧傳注引高士傳。元和志：「二崤山在河南府永寧縣北二十八里，自東崤至西崤三十五里。東崤長坂數里，峻阜絶澗，車不得方軌。西崤全是石坂十二里，險絶不異東崤。」方輿紀要：「今河南府永寧縣北六十里。澠池縣今河南府澠池縣西。」

〔一一〕徛，直里翻；音雉。揚雄校獵賦：「儲積共徛。」

〔一二〕胡三省曰：「發而東入朝也。」

〔一三〕通鑑考異曰：「典略曰，建安十五年，徵騰爲衛尉。按張既傳，曹公將征荆州，令既説騰入朝，蓋三字誤爲五耳。」

〔一四〕華陰見陳留王紀景元元年。武紀，建安十六年，魏武破馬超於潼關。方輿紀要：「潼關在華陰縣東四十里。」

〔一五〕錢大昭曰：「建安十四年始置雍州，別典四郡，見龐淯傳注。」（注引典略。）弼按：范書獻帝紀：「興平元年夏六月丙子，分涼州河西四郡爲廱州。」章懷注：「謂金城、酒泉、燉煌、張掖也。」又按龐淯傳注引典略亦云：「建安初詔以邯鄲商爲雍州刺史，別典四郡。」是分置雍州四郡，實在興平元年，非建安十四年，錢説誤。典略建安十四年云云，乃指張猛殺邯鄲商爲是年之事，非謂是年始置雍州也。

〔一六〕魏馮翊屬雍州，既爲馮翊人，故云本州。

〔一七〕漢書朱買臣傳：「買臣吴人，拜會稽太守。上謂買臣曰：富貴不歸故鄉，如衣繡夜行。今子何如？」

〔一八〕散關在今陝西鳳翔府寶雞縣西南五十二里大散嶺上。

〔一九〕下辯見武紀建安二十年。

〔二〇〕夏侯淵傳：「枹罕宋建因涼州亂，自號河首平漢王。太祖使淵帥諸將討建，拔之，斬建。」既即諸將之一，與夏侯淵同討宋建，既又別攻臨洮、狄道耳。宋建上當有討字。陳景雲、趙一清、錢大昭、潘眉、梁章鉅諸説並同。臨洮見董卓傳。隴西郡治狄道，見武紀建安十九年。

〔二一〕隴西郡見上狄道注。天水郡見明紀太和二年，又見王肅傳注引魏略薛夏傳。南安郡治豲道，見武紀建安十九年。

〔二二〕錢大昭曰：「水碓不見前史，當是張既所創。」弼按：御覽七百六十二孔融肉刑論曰：「賢者所制，或踰聖人，水碓之巧，勝於斷木掘地。」又引魏略云：「司農王思宏作水碓。」是早有此器，非既所創也。

〔二三〕胡三省曰：「武都本白馬氐地。」

〔二四〕胡三省曰：「操蓋已棄武都而不有矣。諸氐散居秦川，苻氏亂華自此始。」何焯曰：「江統徙戎論云：魏興之初，與蜀分隔，疆埸之戎，一彼一此。武帝徙武都氐於秦川，欲以弱寇彊國，扞禦蜀虜。蓋指此事。當日操所以使劉氏無所資以北伐者，不但空漢中之地而已。統徙戎之計，亦即祖既語而反用之。」

〔二五〕下「爲」字疑衍。或作「時」字。

〔二六〕官本「君」作「若」。

〔二七〕鹽鐵論：「今守相親剖符贊拜，蒞一郡之衆，古方伯之位也。」

〔二八〕毛本「阪」誤作「陂」。蒲坂見武紀建安十六年。惠棟曰：「前志作反，劉寬碑陰亦作反，古字皆以阪爲反也。」

〔二九〕郡國志一卷末劉昭注引魏志曰：「曹公分關中置漢興郡國，（弼按：「國」字疑衍。）游楚爲太守。」又引獻帝起居注曰：「中平六年，省扶風都尉，置漢安郡，鎮雍、渝麋、杜陽、陳倉、汧五縣。」洪亮吉曰：「漢興疑即漢安改名，或中平末郡立旋廢，至魏武復分置，又改名。」吳增僅曰：「游楚爲太守，在建安十六年魏武定關中時，吳志呂岱傳注引吳書曰，建安十六年，岱西誘漢中張魯到漢興、寋城。以此互證，似魏武既定關中，改漢安曰漢興，惟游楚入魏，已遷隴西太守，魏時關中多事，漢興太守史無所見。竊謂曹氏篡漢，郡名漢興，曹所惡也。蓋漢末所立，入魏已省。黄初初年於西城置魏興郡，漢興之省，當在此時。」謝鍾英曰：「通典隴州下云，後漢、魏、晉屬扶風郡，隴州即漢汧縣。元和志、寰宇記鳳翔府下並云魏文帝爲扶風郡，鳳翔，漢雍縣。是皆魏廢漢興入扶風之證。又考中山國漢昌縣，魏改名魏昌，可知魏文受禪，無取漢興之名，其廢郡無疑。」弼按：漢興郡又見續百官志五注引獻帝起居注，李兆洛歷代地理志韻編今釋有晉漢興縣，無漢漢興郡，此可補其闕。

〔三〇〕張澍輯本三輔決録云：「太平御覽云：游殷字幼齊，爲郡功曹。有童張既，時未知名，爲郡書佐，殷察異之。又云：胡軫害殷，月餘得病，因脱衣但言伏罪，幼齊將鬼來。於是遂死。諺云：生有知人之明，死有鬼靈之驗。又云：游殷爲胡軫所害，同郡吉伯房、郭公休與殷同歲相善，爲緦麻三月。又云：游楚上表乞宿衛，拜駙馬都尉。楚無學，好遨游音樂及曲（一作畜。）歌者。琵琶箏簫，每行將以自隨。澍案：九州春秋，董卓以東郡太守胡軫爲太督，呂布爲騎督。軫性急，軫字文才，涼州人。又案華嶽廟殘碑陰有故功曹太尉掾頻陽游殷幼齊。」

〔三一〕毛本「今」誤作「及」。

〔三二〕監本、官本「謂」作「諭」。

〔三三〕蔣超伯南漘楛語卷五曰：「古之摴蒱，斲木爲之。御覽載繁欽威儀箴曰：操梡弄棋，文局摴蒱，言不及義，勝負是圖。注：梡，博子也，讀與瓊同。是其初本以木爲質，其後始改而用玉用牙也。」

是時，武威顏俊、張掖和鸞、酒泉黄華、西平麴演等並舉郡反，自號將軍，更相攻擊。俊遣使送母及子詣太祖爲質，求助。太祖問既，既曰：「俊等外假國威，内生傲悖，計定執足，後即反耳。今方事定蜀，且宜兩存而鬬之，猶卞莊子之刺虎，坐收其斃也。」〔一〕太祖曰：「善。」歲餘，鸞遂殺俊，武威王祕又殺鸞。是時不置涼州，自三輔拒西域，皆屬雍州。文帝即王位，初置涼州，〔二〕以安定太守鄒岐爲刺史。張掖張進執郡守，〔三〕舉兵拒岐，黄華、麴演各逐故太守，〔四〕舉兵以應之。〔五〕既進兵，爲護羌校尉蘇則聲埶，故則得以有功。〔六〕既進爵都鄉侯。涼州盧水胡伊健妓妾、治元多等反，〔七〕河西大擾，帝憂之，曰：「非既莫能安涼州。」乃召鄒岐，以既代之。詔曰：「昔賈復請擊郾賊，光武笑曰：『執金吾擊郾，吾復何憂？』〔八〕卿謀略過人，今則其以便宜從事，〔九〕勿復先請。」遣護軍夏侯儒、將軍費曜等繼其後。既至金城，欲渡河，諸將守以爲「兵少道險，未可深入」。既曰：「道雖險，非井陘之隘；夷狄烏合，無左車之計。〔一〇〕今武威危急，赴之宜速。」遂渡河。賊七千餘騎逆拒軍於鸇陰口。〔一一〕既揚聲軍從鸇陰，乃潛由且次出至武威，胡以爲神，引還顯美。〔一二〕既以據武威，〔一三〕曜乃至，儒等猶未達。既勞賜將士，欲進軍擊胡。諸將皆曰：「士卒疲倦，虜衆氣鋭，難與爭鋒。」既曰：「今軍無見糧，當因敵爲資。若虜見兵合，退依深山，追之則道險窮餓，兵還則出候寇鈔。如此，兵不得解，所謂一日縱敵，患在數世也。」〔一四〕遂前軍顯美。胡騎數千，因大風欲放火燒營，將士皆恐。既夜藏精卒三千人爲伏，使參軍成公英〔一五〕督千餘騎挑戰，勑使陽退。胡果爭奔之，因發伏截其後，首尾進擊，大破之，斬首獲生以萬數。

魏略曰：成公英，金城人也。中平末，隨韓約爲腹心。〔一六〕建安中，約從華陰破走，還湟中，〔一七〕部黨散去，唯英獨從。

典略曰：韓遂在湟中，其壻閻行欲殺遂以降，夜攻遂，不下。遂歎息曰：「丈夫危厄，〔一八〕禍起婚姻乎！」謂英曰：「今親戚離叛，人衆轉少，當從羌中西南詣蜀耳。」英曰：「興兵數十年，〔一九〕今雖罷敗，何有棄其門而依於人乎！」遂曰：「吾年老矣，子欲何施？」英曰：「曹公不能遠來，獨夏侯爾。夏侯之衆，不足以追我，又不能久留；且息肩於羌中，〔二〇〕以須其去。招呼故人，綏會羌、胡，〔二一〕猶可以有爲也。」遂從其計，時隨從者男女尚數千人。遂宿有恩於羌，羌衛護之。及夏侯淵還，使閻行留後。乃合羌、胡數萬將攻行，行欲走，會遂死，英降太祖。太祖見英，甚喜，以爲軍師，封列侯。從行出獵，有三鹿走過前，公命英射之，三發三中，皆應弦而倒。公抵掌謂之曰：「但韓文約可爲盡節，而孤獨不可乎？」英乃下馬而跪曰：「不欺明公，假使英本主人在，實不來在此也。」〔二二〕遂流涕哽噎。公嘉其敦舊，遂親敬之。延康、黄初之際，河西有逆謀，詔遣英佐涼州平隴右，病卒。

魏略曰：閻行，金城人也。後名豔，字彦明。少有健名，始爲小將，隨韓約。建安初，約與馬騰相攻擊，騰子超亦號爲健。行嘗刺超，矛折，因以折矛撾超項，幾殺之。至十四年，爲約所使，詣太祖，太祖厚遇之，表拜犍爲太守。〔二三〕行因請令其父入宿衛，西還見約，宣太祖教云：「謝文約：卿始起兵時，自有所逼，我所具明也。當早來，共匡輔國朝。」行因謂約曰：「行亦爲將軍興軍以來，三十餘年，民兵疲瘁，所處又狹，〔二四〕宜早自附。是以前在鄴，自啓當令老父詣京師，誠謂將軍亦宜遣一子，以示丹赤。」約曰：「且可復觀望數歲中。」後遂遣其子與行父母俱東。會約西討張猛，留行守舊營，而馬超等結反謀，舉約爲都督。及約還，超謂約曰：「前鍾司隸任超使取將軍，關東人不可復信也。今超棄父，以將軍爲父，將軍亦當棄子，以超爲子。」行諫約，不欲令與超合。約謂行曰：「今諸將不謀而同，似有天數。」乃東詣華陰。及太祖與約交馬語，行在其後。太祖望謂行曰：「當念作孝子。」及超等破走，行隨約還金城。太祖聞行前意，故但誅約子孫在京師者。乃手書與行曰：「觀文約所爲，使人笑來。吾前後與之書，無所不説，如此何可復忍！卿父諫議，自平安也。雖然，牢獄之中，非養親之處，且又官家亦不能久爲人養老也。」約聞行父獨在，欲使并遇害，以一其心，乃强以少女妻行，行不獲已。太祖果疑行。會約使行別領西平郡，〔二五〕遂勒其部曲，與約相攻擊。行不勝，乃將家人東詣太祖，太祖表拜列侯。

帝甚悦，詔曰：「卿踰河歷險，以勞擊逸，以寡勝衆，功過南仲，勤踰吉甫。此勳非但破胡，乃永寧河右，使吾長無西顧之念矣！」徙封西鄉侯，增邑二百，并前四百户。

〔一〕毛本「收」作「受」。胡三省曰：「戰國策曰，卞莊子刺虎，管豎子止之，曰：兩虎方食牛，牛甘必爭鬭，則大者傷，小者亡。從傷刺之，一舉必有兩獲。莊子然之，果獲二虎。」

〔二〕趙一清曰：「晉地理志：獻帝時涼州數有亂，河西五郡去州隔遠，於是乃別以爲雍州。末又依古典，定九州，乃合關右以爲雍州。魏時復分以爲涼州，刺史領戊己校尉，護西域，如漢故事。統郡八：金城、西平、武威、張掖、西、酒泉、敦煌、西海。一清案：西平郡分金城郡置，西郡分張掖郡置，西海郡即故居延國，並漢獻帝時立爲郡，其餘皆故郡也。」弼按：吳增僅建安以來雍涼二州分合考言之最詳，今録之。吳云：「二漢無雍州，西域諸郡皆屬涼州。後漢郡國志涼州統隴西、漢陽、武都、金城、安定、北地、武威、張掖、酒泉、敦煌十郡，又張掖、居延兩屬國。靈帝時，又增置南安、漢興二郡。興平元年，涼州數有亂，河西四郡去州隔遠，乃以河西四郡爲雍州，武威、張掖、酒泉、敦煌是也。不及兩屬國者，統於張掖郡也。雍州既立，旋改居延屬國爲西海郡，又增置西郡，共統六郡一屬國，此建安十八年以前雍州統郡之數也。當初置雍州時，涼州尚統金城、隴西、漢陽、武都、安定、北地、南安、漢興（七）〔八〕郡，嗣又先後增置永陽、新平、西平三郡，共統十一郡，此建安初年至十八年涼州統郡之數也。雍、涼二州於是乎分。十八年，詔并十四州爲九州，以復禹貢之舊。於是省涼州，以諸郡并入雍州，又以司隸所部之宏農、京兆、左馮翊、右扶風四郡，并寄治馮翊之上郡益之，凡得宏農、京兆、左馮翊、右扶風、上郡、安定、隴西、漢陽、北地、武都、武威、金城、西平、西郡、張掖、張掖屬國、酒泉、敦煌、西海、漢興、新平、永陽、南安二十三郡，於是三輔至西域皆屬雍州。旋省上郡，改永陽曰廣魏郡，後又增置陰平郡，仍得二十三郡，此建安十八年以後二十五年以前雍州統郡之數也。涼州於是合而爲雍。文帝即位，復置涼州，宏農一郡還屬司隸，又省張掖屬國及漢興郡，改漢陽爲天水郡，是時雍州凡得十二郡。武都、陰平旋爲蜀有，則雍州所部，京兆、扶風、馮翊、新平、隴西、南安、天水、安定、北地、廣魏十郡也。涼州所部，則金城、武威、張掖、酒泉、敦煌、西海、西平八郡也。雍、涼二州於是復分。」弼按：涼州八郡，吴氏漏列西郡。

〔三〕執太守杜通，見蘇則傳。

〔四〕黄華不受太守辛機，亦見蘇則傳。

〔五〕通鑑：「延康元年五月，王以安定太守鄒岐爲涼州刺史，西平麴演結旁郡作亂以拒岐。張掖張進執太守杜通，酒泉黄華不受太守辛機，皆自稱太守以應演。武威三種胡復叛。」毌丘儉傳注，西海太守張睦亦被執。

〔六〕張既答文帝問蘇則加爵邑事，見蘇則傳注引魏名臣奏，又表陳毌丘興功狀，見毌丘儉傳注。

〔七〕盧水胡見文紀延康元年注。

〔八〕范書賈復傳：「光武即位，拜復爲執金吾。帝詔諸將議兵事曰：郾最强，誰當擊之？復率然對曰：臣請擊郾。帝笑曰：執金吾擊郾，吾復何憂！」

〔九〕宋本、馮本作「今則其時，以便宜從事」。一本校改「則」作「到」，或塗去「則」字。

〔一〇〕史記淮陰侯傳：「李左車説成安君曰：井陘之道，車不得方軌，騎不得成列。行數百里，其勢糧食必在其後。願假奇兵，絶其輜重。」

〔一一〕胡三省曰：「鸇陰縣，前漢屬安定郡，後漢屬武威郡。鸇陰口，鸇陰河口也。」汪士鐸曰：「即水經注二十八渡水，今靖遠縣南黄河東岸。」王先謙曰：「前漢作鶉陰。」一統志：「鸇陰故城，今甘肅蘭州府靖遠縣西北。」

〔一二〕胡三省曰：「二漢志武威有揟次縣。孟康曰：揟，音子如翻；次，音咨，即且次也。顯美縣前漢屬張掖郡，後漢及魏、晉屬武威郡。」一統志：「揟次故城，今甘肅涼州府古浪縣北西套厄魯特旗界；顯美故城，今涼州府永昌縣東。」

〔一三〕宋本「以」作「已」。已、以古通。

〔一四〕左傳：「先軫曰，一日縱敵，數世之患也。」

〔一五〕胡三省曰：「姓譜，衛成公之後，爲成公氏，余不敢謂之傳信。」

〔一六〕張鵬一曰：「韓約即韓遂，字文約，裴注脱文字，下同。」弼按：韓遂亦稱韓約，見范書董卓傳注引獻帝春秋，又見本志武紀建安二十年注引典略。

〔一七〕湟中見夏侯淵傳。

〔一八〕宋本「危」作「困」。

〔一九〕各本「兵」作「軍」。

〔二〇〕毛本「息」誤作「思」。

〔二一〕綏，卻也。見武紀建安八年注。

〔二二〕宋本無「在」字。

〔二三〕毛本「犍」誤作「健」。郡國志：「益州犍爲郡，治武陽。」一統志：「今四川眉州彭山縣東十里。」

〔二四〕毛本「狹」誤作「挾」。

〔二五〕西平郡見武紀建安十九年、齊王紀嘉平五年。

酒泉蘇衡反，與羌豪鄰戴及丁令胡萬餘騎攻邊縣，既與夏侯儒擊破之，衡及鄰戴等皆降。遂上疏請與儒治左城，〔一〕築障塞，置烽候、邸閣以備胡。〔二〕

魏略曰：儒字俊林，夏侯尚從弟。初爲鄢陵侯彰驍騎司馬，宣王爲征南將軍，都督荆、豫州。正始二年，朱然圍樊城，〔三〕城中守將乙修等求救甚急。儒進屯鄧塞，〔四〕以兵少不敢進，但作鼓吹，設導從，去然六七里，翱翔而還。使修等遥見之，數數如是。月餘，及太傅到，乃俱進，然等走。時謂儒爲怯，或以爲曉以少疑衆，得聲救之宜。儒猶以此召還，爲太僕。〔五〕

西羌恐，率衆二萬餘落降。其後西平麴光等殺其郡守，諸將欲擊之，既曰：「唯光等造反，郡人未必悉同。若便以軍臨之，吏民羌、胡必謂國家不別是非，更使皆相持著，此爲虎傅翼也。光等欲以羌、胡爲援，今先使羌、胡鈔擊，重其賞募，所虜獲者，〔六〕皆以畀之。外阻其勢，〔七〕内離其交，必不戰而定。」乃檄告諭諸羌，爲光等所詿誤者原之；能斬賊帥送首者當加封賞。於是光部黨斬送光首，其餘咸安堵如故。

〔一〕方輿紀要卷六十四：「石城西百四十里，有左南城，河水經其南，曰左南津，在西寧衛東南。」

〔二〕王基傳：「南頓有大邸閣，足軍人四十日糧。」邸閣，儲糧之所也。

〔三〕樊城在襄陽縣城北漢水北。

〔四〕一統志：「鄧塞城在襄陽縣東。」水經注：「鄧塞，鄧城東南小山也，名曰鄧塞。昔孫文臺破黄祖於其下。」元和志：「在臨漢縣東南二十二里南，臨宛水，魏常于此裝治舟艦以伐吴。陸士衡表稱下江、漢之卒，浮鄧塞之舟，謂此。」謝鍾英曰：「鄧塞在今襄陽縣鄧城鎮東南。」

〔五〕陳景雲曰：「驍騎司馬句絶。鄢陵北征，以北中郎將行驍騎將軍，時儒從兄尚爲長史，儒則爲司馬從征也。宣王二字有誤，爲征南上兼有脱文。宣王嘗以驃騎將軍都督荆、豫，不在四征之列。蓋爲征南都督荆、豫者即儒也。以下文樊城受圍、儒坐遲救召還事觀之，義自明矣。」梁章鉅曰：「夏侯尚傳，代郡胡叛，遣鄢陵侯彰征討之，以尚參彰軍事。又任城威王彰傳，建安二十一年，封鄢陵侯。二十三年代郡烏桓反，以彰爲北中郎將行驍騎將軍。明帝紀，太和元年，新城太守孟達反，詔驃騎將軍司馬宣王討之。三少帝紀，正始二年，吳將朱然等圍襄陽之樊城，太傅司馬宣王率衆拒之退云云。並足證是注所引魏略之有訛脫。」

〔六〕北宋本作「虜所獲者」。

〔七〕宋本「阻」作「沮」。

既臨二州十餘年，政惠著聞，其所禮辟扶風龐延、〔一〕天水楊阜、安定胡遵、〔二〕酒泉龐淯、〔三〕燉煌張恭、〔四〕周生烈等，〔五〕終皆有名位。

魏略曰：初，既爲郡小吏，功曹徐英嘗自鞭既三十。英字伯濟，馮翊著姓，建安初爲蒲阪令。英〔姓〕〔性〕剛爽，自見族氏勝既，於鄉里名行在前，加以前辱既，雖知既貴顯，終不肯求於既。既雖得志，亦不顧計本原，猶欲與英和。嘗因醉欲親狎英，英故抗意不納。英由此遂不復進用。故時人善既不挾舊怨，而壯英之不撓。

黄初四年薨。詔曰：「昔荀桓子立勳翟土，晉侯賞以千室之邑；〔六〕馮異輸力漢朝，光武封其二子。〔七〕故涼州刺史張既，能容民畜衆，使羣羌歸土，可謂國之良臣。不幸薨隕，朕甚愍之！其賜小子翁歸爵關内侯。」明帝即位，追謚曰肅侯。子緝嗣。

〔一〕邴原傳：「河南尹扶風龐迪以清賢稱。」未知迪即延字之譌否？

〔二〕遵爲征東將軍，督青、徐諸軍，見毌丘儉傳。正元二年，爲衛將軍，見高貴鄉公紀。

〔三〕楊阜、龐淯自有傳。

〔四〕見閻温傳。
〔五〕毛本「烈」誤作「列」。周生姓，烈名，見何晏論語集解，又見王肅傳。
〔六〕左傳宣公十五年：「晉荀林父敗赤狄于曲梁，滅潞，晉侯賞桓子狄臣千室。」
〔七〕范書馮異傳：「建武二年，封異陽夏侯，長子彰嗣。帝思異功，復封彰弟訢爲析鄉侯。」

緝以中書郎稍遷東莞太守。〔一〕嘉平中，女爲皇后，徵拜光禄大夫，位特進，妻向爲安城鄉君。緝與中書令李豐同謀，誅。語在夏侯玄傳。〔二〕

魏略曰：緝字敬仲，太和中爲温令，名有治能。會諸葛亮出，緝上便宜，詔以問中書令孫資，資以爲有籌略，遂召拜騎都尉，遣參征蜀軍。軍罷，入爲尚書郎，以稱職爲明帝所識。帝以爲緝之材能，多所堪任，試呼相者相之。〔三〕相者云：「不過二千石。」帝曰：「何材如是，而位至二千石乎？」〔四〕及在東莞，領兵數千人。緝性吝於財，而矜於埶；一旦以女徵去郡，還在里舍，〔五〕悒悒躁擾。數爲國家陳擊吴、蜀形埶，又嘗對司馬大將軍料諸葛恪雖得勝於邊土，〔六〕見誅不久。大將軍問其故，緝云：「威震其主，功蓋一國，欲不死可得乎！」〔七〕及恪從合肥還，吴果殺之。大將軍聞恪死，謂衆人曰：「諸葛恪多輩耳，近張敬仲縣論恪，以爲必見殺，今果然。如此，敬仲之智爲勝恪也。」緝與李豐通家，又居相側近。豐時取急出，〔八〕子藐往見之，〔九〕有所咨道。豐被收，事與緝連，遂收送廷尉，賜死獄中。其諸子皆并誅。緝孫殷，晉永興中爲梁州刺史，見晉書。〔一〇〕

〔一〕東莞見夏侯玄傳注引魏書，又見徐奕傳。錢大昭曰：「臧霸傳，尹禮爲東莞太守在建安初，張緝、胡質爲東莞太守並在明帝時，則此郡之設，由來已久。晉志謂太康元年分琅邪置，誤矣！」洪亮吉曰：「東莞郡，魏分琅邪、北海等四郡置。」

〔二〕又見玄傳注引魏書。

〔三〕何焯云：「宋本者字作工。」

〔四〕各本皆作「位至」，宋本、馮本作「位止」。官本考證曰：「尋玩文義，至當作止。」

〔五〕宋本「在」作「坐」。

〔六〕元本、監本、吴本「土」作「上」。

〔七〕胡三省曰：「緝料恪雖中，緝亦卒爲師所殺。師方專政，忌才智而疾異己，況以緝而耀明於師乎？」何焯曰：「料恪實刺師也，欲免難矣。」

〔八〕疑語有脱誤。

〔九〕夏侯玄傳注引魏書，「藐」作「邈」。

〔一〇〕湯球輯本王隱晉書有之。

温恢字曼基，太原祁人也。〔一〕父恕，爲涿郡太守，卒。恢年十五，送喪還歸鄉里，内足於財。恢曰：「世方亂，安以富爲！」一朝盡散，振施宗族，州里高之，比之郇越。〔二〕舉孝廉，爲廩丘長，鄢陵、廣川令，彭城、魯相，〔三〕所在見稱。入爲丞相主簿，〔四〕出爲揚州刺史。太祖曰：「甚欲使卿在親近，顧以爲不如此州事大。故書云：股肱良哉！庶事康哉！〔五〕得無當得蔣濟爲治中邪？」時濟見爲丹陽太守，乃遣濟還州。〔六〕又語張遼、樂進等曰：「揚州刺史曉

達軍事，動静與共咨議。」〔七〕

〔一〕郡國志：「并州太原郡祁。」一統志：「祁縣故城，今山西太原府祁縣東南五里。」

〔二〕漢書鮑宣傳：「自成帝至王莽時，清名之士，太原則郇越臣仲、郇相稚賓，皆以明經飭行，顯名於世。越、相，同族昆弟也。並舉州郡孝廉、茂才，數病去官。越散其先人訾千餘萬，以分施九族州里，志節尤高。」弼按：温恢亦爲太原人，散財振族，蓋慕鄉賢之風。

〔三〕郡國志：「兗州濟陰郡廩丘；（三國魏改屬東郡。）豫州潁川郡鄢陵；冀州清河國廣川；（三國魏改屬勃海。）徐州彭城國；豫州魯國。」（三國魏廢國爲郡。）一統志：「廩丘故城，今山東曹州府范縣東南；鄢陵故城，今河南開封府鄢陵縣西北；廣川故城，今直隸冀州棗强縣東；彭城故城，今江蘇徐州府治；魯故城，今山東兗州府曲阜縣治。」

〔四〕趙一清曰：「據孫禮傳，恢曾任刺奸主簿。」

〔五〕尚書益稷篇之辭。

〔六〕蔣濟傳，以濟爲別駕。

〔七〕時張遼等屯兵合肥。

建安二十四年，孫權攻合肥，〔一〕是時諸州皆屯戍，恢謂兗州刺史裴潛曰：〔二〕「此閒雖有賊，不足憂，而畏征南方有變。今水生而子孝縣軍，〔三〕無有遠備，關羽驍鋭，乘利而進，必將爲患。」於是有樊城之事。詔書召潛及豫州刺史呂貢等，潛等緩之。恢密語潛曰：「此必襄陽之急，欲赴之也。所以不爲急會者，不欲驚動遠衆。一二日必有密書促卿進道，張遼等又將被召。遼等素知王意，後召前至，卿受其責矣！」潛受其言，置輜重，更爲輕裝速發，果被促令。遼等尋各見召，如㥜所策。

〔一〕魏武紀、孫權傳建安二十四年俱無攻合肥事，說見孫權傳。

〔二〕毛本「謂」誤作「爲」。

〔三〕潘眉曰：「曹仁字子孝，時行征南將軍。」

文帝踐阼，以㥜爲侍中，出爲魏郡太守。數年，遷涼州刺史，持節領護羌校尉。道病卒，時年四十五。詔曰：「㥜有柱石之質，服事先帝，功勤明著。及爲朕執事，忠於王室，故授之以萬里之任，任之以一方之事。如何不遂，吾甚愍之！賜㥜子生爵關内侯。」生早卒，爵絶。〔一〕

〔一〕趙一清曰：「晉書温羨傳，羨字長卿，漢護羌校尉序之後。祖㥜，魏揚州刺史；父恭，濟南太守。兄弟六人，並知名於世，號曰六龍。羨，左光禄大夫，開府領司徒，卒謚曰元。有三子，祗字敬齊，太傅西曹掾；允字敬咸，太子舍人；裕字敬嗣，尚武安長公主，官至左光禄大夫。」

㥜卒後，汝南孟建爲涼州刺史，有治名，官至征東將軍。

魏略曰：建字公威，少與諸葛亮俱游學。亮後出祁山，答司馬宣王書，使杜子緒宣意於公威也。〔一〕

〔一〕孟建事見蜀志諸葛亮傳注引魏略。杜襲字子緒，有傳。襲爲司馬宣王軍師，故諸葛公書中云及也。

賈逵字梁道，〔一〕河東襄陵人也。〔二〕自爲兒童戲弄，常設部伍，〔三〕祖父習異之。曰：「汝大必爲將率。」口授兵法數萬言。

魏略曰：逵世爲著姓，少孤，家貧，冬常無袴。〔四〕過其妻兄柳孚宿，其明無何著孚袴去，故時人謂之通健。〔五〕

初爲郡吏，守絳邑長。〔六〕郭援之攻河東，所經城邑皆下。逵堅守，援攻之不拔，乃召單于并軍急攻之。城將潰，絳父老與援要，不害逵。絳人既潰，援聞逵名，欲使爲將，以兵劫之，逵不動。左右引逵使叩頭，逵叱之曰：「安有國家長吏、爲賊叩頭！」〔七〕援怒，將斬之。絳吏民聞將殺逵，皆乘城呼曰：「負要殺我賢君，〔八〕寧俱死耳！」左右義逵，多爲請，遂得免。〔九〕

魏略曰：援捕得逵，〔一〇〕逵不肯拜，謂援曰：「王府君臨郡積年，〔一一〕不知足下曷爲者也！」援怒曰：「促斬之！」諸將覆護，乃囚於壺關，閉著土窖中，〔一二〕以車輪蓋上，使人固守，方將殺之。逵從窖中謂守者曰：「此閒無健兒邪？而當使義士死此中乎！」時有祝公道者，與逵非故人，而適聞其言，憐其守正危厄，乃夜盜往引出，折械遣去，不語其姓名。〔一三〕

初，逵過皮氏，曰：「爭地先據者勝。」〔一四〕及圍急，知不免，乃使人閒行送印綬歸郡，且曰：「急據皮氏。」援既并絳衆，將進兵。逵恐其先得皮氏，乃以他計疑援謀人祝奧，〔一五〕援由是留七日。郡從逵言，故得無敗。

孫資別傳曰：資舉河東計吏，到許，薦於相府曰：「逵在絳邑，帥厲吏民，與賊郭援交戰，力盡而敗，爲賊所俘，挺然直志，顏辭不屈。忠言聞於大衆，烈節顯於當時，雖古之直髮據鼎，罔以加也。〔一六〕其才兼文武，誠時之利用。」

魏略曰：郭援破後，逵乃知前出己者爲祝公道。公道，河南人也。後坐他事當伏法，逵救之，力不能解，爲之改服焉。〔一七〕

〔一〕集古録目卷一云：「逵字安道。」

〔二〕郡國志：「司隸河東郡襄陵。」魏正始八年，分河東（汾北之）〔之汾北〕十縣爲平陽郡，（見少帝紀。）襄陵改屬平陽。晉書賈充傳作平陽襄陵人。一統志：「襄陵故城，今山西平陽府襄陵縣東南十五里。」

〔三〕趙一清、梁章鉅並引拾遺記所載賈逵童時隔籬聽鄰家讀書，暗誦六經事。弼按：拾遺記所載，乃漢賈逵字景伯之事，景伯本爲經師，故小説家傅會其辭，與此傳無涉。趙、梁均誤引，故不録。

〔四〕宋本「袴」作「綺」，下同。

〔五〕白孔六帖十二「柳孚」作「柳季」，御覽「無何」作「無可」，「通健」作「通達」。

〔六〕毛本「守」誤作「少」。絳邑，春秋晉所都，班志名絳，郡國志加邑，屬河東郡。魏屬平陽郡。通鑑作「賈逵守絳」，不從本傳。一統志：「絳邑故城今山西平陽府曲沃縣西南。」

〔七〕胡三省曰：「逵郡吏，非長吏；以守絳故自謂縣長吏。」

〔八〕通鑑作「負約」。

〔九〕毛本「得」作「乃」。

〔一〇〕册府元龜八六五此句上有「賈逵守絳邑長，援攻絳，絳潰」數語。

〔一一〕王府君謂河東太守王邑也。王邑見鍾繇傳注引魏略，又見杜畿傳。

〔一二〕胡三省曰：「壺關縣屬上黨郡。土窨，掘地以藏粟之所。」一統志：「壺關故城，今山西潞安府長治縣治，壺關在長治縣東南六里。」

〔一三〕趙一清曰：「集古録賈逵碑跋云：裴注引魏略與志不同，而此碑但云爲援所執，臨以白刃，不屈而已，不載絳人約援事。如傳所載，不獨逵有德於絳人，而絳人臨危，能與逵生死，亦可謂賢矣。自古碑碣稱述功德，常患過實，如逵與絳人德義，碑不應略而不著，頗疑陳壽作傳好奇，而所得非實也。松之又注魏書逵年五十五，而碑云五十有四，亦當以碑爲正。」

〔一四〕郡國志：「司隸河東郡皮氏。」三國魏改屬司州平陽郡。一統志：「皮氏故城，今山西絳州河津縣西二里。」

〔一五〕姜宸英曰：「祝奥豈即祝公道邪？」

〔一六〕史記藺相如傳：「相如持璧，却立倚柱，怒髮上衝冠。謂秦王曰：臣觀大王無意償趙城，故臣復取璧；大王必欲急臣，臣頭今與璧俱碎於柱矣。」國語：「文公伐鄭，欲得鄭詹而師還。鄭人以詹與晉，晉人將亨之。詹據鼎耳而疾號，公乃命勿殺，厚爲禮而歸之。」

〔一七〕祝公道見魏略勇俠傳，與孫賓碩、楊阿若、鮑出同傳，見本志閻温傳注。

後舉茂才，除澠池令。〔一〕高幹之反，〔二〕張琰將舉兵以應之。逵不知其謀，往見琰。聞變起，欲還，恐見執，乃爲琰畫計，如與同謀者，琰信之。時縣寄治蠡城，〔三〕城塹不固。逵從琰求兵修城，諸欲爲亂者皆不隱其謀，故逵得盡誅之。遂修城拒琰。琰敗，逵以喪祖父去官。司徒辟爲掾，以議郎參司隸軍事。太祖征馬超至弘農，曰：「此西道之要。」以逵領弘農太守。召見計事，大悦之，謂左右曰：「使天下二千石悉如賈逵，吾何憂！」其後發兵，逵疑屯田都尉藏亡民，〔四〕都尉自以不屬郡，言語不順。逵怒，收之，數以罪，撾折腳，坐免。然太祖心善逵，以爲丞相主簿。

魏略曰：太祖欲征吳，而大霖雨，〔五〕三軍多不願行。太祖知其然，恐外有諫者，教曰：「今孤戒嚴，未知所之，有諫者，死！」逵受教，謂其同寮三主簿曰：「今實不可出，而教如此，不可不諫也。」乃建諫草以示三人，三人不獲已，皆署名，入白事。太祖怒，收逵等，當送獄，取造意者。〔六〕逵即言我造意，遂走詣獄。獄吏以逵主簿也，不即著械。謂獄吏曰：〔七〕「促械我。尊者〔八〕且疑我在近職，求緩於卿，今將遣人來察我。」逵著械適訖，而太祖果遣家中人就獄視逵。既而教曰：「逵無惡意，原復其職。」始，逵爲諸生，略覽大義，取其可用。最好春秋左傳。及爲牧守，常自課讀之，月常一徧。逵前在弘農，與典農校尉爭公事，不得理，乃發憤生瘻。後所病稍大，自啓願欲令醫割之。〔九〕太祖惜逵忠，恐其不活，教「謝主簿，吾聞十人割瘻九人死」。逵猶行其意，而瘻愈大。逵本名衢，後改爲逵。

太祖征劉備，先遣逵至斜谷觀形埶。〔一〇〕道逢水衡，〔一一〕載囚人數十車。逵以軍事急，輒竟重者一人，皆放其餘。太祖善之，拜諫議大夫，與夏侯尚並掌軍計。太祖崩洛陽，逵典喪事。

魏略曰：時太子在鄴，鄢陵侯未到，士民頗苦勞役，又有疾癘，於是軍中騷動。羣寮恐天下有變，欲不發喪。逵建議爲不可祕，乃發哀，令內外皆入臨。臨訖，各安敍不得動。而青州軍擅擊鼓相引去。〔一二〕衆人以爲宜禁止之，不從者討之。逵以爲「方大喪在殯，嗣王未立，宜因而撫之」。乃爲作長檄，〔一三〕告所在給其廩食。〔一四〕

時鄢陵侯彰〔一五〕行越騎將軍，從長安來赴，〔一六〕問逵先王璽綬所在。逵正色曰：「太子在鄴，國有儲副，先王璽綬，非君侯所宜問也。」遂奉梓宮還鄴。

〔一〕郡國志：「司隸弘農郡黽池。」惠棟曰：「賈服傳作澠。水經，穀水出弘農黽池縣南墦塚林穀陽谷。注云：因崤、黽之池以目縣。光武璽書曰：始雖垂翅回谿，終能奮翼黽池，即此。」一統志：「澠池故城，今河南河南府澠池縣西。」

〔二〕吳本、毛本「幹」誤作「軒」。

〔三〕謝鍾英曰：「水經注，穀水東北過蠡城邑之南，城西有鴟水，出北四里山上，原高二十五丈，故澠池縣治。鍾英案，故治即今陝州澠池縣，蠡城當在澠池縣北四里。」趙一清曰：「方輿紀要卷四十八，蠡城在今河南府澠池縣西四十里。」

〔四〕趙一清曰：「傳作都尉，注引魏略作校尉，微有不同。」弼按：傳作屯田都尉，注作典農校尉。又按陳留王紀，咸熙元年罷屯田官，諸典農皆爲太守，都尉皆爲令長。是典農與都尉爲兩官。詳見任峻傳。

〔五〕毛本「大」誤作「太」。

〔六〕御覽四百五十三「取」上有「教」字。

〔七〕御覽「謂」上有「逵」字。

〔八〕御覽作「王」。

〔九〕御覽無「願」字。

〔一〇〕方輿紀要：「南口曰褒，在陝西漢中府褒城縣北十里；北口曰斜，在陝西鳳翔府郿縣西南三十里。總計川、陝相通之道，谷長四百七十里。」

〔一一〕趙一清曰：「宋書百官志，漢世水衡都尉，主上林苑，魏世主天下水軍舟船、器械。」

〔一二〕胡三省曰：「青州兵，獻帝初平三年操破黃巾所降者。」

〔一三〕胡三省曰：「長檄，猶今軍行所至幫券也。」

〔一四〕通鑑作「稟食」。胡三省曰：「稟，讀曰廩。」

〔一五〕毛本「鄢」誤作「鄗」。

〔一六〕胡三省曰：「操自漢中還師而東，彰定代而西迎操，因留彰長安。」

文帝即王位，以鄴縣户數萬在都下，多不法，乃以逵爲鄴令。月餘，遷魏郡太守。

魏略曰：初，魏郡官屬頗以公事期會，有所急切。會聞逵當爲郡，舉府皆詣縣門外。及遷書到，逵出門，而郡官屬悉當門謁逵於車下。逵抵掌曰：「詣治所，何宜如是！」

大軍出征，復爲丞相主簿祭酒。逵嘗坐人爲罪，王曰：「叔向猶十世宥之，〔一〕況逵功德親在其身乎？」從至黎陽津，〔二〕渡者亂行，逵斬之，乃整。至譙，〔三〕以逵爲豫州刺史。〔四〕

魏略曰：逵爲豫州。逵進曰：「臣守天門，出入六年，天門始開，而臣在外。唯殿下爲兆民計，無違天人之望。」

是時，天下初復，州郡多不攝。〔五〕逵曰：「州，本以御史出監諸郡，以六條詔書察長吏二千石以下，〔六〕故其狀皆言嚴能鷹揚有督察之才，不言安静寬仁有愷悌之德也。今長吏慢法，盜賊公行，州知而不糾，天下復何取正乎！」兵曹從事受前刺史假，逵到官數月乃還，考竟；其二千石以下阿縱不如法者，皆舉奏免之。帝曰：「逵真刺史矣！」〔七〕布告天下，當以豫州爲法，賜爵關内侯。

〔一〕左傳襄公二十一年：「祁奚曰，夫謀而鮮過，惠訓不倦者，叔向有焉。社稷之固也，猶將十世宥之，以勸能者。」

〔二〕黎陽見武紀建安四年。

〔三〕文紀：「延康元年七月，軍次於譙。」

〔四〕豫州刺史見武紀初平元年。胡三省曰：「豫州統潁川、汝陰、汝南、梁國、沛郡、譙郡、魯郡、弋陽、安豐等郡。晉地理志曰：魏武分沛郡立譙郡，分汝南立汝陰郡，合陳郡於梁國。沈約志曰：弋陽縣本屬汝南，魏文帝分立郡，又分廬江爲安豐郡。」謝鍾英曰：「魏分汝南置汝陰郡，其後郡廢，縣還屬汝南；安豐郡，嘉平後廢；胡氏偶未檢耳。魏豫州得漢舊郡國六，分置譙郡、弋陽，合六郡二國。」

〔五〕御覽「攝」作「懾」，通鑑作「是時天下初定，刺史多不能攝郡」。胡三省曰：「攝，總録也。」

〔六〕潘眉曰：「御史當爲刺史，此傳寫誤也。秦置監御史，掌監郡；秦之御史，即漢之刺史。賈逵言六條詔書察諸郡長吏，是言漢制，不應以漢世之法屬諸先秦之官。知今本作御史者非也。六條詔書，漢武所制，其一條曰：强宗豪右，田宅踰制，以强陵弱，以衆暴寡。其二條曰：二千石不奉詔書，遵承典制，背公向私，旁詔牟利，侵漁百姓，聚斂爲奸。其三條曰：二千石不恤疑獄，風厲殺人，怒則加罰，喜則任賞，煩擾苛暴，剥戮黎元，爲百姓所疾。山崩石裂，妖祥譌言。其四條曰：二千石選署不平，苟阿所愛，蔽賢寵頑。其五條曰：二千石子弟恃怙榮勢，請託所監。其六條曰：二千石違公下比，阿附豪强，通行貨賂，割損正令。凡此六條，刺史奉行，犯則奏免。六條以外，刺史不察；或有所察過詔，反被劾奏者。蓋漢刺史惟守六條而已。賈逵爲豫州刺史，攷其時在延康元年，尚承用六條之法。自是以後，刺史權重，或持節都督。如杜恕爲幽州刺史，加建威將軍，使持節護烏丸校尉；夏侯尚以平陵鄉侯遷征南將軍，領荆州刺史，假節都督南方諸軍事。皆總統賦政，非止司察之任而已也。」沈家本曰：「潘説未是。本文云以御史出監諸郡，實指監御史而言，如改御史爲刺史，則不得云出監矣。刺史之制，本於監御史，故逵統而言之耳。」

〔七〕逵出爲豫州刺史，在延康元年七月以後，到官數月，即爲黄初元年矣。本傳書帝曰，是也。通鑑書王曰，似少誤。蓋連類而書，敘在受禪以前，故書王曰。然與下文賜爵又不相應矣。

州，南與吴接，逵明斥候，繕甲兵，爲守戰之備，賊不敢犯。外修軍旅，内治民事，遏鄢、汝，造新陂，又斷山溜長谿水，造小弋陽陂；又通運渠二百餘里，所謂賈侯渠者也。〔一〕黄初中，與諸將並征吴，破吕範於洞浦，〔二〕進封陽里亭侯，〔三〕加建威將軍。明帝即位，增邑二百户，并前四百户。時孫權在東關，〔四〕當豫州南，去江四百餘里。每出兵爲寇，輒西從江夏，東從廬江。國家征伐，亦由淮、沔。〔五〕是時州軍在項，〔六〕汝南、弋陽諸郡，守境而已。權無北方之虞，東西有急，并軍相救，故常少敗。逵以爲宜開直道臨江，若權自守，則二方無救；若二方無救，則東關可取。乃移屯潦口，〔七〕陳攻取之計，帝善之。

〔一〕水經渠水注云：「沙水又南與廣漕渠合，上承龐官陂，云鄧艾所開。雖水流廢興，溝瀆尚夥。昔賈逵爲魏豫州刺史，通運渠二百里餘，亦所謂賈侯渠也。而川渠逕復交錯畛陌，無以辨之。沙水又東逕長平縣故城北，又東南逕陳城北，故陳國也。」謝鍾英曰：「賈侯渠當在今河南陳州府西北，故道久湮。」趙一清曰：「方輿紀要卷五十，弋陽陂在河南光州東，新陂在汝寧府東。」

〔二〕洞浦在今安徽和州，西南臨江。

〔三〕潘眉曰：「水經注，瓠子北有都關縣故城，縣有羊里亭。黄初中，賈逵封爲羊里亭侯，邑四百户，即斯亭也。羊、陽古字通。」趙一清曰：「方輿紀要卷四十七，故陽里在陳州北。」

〔四〕東關在今安徽和州含山縣西南七十里，濡須塢之北。

〔五〕宋本「沔」作「沛」。或曰，承上東西之文，當作淮、沔，若淮、沛，止東路，何言東西有急乎？

〔六〕錢大昭曰：「郡國志，豫州刺史治沛國譙縣，魏武分沛立譙郡，故改治汝南項縣。逵有功德於豫州，故州人立碑像於項。」王先謙曰：「吴增僅引沈志，豫州漢治譙，魏治安成。錢大昭三國志辨疑，豫州刺史治譙，魏武立譙郡，改治汝南項縣。案，諸説各言一時事。賈逵傳文帝出征，逵從至譙，以逵爲豫州刺史，是魏初猶治譙。明帝即位時，州軍在項。逵卒，州人立祠於項，是明帝時徙治項。嘉平中，諸葛誕爲鎮南都督豫州，正元二年，毌丘儉以淮南壽春反，西至項，堅守。彼時不聞州軍抵禦，刺史已徙治可知。大將軍使諸葛誕從安風津擬壽春，考安風津在安成東南二百餘里，誕督豫州諸軍，取道於此。然則豫州徙治安成，在正始、嘉平之際。」一統志：「項縣故城，今河南陳州府項城縣東北槐坊店。」

〔七〕趙一清曰：「方輿紀要卷五十一，潦河在南陽府鎮平縣東四十里，源出南陽縣之馬峙坪，南流之新野縣界，入於淯河。」

吴將張嬰、王崇率衆降。太和二年，帝使逵督前將軍滿寵、東莞太守胡質等四軍，從西陽直向東關，〔一〕曹休從皖，司馬宣王從江陵。逵至五將山，〔二〕休更表賊有請降者，求深入應之。詔宣王駐軍，逵東與休合進。〔三〕逵度賊無東關之備，必并軍於皖，休深入與賊戰，必敗。乃部署諸將，水陸並進，行二百里，得生賊，言休戰敗，權遣兵斷夾石。〔四〕諸將不知所出，或欲待後軍。逵曰：「休兵敗於外，路絶於内，進不能戰，退不得還，安危之機，不及終日。賊以軍無後繼，故至此。今疾進，出其不意，此所謂先人以奪其心也。〔五〕賊見吾兵必走。若待後軍，賊已斷險，兵雖多，何益！」乃兼道進軍，多設旗鼓爲疑兵。賊見逵軍，遂退。逵據夾石，以兵糧給休，休軍乃振。初，逵與休不善。黄初中，文帝欲假逵節，休曰：「逵性剛，素侮易諸將，不可爲督。」帝乃止。及夾石之敗，微逵，〔六〕休軍幾無救也。〔七〕

魏略曰：休怨逵進遲，乃呵責逵，遂使主者敕豫州刺史往拾棄仗。逵恃心直，謂休曰：「本爲國家作豫州刺史，不來相爲拾棄仗也！」乃引軍還。遂與休更相表奏。朝廷雖知逵直，猶以休爲宗室，任重；兩無所非也。

魏書云：休猶挾前意，欲以後期罪逵。逵終無言。時人亦以此多逵。〔八〕

習鑿齒曰：夫賢人者，外身虛己，內以下物，嫌忌之名，何由而生乎？有嫌忌之名者，必與物爲對，存勝負於己身者也。若以其私憾敗國殄民，彼雖傾覆，於我何利？我苟無利，乘之曷爲？以是稱說，臧獲之心耳。今忍其私忿而急彼之憂，冒難犯危而免之於害，使功顯於明君，惠施於百姓，身登於君子之塗，義愧於敵人之心，雖豺虎猶將不覺所復，而況於曹休乎？然則濟彼之危，所以成我之勝，不計宿憾，所以服彼之心，公義既成，私利亦弘，可謂善爭矣。在於未能忘勝之流，不由於此而能濟勝者，未之有也。

〔一〕方輿紀要卷二十六：「西陽戍在安慶府桐城縣東北。」

〔二〕梁章鉅曰：「續後漢書音義云，在淮、沔之閒。晉載記，符堅兵敗，奔五將山。按，堅都長安，倉卒安得淮、沔？」周壽昌曰：「此別一五將山，非符堅所奔。異地同名，此所常有。」

〔三〕胡三省曰：「逵自豫州進兵，取西陽以向東關，休自壽春向皖，西陽在皖之西，而東關又在皖之東。今與休合，蓋使合兵向東關也。」

〔四〕夾石今桐城縣北四十七里北峽關。

〔五〕左傳：「軍志曰，先人有奪人之心。」

〔六〕毛本「微」誤作「徵」。

〔七〕監本、官本無「也」字。

〔八〕北宋本「亦」作「益」。

會病篤，謂左右曰：「受國厚恩，恨不斬孫權以下見先帝。喪事一不得有所修作。」薨，謚曰肅侯。

魏書曰：逵時年五十五。〔一〕

子充嗣。〔二〕豫州吏民追思之，爲刻石立祠。〔三〕青龍中，帝東征，乘輦入逵祠，詔曰：「昨過項，見賈逵碑像，念之愴然。古人有言，患名之不立，不患年之不長。逵存有忠勳，没而見思，可謂死而不朽者矣！其布告天下，以勸將來。」

魏略曰：甘露二年，車駕東征，屯項，復入逵祠下。詔曰：「逵没有遺愛，歷世見祀，追聞風烈，朕甚嘉之。昔先帝東征，亦幸於此，〔四〕親發德音，褒揚逵美，徘徊之心，益有慨然。〔五〕夫禮賢之義，或埽其墳墓，或修其門閭，所以崇敬也。其埽除祠堂，有穿漏者，補治之。」

充，咸熙中爲中護軍。

晉諸公贊曰：充字公閭，〔六〕甘露中，爲大將軍長史。高貴鄉公之難，司馬文王賴充以免。〔七〕爲晉室元功之臣，位至太宰，封魯公，謚曰武公。〔八〕

魏略列傳以逵及李孚、楊沛三人爲一卷，今列孚、沛二人繼逵後耳。孚字子憲，鉅鹿人也。興平中，本郡人民饑困，孚爲諸生，當種薤，〔九〕欲以成計。〔一〇〕有從索者，亦不與一莖，亦不自食。故時人謂能行意。後爲吏。建安中袁尚領冀州，以孚爲主簿。後尚與其兄譚爭鬬，尚出軍詣平原，留別駕審配守鄴城，孚隨尚行。會太祖圍鄴，尚還，欲救鄴，行未到，尚疑鄴中守備少，復欲令配知外動止，與孚議所遣。孚答尚言：「今使小人往，恐不足以知外內，且恐不能自達。孚請自往。」尚問孚「當何所得」。〔一一〕孚曰：「聞鄴圍甚堅，多人則覺，以爲直當將三騎足矣。」尚從其計。孚自選温信者三人，不語所之，皆勑使具脯糧，不得持兵仗，各給快馬。遂辭尚來南，所在止亭傳。及到梁淇，〔一二〕使從者斫問事杖三十枚，〔一三〕繫著馬邊，自著平上幘，〔一四〕將三騎，投暮詣鄴下。是時大將軍雖有禁令，而芻牧者多。故孚因此夜到，以鼓一中，自稱都督，歷北圍，循表而東，〔一五〕從東圍表，又循圍而南，步步呵責守圍將士，隨輕重行其罰。遂歷太祖營前，徑南過，從南圍角西折，當章門，〔一六〕復責怒守圍者，收縛之。因開其圍，馳到城下，呼城上人，城上人以繩引孚，〔一七〕得入。〔一八〕配等見孚，悲喜，鼓譟稱萬歲。守圍者以狀聞，太祖笑曰：「此非徒得入也，方且復得出。」〔一九〕孚事訖，欲得還，而顧外圍必急，不可復冒。謂已使命，當速反，乃陰心計，請配曰：「今城中穀少，無用老弱爲也，不如驅出之以省穀也。」配從其計，〔二〇〕乃復夜簡別數千人，皆使持白幡，〔二一〕從三門並出降。〔二二〕又使人人持火，孚乃無何將本所從作降人服，隨輩夜出。時守圍將士，聞城中悉降，火光照曜，但共觀火，不復視圍。孚出北門，〔二三〕遂從西北角突圍得去。其明，太祖聞孚已得出，抵掌笑曰：「果如吾言也！」〔二四〕孚北見尚，〔二五〕尚甚歡喜。會尚不能救鄴，破走至中山，而袁譚又追擊尚，尚走。孚與尚相失，遂詣譚，復爲譚主簿，東還平原。太祖進攻譚，譚戰死。孚還城，城中雖必降，尚擾亂未安。孚權宜欲得見太祖，乃騎詣牙門，稱冀州主簿李孚欲口白密事。太祖見之，孚叩頭謝。太祖問其所白，孚言「今城中彊弱相陵，心皆不定」，以爲「宜令新降爲内所識信者，宣傳明教」。〔二六〕公謂孚曰：「卿便還宣之。」孚跪請教，公曰：「使以卿意宣也。」孚還入城，宣教：「各安故業，不得相侵陵。」城中以安，乃還報命。〔二七〕公以孚爲良足用也。會爲所閒，裁署冗散，出守解長，〔二八〕名爲嚴能。稍遷至司隸校尉，時年七十餘矣。其於精斷無衰，而術略不損於故。終於陽平太守。孚本姓馮，復改爲李。〔二九〕

楊沛字孔渠，馮翊萬年人也。〔三〇〕初平中，爲公府令史，以牒除爲新鄭長。〔三一〕興平末，人多飢窮，沛課民益畜乾椹，收螢豆，〔三二〕閱其有餘，以補不足，如此積得千餘斛，藏在小倉。會太祖爲兗州刺史，西迎天子，所將千餘人皆無糧。過新鄭，沛謁見，乃皆進乾椹。太祖甚喜。及太祖輔政，遷沛爲長社令。〔三三〕時曹洪賓客在縣界，徵調不肯如法，沛先檛折其腳，遂殺之。由此太祖以爲能。累遷九江、東平、樂安太守，〔三四〕並有治迹。坐與督軍爭鬭，髡刑五歲。輸作未竟，會太祖出征在譙，聞鄴下頗不奉科禁，乃發教選鄴令，當得嚴能如楊沛比，故沛從徒中起爲鄴令。已拜，太祖見之，問曰：「以何治鄴？」沛曰：「竭盡心力，奉宣科法。」太祖曰：「善。」顧謂坐席曰：「諸君，此可畏也！」賜其生口十人，〔三五〕絹百匹，既欲以勵之，且以報乾椹也。沛辭去，未到鄴，〔三六〕而軍中豪右曹洪、劉勳等畏沛，各遣家馳騎告子弟，〔三七〕使各自檢敕。沛爲令數年，以功能轉爲護羌都尉。十六年，馬超反，大軍西討，沛隨軍都督孟津渡事。太祖已南過，其餘未畢，而中黃門前渡，〔三八〕忘持行軒，私北還取之，從吏求小船，欲獨先渡。吏呵不肯，黃門與吏爭言。沛問黃門：「有疏邪？」黃門云：「無疏。」沛怒曰：「何知汝不欲逃邪！」遂使人捽其頭，與杖，欲捶之，而逸得去，衣幘皆裂壞，自訴於太祖。太祖曰：「汝不死爲幸矣。」由是聲名益振。及關中破，代張既領京兆尹。黃初中，儒雅並進，而沛本以事能見用，遂以議郎冗散里巷。沛前後宰歷城守，不以私計介意，又不肯以事貴人，故身退之後，家無餘積。治疾於家，借舍從兒，無他奴婢。後占河南夕陽亭部荒田二頃，〔三九〕起瓜牛廬，〔四〇〕居止其中，其妻子凍餓。沛病亡，〔四一〕鄉人親友及故吏民爲殯葬也。

〔一〕逵碑作「五十四」，説見前。
〔二〕監本「子充嗣」另提行，誤。
〔三〕水經潁水注：「谷水逕小城北，又東逕賈逵祠北，廟在小城東。廟前有碑，碑石生金。干寶曰：黄金可採，爲晉中興之瑞。」寰宇記卷十：「賈逵碑在陳州項城縣東南二里，梁國劉舉等立。」集古録目云：「從事吴康等立。」
〔四〕即指青龍中事。
〔五〕「有」疑作「用」。
〔六〕晉書賈充傳：「逵晚始生充，言後當有充閭之慶，故以爲名字焉。」本志郭淮傳注引晉諸公贊，淮弟配。裴秀、賈充皆配女壻。
〔七〕晉書充傳：「充詣諸葛誕，論説時事，因謂誕曰：天下皆願禪代，君以爲何如？誕厲聲曰：卿非賈豫州之子乎？世受魏恩，豈可以社稷輸人乎？充默然。高貴鄉公之攻相府也，充率衆拒戰於南闕，軍將敗，騎督成倅弟太子舍人濟謂充曰：今日之事何如？充曰：公等養汝，正擬今日，復何疑！濟於是抽戈犯蹕。」
〔八〕晉書充傳：「博士秦秀議，謚曰荒，帝不納；博士段暢希旨，建議曰武，帝乃從之。泰始中，人爲充等謡曰：賈裴王，亂紀綱；王裴賈，濟天下。言亡魏而成晉也。」
〔九〕趙一清曰：「當宜作嘗。」
〔一〇〕潘眉曰：「言欲俟其成，以計知其多寡。」弼按：詩小雅，倬彼甫田，歲取十千。鄭箋云：歲取十千，於井田之法，則一成之數也。成方十里，其田萬畝。然一人不能種萬畝，亦不能萬畝皆種薤也。
〔一一〕御覽「得」作「辨」。

〔一二〕郡國志「魏郡梁期」，即梁淇也。水經濁漳水注：「漳水又東逕武城南，世謂之梁期城。梁期在鄴北，俗亦謂之兩期城，皆爲非也。郡國志鄴縣有武城，即期城矣。」

〔一三〕胡三省曰：「問事，卒也，主行杖，猶伍伯之類。問事杖，問事所執杖也。」

〔一四〕胡三省曰：「幘有顔，題其顔，郤摞施巾，連題郤覆之。平上幘者，其上平也。晉志引漢注曰：冠惠文者，宜短耳，今平上幘也。冠進賢者，宜長耳，今介幘也。文吏服介幘，武吏服平上幘。」

〔一五〕胡三省曰：「表，圍城所立標表也。」

〔一六〕胡三省曰：「鄴城有七門，正南曰章門，亦曰中陽門。」

〔一七〕御覽「繩」作「縋」。

〔一八〕胡三省曰：「不先經操營前，則守圍者必疑，不可得而收縛，圍亦不可開矣。孚之來也，其定計固指從章門入也。」

〔一九〕胡三省曰：「操知其復出，非不欲嚴爲之防也，審孚所以得入之由，服其多智，有不可得而防者也。」

〔二〇〕前不語從者所之，後不語審配出城之計，可謂工於心計矣。

〔二一〕御覽有「持脂燭」三字。

〔二二〕胡三省曰：「鄴城南門三門，曰鳳陽門、中陽門、廣陽門。」

〔二三〕方輿紀要卷四十九：「鄴北門亦曰玄武門。」

〔二四〕通鑑輯覽曰：「李孚出入嚴圍，固自狡獪，操付之一笑，所謂因計用計也。以此爲操軍紀之疏，其見淺矣。」

〔二五〕馮本「北」作「比」，誤。

〔二六〕馮本「宣」作「宣」，誤。

〔二七〕胡三省曰：「李孚，小才也。挾才以求知，非懷才以待聘者也。」

〔二八〕郡國志：「司隸河東郡解。」一統志：「解縣故城，今山西蒲州府臨晉縣東南。」

〔二九〕北宋本「復」作「後」。

〔三〇〕一統志：「萬年故城，今陝西西安府臨潼縣東北七十里。」

〔三一〕郡國志：「司隸河南尹新鄭。」一統志：「新鄭故城，今河南開封府新鄭縣北。」

〔三二〕椹，桑實也。豋，力刀切，野豆也。周壽昌曰：「據古今注所言，形狀似即今俗所稱刀豆。」

〔三三〕長社見鍾繇傳。

〔三四〕揚州九江郡、兗州東平郡、青州樂安郡。

〔三五〕趙翼陔餘叢考卷四十三云：「生口本軍前生擒之人。漢書蘇武傳：李陵爲言捕得生口，太守以下皆白服。王莽傳：陳歆言捕虜生口，知犯邊者皆單于咸子角所爲。後漢書袁安傳：和親以來，有得邊生口，輒以歸漢。魏略：太祖賜楊沛生口十人。皆謂捕獲生人也。今北方人乃謂驢馬之類爲生口，此亦有所本。魏志王昶傳注：任嘏常與人共買生口。則以牛馬爲生口，三國時已有此語矣。」

〔三六〕各本均無「鄴」字，馮本、毛本有之。

〔三七〕何焯校改「馳騎」作「騎馳」。

〔三八〕建安十六年，操尚未爲魏公，何得有中黄門？

〔三九〕趙一清曰：「方輿紀要卷四十八，夕陽亭在河南府東南。」潘眉曰：「亭在女几山之陽，故曰几陽。此作夕陽亭，誤。後漢書楊震傳亦誤。」

〔四〇〕裴注釋瓜牛廬見管寧傳注。

〔四一〕局本脱去「病」字，誤。

評曰：自漢季以來，〔一〕刺史總統諸郡，〔二〕賦政于外，非若曩時司察之而已。太祖創基，迄終魏業，此皆其流，稱譽有名實者也。咸精達事機，威恩兼著，故能肅齊萬里，見述于後也。〔三〕

〔一〕毛本「季」誤作「李」。

〔二〕宋本「統」作「部」。

〔三〕錢儀吉曰：「此卷皆名刺史，下卷則名守也。各以類從。」劉咸炘曰：「此卷皆刺史有功者也。劉馥治揚，梁習治并，張既治雍、涼，温恢治揚、涼，賈逵治豫，功皆甚著。司馬朗治兖，功不及諸人，而建州郡領兵之議；温恢治揚、涼，功亦少，當是附既傳耳。漢末刺史統郡，權重，司馬懿答夏侯玄書已言之。漢末因之割裂；魏、晉以降，方鎮之制由此興。」

魏書十六

任蘇杜鄭倉傳第十六

任俊〔一〕字伯達，〔二〕河南中牟人也。〔三〕漢末擾亂，關東皆震。中牟令楊原愁恐，欲棄官走。峻説原曰：「董卓首亂，天下莫不側目，然而未有先發者，非無其心也，勢未敢耳。明府若能唱之，必有和者。」原曰：「爲之柰何？」峻曰：「今關東有十餘縣，能勝兵者不減萬人，若權行河南尹事，總而用之，無不濟矣。」原從其計，以峻爲主簿。峻乃爲原表行尹事，〔四〕使諸縣堅守，遂發兵。會太祖起關東，入中牟界，衆不知所從。峻獨與同郡張奮議，舉郡以歸太祖。峻又別收宗族及賓客家兵數百人，願從太祖。太祖大悦，表峻爲騎都尉，妻以從妹，甚見親信。太祖每征伐，峻常居守以給軍。是時歲飢旱，軍食不足，羽林監潁川棗祗建置屯田，〔五〕太祖以峻爲典農中郎將，〔六〕數年中，所在積粟，倉廩皆滿。官渡之戰，太祖使峻典軍器糧運。賊數寇鈔絶糧道，乃使千乘爲一部，十道方行，爲複陳以營衛之，賊不敢近。〔七〕軍國

之饒，起於棗祗，而成於峻。〔八〕

魏武故事載令曰：「故陳留太守棗祗，天性忠能。始共舉義兵，周旋征討。後袁紹在冀州，亦貪祗，欲得之。祗深附託於孤，使領東阿令。〔九〕呂布之亂，兗州皆叛，惟范、東阿完在，〔一〇〕由祗以兵據城之力也。〔一一〕後大軍糧乏，得東阿以繼，祗之功也。及破黄巾，定許，得賊資業。當興立屯田，時議者皆言當計牛輸穀，佃科以定。施行後，祗白以爲僦牛輸穀，大收不增穀，有水旱災除，大不便。反覆來説，孤猶以爲當如故，大收不可復改易。祗猶執之，孤不知所從，使與荀令君議之。時故軍祭酒侯聲云：科取官牛，爲官田計；如祗議，於官便，於客不便。聲懷此云云，以疑令君。祗猶自信，據計畫還白，執分田之術。孤乃然之，使爲屯田都尉，施設田業。其時歲則大收，後遂因此大田豐足軍用，摧滅羣逆，克定天下，以隆王室。祗興其功，不幸早没，追贈以郡，猶未副之。今重思之，祗宜受封，稽留至今，孤之過也。祗子處中，宜加封爵，以祀祗爲不朽之事。」〔一二〕

文士傳曰：祗本姓棘，先人避難，〔一三〕易爲棗。孫據字道彦，〔一四〕晉冀州刺史。據子嵩，字臺産，散騎常侍。並有才名，多所著述。嵩兄腆，字玄方，〔一五〕襄城太守，〔一六〕亦有文采。

太祖以峻功高，乃表封爲都亭侯，邑三百户，遷長水校尉。〔一七〕

〔一〕宋本「俊」作「峻」。案，下文俱作「峻」，惟此一字誤。

〔二〕御覽二百四十一作字「伯遠」。

〔三〕中牟見武紀卷首。

〔四〕「原表」或校改作「表原」。范書朱儁傳，儁爲河南尹，與山東諸將通謀爲内應。既而懼爲董卓所襲，棄官奔荆州，卓以弘農楊懿爲河南尹。儁復進兵還洛，懿走，儁以河南殘破，東屯中牟。陶謙等上書於儁，仍稱河南尹莫府，時在初平二年。楊原代行尹事，當在朱儁之後。是時關東諸將，於初平元年已興師討卓，而朱儁屯兵之地，即在中牟，何以任峻説原，天下未有先發者？稽其年月，證諸事實，皆不能無疑。

〔五〕胡三省曰：「漢官羽林有左右監，秩六百石，屬光禄勳。」

〔六〕官本考證云：「中郎將下，太平御覽引此，有募百姓屯田於許下，得穀百萬斛，郡國列置田官十九字。」（弼按：通鑑作「例置田官」。）趙一清曰：「晉書食貨志，以任峻爲典農中郎將，募百姓屯田許下，得穀百萬斛，郡國列置田官。數年之中，所在積粟。方輿紀要卷四十七，洧倉城在許昌故城東，即洧水之邸閣也。棗祗募人屯田許下，此其倉城也。又臨潁縣北二十里，有棗祗河，或謂之棗村河。縣西二十里有灌溝，北接潁水，南接泥河，南北二口，俱有陡門，亦曹魏時引水溉田處。」胡三省曰：「魏志曰：曹公置典農中郎將，秩二千石；典農都尉，秩六百石，或四百石；典農校尉，秩比二千石。」

〔七〕梁章鉅曰：「通典卷一百三十七載李衛公兵法云：諸軍討伐，例有數營，發引逢賊，首尾難救，行引之時，須先爲方陣，應行之兵，分爲四分，輜重爲兩道引，戰鋒等隊亦爲兩道引，如此發引，縱使狹路急緩，亦得成陣。即祖此制也。」

〔八〕互見武紀建安元年。

〔九〕局本「阿」誤作「河」。

〔一〇〕范、東阿見武紀興平元年。

〔一一〕棗祗守東阿，見程昱傳。

〔一二〕何焯曰：「祗議即龍子貢、助之説也。魏人屯田之制，賴此令而存。」

〔一三〕晉書作「避讎」。

〔一四〕晉書棗據傳：「據，潁川長社人。父叔禕，魏鉅鹿太守。」

〔一五〕毛本「玄」作「元」。

〔一六〕馮本作「襄陽」，晉書作「襄城」。

〔一七〕百官志：「長水校尉一人，比二千石，掌宿衛兵。」注引韋昭曰：「長水校尉，典胡騎，廐近長水，故以爲名。長水，蓋關中小水也。」

峻寬厚有度，而見事理。每有所陳，太祖多善之。於饑荒之際，收卹朋友孤遺，中外貧宗，周急繼乏，信義見稱。建安九年薨，太祖流涕者久之。子先嗣。先薨，無子，國除。文帝追録功臣，謚峻曰成侯，復以峻中子覽爲關内侯。

蘇則字文師，扶風武功人也。〔一〕少以學行聞，舉孝廉、茂才，辟公府，皆不就。起家爲酒泉太守，轉安定、武都，〔二〕

魏書曰：則剛直疾惡，常慕汲黯之爲人。

魏略曰：則世爲著姓。興平中，三輔亂，飢窮，避難北地，〔三〕客安定，依富室師亮。亮待遇不足，則慨然歎曰：「天下會安，當不久爾，必還爲此郡守，折庸輩士也！」後與馮翊吉茂等〔四〕隱於郡南太白山中，〔五〕以書籍自娱。及爲安定太守，而師亮等皆欲逃走。則聞之，豫使人解語，以禮報之。

所在有威名。太祖征張魯，過其郡，見則悦之，使爲軍導。魯破，則綏定下辯諸氐，〔六〕通河西道，徙爲金城太守。是時喪亂之後，吏民流散飢窮，户口損耗，則撫循之甚謹。外招懷羌、胡，得其牛羊，以養貧老。與民分糧而食，旬月之閒，流民皆歸，得數千家。乃明爲禁令，有干犯者，輒戮；其從教者，必賞。親自教民耕種，其歲大豐收，由是歸附者日多。李越以隴西反，則率羌、胡圍越，越即請服。太祖崩，西平麴演叛，〔七〕稱護羌校尉。則勒兵討之，演恐，乞降。文帝以其功，加則護羌校尉，賜爵關内侯。

魏名臣奏載文帝令問雍州刺史張既曰：「試守金城太守蘇則，既有綏民平夷之功，聞又出車〔八〕西定湟中，〔九〕爲河西作聲勢，吾甚嘉之。則之功効，爲可加爵邑未邪？封爵重事，故以問卿。密白意，且勿宣露也。」既答曰：「金城郡昔爲韓遂所見屠剥，死喪流亡，或竄戎狄，或陷寇亂，户不滿五百。則到官，内撫彫殘，外鳩離散，今見户千餘。又梁燒雜種羌，昔與遂同惡；遂斃之後，越出障塞。則前後招懷歸就郡者，三千餘落。皆卹以威恩，爲官効用。西平麴演等倡造邪謀，則尋出軍，臨其項領，〔一〇〕演即歸命送質，破絶賊糧。則既有卹民之効，又能和戎狄，盡忠效節；遭遇聖明，有功必録。若則加爵邑，誠足以勸忠臣，勵風俗也。」

〔一〕郡國志：「司隸右扶風武功。」建安十八年，右扶風郡屬雍州，三國魏去右字。一統志：「武功故城，即漦縣故城，今陝西乾州武功縣西南二十里。」

〔二〕酒泉、安定、武都均屬涼州。

〔三〕涼州北地郡。

〔四〕吉茂事見常林傳注引魏略。

〔五〕郡國志，武功縣有太一山，本終南垂山。水經渭水注：「太一山亦曰太白山，在武功縣南，去長安二百里，不知其高幾何。俗云武功太白，去天三百。」謝鍾英曰：「太白山在今武功縣西南九十里。」

〔六〕毛本「綏」誤作「餒」。郡國志：「武都郡下辨。」一統志：「今甘肅階州成縣西。」

〔七〕西平郡，漢末分金城置。

〔八〕「聞」疑作「閒」，宋本「車」作「軍」。

〔九〕湟中見夏侯淵傳。

〔一〇〕詩小雅節南山之章：「駕彼四牡，四牡項領。」毛傳云：「項，大也。」范書呂强傳：「羣邪項領，膏脣拭舌。」吳志陸遜傳：「遜慮步闡，畜力項領，伺視閒隙。」抱朴子：「眼能察天衢，而不能周項領之閒。」

後演復結旁郡爲亂，張掖張進執太守杜通，酒泉黄華不受太守辛機，進、華皆自稱太守以應之。〔一〕又武威三種胡並寇鈔，道路斷絶。武威太守毌丘興〔二〕告急於則。時雍、涼諸豪皆驅略羌、胡以從進等，郡人咸以爲進不可當。又將軍郝昭、魏平〔三〕先是各屯守金城，亦受詔不得西度。〔四〕則乃見郡中大吏及昭等，與羌豪帥謀曰：「今賊雖盛，然皆新合，或有脅從，〔五〕未必同心。因釁擊之，善惡必離；離而歸我，我增而彼損矣。既獲益衆之實，且有倍氣之勢，率以進討，破之必矣！若待大軍，曠日持久，善人無歸，必合於惡；善惡既合，勢難卒離。雖有詔命，違而合權，專之可也。」於是昭等從之。乃發兵救武威，降其三種胡，與興擊進於張掖。演聞之，將步騎三千迎則，辭來助軍，而實欲爲變。則誘與相見，因斬之，出以徇軍，其黨皆散走。則遂與諸軍圍張掖，破之，斬進及其支黨，衆皆降。演軍敗，華懼，出所執乞降，〔六〕河西平。〔七〕乃還金城。進封都亭侯，邑三百户。

〔一〕胡三省曰：「誅韓遂者，麴演也。蓋威行涼部久矣，故進等皆應之。」

〔二〕胡三省曰：「毌丘，複姓也。」弼按：興即毌丘儉之父，見儉傳及注引魏名臣奏。

〔三〕郝昭事見明紀太和二年注引魏略。

〔四〕金城在東，武威、張掖、酒泉在西。胡三省曰：「金城與武威、張掖、酒泉隔河。」

〔五〕宋本作「脅」，毛本作「協」，誤。通鑑作「脇」。

〔六〕胡三省曰：「據裴松之注，華即後爲兗州刺史奏王淩者也。」

〔七〕則爲金城太守，出境圍隴西，服李越，救武威，擊張掖，誘麴演，斬張進，降黄華，平河西。以一郡守而出境討賊，立功如是，不第爲邊郡之賢太守，且爲智勇兼全之名將也。是役，毌丘興亦有功，見毌丘儉傳注引魏名臣奏。

徵拜侍中，與董昭同寮。昭嘗枕則膝臥，則推下之，曰：「蘇則之膝，非佞人之枕也！」

初，則及臨菑侯植聞魏氏代漢，皆發服悲哭。文帝聞植如此，而不聞則也。帝在洛陽，嘗從容言曰：「吾應天受禪，而聞有哭者，何也？」則謂爲見問，鬚髯悉張，欲正論以對。侍中傅巽掐則曰：〔一〕「不謂卿也。」於是乃止。

魏略曰：舊儀，侍中親省起居，故俗謂之執虎子。〔二〕始則同郡吉茂者，是時仕甫歷縣令，遷爲冗散。茂見則，嘲之曰：「仕進不止執虎子。」則笑曰：「我誠不能效汝，蹇蹇驅鹿車馳也。」初，則在金城，聞漢帝禪位，以爲崩也，乃發喪。後聞其在，自以不審，意頗默然。臨菑侯植自傷失先帝意，亦怨激而哭。其後文帝出游，追恨臨菑，顧謂左右曰：「人心不同，當我登大位之時，天下有哭者。」時從臣知帝此言有爲而發也，〔三〕而則以爲爲已，欲下馬謝。侍中傅巽目之，乃悟。

孫盛曰：夫士不事其所非，不非其所事，趣舍出處，而豈徒哉！則既策名新朝，委質異代，而方懷二心生忿，〔四〕欲奮爽言，豈大雅君子去就之分哉！詩云：「士也罔極，二三其德。」士之二三，猶喪妃偶，況人臣乎！〔五〕

文帝問則曰：「前破酒泉、張掖，西域通使，燉煌獻徑寸大珠，可復求市益得不？」則對曰：「若陛下化洽中國，德流沙漠，即不求自至。求而得之，不足貴也！」帝默然。後則從行獵，槎桎拔，失鹿。〔六〕帝大怒，踞牀拔刀，〔七〕悉收督吏，將斬之。則稽首曰：「臣聞古之聖王，不以禽獸害人。今陛下方隆唐堯之化，而以獵戲多殺羣吏，愚臣以爲不可。敢以死請！」帝曰：「卿，直臣也。」遂皆赦之。然以此見憚。黄初四年，左遷東平相。〔八〕未至，道病，薨。謚曰剛侯。子怡嗣。〔九〕怡薨，無子，弟愉襲封。愉，咸熙中爲尚書。

愉字休豫，歷位太常光禄大夫，見晉百官名。山濤啓事〔一〇〕稱愉忠篤有智意。

臣松之案：愉子紹，字世嗣，爲吴王師。石崇妻，紹之兄女也。〔一一〕紹有詩在金谷集。〔一二〕紹弟愼，左衛將軍。

〔一〕宋本「掐」作「搯」，注云：「音苦洽反。」文選長笛賦注引魏書：「程昱忿爭，邊人掐之，乃止。」

〔二〕西京雜記：「漢朝以玉爲虎子，以爲便器。」

〔三〕馮本「而」下有「不」字，誤。

〔四〕宋本「二」作「貳」。

〔五〕唐庚曰：「魏氏受禪，漢帝尚存，縞素舉哀，誠爲輕脱。然孫盛以爲二心，玆又過矣。箕子過商故墟，傷之，欲哭；以方朝而不敢。季札哭王僚而事闔廬，晏子哭莊公而事景公，哀死事生，以待天命，此人臣之分也。何得謂之非其所事而事其所非乎！」

〔六〕御覽作「槎挂失鹿」。槎，任雅切，與查同。桎，之實切。沈欽韓曰：「蓋竹木格圈鹿者。庶物異名疏：『槎桎，檻獸之具。』」

〔七〕宋本「踞」下有「胡」字，御覽同。

〔八〕御覽四百五十三引魏略云：「蘇則爲侍中，文帝時人多饑困，而軍數出，又兼治宮室，則又數面諫，由此上頗不悦。其後出以爲河東相。」弼按：御覽引魏略云「蘇則出爲河東相」，與傳文左遷東平相不合。又按武文世王公傳，黄初三年，立曹霖爲河東王，太和六年，改封壽張王，曹徽爲東平王。是東平立國在後。蘇則爲相在黄初四年，東平當爲河東之譌。又按世説賞譽篇注引魏書，亦云則爲河東相。

〔九〕唐書宰相世系表「怡」作「恬」。

〔一〇〕晉書山濤傳：「濤字巨源，河内懷人。居選職十餘年。濤所奏，甄拔人物，各爲題目，時稱山公啓事。」濤薦鄗令諸葛京，見蜀志諸葛亮傳注。隋書經籍志總集類：「山公啓事三卷。」舊唐志「山濤啓事三卷」，新唐志作十卷。嚴可均全晉文輯存五十餘事。文選注十六，又四十二，又五十六引賈弼之山公表注，或即是書。

〔一一〕官本考證云：「兄女，宋本作女兄。」世説品藻篇云：「金谷中蘇紹最勝。紹是石崇姊夫，蘇則孫愉子也。」此與裴氏所云相反。

〔一二〕晉書石崇傳：「崇出鎮下邳。崇有別館在河陽之金谷，一名梓澤。送者傾都，帳飲於此焉。」世説品藻篇劉孝標注引石崇金谷詩敘曰：「余以元康六年，從太僕卿出爲使持節，監青、徐諸軍事，征虜將軍。有別廬在河南縣界金谷澗中。或高或下，有清泉、茂林，衆果、竹柏、藥草之屬，莫不畢備。又有水碓、魚池、土窟，其爲娱目歡心之物備矣。時征西大將軍祭酒王詡當還長安，余與衆賢共送往澗中，晝夜遊宴，屢遷其坐。或登高臨下，或列坐水濱，時琴瑟笙筑，合載車中，道路並作。及住，令與鼓吹遞奏，遂各賦詩，以敘中懷。或不能者，罰酒三斗。感性命之不永，懼凋落之無期，故具列時人官號、姓名、年紀，又寫詩箸後。後之好事者，其覽之哉。凡三十人。吴王師議郎關中侯始平武功蘇紹字世嗣，年五十，爲首。」弼按：金谷集蓋與蘭亭詩體例相同，皆彙集時人之詩也。

杜畿字伯侯，京兆杜陵人也。〔一〕傅子曰：畿，漢御史大夫杜延年之後。延年父周，自南陽徙茂陵，〔二〕延年徙杜陵，〔三〕子孫世居焉。少孤，繼母苦之，以孝聞。年二十，爲郡功曹，守鄭縣令。〔四〕縣囚繫數百人，〔五〕畿親臨獄，裁其輕重，盡決遣之。雖未悉當，郡中奇其年少而有大意也。〔六〕舉孝廉，除漢中府丞。〔七〕會天下亂，遂棄官客荆州，建安中乃還。荀彧進之太祖，傅子曰：畿自荆州還，後至許，見侍中耿紀，〔八〕語終夜。〔九〕尚書令荀彧與紀比屋，〔一〇〕夜聞畿言，異之；且遣人謂紀曰：〔一一〕「有國士而不進，何以居位？」既見畿，知之如舊相識者，遂進畿於朝。太祖以畿爲司空司直，〔一二〕遷護羌校尉，〔一三〕使持節，領西平太守。〔一四〕魏略曰：畿少有大志。在荆州數歲，繼母亡後，以三輔開通，負其母喪北歸。道爲賊所劫略，衆人奔走，畿獨不去。賊射之，畿請賊曰：「卿欲得財耳，今我無物用，射我何爲邪？」賊乃止。畿到鄉里，京兆尹張時，河東人也，與畿有舊，署爲功曹。嘗嫌其闊達，不助留意於諸事，言「此家疏誕，〔一五〕不中功曹也。」畿竊云：「不中功曹，中河東太守也。」

〔一〕郡國志：「司隸京兆尹杜陵。」一統志：「今陝西西安府咸寧縣東南。」

〔二〕漢書地理志：「右扶風郡茂陵。」一統志：「今陝西西安府興平縣東北。」

〔三〕漢書杜周傳：「杜周，南陽杜衍人。」杜周，武帝時徙茂陵，至延年徙杜陵。

〔四〕郡國志：「京兆尹鄭。」一統志：「今陝西同州府華州北。」

〔五〕御覽作「縣内繫囚數百」。

〔六〕監本、官本「意」作「志」，御覽同。

〔七〕郡國志：「益州漢中郡。」錢大昭曰：「續漢志：每郡置太守一人，丞一人。孫禮傳：後除河閒郡丞；諸葛亮傳：父珪，爲太山郡丞；馬忠傳：郡丞朱褒反；何夔傳：乃遣郡丞往，爲陳成敗；倉慈傳注：時爲恒農郡丞；皆稱爲郡丞。然亦有稱府丞者。太守既稱府君，丞亦得稱府丞。郭淮傳：除平原府丞；呂凱傳：凱與府丞蜀郡王伉帥厲吏民，閉境拒闓。管輅傳有清河府丞。」

〔八〕耿紀事見武紀建安二十三年。

〔九〕御覽作「共語終夜」。

〔一〇〕御覽作「荀彧家與紀屋相比」。

〔一一〕宋本「且」作「旦」，御覽作「詰旦」。

〔一二〕續百官志一云：「世祖即位，以武帝故事，置司直，助督録諸州。建武十八年省。」劉昭注引獻帝起居注曰：「建安八年，復置司直，不屬司徒，掌督中都官，不領諸州。九年十二月詔，司直比司隸校尉，坐同席，在上。假傳，置從事三人，書佐四人。」錢大昭曰：「畿所居者即此職。蓋是時以司直屬司空矣。」弼按：司直韋晃，見武紀建安二十三年。胡三省曰：「司直即丞相司直。」如胡氏所言，不僅司空有司直也。沈欽韓曰：「是時曹操雖爲司空，實專一相，故司空有司直。」

〔一三〕洪飴孫曰：「護羌校尉一人，比二千石。」

〔一四〕西平郡見武紀建安十九年。

〔一五〕「此家」見崔琰傳注引魏略。

太祖既定河北，而高幹舉并州反。〔一〕時河東太守王邑被徵，河東人衛固、范先外以請邑爲名，〔二〕而内實與幹通謀。太祖謂荀彧曰：「關西諸將，恃險與馬，征必爲亂。張晟寇殽、澠間，〔三〕南通劉表，固等因之，吾恐其爲害深。河東被山帶河，四鄰多變，當今天下之要地也。〔四〕君爲我舉蕭何、寇恂以鎮之。」彧曰：「杜畿其人也。」

傅子曰：彧稱畿勇足以當大難，智能應變，其可試之。

於是追拜畿爲河東太守。〔五〕固等使兵數千人絶陝津，〔六〕畿至，不得渡。太祖遣夏侯惇討之，未至。或謂畿曰：〔七〕「宜須大兵。」畿曰：「河東有三萬户，〔八〕非皆欲爲亂也。今兵迫之急，欲爲善者無主，必懼而聽於固。固等勢專，必以死戰。討之不勝，四隣應之，天下之變未息也；〔九〕討之而勝，是殘一郡之民也。且固等未顯絶王命，外以請故君爲名，必不害新君。吾單車直往，出其不意。固爲人多計而無斷，必僞受吾。吾得居郡一月，以計縻之，足矣。」遂詭道從郖津度。〔一〇〕

郖，音豆。魏略曰：初，畿與衛固少相侮狎，〔一一〕固嘗輕畿。畿嘗與固博而爭道，畿嘗謂固曰：「仲堅，我今作河東也。」固褰衣駡之。及畿之官，而固爲郡功曹，張時，故任京兆。〔一二〕畿迎司隸，〔一三〕與時會華陰。〔一四〕時、畿相見，於儀當各持版。時歎曰：「昨日功曹，今爲郡將軍也！」〔一五〕

范先欲殺畿以威衆，

傅子曰：先云：「既欲爲虎而惡食人肉，失所以爲虎矣！今不殺，必爲後患。」

且觀畿去就，於門下斬殺主簿已下三十餘人，畿舉動自若。於是固曰：「殺之無損，徒有惡名，且制之在我。」遂奉之。畿謂衛固、范先曰：「衛、范，河東之望也，吾仰成而已。然君臣有定義，成敗同之，大事當共平議。」以固爲都督，行丞事，領功曹；〔一六〕將校吏兵三千餘人，皆范先督之。固等喜，雖陽事畿，不以爲意。固欲大發兵，畿患之，説固曰：「夫欲爲非常之事，不可動衆心。今大發兵，衆必擾，不如徐以貲募兵。」固以爲然，從之。遂爲貲調發，數十日乃定。諸將貪，多應募，而少遣兵。〔一七〕又入喻固等曰：「人情顧家，諸將掾史，可分遣休息，急緩召之不難。」固等惡逆衆心，又從之。於是善人在外，陰爲己援；惡人分散，各還其家，則衆離矣。〔一八〕會白騎攻東垣，〔一九〕高幹入濩澤，〔二〇〕上黨諸縣殺長吏，〔二一〕弘農執郡守，固等密調兵未至。畿知諸縣附己，因出，單將數十騎，赴張辟拒守，〔二二〕吏民多舉城助畿者，〔二三〕比數十日，得四千餘人。固等與幹、晟共攻畿，不下，略諸縣，無所得。會大兵至，幹、晟敗，固等伏誅，其餘黨與皆赦之，使復其居業。

〔一〕事在建安十年。

〔二〕鍾繇傳注引魏略曰：「詔徵河東太守王邑，郡掾衛固及中郎將范先等詣司隸校尉鍾繇，請留之，繇不許。」

〔三〕郡國志：「司隸弘農郡黽池，有二崤。」惠棟曰：「賈服傳作澠。應劭云：語云，東殽西殽，澠池所高。」方輿紀要：

「崤，崤山，在今河南河南府永寧縣北六十里。」

〔四〕胡三省曰：「高幹據并州，馬騰、韓遂等據關中，往來交通，皆由河東，故曰要地。」

〔五〕各本皆作「追」，監本、官本作「遂」。

〔六〕水經注：「河水東過陝縣北，河北對茅城，謂之茅津，亦謂之陝津。」趙一清曰：「陝津即茅津，亦謂之大陽津，在陝州西北三里。郡國志河東郡大陽有茅津，是也。方輿紀要卷四十八：陝州大陽津，北對茅城，古茅邑，謂之茅津。河北即古大陽縣，亦謂之大陽津，又爲陝津。左傳文三年，秦孟明伐晉，自茅津濟，封崤尸而還，即此。」

〔七〕陳景雲曰：「彧當作或。畿移守河東，雖由荀彧之薦，而是時畿在陝津，彧在許下，不得參預軍謀，殆因前荀彧字而誤。」

〔八〕沈家本曰：「續漢志河東郡户九萬三千五百四十三。此云三萬，大較存三之一也。下文云河東最先定，少耗減，而户口之存者已如是，則他郡之耗減可知矣。」

〔九〕通鑑作「討之不勝，爲難未已」。

〔一〇〕水經注：「河水東逕湖縣故城北，又東合柏谷水，又東右合門水。河水於此有郖津之名。」方輿紀要卷四十八：「郖津在河南陝州靈寶縣西北十里。」一統志：「今靈寶縣西北黃河津濟處。」潘眉曰：「郖津在弘農，見許氏説文。漢武故事作寶津，穆天子傳作浢津。」

〔一一〕馮本作「狎侮」。

〔一二〕宋本「任」作「在」。

〔一三〕時司隸校尉爲鍾繇。

〔一四〕華陰見陳留王紀景元元年，今陝西同州府華陰縣東南。

〔一五〕官本考證云：「軍字疑衍。」

〔一六〕胡三省曰：「既以爲都督，又令行郡丞事，又領功曹也。都督掌兵，丞貳太守，於郡事無所不關，功曹掌選署功勞，陽以郡權悉與之也。」

〔一七〕通鑑「固以爲然從之」下云「得兵甚少」，删去「遂爲貲調發」二十字。胡三省曰：「以貲募兵，則郡計不足繼，故得兵甚少。」

〔一八〕「則」或作「賊」。

〔一九〕胡三省曰：「白騎，張白騎之衆，相聚爲賊者也。垣縣屬河東郡，東字衍。續漢志垣縣注云：山在東，狀如垣，蓋此時已有東垣之名。」謝鍾英曰：「東上脱河字。」一統志：「垣縣故城，今山西絳州垣曲縣西。」何焯曰：「龐德傳云：張白騎叛於弘農。白騎即上張晟耶？後漢書朱儁傳，自黄巾賊後，復有張白騎之徒，並起山谷。騎白馬者爲張白騎。」趙一清曰：「張白騎，見張燕傳注。」

〔二〇〕郡國志：「司隸河東郡濩澤。」一統志：「濩澤故城，今山西澤州府陽城縣西澤城村。」

〔二一〕并州上黨郡。

〔二二〕通鑑作「赴堅壁而守之」。趙一清曰：「張辟即張城，亦曰東張城。」嚴衍曰：「張辟當是人名，想辟爲壁壘之時，其人可託，其衆可守，故畿單將數十騎赴之耳。不然，止此數十騎，雖得堅壁，何能守也？」

〔二三〕胡三省曰：「舉城，謂舉屬縣城也。」

是時天下郡縣皆殘破，河東最先定，少耗減。畿治之，崇寬惠，與民無爲。民嘗辭訟，有相告者，畿親見爲陳大義，遣令歸諦思之。〔一〕若意有所不盡，更來詣府。鄉邑父老自相責怒曰：「有君如此，柰何不從其教！」自是少有辭訟。班下屬縣，舉孝子、貞婦、順孫，復其繇役，隨時慰勉之。漸課民畜牸牛、草馬，〔二〕下逮雞、豚、犬、豕，皆有章程。百姓勸農，〔三〕家家豐實。畿乃曰：「民富矣，不可不教也。」於是冬月修戎講武，又開學宮，親自執經教授，郡中化之。

魏略曰：博士樂詳，由畿而升。至今河東特多儒者，則畿之由矣。〔四〕

〔一〕胡三省曰：「諦，省也。」

〔二〕牸，音字，牝牛也。牝馬亦曰牸。潘眉曰：「郭璞注爾雅，牝馬爲草馬。顏師古匡謬正俗：牡馬壯健，堪駕乘及軍戎者，皆伏皁櫪，芻而養之。其牝馬唯充蕃字，不暇服役。常牧于草，故稱草馬。又按：小馬亦名草馬。淮南子，馬爲草駒之時，跳躍揚蹏，翹足而走，人不能制。高誘曰：五尺以下爲駒，放在草中，故曰草駒。法苑珠林以二白騲馬，形色無異，而復問言，誰母誰子。然則牝馬、小馬皆名草馬。畿課民畜草馬，二説並通。」弼按：陸德明爾雅音義云：「草本亦作騲。魏志云，教民畜牸牛、騲馬。」是則古本魏志草馬作騲馬也。

〔三〕宋本「勸」作「勤」。

〔四〕樂詳事見後杜恕傳注引魏略。

韓遂、馬超之叛也，弘農、馮翊多舉縣邑以應之。河東雖與賊接，民無異心。太祖西征至蒲阪，〔一〕與賊夾渭爲軍，軍食一仰河東。及賊破，餘畜二十餘萬斛。太祖下令曰：「河東太守杜畿，孔子所謂禹，吾無閒然矣。增秩中二千石。」〔二〕太祖征漢中，遣五千人運，運者自率勉曰：「人生有一死，不可負我府君。」終無一人逃亡。其得人心如此。

杜氏新書曰：〔三〕平虜將軍劉勳爲太祖所親貴，震朝廷。嘗從畿求大棗，畿拒以他故。後勳伏法，太祖得其書，歎曰：「杜畿可謂不媚於竈者也。」稱畿功美，以下州郡，曰：「昔仲尼之於顏子，每言不能不歎，既情愛發中，又宜率馬以驥。今吾亦冀衆人仰高山、慕景行也。」

魏國既建，以畿爲尚書。事平，〔四〕更有令曰：「昔蕭何定關中，寇恂平河内，卿有其功，間將授卿以納言之職；顧念河東吾股肱郡，〔五〕充實之所，〔六〕足以制天下，故且煩卿卧鎮之。」〔七〕畿在河東十六年，常爲天下最。〔八〕

〔一〕蒲坂見武紀建安十六年。

〔二〕官本「二」作「三」，誤。周壽昌曰：「漢制，禄秩自中二千石至百石，各有等差。魏承漢制，無甚改易。況此時太祖下令，猶在漢朝，遍稽典册，無所謂中三千石者。續漢書百官志云：自太常至執金吾，秩皆中二千石，太守秩二千石。通典職官部禄秩：後漢延平中，定制中二千石，月俸錢九千，米七十二斛；真二千石，錢六千五百，米三十六斛；比二千石，錢五千，米三十四斛。畿爲太守，秩本二千石，太祖特增秩爲中二千石，益其月俸耳。此三字必後人所誤改。」

〔三〕錢大昕曰：「杜氏新書不詳撰人名，似是家傳之類。」嚴可均曰：「篤論即杜氏新書。」詳見後體論八篇注。沈家本曰：「杜氏新書隋唐志皆不著録。隋志有杜氏幽求新書，在道家，非此書也。注中所引述杜畿、杜恕、杜理、杜寬、杜預、杜錫、杜斌、杜乂之事，是敘事之體。其引阮武事，與世説賞譽篇注所引杜篤新書文正相同。是撰此書，杜篤不見於史，其爲杜氏之子孫乎？述及阮武，又不似家傳之體，今姑列於雜傳中。」黄以周儆季雜箸子敘曰：「篤論，魏杜恕撰。恕有體論，隋唐志並列儒家，篤論則入雜家，云四卷，今佚。御覽引篤論吾年五十，不見廢棄云云，魏志裴注作杜氏新書。李匡乂資暇録引篤論操字伯度，善草書，與裴注引新書記理字仲務事相似。則杜氏新書即篤論之別名也。隋志恕無集，凡所奏議書敘，悉在篤論。意林載其書五節，其第二節與魏志本傳論考課事合；第三節見本傳諫用廉昭疏。則其他奏疏在篤論中可知矣。其與宋瓘書在篤論，見御覽，體論自敘亦在篤論，見三國志注。則其他書序在篤論中可知矣。」

〔四〕「平」疑作「下」。

〔五〕史記季布傳：「布爲河東太守。上曰：河東吾股肱郡，故特召君耳。」

〔六〕御覽無「所」字。

〔七〕御覽「臥」下有「而」字。

〔八〕胡三省曰：「杜畿之子爲恕，恕之子爲預，其守河東，觀其方略，固未易才也。予竊謂杜氏仕於魏、晉，累世貴盛，必有家傳，史因而書之，固有過其實者。」

文帝即王位，賜爵關内侯，徵爲尚書。及踐阼，進封豐樂亭侯，邑百户。

魏略曰：初，畿在郡，被書録寡婦。是時他郡或有已自相配嫁，依書皆録奪，啼哭道路。畿但取寡者，故所送少。及趙儼代畿，而所送多。文帝問畿：「前君所送何少，今何多也？」畿對曰：「臣前所録，皆亡者妻，今儼送生人婦也。」帝及左右顧而失色。〔一〕

守司隸校尉。帝征吴，以畿爲尚書僕射，統留事。其後帝幸許昌，畿復居守，受詔作御樓船，於陶河〔二〕試船，遇風没。帝爲之流涕。〔三〕

魏氏春秋曰：初，畿嘗見童子謂之曰：「司命使我召子。」畿固請之，童子曰：「今將爲君求相代者。君其慎勿言！」言卒，忽然不見。至此二十年矣，畿乃言之。其日而卒，時年六十二。

詔曰：「昔冥勤其官而水死，稷勤百穀而山死。

韋昭國語注稱毛詩傳曰：「冥，契六世孫也。爲夏水官，勤於其職而死於水。稷，周棄也，勤播百穀，死於黑水之山。」

故尚書僕射杜畿，於孟津試船，遂至覆没，忠之至也。朕甚愍焉。」追贈太僕，謚曰戴侯。子恕嗣。〔四〕

傅子曰：畿與太僕李恢、東安太守郭智〔五〕有好。恢子豐交結英儁，以才智顯於天下。智子沖有内實而無外觀，州里弗稱也。畿爲尚書僕射，二人各修子孫禮見畿。既退，畿歎曰：「孝懿無子！〔六〕非徒無子，殆將無家。君謀爲不死也，〔七〕其子足繼其業。」〔八〕時人皆以畿爲誤。恢死後，豐爲中書令，父子兄弟皆誅。沖爲代郡太守，卒繼父業。世乃服畿知人。

魏略曰：李豐父名義。與此不同。義蓋恢之别名也。〔九〕

〔一〕黄初三年，使畿持節振冀州饑，見文紀。

〔二〕通典州郡七：「河陽古孟津，後亦曰富平津，在其南謂之陶河瀨。」按下文詔言孟津試船，即指此。水經注：「河水東逕平縣北，有孟津之目。」又河水注引晉陽秋曰：「杜預造河橋于富平津，又謂之爲陶河。魏尚書僕射杜畿以帝將幸許，試樓船，覆于陶河，謂此也。」一統志：「孟津在今河南懷慶府孟縣南十八里。」孟津，詳見武紀初平元年注。

〔三〕晉書杜預傳：「預以孟津渡險，有覆没之患，請建河橋於富平津。議者以爲殷周所都，歷聖賢而不作者，必不可立故也。預曰：造舟爲梁，則河橋之謂也。及橋成，帝從百寮臨會，舉觴屬預曰：非君，此橋不立也。」

〔四〕書斷云：「畿子恕、孫預，三世善草書，時人以衛瓘方之。」

〔五〕東安見陳思王傳。

〔六〕李恢字孝懿。

〔七〕郭智字君謀。

〔八〕郭沖條諸葛亮五事，見亮傳注，即此人。

〔九〕李義及子豐事，見夏侯玄傳及注引魏略，又見裴潛傳注引魏略。

恕字務伯，太和中爲散騎黄門侍郎。杜氏新書曰：恕少與馮翊李豐俱爲父任，總角相善。及各成人，豐砥礪名行，以要世譽，而恕誕節直意，與豐殊趣。豐竟馳名一時，京師之士多爲之游説。而當路者或以豐名過其實，而恕被褐懷玉也。由此爲豐所不善，恕亦任其自然，不力行以合時。豐以顯仕朝廷，恕猶居家自若。明帝以恕大臣子，擢拜散騎侍郎，數月，轉補黄門侍郎。〔一〕恕推誠以質，不治飾，少無名譽。及在朝，不結交援，專心向公。每政有得失，常引綱維以正言，於是侍中辛毗等器重之。

〔一〕御覽二百二十一引三輔決録曰：「恕拜黄門侍郎，每值省閣，威儀矜嚴。」

時公卿以下，大議損益。恕以爲「古之刺史，奉宣六條，〔一〕以清静爲名，威風著稱。今可勿令領兵，以專民事」。〔二〕俄而鎮北將軍呂昭又領冀州，〔三〕世語曰：昭字子展，東平人。〔四〕長子巽，字長悌，爲相國掾，有寵於司馬文王。〔五〕次子安，字仲悌，與嵇康善，與康俱被誅。〔六〕次子粹，字季悌，河南尹。粹子預，字景虞，御史中丞。乃上疏曰：

帝王之道，莫尚乎安民；安民之術，在於豐財。豐財者，務本而節用也。方今二賊未滅，戎車亟駕，此自熊虎之士展力之秋也。然搢紳之儒，横加榮慕，搤腕抗論，以孫、吴爲首，州郡牧守，咸共忽恤民之術，修將率之事，農桑之民，競干戈之業，不可謂務本。帑藏歲虛，而制度歲廣，民力歲衰，而賦役歲興，不可謂節用。今大魏奄有十州之地，〔七〕而承喪亂之弊，計其户口，不如往昔一州之民。〔八〕然而二方僭逆，北虜未賓，三邊遘難，繞天略市。〔九〕所以統一州之民，經營九州之地，其爲艱難，譬策羸馬以取道里，豈可不加意愛惜其力哉！以武皇帝之節儉，府藏充實，猶不能十州擁兵，郡且二十也。〔一〇〕今荆、揚、青、徐、幽、并、雍、涼緣邊諸州，皆有兵矣，其所恃内充府庫、外制四夷者，惟兗、豫、司、冀而已。臣前以州郡典兵，則專心軍功，不勤民事，宜别置將守，以盡治理之務。而陛下復以冀州寵秩吕昭。冀州户口最多，田多墾闢，又有桑棗之饒，國家徵求之府，誠不當復任以兵事也。若以北方當須鎮守，自可專置大將，以鎮安之，計所置吏士之費，與兼官無異。〔一一〕然昭於人才尚復易，中朝苟乏人，兼才者勢不獨多；以此推之，知國家以人擇官，不爲官擇人也。官得其人，則政平訟理。政平，故民富實；訟理，故囹圄空虛。陛下踐阼，天下斷獄百數十人，歲歲增多，至五百餘人矣。民不益多，法不益峻，以此推之，非政教陵遲，牧守不稱之明效歟？往年牛死，通率天下十能損二；麥不半收，秋種未下，若二賊游魂於疆埸，飛芻輓粟，千里不及。究此之術，豈在彊兵乎！武士勁卒愈多，愈多愈病耳。夫天下猶人之體，腹心充實，四支雖病，終無大患。今兗、豫、司、冀亦天下之腹心也。是以愚臣慺慺，實願四州之牧守，獨修務本之業，以堪四支之重。然孤論難持，犯欲難成，衆怨難積，疑似難分，故累載不爲明主所察。凡言此者，類皆疏賤，疏賤之言，實未易聽。若使善策必出於親貴，〔一二〕固不犯四難以求忠愛，〔一三〕此古今之所常患也。〔一四〕

〔一〕詔書六條，見賈逵傳。

〔二〕潘眉曰：「魏世州郡領兵之制，創議於司馬朗。朗以郡國無蒐狩習戰之備，致使天下有土崩之勢，因議欲令州郡並置兵，以外備四夷，内威不軌。至是杜恕欲令州郡勿領兵，以安民豐財。二人之論，皆揆時度勢，經國之要也。蓋朗之議，建於建安之初，而恕之論，發於太和以後，所值不同，故所規亦異。然恕以爲可勿領兵者，惟兗、豫、司、冀而已，其荆、揚、青、徐、幽、并、雍、涼諸州，皆不能廢兵。蓋青、徐、荆、揚與吴接壤，幽、并近匈奴，雍、涼近蜀，緣邊諸境，尚未能克靖也。」弼按：司馬朗州郡置兵之議，見朗傳。

〔三〕洪飴孫曰：「鎮北將軍一人，第二品。黄初、太和中置，位次四征，領兵如征北。」弼按：曹爽傳注引魏略：「冀州統屬鎮北，鎮北將軍吕昭才實仕進，在桓範後。範曰：我寧作諸卿，向三公長跪，不能向吕子展屈也。」即此人。

〔四〕昭事見曹爽傳注引魏略桓範傳。

〔五〕司馬昭爲相國，在甘露五年。

〔六〕見王粲傳注。晉書嵇康傳：「東平吕安服康高致，每一相思，輒千里命駕。康友而善之。後安爲兄所枉訴，以事繫獄，辭相證引，遂復收康。」水經濟水注：「梁山之西南，有吕仲悌墓。」弼按：訴安者當爲巽。隋志：「梁又有魏徵士吕安集二卷，録一卷，亡。」

〔七〕沈家本曰：「此與下文十州擁兵語皆稱十州，而下文又詳十二州之名何邪？」

〔八〕蔣濟傳：「濟上疏言，今雖有十二州，民數不過漢一大郡。」此言不如一州，皆約計之詞，非確數也。

〔九〕宋本「市」作「帀」。

〔一〇〕宋本「二十」作「十二」。

〔一一〕官本「異」作「覺」。考證曰：「覺，宋本作異。」弼按：各本皆作「覺」，惟局本作「異」。

〔一二〕宋本「親貴」下有「親貴」二字。

〔一三〕四難，即指上文孤論難持、犯欲難成、衆怨難積、疑似難分也。

〔一四〕何焯曰：「何不削略冗長，使就簡當，讀之易起人意乎？於此益思班孟堅。」

時又大議考課之制，以考內外衆官。〔一〕恕以爲用不盡其人，雖才且無益，〔二〕所存非所務，所務非世要。上疏曰：〔三〕

書稱「明試以功，三考黜陟」，誠帝王之盛制。使有能者當其官，有功者受其禄，譬猶烏獲之舉千鈞，良、樂之選驥足也。雖歷六代，而考績之法不著，〔四〕閱七聖，而課試之文不垂。〔五〕臣誠以爲其法可粗依，其詳難備舉故也。語曰：「世有亂人，而無亂法。」若使法可專任，則唐、虞可不須稷、契之佐，殷、周無貴伊、呂之輔矣。今奏考功者，陳周、漢之法爲，〔六〕綴京房之本旨，〔七〕可謂明考課之要矣。於以崇揖讓之風，興濟濟之治，臣以爲未盡善也。其欲使州郡考士，必由四科，〔八〕皆有事效，然後察舉，試辟公府，爲親民長吏。轉以功次補郡守者，或就增秩賜爵，此最考課之急務也。臣以爲便當顯其身，用其言，使具爲課州郡之法。法具施行，立必信之賞，施必行之罰，至於公卿及内職大臣，亦當俱以其職考課之也。

古之三公，坐而論道，〔九〕内職大臣，納言補闕，無善不紀，無過不舉。且天下至大，萬機至衆，誠非一明所能偏照。故君爲元首，臣爲股肱，〔一〇〕明其一體相須而成也。是以古人稱廊廟之材，非一木之枝；帝王之業，非一士之略。〔一一〕由是言之，焉有大臣守職辨課，可以致雍熙者哉！〔一二〕且布衣之交，猶有務信誓而蹈水火，感知己而披肝膽，徇聲名而立節義者。況於束帶立朝，致位卿相，所務者非特匹夫之信，所感者非徒知己之惠，所徇者豈聲名而已乎！

諸蒙寵禄、受重任者，不徒欲舉明主於唐、虞之上而已，身亦欲厠稷、契之列。是以古人不患於念治之心不盡，患於自任之意不足，此誠人主使之然也。唐、虞之君，委任稷、契、夔、龍而責成功，及其罪也，殛鯀而放四凶。〔一三〕今大臣親奉明詔，給事目下，其有夙夜在公，恪勤特立，當官不撓貴勢，執平不阿所私，危言危行以處朝廷者，自明主所察也。若尸禄以爲高，拱嘿以爲智，當官苟在於免負，立朝不忘於容身，絜行遜言以處朝廷者，亦明主所察也。誠使容身保位，無放退之辜，而盡節在公，抱見疑之勢，公義不修，而私議成俗，雖仲尼爲謀，〔一四〕猶不能盡一才，又況於世俗之人乎！今之學者，師商、韓而上法術，競以儒家爲迂闊，不周世用，此最風俗之流弊，創業者之所致慎也。

後考課竟不行。〔一五〕杜氏新書曰：時李豐爲常侍，黄門郎袁侃見轉爲吏部郎，荀俁出爲東郡太守，三人皆怨之同班友善。〔一六〕

〔一〕劉劭傳：「景初中，劭受詔作都官考課七十二條，又作説略一篇。」崔林傳：「散騎常侍劉劭作考課論，制下百僚。」

〔二〕何焯曰：「宋本才且作文具。」

〔三〕此疏通鑑編入明帝景初元年。

〔四〕宋本「不」作「以」。

〔五〕官本考證云：「監本闕誤作闕。照册府改正。」弼按：各本皆作「闕」，通鑑同。胡三省曰：「六代，唐、虞、夏、商、周、漢；七聖，堯、舜、禹、湯、文、武、周公。闕，通也。」

〔六〕通鑑「法」作「云」。

〔七〕胡三省曰：「漢京房有考功課吏法。」

〔八〕胡三省曰：「四科，即漢左雄所上，黄瓊所增者也。」弼按：通鑑：「順帝漢安二年，尚書令黄瓊以前左雄所上孝廉之選，專用儒學文吏，於取士之義，猶有所遺，乃奏增孝悌及能從政爲四科。」

〔九〕周官考工記曰：「古之三公，坐而論道。」

〔一〇〕宋本「臣爲」作「臣作」，通鑑同。

〔一一〕師古曰：「此語出於慎子。」班固引以贊婁敬、叔孫通。」

〔一二〕何焯曰：「其論則高，然考課者，所以待中材凡士，亦不可廢也。」

〔一三〕四凶，宋本作驩兜。趙一清曰：「以鯀不在四凶之内，與先儒説異。」沈家本曰：「四凶見左傳渾敦、窮奇、檮杌。杜預以驩兜、共工、鯀當之。而務伯之言如此，是父子異說也。」弼按：尚書舜典言四罪而天下咸服，亦舉共工、驩兜、三苗、鯀。陸氏音義亦引杜預注左傳以證之。是鯀在四凶之列，從無異說。竊謂放四凶三字，當從宋本作放驩兜。尚書亦云放驩兜，殛鯀也。

〔一四〕通鑑「謀」作「課」。

〔一五〕司馬光曰：「爲治之要，莫先於用人，而知人之道，聖賢所難也。是故求之於毀譽，則愛憎競進，而善惡渾殽；考之於功狀，則巧詐横生，而真僞相冒。要之，其本在於至公至明而已矣。爲人上者，至公至明，則羣下之能否，焯然形於目中，無所復逃矣。苟爲不公不明，則考課之灋，適足爲曲私欺罔之資也。何以言之？公明者，心也；功狀者，迹也。己之心不能治，而以考人之迹，不亦難乎！爲人上者，誠能不以親疏貴賤異其心，喜怒好惡亂其志，欲知治經之士，則視其記覽博洽，講論精通，斯爲善治經矣；欲知治獄之士，則視其曲盡情僞，無所冤抑，斯爲善治獄矣；欲知治財之士，則視其倉庫盈實，百姓富給，斯爲善治財矣；欲知治兵之士，則視其戰勝攻取，敵人畏服，斯爲善治兵矣。至於百官，莫不皆然。雖詢謀於人，而決之在己；雖考求於迹，而察之在心。研覈其實，而斟酌其宜，至精至微，不可以口述，不可以書傳也。安得豫爲之灋，而悉委有司哉！」胡三省曰：「温公之論，善矣。然必英明之君，然後能行之。自漢以下，循名責實，莫孝宣若也。宣帝之政，非由師傅之諭教，公輔之啟沃也。公所謂不可以口述，不可以書傳，其萬世之名言也歟！」

〔一六〕官本考證曰：「監本三人誤作二人，今改正。」

樂安廉昭以才能拔擢，頗好言事。〔一〕恕上疏極諫曰：〔二〕

伏見尚書郎廉昭奏左丞曹璠以罰當關不依詔，坐判問。〔三〕又云諸當坐者別奏。〔四〕尚書令陳矯自奏不敢辭罰，亦不敢以處重爲恭，〔五〕意至懇惻。〔六〕臣竊愍然，爲朝廷惜之！

夫聖人不擇世而興，不易民而治，然而生必有賢智之佐者，蓋進之以道，帥之以禮故也。古之帝王之所以能輔世長民者，莫不遠得百姓之懽心，近盡羣臣之智力。誠使今朝任職之臣，皆天下之選，而不能盡其力，不可謂能使人；若非天下之選，亦不可謂能官人。陛下憂勞萬機，或親燈火，而庶事不康，刑禁日弛，豈非股肱不稱之明效歟？原其所由，非獨臣有不盡忠，亦主有不能使。百里奚愚於虞而智於秦，〔七〕豫讓苟容中行而著節智伯，〔八〕斯則古人之明驗矣。今臣言一朝皆不忠，是誣一朝也，然其事類，可推而得。陛下感帑藏之不充實，而軍事未息，至乃斷四時之賦衣，薄御府之私穀，帥由聖意，舉朝稱明，與聞政事密勿大臣，寧有懇懇憂此者乎？

騎都尉王才，幸樂人孟思，所爲不法，振動京都，而其罪狀發於小吏，公卿大臣初無一言。自陛下踐阼以來，司隸校尉、御史中丞寧有舉綱維以督姦宄，〔九〕使朝廷肅然者邪？若陛下以爲今世無良才，朝廷乏賢佐，豈可追望稷、契之遐蹤，坐待來世之儁乂乎！〔一〇〕今之所謂賢者，盡有大官，而享厚禄矣。然而奉上之節未立，向公之心不一者，委任之責不專，而俗多忌諱故也。臣以爲忠臣不必親，親臣不必忠。何者？以其居無嫌之地，而事得自盡也。今有疏者毁人不實其所毁，而必曰私報所憎；譽人不實其所譽，而必曰私愛所親。左右或因之以進憎愛之説，〔一一〕非獨毁譽有之，政事損益，亦皆有嫌。陛下當思所以闡廣朝臣之心，篤厲有道之節，〔一二〕使之自同古人，望與竹帛耳。反使如廉昭者擾亂其間，臣懼大臣遂將容身保位，坐觀得失，爲來世戒也。

昔周公戒魯侯曰：「無使大臣怨乎不以。」〔一三〕不言賢愚，明皆當世用也。〔一四〕堯數舜之功，稱去四凶，〔一五〕不言大小，有罪則去也。〔一六〕今者朝臣不自以爲不能，以陛下爲不任也；不自以爲不智，以陛下爲不問也。陛下何不遵周公之所以用，大舜之所以去，使侍中、尚書坐則侍帷幄，行則從華輦，親對詔問，所陳必達，〔一七〕則羣臣之行，能否皆可得而知。忠能者進，闇劣者退，誰敢依違而不自盡！以陛下之聖明，親與羣臣論議政事，使羣臣人得自進，〔一八〕人自以爲親，人思所以報，賢愚能否，在陛下之所用，以此治事，何事不辦！以此建功，何功不成！每有軍事，〔一九〕詔書常曰：「誰當憂此者邪？吾當自憂耳！」近詔又曰：「憂公忘私者，必不然；但先公後私，即自辨也。」〔二〇〕伏讀明詔，乃知聖思究盡下情，然亦怪陛下不知其本而憂其末也。〔二一〕人之能否，實有本性，雖臣亦以爲朝臣不盡稱職也。明主之用人也，使能者不敢遺其力，而不能者不得處非其任。選舉非其人，未必爲有罪也；舉朝共容非其人，乃爲怪耳！陛下知其不盡力也，而代之憂其職；知其不能也，而教之治其事；豈徒主勞而臣逸哉！雖聖賢並世，終不能以此爲治也。

陛下又患臺閣禁令之不密，人事請屬之不絕，聽伊尹作迎客出入之制，選司徒更惡吏以守寺門，〔二二〕威禁由之，實未得爲禁之本也。昔漢安帝時，少府竇嘉辟廷尉郭躬無罪之兄子，猶見舉奏，章劾紛紛。〔二三〕近司隸校尉孔羨辟大將軍狂悖之弟，而有司嘿爾，望風希指，甚於受屬。選舉不以實，人事之大者也。臣松之案：大將軍，司馬宣王也。晉書云：「宣王第五弟名通，爲司隸從事。」疑恕所云狂悖者。通子順，封龍陽亭侯。晉初受禪，以不達天命，守節不移，削爵土，徙武威。〔二四〕嘉有親戚之寵，躬非社稷重臣，猶尚如此，以今況古，陛下自不督必行之罰，以絶阿黨之原耳。伊尹之制，〔二五〕與惡吏守門，非治世之具也。使臣之言少蒙察納，何患於姦不削滅，而養若昭等乎！

夫糾擿姦宄，忠事也；然而世憎小人行之者，以其不顧道理而苟求容進也。若陛下不復考其終始，必以違衆忤世爲奉公，密行白人爲盡節，〔二六〕焉有通人大才而更不能爲此邪？誠顧道理而弗爲耳！使天下皆背道而趨利，則人主之所最病者，陛下將何樂焉？胡不絶其萌乎！夫先意承旨，以求容美，率皆天下淺薄無行義者，其意務在於適人主之心而已，非欲治天下，安百姓也。陛下何不試變業而示之？彼豈執其所守，以違聖意哉！夫人臣得人主之心，安業也；處尊顯之官，榮事也；食千鍾之禄，厚實也。人臣雖愚，未有不樂此而喜于迕者也，迫於道，自彊耳。誠以爲陛下當憐而佑之，〔二七〕少委任焉；如何反録昭等傾側之意，而忽若人者乎！今者外有伺隙之寇，內有貧曠之民，陛下當大計天下之損益，政事之得失，誠不可以怠也。〔二八〕

恕在朝八年，其論議亢直，皆此類也。

〔一〕宋本無「言」字。
〔二〕此疏通鑑編入太和六年。
〔三〕胡三省曰：「續漢志：尚書左右丞各一人，掌録文書期會。左丞主吏民章報及騶伯史，右丞主假署印綬，及紙筆墨諸財用庫藏。蔡質漢儀曰：左丞總典臺中綱紀，無所不統。魏、晉之制，左丞主臺内禁令、宗廟祠祀、朝儀禮制、選用署吏、急假；右丞掌臺内庫藏、廬舍、凡諸器用之物，及廩振人租布、刑獄、兵器，督録遠道文書、章表、奏事。罰，罪罰也；闢，白也。言有罪罰，當闢白；而不依詔書，故坐以判問。判，剖也，析也；問，責問也。剖析其事，而責問之也。」
〔四〕胡三省曰：「廉昭又云：諸當坐者別奏。意欲并奏令僕坐之。」
〔五〕嚴衍曰：「處重者，養重也。自處於重，而一置人言於不辨，有似於恭者矯不敢也。」
〔六〕通鑑作「亦不敢陳理，志意懇惻」。
〔七〕此韓信之言。百里奚，虞之大夫。虞公不能用以亡，秦穆公用之而霸。
〔八〕豫讓事范中行，智伯伐而滅之，移事智伯。後趙襄子滅智伯，豫讓漆身吞炭，必報襄子，五起而不中。人問豫讓，讓曰：范中行衆人遇我，我故衆人報之；智伯國士遇我，我故國士報之。
〔九〕百官志：「司隷校尉，掌察舉百官以下，及京師近郡犯法者。御史中丞，在殿中密舉非法。」
〔一〇〕通鑑「儁」作「俊」。
〔一一〕通鑑作「臣以爲忠臣不必親，親臣不必忠。今有疏者毀人，而陛下疑其私報；所憎譽人，而陛下疑其私愛。所親左右或因之以進憎愛之説，遂使疏者不能毀譽」。胡三省曰：「此言帝信其所親，而疑其所疏，遂使在遠之臣不敢言，以至是非失其真也。」
〔一二〕有道，謂有道之士也。

〔一三〕毛本「乎」作「何」，誤。胡三省曰：「以，用也。見論語。」
〔一四〕通鑑作「言不賢則不可爲大臣，爲大臣則不可不用也。」
〔一五〕共工、驩兜、鯀、三苗，世濟其惡，然後去之。
〔一六〕通鑑作「不言有罪，無問大小則去也」。胡三省曰：「言小過當略而不問。」
〔一七〕通鑑作「各陳所有」。
〔一八〕宋本「進」作「盡」，通鑑同。
〔一九〕胡三省曰：「謂二邊有警急之時也。」
〔二〇〕通鑑「辨」作「辦」。胡三省曰：「近詔，謂近日所下詔也。」
〔二一〕宋本「知」作「治」，通鑑同。胡三省曰：「爲治之本，在於任賢，事之治不治，乃其末也。」
〔二二〕通鑑作「定迎客出入之制，以惡吏守寺門」。胡三省曰：「寺門，官寺之門也。」孫志祖曰：「聽伊尹三字不可解。」俞正燮癸巳存稿卷七云：「伊尹之制，與惡吏守門，非治世之具也。伊尹當是人名。」
〔二三〕胡三省曰：「范書，郭躬，章帝元和三年拜廷尉，和帝永元六年卒，不及安帝時。蓋躬死後，竇嘉方辟其兄子也。」梁章鉅曰：「安帝當作和帝。後漢書竇融傳：郭躬爲廷尉，卒於和帝永元六年，不及安帝時也。」
〔二四〕趙一清曰：「晉書宗室傳，順字子思，初封習陽亭侯。及武帝受禪，歎曰：事乖唐、虞，而假爲禪名。遂悲泣。由是廢黜，徙武威姑臧縣。雖受罪流放，守意不移而卒。」
〔二五〕通鑑作「出入之制」。
〔二六〕胡三省曰：「謂潛伺人之過失，以白於上，乃以爲盡節也。」
〔二七〕宋本「佑」作「祐」。何焯曰：「恕言甚煩長，不能自達其意，泰初亦然。」弼按：此疏通鑑有删節，較整潔。
〔二八〕徐邈傳注引魏名臣奏：「黄門侍郎杜恕表稱韓觀、王昶，信有兼才；高官重任，不但三州。」

出爲弘農太守，數歲，轉趙相。〔一〕

魏略曰：恕在弘農，寬和有惠愛。及遷，以孟康代恕爲弘農。康字公休，安平人。〔二〕黄初中，以於郭后有外屬，〔三〕并受九親賜拜，遂轉爲散騎侍郎。是時，散騎皆以高才英儒充其選，而康獨緣妃嬙雜在其間，故于時皆共輕之，號爲阿九。康既無才敏，〔四〕因在宂官，博讀書傳，後遂有所彈駁，其文義雅而切要。衆人乃更加意。〔五〕正始中，出爲弘農，領典農校尉。康到官，清己奉職，〔六〕嘉善而矜不能。省息獄訟，緣民所欲，因而利之。郡領吏二百餘人，涉春遣休，常四分遣一。事無宿諾，時出案行，皆豫勑督郵平水，〔七〕不得令屬官遣人探候，修設曲敬。又不欲煩損吏民，常豫勑吏卒，行各持鎌，所在自刈馬草。不止亭傳，露宿樹下。又所從常不過十餘人。郡帶道路，其諸過賓客，自非公法，無所出給；若知舊造之，自出於家。康之始拜，衆人雖知其有志量，以其未嘗宰牧，不保其能也。而康恩澤治能乃爾，吏民稱歌焉。嘉平末，徙渤海太守，徵入爲中書令，後轉爲監。〔八〕

以疾去官。

杜氏新書曰：恕遂去京師，營宜陽一泉塢，〔九〕因其壘塹之固，〔一〇〕小大家焉。明帝崩，時人多爲恕言者。

起家爲河東太守，〔一一〕歲餘，遷淮北都督護軍，復以疾去。恕所在務存大體而已。其樹惠愛，益得百姓歡心，不及於畿。頃之，拜御史中丞。恕在朝廷，以不得當世之和，故屢在外任。〔一二〕復出爲幽州刺史，加建威將軍，使持節護烏丸校尉。時征北將軍程喜〔一三〕屯薊，〔一四〕尚書袁侃等戒恕曰：「程申伯處先帝之世，傾田園讓於青州。足下今俱杖節，使共屯一城，〔一五〕宜深有以待之。」而恕不以爲意。至官未期，有鮮卑大人兒，不由關塞，徑將數十騎詣州，州斬所從來小子一人，無表言上。喜於是劾奏恕，下廷尉，當死；以父畿勤事水死，〔一六〕免爲庶人，徙章武郡。〔一七〕是歲，嘉平元年。

杜氏新書曰：喜欲恕折節謝己，諷司馬宋權〔一八〕示之以微意。恕答權書曰：「況示委曲。夫法天下事，以善意相待，無不致快也；以不善意相待，無不致嫌隙也。而議者言，凡人天性皆不善，不當待以善意，更墮其調中。僕得此輩，便欲歸蹈滄海乘桴耳，不能自諧在其閒也。然以年五十二，不見廢棄，頗亦遭明達君子亮其本心。若不見亮，使人刳心著地，正與數斤肉相似，何足有所明？〔一九〕故終不自解說。程征北功名宿著，在僕前甚多，有人出征北乎！若令下官事無大小，咨而後行，則非上司彈繩之意，若咨而不從，又非上下相順之宜。故推一心，任一意，直而行之耳。殺胡之事，天下謂之是邪，是僕諧也；呼爲非邪，僕自受之，無所怨咎。〔二〇〕程征北明之亦善，不明之亦善。諸君子自共爲其心耳，不在僕言也。」喜於是遂深文劾恕。〔二一〕

恕倜儻任意，而思不防患，終致此敗。

〔一〕趙王幹之相也。

〔二〕趙一清曰：「通典州郡七，景初元年，河南尹盧延上言，成皋函谷二里六十步，宜卻函谷關於崤下。宏農太守杜恕議，以東徙潼關，著郡下，省函谷關，徙蒯關盧氏縣下。正始元年，宏農太守孟康上言，移函谷關，更號大崤關，又爲金關。顧氏祖禹謂此以關城既移，欲更定新關之名耳。一清案，潼關既建，函谷遂廢，蓋於此時也。孟康即注漢書者。師古漢書敘例曰，安平廣宗人。隋書經籍志：孟康漢書音義九卷。晉書王濬傳有太子洗馬孟康，別是一人。」

〔三〕郭后亦爲安平廣宗人。郭后傳，后姊子孟武。故云於郭后有外屬也。

〔四〕御覽作「康既才敏」。

〔五〕本志崔林傳，散騎侍郎孟康薦林。

〔六〕書鈔七十四引魏略，「清己」下有「平賦」二字。

〔七〕百官志有「水池及魚利多者置水官，主平水，收漁稅」。

〔八〕顏師古漢書敘例云，康封廣陵亭侯。隋書經籍志：「梁有漢書孟康音義九卷，亡。」唐經籍志：「漢書音義九卷，孟康撰。」藝文志：「孟康漢書音義九卷。」經典釋文敘録曰：「老子孟子注二卷，或云孟康。」姚振宗曰：「隋志：梁有老子二卷孟氏注，亡。似即此書。唐張君相三十家集解中有大孟、小孟二家，小孟或是孟智周，大孟當即是康。」

〔九〕趙一清曰：「水經洛水注，洛水又東逕一合塢南，城在川北原上，高二十丈。南北東三箱，天險峭絶，唯築西面，即爲合固。一合之名，起於是矣。方輿紀要卷四十八：福昌城，今河南宜陽縣治。杜佑曰：即故乙合塢。晉永嘉末，魏浚屯洛北石梁塢，族子該聚衆屯一泉塢，蓋其地險固可憑也。」

〔一〇〕宋本「塹」作「壍」。

〔一一〕李治敬齋古今黈卷四云：「起家者，蓋在家中而起爲此官也。傳嘏起家拜滎陽太守，王基起家爲河南尹是也。」意林云：「恕在河東，坐臥恒避父住處。」晉書劉毅傳：「毅僑居平陽，太守杜恕請爲功曹，沙汰郡吏百餘人，三魏稱焉。爲之語曰：但聞劉功曹，不聞杜府君。」趙一清曰：「據此，則恕曾爲平陽太守，而傳略之。」梁章鉅曰：「平陽縣屬河東，正始八年，始别置郡。是時尚未也。」

〔一二〕趙一清曰：「晉書杜預傳，父恕與宣帝不相能，遂以憂死。承祚所謂不得當世之和者，此也。然則務伯固魏室之純臣，而非道以終，元凱仕晉，爲之盡力平吴，功則高矣，其如有愧於王偉元何！」弼按：本傳恕論廉昭疏云：「司隸辟大將軍狂悖之弟，而有司嘿爾。」或以此見嫉歟？

〔一三〕程喜見管寧傳。

〔一四〕宋書百官志：「征北將軍一人，魏武置，秩二千。黃初中，位次三公。」郡國志：「幽州廣陽郡薊。」三國魏薊縣改屬燕國。一統志：「薊縣故城，今順天府大興縣西南。」

〔一五〕幽州刺史與征北將軍共屯薊。

〔一六〕事見前。

〔一七〕趙一清曰：「晉志總敘，魏武置章武郡，分河閒、渤海置，治東平舒縣，今北直大城縣也。」

〔一八〕御覽「權」作「瓘」。

〔一九〕御覽「棄」下有「者」字，「似」下有「耳」字，「明」下有「邪」字。

〔二〇〕毛本「咎」作「咨」。

〔二一〕御覽三百七十六引此作篤論。

初，恕從趙郡還，〔一〕陳留阮武亦從清河太守徵，俱自薄廷尉。〔二〕謂恕曰：「相觀才性可以由公道而持之不厲，器能可以處大官而求之不順，才學可以述古今而志之不一，此所謂有其才而無其用。今向閒暇，可試潛思，成一家言。」在章武，遂著體論八篇。〔三〕

杜氏新書曰：以爲人倫之大綱，莫重於君臣；立身之基本，莫大於言行；安上理民，莫精於政法；勝殘去殺，莫善於用兵。夫禮也者，萬物之體也；萬物皆得其體，無有不善，故謂之體論。〔四〕

又著興性論一篇，蓋興於爲己也。四年，卒於徙所。〔五〕

〔一〕上文言爲趙相，趙王幹後未徙封，此傳云趙郡者何也？

〔二〕趙一清曰：「薄當作簿，謂對簿也。」

〔三〕嚴可均曰：「隋志儒家杜氏體論四卷，魏幽州刺史杜恕撰。舊、新唐志同。八篇者，一君、二臣、三言、四行、五政、六法、七聽察、八用兵。四卷者，卷凡二篇。其書蓋亡於唐末。羣書治要載有六千餘言，不著篇名，審觀知是君、臣、行、政、法、聽察六篇，其餘言篇、用兵篇略見御覽、六帖，而意林以自敘終焉。今録出校定爲一卷。」又云：「隋志雜家梁有篤論四卷，杜恕撰，亡。新、舊唐志著於録，至宋復亡。魏志本傳稱恕有體論、興性論，無篤論。據意林引篤論水性勝火，人性勝志，攷實性、行二事，證知興性即篤論之首篇。據意林及御覽證知裴松之所引杜氏新書，即篤論之末篇。其書前數篇出恕手，後述敘家世、歷官引及魏書，并引及王隱晉書，證知東晉時編附，故稱新書，猶今之全書，而篤論其總名也。故梁七録、唐志有篤論無新書。余既校輯體論，因并采録篤論，依意林次第編定之。」又云：「藝文類聚八十七引杜恕篤邊論，蓋篤論之言邊事者，邊亦篇名。」弼按：杜恕著家戒，見邴原傳。

〔四〕嚴可均曰：「此蓋體論自敘篇。」

〔五〕當年五十六。通典州郡七：「河南福昌縣北有魏杜畿、杜恕墓。」

甘露二年，河東樂詳年九十餘，上書訟畿之遺績，朝廷感焉。詔封恕子預爲豐樂亭侯，邑百户。〔一〕

魏略曰：樂詳字文載。〔二〕少好學。建安初，詳聞公車司馬令南郡謝該〔三〕善左氏傳，乃從南陽步詣該，問疑難諸要。〔四〕今左氏樂氏問七十二事，詳所撰也。〔五〕所問既了，而歸鄉里。時杜畿爲太守，亦甚好學，署詳文學祭酒，使教後進，於是河東學業大興。至黄初中，徵拜博士。于時太學初立，有博士十餘人，學多褊狹，又不熟悉，略不親教，備員而已。惟詳五業並授，〔六〕其或難解，質而不解，詳無慍色，以杖畫地，牽譬引類，至忘寢食，以是獨擅名於遠近。詳學既精悉，〔七〕又善推步三五，別授詔與太史典定律歷。太和中，轉拜騎都尉。詳學優能少，故歷三世，竟不出爲宰守。至正始中，以年老罷歸於舍，本國宗族歸之，門徒數千人。〔八〕

〔一〕晉書杜預傳：「預父與宣帝不相能，遂以憂死，故預久不得調。文帝嗣立，預尚帝妹高陸公主，起家拜尚書郎，襲祖爵豐樂亭侯。鍾會伐蜀，以預爲鎮西長史。及會反，寮佐並遇害，唯預以智獲免。」沈家本曰：「恕以憂死，本傳不言，諱之也。」

〔二〕樂詳，魏略列儒宗傳，見王肅傳注。

〔三〕公車司馬令見管寧傳。

〔四〕范書謝該傳注引魏略，作「乃從南陽步涉詣許，從該問難諸要」。

〔五〕謝該傳：「該字文儀，南陽章陵人，善明春秋左氏，爲世名儒，門徒數百千人。建安中，河東人樂詳條左氏疑滯數十事以問該，皆爲通解之，爲謝氏釋行於世。」

〔六〕惠棟曰：「五業，五經也。漢督郵班碑云：嘖意五業。漢末章陵宋衷爲劉表五業博士。」

〔七〕通典八十一載樂詳外祖母服依周禮議，宋書禮志一載詳忌月設樂議，俱見嚴可均輯全三國文中。

〔八〕當陽左癖，或有淵源。姚振宗曰：「樂詳至魏末尚存，猶上書爲故君訟，而元凱受封。元凱左氏學或亦嘗從問焉。其左氏問七十二事作於建安初，時年三十餘，謝氏之釋，當亦録入此書。」

恕奏議論駮皆可觀，〔一〕掇其切世大事著于篇。

杜氏新書曰：恕弟理，字務仲。少而機察精要，畿奇之，故名之曰理。年二十一而卒。弟寬，字務叔。〔二〕清虛玄静，敏而好古，以名臣門户，少長京師，而篤志博學，絶於世務。其意欲探賾索隱，由此顯名，當塗之士多交焉。舉孝廉，除郎中，年四十二而卒。經傳之義，多所論駮，草創未就，惟删集禮記及春秋左氏傳解，今存于世。

預字元凱，司馬宣王女婿。王隱晉書稱預智謀淵博，明於理亂，常稱「德者非所以企及，立功立言，所庶幾也」。大觀羣典，謂公羊、穀梁詭辨之言，又非先儒説左氏未究丘明意，而横以二傳亂之。乃錯綜微言，著春秋左氏經傳集解；又參考衆家，謂之釋例。又作盟會圖、春秋長歷，備成一家之學，至老乃成。〔三〕尚書郎摯虞甚重之，曰：「左丘明本爲春秋作傳，而左傳遂自孤行；釋例本爲傳設，而所發明，何但左傳！故亦孤行。」〔四〕預有大功名於晉室，位至征南大將軍，開府，封當陽侯，食邑八千户。〔五〕子錫字世嘏，〔六〕尚書左丞。

晉諸公贊曰：嘏有器局。〔七〕預從兄斌，字世將，亦有才望，爲黄門郎，爲趙王倫所枉殺。嘏子乂，字洪治，〔八〕少有令名，爲丹陽丞，早卒。〔九〕阮武者，亦拓落大才也。〔一〇〕按阮氏譜：武父諶，字士信，徵辟無所就，造三禮圖傳於世。〔一一〕

杜氏新書曰：武字文業，闊達博通，淵雅之士。位止清河太守。武弟炳，字叔文，河南尹。精意醫術，撰藥方一部。〔一二〕炳子坦，字弘舒，晉太子少傅，平東將軍。坦弟柯，字士度。

荀綽兗州記曰：坦出紹伯父，亡；次兄當襲爵。父愛柯，言名傳之，遂承封。時幼小，不能讓，及長悔恨，遂幅巾而居。後雖出身，未嘗釋也。性純篤閑雅，好禮無違，存心經誥，博學洽聞。選爲濮陽王文學，遷領軍長史，喪官。王衍時爲領軍，哭之甚慟。

〔一〕馮本「駮」作「駁」。

〔二〕李龍官曰：「弟寬，監本作子寬。按，恕字務伯，理字務仲，寬字務叔，皆兄弟也。韓愈杜中散墓志亦云畿季子寬，可知子字爲弟字之誤，今改正。」潘眉曰：「唐書宰相世系表畿三子，恕、理、寬。」弼按：意林引篤論作少子寬，言畿之少子也。

〔三〕杜預春秋左氏經傳集解自序云：「古今言左氏春秋者多矣，今其遺文可見者十數家。大體轉相祖述，進不成爲錯綜經文以盡其變，退不守丘明之傳。於丘明之傳，有所不通，皆没而不説，而更膚引公羊、穀梁，適足自亂。預今所以爲異，專修丘明之傳以釋經，經之條貫必出於傳，傳之義例，總歸諸凡，推變例以正褒貶，簡二傳而去異端，蓋丘明之志也。其有疑錯，則備論而闕之，以俟後賢。然劉子駿創通大義，賈景伯父子、許惠卿皆先儒之美者也。末有潁子嚴者，雖淺近，亦復名家，故特舉劉、賈、許、潁之違，以見同異。分經之年與傳之年，相附比其義類，各隨而解之，名曰經傳集解。又别集諸例及地名、譜第、歷數相與爲部，凡四十部，十五卷，皆顯其異同，從而釋之，名曰釋例。將令學者觀其所聚異同之説，釋例詳之也。」晉書杜預傳：「預立功之後，從容無事，乃耽思經籍，爲春秋左氏經傳集解；又參考衆家譜第，謂之釋例；又作盟會圖、春秋長歷，備成一家之學，比老乃成。當時論者，謂預文義質直。」隋書經籍志：「春秋左氏經傳集解三十卷，杜預撰。春秋釋例十五卷，杜預撰。」經典釋文序録：「杜預經傳集解三十卷，杜預春秋釋例十五卷，四十篇，杜預音三卷。」又云：「舊夫子之經，與丘明之傳各卷。杜氏合而釋之，故曰經傳集解。」四庫提要云：「言左傳者，孔奇、孔嘉之説，久佚不傳；賈逵、服虔之説，亦僅偶見他書。今世所傳，惟杜注孔疏爲最古。杜注多强經以就傳，孔疏亦多左杜而右劉，是皆篤信專門之過，不能不謂之一失。然有注疏而後左氏之義明，左氏之義明而後二百四十二年内善惡之跡，一一有徵。後儒妄作聰明，以私臆談褒貶者，猶得據傳文以知其謬，則漢、晉以來，藉左氏以知經義，宋、元以後，更藉左氏以杜臆説矣。傳與注疏均謂有大功於春秋可也。」又云：「釋例一書，以經之條貫，必出於傳，傳之義例，歸總於凡。左傳稱凡者五十，其别四十有九，皆周公之垂法，史書之舊章。仲尼因而修之，以成一經之通體。諸稱書、不書、先書、故書、不言、不稱、書曰之類，皆所以起新緒，發大義，謂之變例。亦有舊史所不書，適合仲尼之意者。仲尼即以爲義，非互相比較，則褒貶不明，故别集諸例及地名、譜第、歷數，相與爲部。先列經傳數條，以包通其餘，而傳所述之凡繫焉。更以己意申之，名曰釋例。地名本之泰始郡國圖，世族譜本之劉向世本。與集解一經一緯，相爲表裏。晉書稱預自平吴後，從容無事，乃著集解。又參考衆家譜第，謂之釋例，又作盟會圖、春秋長歷，備成一家之學，比老乃成。今考土地名篇，稱孫氏僭號於吴，故江表所記特略，則其屬稾實在平吴以前，故所列多兩漢、三國之郡縣，與晉時不盡合。至盟會圖、長歷則皆書中之一篇，非別爲一書。觀預所作集解序可見。史所言者未詳。晉書又稱當時論者，謂預文義質直，世人未之重，惟祕書監摯虞賞之。考嵇含南方草木狀稱晉武帝賜杜預蜜香紙萬番，寫春秋釋例及經傳集解，則當時固重其書，史所言者，亦未盡確也。其書自隋書經籍志而後，並著於録，均止十五卷。惟元吴萊作後序云四十卷，豈元時所行之本，卷次獨分析乎？自明以來，是書久佚，惟永樂大典中尚存三十篇，並有唐劉蕡原序，其六篇有釋例而無經傳，餘亦多有脱文。謹隨篇掇拾，取孔穎達正義及諸書所引釋例之文補之，校其譌謬，釐爲四十七篇，仍分十五卷，以還其舊。吴萊後序亦並附焉。案：預集解序云：釋例凡四十部，崇文總目云，凡五十三例，而孔穎達正義則云：釋例事同則爲部，小異則附出，孤經不及例者，聚於終篇。四十部次第，從隱即位爲首，先有其事，則先次之。世族、土地，事既非例，故退之終篇之前，是土地名起於宋、衛遇于垂，世族譜起於無駭卒。無駭卒在遇垂之後，故地名在世族前。今是書原目不可考，故因孔氏所述之大旨，推而廣之，取其事之見經先後爲序，長歷一篇則次之土地名、世族譜後，以集解序述歷數在地名、譜第後也。土地名篇釋例云：據今天下郡國縣邑之名，山川道涂之實，爰及四表，皆圖而備之。然後以春秋諸國邑盟會地名附列之，名曰古今書春秋盟會圖，別集疏一卷附之。釋例所畫圖，本依官司空圖，據泰始之初郡國爲正。孫氏初平，江表十四郡皆貢圖籍，荆、揚、徐三州皆改從今爲正，不復依用司空圖。則是書應有圖而今已佚。又有附盟會圖疏，臚載郡縣，皆是元魏、隋、唐建置地名，非晉初所有，而陽城一條，且記唐武后事，當是預本書已佚，而唐人補輯。又土地名所釋，亦有後人增益之語，今仍録原文，而各加辨證於下方。考預書雖有曲從左氏之失，而用心周密，後人無以復加。其例亦皆參考經文，得其體要，非公、穀二家穿鑿月日者比。摯虞謂左丘明本爲春秋作傳，而左傳遂自孤行，釋例本爲傳設，而所發明何但左傳，故亦孤行，良非虛美。」周中孚鄭堂讀書記云：「左氏之學，興于賈逵、服虔、董遇、鄭衆、潁容諸家。元凱承諸儒之後，亦專修丘明之傳以釋經，尋端究緒，舍短録長，大而天官地理，細而名物典文，罔弗剖析微淵，敷暢旨趣。是以學左氏者，稱丘明爲孔子素臣，稱元凱爲丘明功臣。雖偏私黨護，間有瑕疵，如崔靈恩、衛冀隆所難，劉炫所規，然亦猶夫范升摘左氏之違，何休祖李育之議，朽壤一撮，曾不足以輕重泰山也。」吴承仕經典釋文序録疏證云：「鄭、賈當古學始興之時，冀幸立學，以與公羊家相抗，又漸染俗説，弗能棄捐。鄭衆難作長義十九條，十七事，專論公羊之短，左氏之長；賈逵亦作長義四十一條，以爲公羊可奪，左氏可興。猶謂左氏同公羊者，什有七八。服、鄭之倫，頗同此比。迄於魏、晉，則以劉、賈、許、潁最爲名家。至杜預撰集解，簡二傳，去異端，舉四家之失違，明姬、孔之條貫，於是漢師怪迂之談，亦庶幾少息矣。」吴士鑑曰：「本傳於釋例外，復有會盟圖、春秋長歷。隋志引七録作春秋古今盟會地圖一卷，通志略復有地名譜、小公子譜，宋志復有春秋世譜，要皆分晰釋例，別自爲書也。」黄逢元曰：「王隱晉書云：預作釋例，又作盟會圖、春秋長歷。一書分晰，隱已複誤。唐修晉書，悉本隱文，未及刪定。通志、宋志因而承之。」

〔四〕晉書杜預傳：「武帝謂預曰：卿有何癖？對曰：臣有左傳癖。」

〔五〕晉書預傳：「預拜度支尚書，在内七年，損益萬機，不可勝數，朝野稱美，號曰杜武庫。帝密有滅吴之計，而朝議多違，唯預、羊祜、張華與帝意合。祜病，舉預自代，拜預鎮南大將軍，都督荆州諸軍事。襲破吴西陵督張政。政，吴名將也。太康元年正月伐吴，克江陵。既平上流，於是沅、湘以南，至于交、廣，吴之州郡，望風歸命。時衆軍會議，宜俟來冬。預謂兵威已振，譬如破竹，數節之後，迎刃而解，無復着手處也。遂指授羣帥，徑造秣陵。孫皓既平，振旅凱入，以功進爵當陽縣侯，增邑并前九千六百户。」

〔六〕此云字世嘏。晉諸公贊云：「嘏有器局，嘏子乂。」以嘏爲名。未知孰是。然晉書杜乂傳云：「乂字弘理，成恭皇后父，鎮南將軍預孫，尚書左丞錫之子。」又不云嘏也。

〔七〕晉書預傳：「錫少有盛名，性亮直忠烈，屢諫愍懷太子，言辭懇切，太子患之。後置針著錫常所坐處氈中，刺之流血。」

〔八〕宋本「洪」作「弘」。晉書「治」作「理」，二字均避諱改。

〔九〕晉書外戚傳：「杜乂美姿容，王羲之見而目之曰：膚若凝脂，眼如點漆，此神仙人也。襲封當陽侯，早卒。」

〔一〇〕世説新語賞譽篇上注引杜篤新書曰：「阮武字文業，陳留尉氏人。父諶，侍中。」陳留志曰：「武族子籍，年總角，未知名。武見而偉之，以爲勝己。知人多此類。著書十八篇，謂之阮子，終於家。」隋經籍志：「梁有阮子正論五卷，阮武撰，亡。」存馬國翰輯本一卷，嚴可均輯六條。或曰：此詳諸杜而忽及阮武者，疑有脱誤。豈以其父著書而類及歟？

〔一一〕隋志：「三禮圖九卷，鄭玄及後漢侍中阮諶等撰。」

〔一二〕隋志：「梁有阮河南藥方十六卷，阮文叔撰，亡。」唐經籍志：「阮河南方十六卷，阮炳撰。」此作字叔文，隋志作文叔，未知孰是。

鄭渾字文公，河南開封人也。〔一〕高祖父衆，衆父興，皆爲名儒。〔二〕

續漢書曰：興字少贛，諫議大夫。衆字子師，〔三〕大司農。

渾兄泰，與荀攸等謀誅董卓，爲揚州刺史，卒。

張璠漢紀曰：泰字公業，少有才略，多謀計。知天下將亂，陰交結豪傑。家富於財，有田四百頃，而食常不足，名聞山東。舉孝廉，三府辟，公車徵，皆不就。何進輔政，徵用名士，以泰爲尚書侍郎，〔四〕加奉車都尉。〔五〕進將誅黄門，〔六〕欲召董卓爲助。泰謂進曰：「董卓彊忍寡義，志欲無饜，若借之朝政，授之大事，將肆其心，以危朝廷。〔七〕以明公之威德，據阿衡之重任，秉意獨斷，誅除有罪，誠不待卓以爲資援也。〔八〕且事留變生，其鑒不遠。」〔九〕又爲陳時之要務，進不能用，乃棄官去。謂潁川人荀攸曰：「何公未易輔也。」進尋見害。卓果專權，廢帝。關東義兵起，〔一〇〕卓會議大發兵，羣寮咸憚卓，莫敢忤旨。泰恐其彊，益將難制。乃曰：「夫治在德，不在兵也。」卓不悅，曰：「如此，兵無益邪？」〔一一〕衆人莫不變容，爲泰震慄。泰乃詭辭而對曰：〔一二〕「非以無益，以山東不足加兵也。〔一三〕今山東議欲起兵，州郡相連，人衆相動，非不能也。然中國自光武以來，無雞鳴犬吠之驚，〔一四〕百姓忘戰日久。仲尼有言，不教民戰，是謂棄之。雖衆，不能爲害，一也。〔一五〕明公出自西州，少爲國將，〔一六〕閑習軍事，數踐戰場，名稱當世，以此威民，民懷懾服，二也。袁本初公卿子弟，生處京師，體長婦人，張孟卓東平長者，坐不窺堂，〔一七〕孔公緒能清談高論，〔一八〕噓枯吹生，〔一九〕無軍帥之才，〔二〇〕負霜露之勤，臨鋒履刃，決敵雌雄，皆非明公敵，三也。〔二一〕察山東之士，力能跨馬控弦，勇等孟賁，捷齊慶忌，信有聊城之守，〔二二〕策有良、平之謀，可任以偏師，責以成功，未聞有其人者，四也。就有其人，王爵不相加，婦姑位不定，〔二三〕各恃衆怙力，將人人棊跱，〔二四〕以觀成敗，不肯同心共膽，率徒旅進，〔二五〕五也。〔二六〕關西諸郡，北接上黨、太原、馮翊、扶風、安定，自頃以來，數與胡戰，婦女戰戟挾矛，弦弓負矢，〔二七〕況其悍夫！以此當山東忘戰之民，譬驅羣羊向虎狼，其勝可必，六也。且天下之權勇，〔二八〕今見在者，不過并、涼、匈奴、屠各、湟中義從，八種西羌，〔二九〕皆百姓素所畏服。而明公權以爲爪牙，〔三〇〕壯夫震慄，況小醜乎！七也。又明公之將帥，皆中表腹心，周旋日久，自三原、狹口以來，〔三一〕恩信醇著，忠誠可遠任，智謀可特使，以此當山東解合之虛誕，〔三二〕實不相若，八也。〔三三〕夫戰有三亡：以亂攻治者亡，以邪攻正者亡，以逆攻順者亡。今明公秉國政平，〔三四〕討夷凶宦，忠義克立。以三德待於三亡，奉辭伐罪，誰人敢禦！九也。東州有鄭康成，〔三五〕學該古今，儒生之所以集；北海邴根矩，〔三六〕清高直亮，羣士之楷式。彼諸將若詢其計畫，案典校之彊弱，燕、趙、齊、梁非不盛，終見滅於秦；吴、楚七國非不衆，而不敢踰滎陽。〔三七〕況今德政之赫赫，股肱之邦良，欲造亂以徼不義者，必不相然贊成其凶謀，〔三八〕十也。若十事少有可采，無事徵兵，以驚天下，使患役之民，相聚爲非，棄德恃衆，以輕威重。」卓乃悦，以泰爲將軍，統諸軍擊關東。或謂卓曰：「鄭泰智略過人，而結謀山東，今資之士馬，使就其黨，竊爲明公懼之。」卓收其兵馬，留拜議郎。後又與王允謀共誅卓，〔三九〕泰脱身自武關走，〔四〇〕東歸。後將軍袁術以爲揚州刺史，未至官，道卒，時年四十一。〔四一〕

渾將泰小子袤，避難淮南，袁術賓禮甚厚。渾知術必敗，時華歆爲豫章太守，素與泰善，渾乃渡江投歆。太祖聞其篤行，召爲掾，復還下蔡長、邵陵令。〔四二〕天下未定，民皆剽輕，不念産殖。其生子無以相活，率皆不舉。渾所在奪其漁獵之具，課使耕桑；又兼開稻田，重去子之法。民初畏罪，後稍豐給，無不舉贍。所育男女，多以鄭爲字。〔四三〕辟爲丞相掾屬，〔四四〕遷左馮翊。

〔一〕郡國志：「司隸河南尹，開封。」魏正始三年，分河南置滎陽郡，見水經注。開封縣改屬滎陽。一統志：「開封故城，在今河南省開封府祥符縣南五十里。」謝鍾英曰：「今開封府城西十五里。」

〔二〕范書鄭興傳：「興少學公羊春秋，晚善左氏傳，遂積精深思，通達其旨，同學者皆師之。天鳳中，將門人從劉歆講正大義，歆美興才，使撰條例、章句、訓詁，及校三統歷。興好古學，尤明左氏、周官，長於歷數。自杜林、桓譚、衛宏之屬，莫不斟酌焉。世言左氏者，多祖於興，而賈逵自傳其父業，故有鄭、賈之學。」鄭衆傳：「衆年十二，從父受左氏春秋，精力於學。明三統歷，作春秋難記條例，兼通易、詩，知名於世。永平初，以明經給事中；八年，持節使匈奴，不屈。建初六年，爲大司農，受詔作春秋删十九篇。八年，卒官。子安世，亦傳家業。順帝立，除安世子亮爲郎。」惠棟曰：「世系云：衆生城門校尉安世，安世生騎都尉綝，綝生上計椽熙。熙二子泰、渾。」沈家本曰：「後漢鄭衆傳曰曾孫公業。鄭太傳曰司農衆之曾孫。渾既泰弟，則當云曾祖父衆，高字誤。」

〔三〕范書作字仲師。

〔四〕續漢志：「尚書凡六曹，侍郎三十六人，四百石。一曹有六人，主作文書起草。」

〔五〕范書鄭太傳作「遷侍御史」，通鑑從之。

〔六〕范書作「進將誅閹宦」。

〔七〕范書作「將恣凶慾，必危朝廷」。通鑑同。

〔八〕范書作「誠不宜假卓以爲資援也」。通鑑同。

〔九〕胡三省曰：「謂竇武之事，可爲殷鑒也。」

〔一〇〕范書云：「公業等與侍中伍瓊、卓長史何顒共説卓，以袁紹爲勃海太守，以發山東之謀。」

〔一一〕范書作「如卿此言，兵爲無用邪」。

〔一二〕李賢曰：「詭，猶詐也。」

〔一三〕范書作「非謂無用，以山東不足加大兵耳。如有不信，試爲明公略陳其要」。

〔一四〕馮本「犬」作「狗」，「驚」作「警」。

〔一五〕范書作「今山東合謀，州郡連結，人庶相動，非不彊盛。然光武以來，中國無警，百姓優逸，忘戰日久。仲尼有言，不教人戰，是謂棄之。其衆雖多，不能爲害，一也。」

〔一六〕通鑑作「少爲將帥」。

〔一七〕李賢曰：「孟卓名邈。坐不窺堂，言不妄視也。」王先謙曰：「言不出帷房也。」

〔一八〕孔伷，字公緒。

〔一九〕李賢曰：「枯者，噓之使生；生者，吹之使枯。言談論有所抑揚也。」

〔二〇〕宋本「軍」作「將」。

〔二一〕范書作「並無軍旅之才，執鋭之幹，臨鋒決敵，非公之儔，三也」。胡三省曰：「謂臨兵鋒而與敵人決勝負也。」

〔二二〕李賢曰：「説苑：孟賁水行不避鮫龍，陸行不避虎狼，發怒吐氣，聲響動天。許慎注淮南子曰：孟賁，衛人也。呂氏春秋曰：孟賁過河，先於其伍，船人怒以楫，虓其頭，不知其孟賁故也。中河，孟賁瞋目視船人，髮植目裂，舟中人盡播入河。慶忌，吴王僚子也。射之，矢滿把，不能中；駟馬追之，不能及。史記燕將攻下聊城，因保守之，齊將田單攻之，歲餘不下。」

〔二三〕范書作「就有其人，而尊卑無序，王爵不加」。

〔二四〕劉攽曰：「范書棊作基。案文當作棊。謂如碁不動，作基無理。」范書「跱」作「峙」。章懷注：「峙，止也。」

〔二五〕范書作「與齊進退」。

〔二六〕胡三省曰：「此數語公業雖以釋言於卓，然關東諸將情態，實不過如此。」

〔二七〕范書作「婦女猶戴戟操矛，挾弓負矢」。王先謙曰：「戟不能戴。」弼按：「弦弓」應作「挾弓」，應從范書。

〔二八〕「權」疑作「强」。

〔二九〕李賢曰：「義從八種，並見西羌傳。」

〔三〇〕范書「權」作「擁」，是。

〔三一〕趙一清曰：「狹口當作硤口，即望垣硤，見後漢書董卓傳。」李賢曰：「望垣縣屬天水郡。」王先謙曰：「今甘肅秦州西北。」

〔三二〕「解」疑作「假」。

〔三三〕范書作「忠誠可任，智謀可恃，以膠固之衆，當解合之埶，猶烈風埽彼枯葉，八也」。

〔三四〕范書作「平正」。

〔三五〕康成青州北海郡高密縣人，故曰東州。

〔三六〕邴原字根矩，北海郡朱虛縣人。

〔三七〕「熒」當作「滎」。

〔三八〕宋本「贊」作「讚」。

〔三九〕何焯曰：「范書作與何顒、荀攸謀共殺卓，爲得其實。」

〔四〇〕吴熙載曰：「武關，今陝西商州。」

〔四一〕宋本作「四十二」，范書同。

〔四二〕下蔡見蔣濟傳，召陵見文紀黄初六年。

〔四三〕御覽「字」作「名」。潘眉曰：「零陵先賢傳，漢末多事，國用不足，産子一歲，輒出口錢，民多不舉子。蓋是時民窮財盡，懼出口錢，因不舉子。鄭渾先課耕桑，開稻田，令其豐給，無不舉育，法之善者也。」

〔四四〕魏武選辟掾屬，皆擇當時篤行之士，世徒以求賢令爲詬病，殆未之深察耳。

時梁興等略吏民五千餘家爲寇鈔，諸縣不能禦，皆恐懼，寄治郡下。議者悉以爲當移就險。渾曰：「興等破散，竄在山阻，〔一〕雖有隨者，率脅從耳。今當廣開降路，宣喻恩信。而保險自守，此示弱也。」乃聚斂吏民，治城郭，爲守禦之備。遂發民逐賊，明賞罰，與要誓，其所得獲，十以七賞。百姓大悦，皆願捕賊，〔二〕多得婦女、財物。賊之失妻子者，皆還求降。渾責其得他婦女，然後還其妻子，於是轉相寇盜，黨與離散。又遣吏民有恩信者，分布山谷告喻，出者相繼，乃使諸縣長吏各還本治以安集之。興等懼，將餘衆聚鄜城。〔三〕太祖使夏侯淵就助郡擊之，渾率吏民前登，斬興及其支黨。〔四〕又賊靳富等，脅將夏陽長、邵陵令〔五〕并其吏民入磑山。渾復討，擊破富等，獲二縣長吏，將其所略還。及趙青龍者，殺左内史程休。渾聞，遣壯士就梟其首。前後歸附四千餘家，由是山賊皆平，民安産業。轉爲上黨太守。

〔一〕監本「阻」作「陽」，誤。

〔二〕何焯曰：「用此法則無兵而有兵矣，文公固善權變。」

〔三〕趙一清曰：「方輿紀要卷五十七，鄜城廢縣在陝西鄜州洛川縣東南七十里，漢屬左馮翊，後漢省。」

〔四〕夏侯淵傳：「建安十七年圍遂、超餘黨梁興於鄠，拔之，斬興，封博昌亭侯。」此傳則言鄭渾斬興，彼此互異。

〔五〕何焯曰：「渾爲司隸部左馮翊，夏陽乃其屬縣，若邵陵則屬汝南郡，爲豫州刺史部内。此因前有渾爲邵陵令之文而誤耳。其地當去夏陽不遠，或是郃陽之誤。」一統志：「夏陽故城，今陝西同州府韓城縣南二十里；郃陽故城，今同州府郃陽縣東南四十里。」

太祖征漢中，以渾爲京兆尹。渾以百姓新集，爲制移居之法，使兼複者與單輕者相伍，温信者與孤老爲比，勤稼穡，明禁令，以發姦者。〔一〕由是民安於農，而盜賊止息。及大軍入漢中，運轉軍糧爲最。又遣民田漢中，無逃亡者。太祖益嘉之，復入爲丞相掾。〔二〕文帝即位，爲侍御史，加駙馬都尉，遷陽平、沛郡二太守。〔三〕郡界下溼，患水潦，〔四〕百姓飢乏。渾於蕭、相二縣界〔五〕興陂遏，〔六〕開稻田，郡人皆以爲不便。渾曰：「地勢洿下，宜溉灌，終有魚稻經久之利，〔七〕此豐民之本也。」遂躬率吏民，興立功夫，一冬間皆成。比年大收，頃畝歲增，租入倍常，民賴其利，刻石頌之，號曰鄭陂。〔八〕轉爲山陽、魏郡太守，〔九〕其治放此。又以郡下百姓，苦乏材木，乃課樹榆爲籬，並益樹五果。榆皆成藩，五果豐實。入魏郡界，村落齊整如一，民得財足用饒。明帝聞之，下詔稱述，布告天下。遷將作大匠。〔一〇〕渾清素在公，妻子不免於飢寒。及卒，以子崇爲郎中。〔一一〕

晉陽秋曰：泰子袤，字材叔。〔一二〕泰與華歆、荀攸善，見袤曰：「鄭公業爲不亡矣！」〔一三〕初爲臨菑侯文學，〔一四〕稍遷至光禄大夫。〔一五〕泰始七年，以袤爲司空，固辭不受，終于家。子默，字思玄。晉諸公贊曰：默遵守家業，以篤素稱，位至太常。〔一六〕默弟質、舒、詡，皆爲卿。默子球，清直有理識，尚書右僕射，領選。球弟豫，爲尚書。

〔一〕何焯曰：「此非俗吏所知。安農息盜，皆在移居法中，勸稼穡，明禁令，是目。」

〔二〕渾列名勸進，見文紀注引禪代衆事。

〔三〕文紀：「黄初二年，以魏郡東部爲陽平郡。」吴增僅曰：「豫州沛郡，漢舊國，蓋漢末除國爲郡。」弼按：沛除國爲郡，不在漢末。詳見司馬芝傳注。

〔四〕御覽二百六十二「患」上有「常」字。

〔五〕蕭、相見明紀景初二年。

〔六〕錢大昭曰：「晉書食貨志遏作堨，疑與堰同。」

〔七〕御覽「有」作「成」。

〔八〕方輿紀要卷二十九，鄭陂在徐州蕭縣西北。

〔九〕郡國志：「兗州山陽郡，冀州魏郡。」

〔一〇〕將作大匠見崔琰傳注。晉書鄭袤傳：「宣帝謂袤曰：賢叔大匠，垂稱於陽平、魏郡，百姓蒙惠化。」

〔一一〕趙一清曰：「宋書鄭鮮之傳，高祖渾，魏將作大匠；曾祖襲，大司農。南史同。豈崇有二名邪？」弼按：或渾有二子，一名崇，一名襲，亦未可知。

〔一二〕晉書鄭袤傳作「字林叔」。又云：「高祖衆，漢大司農；父泰，揚州刺史。」范書鄭太傳云，太爲司農衆之曾孫。然按惠棟所引世系，則泰爲衆之玄孫，與晉書、范書均不合，或爲世系之誤。

〔一三〕晉書袤傳：「歆素與泰善，撫養袤如己子。」

〔一四〕晉書袤傳：「魏武帝初封諸子爲侯，精選賓友，袤與徐幹俱爲太子文學。」

〔一五〕袤官少府，見齊王紀嘉平六年注。列名奏永寧宫。晉書袤傳：「高貴鄉公即位，袤與河南尹王肅備法駕，奉迎於元城，封廣昌亭侯，徙光禄勳。毌丘儉作亂，景帝自出征之，謂王肅曰：唯不見鄭光禄爲恨。袤自輿追帝，遂與共載。曰：計將何先？袤曰：昔與儉俱爲臺郎，特所知悉，其人好謀而不達事情，自昔建勳幽州，志望無限，文欽勇而無算。今大軍出其不意，江、淮之卒鋭而不能固，深溝高壘以挫以氣，此亞夫之長也。帝稱善。及常道鄉公立，與議定策，進封安城鄉侯，邑千户。景元初，拜光禄大夫，封密陵伯，薨。時年八十五，謚曰元。」

〔一六〕晉書鄭默傳：「默起家秘書郎，封關内侯，遷司徒左長史，出爲東郡太守。值歲荒人飢，默輒開倉振給，乃舍都亭，自表待罪。詔書褒歎，比之汲黯。入爲散騎常侍，拜大鴻臚。遭母喪，舊制。既葬還職。默自陳懇，遂改定法令，聽大臣終喪，自默始也。服闋，爲大司農，轉光禄勳。太康元年卒，謚曰成。」隋書經籍志：「董卓之亂，獻帝西遷，圖書縑帛，軍人皆取爲帷囊，所收而西，猶七十餘載。兩京大亂，埽地皆盡。魏氏代漢，采掇遺亡，藏在秘書，中外三閣。魏秘書郎鄭默，始制中經，秘書監荀勖又因中經更著新簿。」又晉書列女傳：「袁妻曹氏，魯國薛人。袁先娶孫氏，早亡，聘之爲繼室。袁爲司空，其子默等又顯朝列，時人稱其榮貴。曹氏深懼盛滿，每默等升進，輒憂之，形於聲色。所獲禄秩，必班散親姻，務令周給，家無餘貲。」初學記職官部引王隱晉書曰：「鄭默字思玄，爲祕書郎。删省舊文，除其浮穢，著魏中經簿。中書令虞松謂默曰：『而今而後，朱紫别矣。』」梁阮孝緒七録序目曰：「魏、晉之世，文籍逾廣，皆藏在秘書，中外三閣。魏秘書郎鄭默，删定舊文，時之論者謂爲朱紫有别。晉領祕書監荀勖，因魏中經，更著新簿。」

倉慈字孝仁，淮南人也。[一]始爲郡吏。建安中，太祖開募屯田於淮南，以慈爲綏集都尉。[二]黃初末，爲長安令，清約有方，吏民畏而愛之。太和中，遷燉煌太守。[三]郡在西陲，以喪亂隔絶，曠無太守二十歲；大姓雄張，[四]遂以爲俗。前太守尹奉等，循故而已，[五]無所匡革。慈到，抑挫權右，[六]撫恤貧羸，甚得其理。舊大族田地有餘，而小民無立錐之土。慈皆隨口割賦，稍稍使畢其本直。[七]先是屬城獄訟衆猥，縣不能決，多集治下。慈躬往省閲，料簡輕重，[八]自非殊死，但鞭杖遣之，[九]一歲決刑，曾不滿十人。[一〇]又常日西域雜胡欲來貢獻，而諸豪族多逆斷絶；既與貿遷，欺詐侮易，多不得分明。胡常怨望，慈皆勞之。欲詣洛者，爲封過所，[一一]欲從郡還者，官爲平取，輒以府見物與共交市，使吏民護送道路。由是民夷翕然，稱其德惠。數年，卒官，吏民悲感，如喪親戚。圖畫其形，思其遺像。及西域諸胡聞慈死，悉共會聚於戊己校尉[一二]及長吏治下發哀。或有以刀畫面，以明血誠；又爲立祠，遥共

祠之。〔一三〕

魏略曰：天水王遷承代慈，雖循其迹，不能及也。金城趙基承遷後，復不如遷。至嘉平中，安定皇甫隆代基爲太守。初，燉煌不甚曉田，常灌溉滀水，使極濡洽，然後乃耕。又不曉作耬犂，〔一四〕用水，及種。人牛功力既費，而收穀更少。隆到，教作耬犂，又教衍溉，歲終率計，其所省庸力過半，得穀加五。又燉煌俗，婦人作裙，攣縮如羊腸，用布一疋。〔一五〕隆又禁改之，所省復不訾。故燉煌人以爲隆剛斷嚴毅不及於慈，至於勤恪愛惠，爲下興利，可以亞之。

〔一〕郡國志：「揚州九江郡。」沈志：「魏改九江曰淮南。」

〔二〕曹公置典農都尉，秩六百石或四百石，見劉昭注引魏志。而綏集都尉之名未見，當亦魏武所置。

〔三〕燉煌見王肅傳。

〔四〕御覽「張」作「豪」。

〔五〕尹奉見楊阜傳。按奉據祁山討馬超，非循故之吏。此傳歸美倉慈，故於前太守有抑辭。

〔六〕御覽「到」下有「大」字。

〔七〕「畢」疑作「界」。

〔八〕御覽「料簡」作「斟酌」。

〔九〕御覽作「便杖而遣之」。

〔一〇〕何焯曰：「治邊郡固宜寬簡。」

〔一一〕范書光武紀：「建武十三年詔曰：煩擾道上，疲費過所。」周禮司關「以節傳出之」，鄭玄云：「如今移過所文書。」古今注云：「凡傳，皆以木爲之，長五寸，書符信於上，又以一板封之，皆封以御史印章，所以爲信，如今之過所也。」按，過所文書，謂傳也。又按，過所若今之路文引。

〔一二〕戊己校尉見黃初三年。

〔一三〕范書鄧訓傳：「羌、胡聞訓卒，莫不吼號。或以刀自割，家家爲訓立祠。」蓋戎俗哀慕賢長官，風尚如此。

〔一四〕元本、吴本、毛本、官本作「樓犂」。齊民要術崔實云：「漢趙過教民耕殖，其法三犂共一牛，一人將之，下種挽耬，皆取備焉。日種一頃。耬車者，下種具也。狀如三足犂，中置耬斗藏種，以牛駕之。一人執之，且行且搖，種乃隨下。」燉煌人不曉作耬犂，故下種功力甚費，是則樓當作耬。

〔一五〕宋本「疋」作「匹」。

自太祖迄于咸熙，魏郡太守陳國吴瓘、〔一〕清河太守樂安任燠、京兆太守濟北顏斐、弘農太守太原令狐邵、濟南相魯國孔乂，或哀矜折獄，或推誠惠愛，或治身清白，或擿姦發伏，咸爲良二千石。〔二〕

瓘、燠事行無所見。魏略曰：顏斐字文林，有才學，丞相召爲太子洗馬。〔三〕黃初初，轉爲黃門侍郎，後爲京兆太守。始京兆從馬超破後，民人多不專于農殖，又歷數四二千石，取解目前，亦不爲民作久遠計。斐到官，乃令屬縣整阡陌，樹桑果。是時民多無車牛，斐又課民以閒月取車材，〔四〕使轉相教匠作車；〔五〕又課民無牛者，令畜豬狗，責以買牛。〔六〕始者，民以爲煩，一二年閒，家家有丁車、大牛。又起文學，聽吏民欲讀書者，復其小徭。又於府下起菜園，使吏役閒鉏治。〔七〕又課民當輸租時，車牛各因便致薪兩束，爲冬寒冰炙筆硯。於是風化大行，〔八〕吏不煩民，民不求吏。京兆與馮翊、扶風接界，二郡道路既穢塞，田疇又荒萊，人民飢凍，而京兆皆整頓開明，〔九〕豐富常爲雍州十郡最。〔一〇〕斐又清己，仰奉而已。於是吏民恐其遷轉也。至青龍中，司馬宣王在長安立軍市，而軍中吏士多侮侵縣民，〔一一〕斐以白宣王，宣王乃發怒，召軍市候，〔一二〕便於斐前杖一百。時長安典農與斐共坐，以爲斐宜謝，乃私推築斐。斐不肯謝，良久乃曰：「斐意觀明公受分陝之任，乃欲一齊衆庶，必非有所左右也。而典農竊見推築，欲令斐謝。假令斐謝，是更爲不得明公意也。」宣王遂嚴持吏士。自是之後，軍營、郡縣各得其分。後數歲，遷爲平原太守，吏民啼泣遮道，車不得前，步步稽留，〔一三〕十餘日乃出界。東行至崤而疾困。斐素心戀京兆，其家人從者見斐病甚，勸之，言「平原當自勉勵作健」。斐曰：「我心不願平原，汝曹等呼我，何不言京兆邪？」遂卒。還平原。京兆聞之，皆爲流涕，爲立碑，于今稱頌之也。

令狐邵字孔叔，父仕漢爲烏丸校尉。建安初，袁氏在冀州，邵去本郡家居鄴。九年，暫出到武安毛城中。〔一四〕會太祖破鄴，〔一五〕遂圍毛城。城破，執邵等輩十餘人，皆當斬。太祖閱見之，疑其衣冠也，問其祖考，而識其父，乃解放，〔一六〕署軍謀掾。仍歷宰守，後徙丞相主簿，出爲弘農太守，所在清如冰雪，妻子希至官省。〔一七〕舉善而教，恕以待人，不好獄訟，與下無忌。是時郡無知經者，乃歷問諸吏，有欲遠行就師，輒假遣，令詣河東就樂詳學，〔一八〕經麤明，乃還。因設文學，由是弘農學業轉興。至黄初初，徵拜羽林郎，遷虎賁中郎將，三歲，病亡。〔一九〕始，邵族子愚爲白衣時，常有高志，衆人謂愚必榮令狐氏，而邵獨以爲「愚性倜儻，〔二〇〕不脩德而願大，必滅我宗」。愚聞邵言，其心不平。及邵爲虎賁郎將，而愚仕進已多所更歷，所在有名稱。愚見邵，因從容言次，微激之曰：「先時聞大人謂愚爲不繼，愚今竟云何邪？」邵熟視而不答也。然私謂其妻子曰：「公治性度〔二一〕猶如故也。以吾觀之，終當敗滅。但不知我久當坐之不邪？將逮汝曹耳！」邵没之後，十餘年間，愚爲兖州刺史，果與王淩謀廢立，家屬誅滅。〔二二〕邵子華時爲弘農郡丞，以屬疏，得不坐。

案孔氏譜：〔二三〕孔乂字元儁，孔子之後。曾祖疇，字元矩，陳相。漢桓帝立老子廟於苦縣之賴鄉，〔二四〕畫孔子像於壁；疇爲陳相，立孔子碑於像前，今見存。〔二五〕乂父、祖皆二千石，乂爲散騎常侍，上疏規諫，語在三少帝紀。〔二六〕至大鴻臚。子恂字士信，晉平東將軍、衛尉也。

〔一〕御覽「璀」作「瓘」。

〔二〕何焯曰：「無政可以垂範後來，附見其名足矣。近代紛紛立傳，何知體要？」弼按：自建安至咸熙七十年閒，良二千石僅此數人，可知承祚擇取之嚴。

〔三〕續百官志：「太子洗馬比六百石，員十六人，職如謁者。太子出，則當直者在前導威儀。」案：猶是先馬之義也。輿服志，謁者古者一名洗馬。

〔四〕宋本「閒」作「閑」。

〔五〕御覽無「匠」字。

〔六〕御覽作「令畜豬，貴時賣以買牛」。

〔七〕御覽八百二四作「使吏民投閒灌治之」。

〔八〕書鈔七五引魏略，「風化」上有「勤厲禮學」四字。

〔九〕書鈔作「開闢」。

〔一〇〕錢大昭曰：「雍州，獻帝時置，即司隸所部七郡。後雖有分置，顏斐時當仍舊制，十疑作七。」弼按：司隸所部七郡，爲河南、河內、河東、弘農、京兆、馮翊、扶風。魏時分河南、河內、河東、弘農屬司州，京兆、馮翊、扶風屬雍州。錢氏謂雍州即司隸所部七郡，誤。吴增僅曰：「洪志，雍州統五郡，然曹魏雍州實統十郡，隴西五郡（隴西、南安、天水、安定、廣魏。)皆屬雍州。漢興入魏已省，新平及北地僑郡錯居馮翊、扶風、安定界中，晉志皆屬雍州，合之三輔，恰得十郡。」謝鍾英曰：「據三國志以秦州并入，移涼州之安定來屬，據通典并漢興於扶風爲十郡。」沈家本曰：「百官志注引獻帝起居注，建安十八年復禹貢之九州，雍州部郡得宏農、京兆、左馮翊、右扶風、上郡、安定、隴西、漢陽、北地、武都、武威、金城、西平、西郡、張掖、張掖屬國、酒泉、燉煌、西海、漢興、永陽、東安南凡二十二郡，則錢云即司隸所部七郡者，非也。其時涼州省入雍州。迨魏文帝即王位，又置涼州，(見張既傳)則武威、金城、西平、西郡、張掖、張掖屬國、酒泉、燉煌、西海九郡已不隸雍州。永陽，建安十九年省，見武紀。漢興郡，劉昭續志注曰：曹公分關中置，以游楚爲太守。事亦見張既傳。迨魏氏受禪，宏農改屬司州。漢興爲漢之嘉名，魏時必省。雍州僅得京兆、馮翊、扶風、上郡、安定、隴西、漢陽、北地、武都、南安十郡。顏斐爲京兆太守，在黄初初，其時雍州尚十郡，故魏略云然。迨後又分隴西爲秦州，以三輔屬司隸，則雍州屬郡不得而詳矣。錢氏以後漢制擬魏制，故往往多訛。」弼按：吴、謝、沈三説皆是，錢氏疑十作七者，誤也。

〔一一〕北宋本「侮侵」作「侵侮」。

〔一二〕續百官志：「大將軍部下有曲，曲有軍候一人，比六百石。」

〔一三〕毛本下「步」字作「涉」，誤。

〔一四〕官本攷證云：「御覽武安作安邑。」沈家本曰：「武安屬魏郡，下文云太祖破鄴，遂圍毛城，是其地與鄴相近，作武安爲是。安邑遠在河東也。武安毛城見武紀建安九年，毛城即毛嶺，在彰德府涉縣西四十五里。」

〔一五〕御覽「破」上有「攻」字。毛本「鄴」作「城」，誤。

〔一六〕毛本「放」作「於」，誤。錢大昭曰：「趙儼傳，既囚之，表府解放。」

〔一七〕宋本「至」作「到」。

〔一八〕樂詳事見杜畿傳注。

〔一九〕元本、監本、官本作「二歲」。

〔二〇〕倜儻，卓異也。

〔二一〕令狐愚字公治。

〔二二〕胡三省曰：「此晉人作魏史，所書云爾。」

〔二三〕孔氏譜，隋、唐志不著録。沈家本曰：「漢書孔光傳：『孔子生伯魚鯉。』師古曰：『伯魚先言其字者，孔氏自爲譜牒，示尊其先也。』」

〔二四〕毛本「立」誤作「位」，「鄉」誤作「卿」。郡國志：「豫州陳國苦縣。春秋時曰相，有賴鄉。」苦縣見武紀建安十六年。

〔二五〕水經陰溝水注：「過水北逕老子廟東，廟前有二碑，在南門外。漢桓帝遣中官管霸祠老子，命陳相邊韶撰文。碑北有雙石闕，闕北東側有孔子廟，廟前有一碑，西面，是陳相魯國孔疇建和三年立。」

〔二六〕正始八年冬十二月，散騎常侍諫議大夫孔乂因闕以進規諫。

評曰：任峻始興義兵，以歸太祖，闢土殖穀，倉庾盈溢，庸績致矣。蘇則威以平亂，既政事之良，又矯矯剛直，風烈足稱。杜畿寬猛克濟，惠以康民。鄭渾、倉慈，恤理有方。抑皆魏代之名守乎！恕屢陳時政，經論治體，〔一〕蓋有可觀焉。〔二〕

〔一〕宋本「論」作「綸」。張昭曰：「經綸本易屯象傳，而古本易有作經論字者，綸亦可作論。」

〔二〕劉咸炘曰：「任峻典農供食，餘皆郡守之有善政能安民殖土者。大亂之後，此爲急務。或曰：此即漢世循良傳也。而治才時時旁見，故閒及兵事。」

魏書十七

三國志十七

張樂于張徐傳第十七

張遼字文遠，雁門馬邑人也。〔一〕本聶壹之後，〔二〕以避怨變姓。少爲郡吏。漢末，并州刺史丁原以遼武力過人，召爲從事，使將兵詣京都。〔三〕何進遣詣河北募兵，得千餘人；還，進敗，以兵屬董卓。卓敗，以兵屬吕布，遷騎都尉。布爲李傕所敗，從布東奔徐州，領魯相，時年二十八。〔四〕太祖破吕布于下邳，〔五〕遼將其衆降，拜中郎將，賜爵關内侯。數有戰功，遷裨將軍。袁紹破，别遣遼定魯國諸縣。與夏侯淵圍昌豨於東海，〔六〕數月，糧盡，議引軍還。遼謂淵曰：「數日已來，每行諸圍，豨輒屬目視遼，又其射矢更稀，此必豨計猶豫，故不力戰。遼欲挑與語，儻可誘也。」〔七〕乃使謂豨曰：「公有命，使遼傳之。」豨果下與遼語，遼爲説「太祖神武，方以德懷四方，先附者受大賞」。豨乃許降。遼遂單身上三公山，〔八〕入豨家，拜妻子。豨歡喜，隨詣太祖。太祖遣豨還，責遼曰：「此非大將法也。」遼謝曰：「以明公威信著於四海，遼奉聖旨，〔九〕豨必不敢害故也。」從討袁譚、袁尚於黎陽，〔一〇〕有功，行中堅將軍。〔一一〕從攻尚於鄴，〔一二〕尚堅守不下。太祖還許，使遼與樂進拔陰安，〔一三〕徙其民河南。復從攻鄴，鄴破，遼別徇趙國常山，招降緣山諸賊及黑山孫輕等。從攻袁譚，譚破，别將徇海濱，破遼東賊柳毅等。還鄴，太祖自出迎遼，引共載，以遼爲盪寇將軍。〔一四〕復別擊荆州，定江夏諸縣，還屯臨潁，〔一五〕封都亭侯。從征袁尚於柳城，〔一六〕卒與虜遇，〔一七〕遼勸太祖戰，氣甚奮，太祖壯之，自以所持麾授遼。遂擊，大破之，斬單于蹋頓。

傅子曰：太祖將征柳城，遼諫曰：「夫許，天下之會也。今天子在許，公遠北征，若劉表遣劉備襲許，據之以號令四方，公之勢去矣！」太祖策表必不能任備，遂行也。

〔一〕郡國志：「并州雁門郡馬邑。」干寶搜神記曰：「昔秦人築城於武州塞内以備胡，城成而崩者數矣。有馬馳走其地，周旋反覆，父老異之，因依以築城，城乃不崩，遂名之爲馬邑。」一統志：「馬邑故城，今山西朔平府朔州城外西北隅古城是。」

〔二〕漢書匈奴傳：「漢使馬邑人聶翁壹閒闌出物與匈奴交易，陽爲賣馬邑城以誘單于。」師古曰：「姓聶名壹，翁者，老人之稱也。」

〔三〕趙一清曰：「宋百官志：荆州有從事史，在議曹從事史下，大較應是魏、晉以來置。據此傳，則他州亦有之，不獨荆州也。」弼按：宋書百官志：「刺史官屬有别駕從事史一人，從刺史行部；治中從事史一人，主財穀簿書；兵曹從事史一人，主兵事。部從事史每郡各一人，主察非法，漢制也。」又按續漢志百官志：「司隸校尉從事使十二人，每州刺史皆有從事史、假佐，員職略與司隸同。」蓋漢代通行官制如此。趙氏偶未細審，僅摘取荆州從事史一語耳。又按，從事史省稱從事，此傳使字屬下讀，如屬上當作史。

〔四〕通鑑：「建安三年，吕布遣北地太守雁門張遼攻劉備。」胡三省曰：「布以遼遥領北地太守耳。」

〔五〕下邳見武紀初平四年。

〔六〕郡國志：「徐州東海郡。」昌豨，初爲泰山屯帥，附於吕布。

〔七〕胡三省曰：「儻，或然之辭。」

〔八〕方輿紀要卷三十三：「山東沂州郯城縣有三公山，建安六年張遼單身上三公山，或以爲即馬陵山，在縣東十五里。」周壽昌曰：「三公山在今元氏縣西北三十里。洪氏隸釋載有光和四年三公山碑，今尚存。」弼按：張遼圍昌豨於東海，在今山東沂州府境，若元氏縣在今直隸正定府境，張遼無緣至此，周説誤。

〔九〕康發祥曰：「奉聖旨三字始見於此。」

〔一〇〕黎陽見武紀建安四年。

〔一一〕中堅將軍見齊王紀嘉平六年。

〔一二〕鄴見武紀建安八年。

〔一三〕郡國志：「魏郡陰安。」一統志：「陰安故城，今直隸大名府清豐縣北。」

〔一四〕洪飴孫曰：「盪寇將軍一人，第五品。」

〔一五〕郡國志：「豫州潁川郡臨潁。」一統志：「臨潁故城，今河南許州臨潁縣西北十五里。」

〔一六〕柳城見武紀建安十二年。

〔一七〕武紀：「建安十二年八月，公登白狼山，卒與虜遇。」

時荆州未定，復遣遼屯長社。〔一〕臨發，軍中有謀反者，夜驚亂，起火，一軍盡擾。遼謂左右曰：「勿動。是不一營盡反，必有造變者，欲以動亂人耳。」乃令軍中，其不反者安坐。遼將親兵數十人，中陣而立。有頃，定；即得首謀者殺之。陳蘭、梅成以氐、六縣叛，〔二〕太祖遣于禁、臧霸等討成，遼督張郃、朱蓋等討蘭。〔三〕成僞降禁，禁還，成遂將其衆就蘭，轉入灊山。灊中有天柱山，〔四〕高峻二十餘里，道險狹，步徑裁通，蘭等壁其上。遼欲進，諸將曰：「兵少道險，難用深入。」遼曰：「此所謂一與一，〔五〕勇者得前耳！」遂進到山下安營，攻之，斬蘭、成首，盡虜其衆。太祖論諸將功，曰：「登天山，履峻險，以取蘭、成，盪寇功也。」增邑，假節。

〔一〕長社見鍾繇傳。

〔二〕通鑑：「建安十四年，廬江人陳蘭、梅成據灊、六叛，操遣盪寇將軍張遼討斬之。」考異曰：「遼傳無年，按繁欽征天山賦云：建安十四年十二月甲子，丞相武平侯曹公東征臨川，未濟，羣舒蠢動，割有灊、六，乃俾上將盪寇將軍張遼治兵南岳之陽。又云：陟天柱而南徂，故置於此。」胡三省曰：「灊、六二縣皆屬廬江郡。」陳景雲曰：「氐當作灊。繁欽征天山賦爲遼平蘭、成而作，蘭、成初叛，本分據二邑，繼乃并兵於灊。此傳所載，與繁賦皆合也。郡國志：揚州廬江郡灊、六安。一統志：灊縣故城，在今安徽六安州霍山縣東北；六縣故城，在今六安州北。」趙一清謂氐六縣未詳，又謂豈六縣有氐種乎？錢儀吉説同，均誤。

〔三〕宋本「朱」作「牛」。

〔四〕灊山、天柱山均見何夔傳。

〔五〕此用左傳襄公二十五年齊申鮮虞語。

太祖既征孫權還，使遼與樂進、李典等將七千餘人屯合肥。〔一〕太祖征張魯，教與護軍薛悌，〔二〕署函邊曰：「賊至乃發。」俄而權率十萬衆圍合肥，〔三〕乃共發教。教曰：「若孫權至者，張、李將軍出戰，樂將軍守；護軍勿得與戰。」〔四〕諸將皆疑。〔五〕遼曰：「公遠征在外，比救至，彼破我必矣。是以教指及其未合逆擊之，折其盛勢，以安衆心，然後可守也。成敗之機，在此一戰，諸君何疑？」〔六〕李典亦與遼同。〔七〕於是遼夜募敢從之士，得八百人，椎牛饗將士，明日大戰。平旦，遼被甲持戟，先登陷陣，殺數十人，斬二將，大呼自名，衝壘入，至權麾下。權大驚，衆不知所爲，走登高冢，以長戟自守。遼叱權下戰，權不敢動，望見遼所將衆少，乃聚，圍遼數重。遼左右麾圍，直前急擊。圍開，遼將麾下數十人得出，餘衆號呼曰：「將軍棄我乎！」遼復還突圍，拔出餘衆。權人馬皆披靡，無敢當者。自旦戰至日中，吳人奪氣，還修守備，衆心乃安，諸將咸服。〔八〕權守合肥十餘日，城不可拔，乃引退。遼率諸軍追擊，幾復獲權。〔九〕太祖大壯遼，拜征東將軍。〔一〇〕

孫盛曰：夫兵固詭道，奇正相資，若乃命將出征，推轂委權，或賴率然之形，〔一一〕或憑掎角之勢，羣帥不和，則棄師之道也。至於合肥之守，縣弱無援，專任勇者則好戰生患，專任怯者則懼心難保。且彼衆我寡，必懷貪墯，以致命之兵，擊貪墯之卒，其勢必勝；勝而後守，守則必固。是以魏武推選方員，〔一二〕參以同異，爲之密教，節宣其用。事至而應，若合符契，妙矣夫！

建安二十一年，太祖復征孫權，到合肥，循行遼戰處，歎息者良久。乃增遼兵，多留諸軍，徙屯居巢。〔一三〕

〔一〕合肥見武紀建安十三年。

〔二〕薛悌見梁習傳注引魏略苛吏傳。

〔三〕事在建安二十年。

〔四〕胡三省曰：「操以遼、典勇鋭，使之戰；樂進持重，使之守。薛悌，文吏也，使勿得與戰。」

〔五〕通鑑作「諸將以衆寡不敵疑之」。

〔六〕「然後可守也」下通鑑作「進等莫對。遼怒曰：成敗之機，在此一戰，諸君若疑，遼將獨決之」。胡三省曰：「欲獨出戰也。」

〔七〕李典傳：「進、典、遼皆素不睦。典慨然曰：此國家大事，顧君計何如耳，吾可以私憾而忘公義乎？」

〔八〕御覽卷二百七十九引魏略云：「張遼爲孫權所圍，遼潰圍出，復入，權衆破走，由是威震江東。兒啼不肯止者，其父母以遼恐之。」方輿紀要卷二十六：「藏舟浦在廬州府城西北隅，張遼禦孫權鑿此，以藏戰艦處。」

〔九〕吴志孫權傳：「權與淩統、甘寧等在津北，爲魏將張遼所襲。統等以死扞權，權乘駿馬越津橋得去。」甘寧傳：「寧從權逍遥津北，張遼覘望知之，即將步騎奄至。寧引弓射敵，與統等死戰。」淩統傳：「張遼奄至津北，統率親近三百人陷圍，左右盡死，身亦被創，度權已免，乃還。」呂蒙傳：「權既徹兵，爲張遼等所襲。蒙與淩統以死扞衛。」合觀諸傳，則遼之戰功爲多，仲謀當日幾不免矣。

〔一〇〕魚豢曰：「四征，魏武置。黄初中位次三公。」見宋書百官志。

〔一一〕趙一清曰：「率然，常山蛇名。蓋陣勢似之，擊首則尾應，擊中則首尾皆應也。」

〔一二〕官本考證云：「御覽作是以魏武雜選武力。」

〔一三〕居巢見武紀建安二十二年。

關羽圍曹仁於樊，〔一〕會權稱藩，召遼及諸軍悉還救仁。遼未至，徐晃已破關羽，仁圍解。

遼與太祖會摩陂。〔二〕遼軍至，太祖乘輦出勞之，還屯陳郡。〔三〕文帝即王位，轉前將軍。〔四〕

魏書曰：王賜遼帛千匹，穀萬斛。

分封兄汎及一子列侯。孫權復叛，遣遼還屯合肥，進遼爵都鄉侯。給遼母輿車及兵馬，送遼家詣屯，勑遼母至，導從出迎。所督諸軍將吏皆羅拜道側，觀者榮之。〔五〕文帝踐阼，封晉陽侯，增邑千户，并前二千六百户。黄初二年，遼朝洛陽宫，文帝引遼會建始殿，親問破吴意狀。帝歎息顧左右曰：「此亦古之邵虎也。」〔六〕爲起第舍，又特爲遼母作殿，〔七〕以遼所從破吴軍應募步卒，皆爲虎賁。孫權復稱藩。遼還屯雍丘，〔八〕得疾。帝使侍中劉曄將太醫視疾，〔九〕虎賁問消息，道路相屬。疾未瘳，帝迎遼就行在所，車駕親臨，執其手，賜以御衣，太官日送御食。〔一〇〕疾小差，還屯。孫權復叛，〔一一〕帝遣遼乘舟，與曹休至海陵臨江。〔一二〕權甚憚焉，勑諸將：「張遼雖病，不可當也。慎之！」是歲，遼與諸將破權將吕範。遼病遂篤，薨於江都。〔一三〕帝爲流涕，謚曰剛侯。子虎嗣。六年，帝追念遼、典在合肥之功，詔曰：「合肥之役，遼、典以步卒八百，破賊十萬，自古用兵，未之有也。使賊至今奪氣，可謂國之爪牙矣！其分遼、典邑各百户，賜一子爵關内侯。」虎爲偏將軍，薨。子統嗣。〔一四〕

〔一〕胡三省曰：「樊城在襄陽東，北臨漢水。」謝鍾英曰：「在今襄陽府城北漢江上，與襄陽隔水對峙。」

〔二〕水經注：「摩陂縱廣可一十五里。」方輿紀要：「今河南汝州郟縣南。」

〔三〕郡國志：「豫州陳國。」吴增僅曰：「元和志，漢末陳王寵爲袁紹所殺，國除爲郡。」

〔四〕宋書百官志：「前將軍周末官，秦、漢因之。光武省，魏復置。」

〔五〕遼列名勸進，見上尊號奏。

〔六〕毛本「邵」作「召」。

〔七〕顧炎武曰：「後漢書蔡茂傳：夢坐大殿。注：屋之大者，古通呼爲殿。左思魏都賦：都護之室，殿居綺窗。是人臣亦得稱殿也。」

〔八〕雍丘見武紀興平二年。

〔九〕宋書百官志云：「漢三公病，遣中黄門問病，魏、晉則黄門郎，尤重者或侍中也。」遼位未至公，而遣侍中，蓋寵之也。趙、梁二家引此，誤作宋書禮志。

〔一〇〕毛本「太」作「大」，誤。續百官志：「太官令一人，六百石，掌御飲食。」

〔一一〕趙一清曰：「權無再服再叛之事，前後疊出，史家賸詞，陳承祚刊落不盡耳。」沈家本曰：「吴志孫權傳，建安二十二年春，權都尉徐詳詣曹公請降。二十五年春正月，曹公薨，太子丕代爲丞相魏王。秋，魏將梅敷使張儉求見撫納，南陽、陰、酇、筑陽、山都、中廬五縣民五千家來附。黄初二年，自魏文帝踐阼，權使命稱藩，及遣于禁等還。黄武元年，魏欲遣侍中辛毗、尚書桓階往與盟誓，并徵任子，權辭讓不受。秋九月，魏乃命曹休、張遼、臧霸出洞口云云。傳文先書請降，後書稱藩，是當日實有再服再叛之事。曹仁傳，文帝即王位，孫權遣將陳邵據襄陽，詔仁討之。仁與徐晃攻破邵，遂入襄陽。權傳注魏略載魏三公奏曰：先帝委裘下席，權不盡心，誠在惻怛，欲因大喪，寡弱王室，希託董桃傳先帝令，乘未得報許，擅取襄陽，及見驅(遂)〔逐〕，乃更折節。又載權與魏王牋曰：近得守將周泰、全琮等白事，過月六日，有馬步七百，徑到横江，又督將馬和復將四百人進到居巢。琮等聞有兵馬渡江，視之，爲兵馬所擊，臨時交鋒，大相殺傷。此魏、吴交兵之事實也。其又稱藩者，有西顧之憂耳。」

〔一二〕漢書地理志：「臨淮郡海陵。」續漢志：「明帝永平十五年臨淮郡更爲下邳國，屬徐州。」宋志云：「海陵縣三國時廢。晉太康二年復立。」吳志：「呂岱，廣陵海陵人。」是漢末復立，吳復廢之。胡三省曰：「廣陵即海陵」，說見孫權傳黃武元年。一統志：「海陵故城，今江蘇揚州府泰州治。」

〔一三〕馮本作「遼病篤，遂薨於江都」。郡國志：「徐州廣陵郡江都。」沈志：「江都縣，三國廢。」吳志孫策傳：「策居江都。」孫峻傳：「吳使呂據等自江都入淮、泗以圖青、徐。」是吳未廢也。一統志：「江都故城，今江蘇揚州府江都縣西南。」趙一清曰：「江都後屬吳。疆埸之閒，一彼一此，無常也。」

〔一四〕正始四年，遼從祀太祖廟庭。

樂進字文謙，陽平衞國人也。〔一〕容貌短小，以膽烈從太祖爲帳下吏。遣還本郡募兵，得千餘人，還爲軍假司馬、陷陣都尉。從擊呂布於濮陽，張超於雍丘，橋蕤於苦，〔二〕皆先登有功，封廣昌亭侯。從征張繡於安衆，圍呂布於下邳，破別將；擊眭固於射犬，攻劉備於沛，〔三〕皆破之，拜討寇校尉。渡河攻獲嘉，〔四〕還，從擊袁紹於官渡，力戰，斬紹將淳于瓊。〔五〕從擊譚、尚於黎陽，〔六〕斬其大將嚴敬，行游擊將軍。別擊黃巾，破之，定樂安郡。〔七〕從圍鄴，鄴定；從擊袁譚於南皮，先登，入譚東門。譚敗，別攻雍奴，〔八〕破之。建安十一年，〔九〕太祖表漢帝，稱進及于禁、張遼曰：「武力既弘，計略周備，質忠性一，守執節義。每臨戰攻，〔一〇〕常爲督率，奮彊突固，無堅不陷；自援枹鼓，手不知倦。又遣別征，統御師旅，撫衆則和，奉令無犯；當敵制決，靡有遺失。論功紀用，宜各顯寵。」於是禁爲虎威；進，折衝；〔一一〕遼，盪寇將軍。

〔一〕趙一清曰：「郡國志：東郡衛，公國。是以衛縣爲公國，以封周後，此國字爲史家賸詞。」錢大昕曰：「衛國漢屬東郡。建安十七年割衛國益魏郡，尋分魏郡爲東西部，衛當在東部管内。黄初二年，以魏之東部爲陽平郡，故衛國屬陽平也。晉志：衛屬頓丘，頓丘即故東郡所分。魏、晉之際，郡縣改隸無常如此。」一統志：「畔觀故城，在今山東曹州府觀城縣西，本古觀國。漢置畔觀縣，屬東郡。後漢建武十三年，改封周後姬常爲衛公國於此，因曰衛國縣。」馬與龍曰：「前志畔觀注應劭云：世祖更名衛國。魏武紀東郡之衛國，樂進傳陽平衛國人。河水注亦云衛國，皆沿應説致誤。惟續漢志云：衛，公國，本觀故國，尚存其實。范書光武紀、第五種傳並不云衛國，晉志亦祇作衛。」弼按：馬説與趙説合。李兆洛歷代地理志韻編今釋亦云：「東漢兗州東郡之衛縣，在今山東曹州府觀城縣西，與衛國縣有别。」

〔二〕東郡治濮陽，見武紀卷首。雍丘見武紀興平二年，苦見武紀建安十六年。

〔三〕安衆見武紀建安三年，下邳見武紀初平四年，射犬、沛均見武紀建安四年。

〔四〕郡國志：「司隸河内郡獲嘉。」一統志：「獲嘉故城，今河南衛輝府新鄉縣西南十二里。」

〔五〕何焯云：「俘之，未斬也。」弼按：互見武紀建安五年注。

〔六〕官渡、黎陽，均見武紀建安四年。

〔七〕郡國志：「青州樂安郡。」

〔八〕郡國志：「幽州漁陽郡雍奴。」一統志：「雍奴故城，今直隸順天府武清縣東。」

〔九〕何焯云：「宋本作十二年。」弼按：武紀建安十年冬，高幹以并州叛。十一年，公征幹，八月，公東征海賊管承。此表在征高幹、管承之前，應作十年。張遼傳，遼爲盪寇將軍在從征袁尚於柳城之前，亦應在建安十年。此表同稱進及于禁、張遼，其爲十年無疑。

〔一〇〕宋本、元本、吴本、監本、官本「攻」作「功」，誤。馮本、毛本不誤。

〔一一〕胡三省曰：「折衝將軍始此。」

進別征高幹，從北道入上黨，〔一〕回出其後。幹等還守壺關，〔二〕連戰，斬首。幹堅守，未下。會太祖自征之，乃拔。太祖征管承，軍淳于，〔三〕遣進、李典擊之。〔四〕承破走，逃入海島，海濱平。荊州未服，遣屯陽翟。〔五〕後從平荊州，留屯襄陽，擊關羽、蘇非等，皆走之。〔六〕南郡諸縣山谷蠻夷詣進降。又討劉備臨沮長杜普、旌陽長梁太，〔七〕皆大破之。後從征孫權，假進節。太祖還，留進與張遼、李典屯合肥，增邑五百，并前凡千二百户。以進數有功，分五百户，封一子列侯；進遷右將軍。建安二十三年薨，謚曰威侯。〔八〕子綝嗣。綝果毅，有父風，官至揚州刺史。諸葛誕反，掩襲殺綝，詔悼惜之，追贈衛尉，謚曰愍侯。子肇嗣。

〔一〕并州上黨郡。
〔二〕壺關見武紀建安十年。
〔三〕淳于見武紀建安十一年。
〔四〕何焯云：「宋本進下有及字，一作有與字。」
〔五〕潁川郡，治陽翟，見武紀卷首。
〔六〕蜀志先主傳：「樂進在青泥，與關羽相拒。」
〔七〕監本「杜」誤作「社」。臨沮、旌陽詳見明紀景初元年。
〔八〕正始四年，進從祀太祖廟庭。

于禁字文則，泰山鉅平人也。〔一〕黄巾起，鮑信招合徒衆，〔二〕禁附從焉。及太祖領兗州，禁與其黨俱詣，爲都伯，〔三〕屬將軍王朗。〔四〕朗異之，薦禁才任大將軍。〔五〕太祖召見，與語，拜軍司馬，使將兵詣徐州，攻廣威，拔之。〔六〕拜陷陣都尉。從討吕布於濮陽，别破布二營於城南，又别將破高雅於須昌。從攻壽張、定陶、離狐，圍張超於雍丘，皆拔之。〔七〕從征黄巾劉辟、黄邵等，屯版梁。邵等夜襲太祖營，禁帥麾下擊破之，斬辟、邵等。〔八〕盡降其衆，遷平虜校尉。從圍橋蕤於苦，斬蕤等四將。從至宛，降張繡。繡復叛，太祖與戰，不利，軍敗，還舞陰。〔九〕是時軍亂，各間行求太祖，禁獨勒所將數百人，且戰且引，雖有死傷不相離。虜追稍緩，禁徐整行隊，鳴鼓而還。未至太祖所，道見十餘人被創裸走，禁問其故，曰：「爲青州兵所劫。」初，黄巾降，號青州兵，太祖寬之，故敢因緣爲略。禁怒，令其衆曰：「青州兵同屬曹公，而還爲賊乎！」乃討之，數之以罪。青州兵遽走詣太祖自訴。禁既至，先立營壘，不時謁太祖。或謂禁：「青州兵已訴君矣，宜促詣公辨之。」禁曰：「今賊在後，追至無時，不先爲備，何以待敵？且公聰明，譖訴何緣！」徐鑿塹安營訖，乃入謁，具陳其狀。太祖悦，謂禁曰：「淯水之難，吾其急也，〔一〇〕將軍在亂能整，討暴堅壘，〔一一〕有不可動之節，雖古名將，何以加之！」於是録禁前後功，封益壽亭侯。復從攻張繡於穰，〔一二〕禽吕布於下邳，别與史渙、曹仁攻眭固於射犬，破斬之。

〔一〕郡國志：「兗州泰山郡鉅平。」一統志：「鉅平故城，今山東泰安府泰安縣西南。」

〔二〕武紀：「初平元年，濟北相鮑信同起兵。」信爲泰山平陽人。
〔三〕梁章鉅曰：「通典兵二魏武軍令：伍長有不進者，什長殺之；什長有不進者，都伯殺之。」是都伯即隊長。
〔四〕周壽昌曰：「按王朗傳，朗未爲將軍，此蓋朗以諫議大夫參司空軍事之時，史隨筆以將軍二字屬之，非事實也。」弼按：王朗傳注引漢晉春秋，建安三年，太祖表徵朗。武紀，初平三年，太祖領兗州牧。是魏武領兗州之時，尚未表徵王朗也。此時爲將軍者，或別一王朗，周氏未細審也。
〔五〕軍字疑衍。大將軍位次最高，豈此時之王朗所能薦乎？
〔六〕郡國志：「徐州彭城國廣戚。」趙一清曰：「此威字當是戚字之譌。」謝鍾英曰：「考徐州諸郡，無廣威縣，即廣戚之譌。」一統志：「廣戚故城，今江蘇徐州府沛縣東。」
〔七〕東郡治濮陽，見武紀卷首。壽張見武紀初平三年；濟陰郡治定陶，見武紀初平四年；雍丘見武紀興平二年。郡國志：「兗州東平國須昌；濟陰郡離狐。」一統志：「須昌故城，今山東泰安府東平州西北十五里；（錢坫曰：「州南六十里。」）離狐故城，今直隸大名府東明縣東南。」（舊志，今曹州府城西四十里李二莊。）
〔八〕趙一清曰：「此傳之誤，與武紀同。曹公破辟、邵在建安元年，而五年又云，汝南降賊劉辟叛，則此時邵死而辟降可知，不得云斬辟、邵也。」
〔九〕舞陰，見武紀建安二年。
〔一〇〕淯水，見武紀建安二年。方輿紀要：「淯水在今南陽府城東三里。」張繡傳：「太祖南征，軍淯水。繡襲太祖，軍敗，二子没。」
〔一一〕胡三省曰：「討暴，謂擊劫掠者；堅壘，謂先鑿塹安營也。」
〔一二〕穰見武紀建安二年。

太祖初征袁紹，紹兵盛，禁願爲先登。太祖壯之，乃選步騎二千人，使禁將，守延津以拒紹，〔一〕太祖引軍還官渡。劉備以徐州叛，太祖東征之。紹攻禁，禁堅守，紹不能拔。復與樂進等將步騎五千，擊紹別營，從延津西南緣河至汲、獲嘉二縣，〔二〕焚燒保聚三十餘屯，斬首、獲生各數千，降紹將何茂、王摩等二十餘人。太祖復使禁別將屯原武，〔三〕擊紹別營於杜氏津，〔四〕破之。遷裨將軍，後從還官渡。太祖與紹連營，起土山相對。紹射營中，士卒多死傷，軍中懼。禁督守土山，力戰，氣益奮。紹破，遷偏將軍。冀州平。昌豨復叛，遣禁征之，禁急進攻豨。豨與禁有舊，詣禁降。諸將皆以爲豨已降，當送詣太祖。禁曰：「諸君不知公常令乎？圍而後降者不赦。夫奉法行令，事上之節也。豨雖舊友，禁可失節乎！」自臨與豨訣，隕涕而斬之。是時太祖軍淳于，〔五〕聞而歎曰：「豨降不詣吾而歸禁，豈非命邪！」益重禁。

臣松之以爲圍而後降，法雖不赦，囚而送之，未爲違命。禁曾不爲舊交，希冀萬一，而肆其好殺之心，以戾衆人之議，所以卒爲降虜，死加惡謚，宜哉！

東海平，拜禁虎威將軍。後與臧霸等攻梅成，張遼、張郃等討陳蘭。禁到，成舉衆三千餘人降。既降，復叛；其衆奔蘭。〔六〕遼等與蘭相持，軍食少，禁運糧前後相屬，遼遂斬蘭、成。〔七〕增邑二百户，并前千二百户。是時，禁與張遼、樂進、張郃、徐晃俱爲名將，太祖每征伐，咸遞行爲軍鋒，還爲後拒；而禁持軍嚴整，得賊財物，無所私入，由是賞賜特重。然以法御下，不甚得士衆心。太祖常恨朱靈，〔八〕欲奪其營。以禁有威重，遣禁將數十騎，齎令書，徑詣靈營奪其軍，靈及其部衆莫敢動；乃以靈爲禁部下督，衆皆震服，其見憚如此。遷左將軍，假節鉞，分邑五百户，封一子列侯。

〔一〕延津見武紀建安五年，又見袁紹傳。杭世駿曰：「名勝志云，汲縣東南二十五里有延津，即此津之下流也。左傳隱公二年：叔段侵鄭，至於廩延。魏書：曹公遣于禁渡河，守延津。即此。舊有城存。」趙一清曰：「寰宇記卷五十六左傳廩延注云：汲郡城南有延津城，于禁守延津以拒袁紹，即此。方輿紀要卷四十九：延津城在衞輝府南，戰國策謂之垝津。孔穎達曰，即延津也。城蓋後漢末所築，南臨河津，爲戍守處。一統志：「延津關在河南衞輝府東南二十五里，即延津城。」

〔二〕汲見劉放傳；獲嘉見樂進傳。

〔三〕郡國志：「司隸河南尹原武。」錢坫曰：「原武故城，今河南懷慶府原武縣西。」

〔四〕謝鍾英曰：「杜氏津在今原武縣西北。」

〔五〕武紀：「建安十一年，公東征海賊管承，至淳于。」

〔六〕「其」上當有「將」字。

〔七〕事在建安十四年。

〔八〕朱靈事見徐晃傳注。

建安二十四年，太祖在長安，使曹仁討關羽於樊，又遣禁助仁。秋，大霖雨，漢水溢，平地水數丈，禁等七軍皆没。禁與諸將登高望水，無所回避，羽乘大船就攻禁等，禁遂降，〔一〕惟龐悳不屈節而死。太祖聞之，哀歎者久之，曰：「吾知禁三十年，〔二〕何意臨危處難，反不及龐悳邪！」會孫權禽羽，獲其衆，禁復在吴。文帝踐阼，權稱藩，遣禁還。帝引見禁，鬚髮皓白，形容憔悴，〔三〕泣涕頓首。帝慰諭以荀林父、孟明視故事，〔四〕魏書載制曰：「昔荀林父敗績於邲，孟明喪師於殽，秦、晉不替，使復其位。其後晉獲狄土，秦霸西戎。區區小國，猶尚若斯，〔五〕而況萬乘乎？樊城之敗，水災暴至。非戰之咎，其復禁等官。」拜爲安遠將軍。〔六〕欲遣使吳，先令北詣鄴，謁高陵。〔七〕帝使豫於陵屋畫關羽戰克、龐悳憤怒、禁降服之狀。〔八〕禁見，慙恚，發病，薨。子圭嗣，封益壽亭侯。謚禁曰厲侯。〔九〕

〔一〕趙一清曰：「趙儼傳，太祖征荆州，以儼領章陵太守，徙都督護軍，護于禁、張遼、張郃、朱靈、李典、路招、馮楷七軍。蓋以襄陽重鎮，故特留重兵以守之。其後遼等徙屯，而兵俱屬於禁。觀其奪朱靈營，以靈爲部下督可知。蜀志關羽傳云：禁所督七軍皆没。晉書宣帝紀，帝言荆州刺史胡修麤暴，南鄉太守傅方驕奢，並不可居邊。魏武不之察。及蜀將關羽圍曹仁於樊，于禁等七軍皆没，修、方果降羽，而仁圍甚急焉。」

〔二〕胡三省曰：「操收兵兖州，禁即爲將。」沈家本曰：「上文太祖領兖州，禁爲都伯。操領兖州在初平三年，至建安二十四年，爲二十八年。言三十者，舉成數也。」

〔三〕宋本「悴」作「顇」。

〔四〕胡三省曰：「晉大夫荀林父與楚戰，敗于邲。晉景公復用之，以取赤狄。秦大夫孟明爲晉禽于殽，秦穆公復用之，以霸西戎。」

〔五〕宋本作「尚猶若斯」。

〔六〕胡三省曰：「安遠將軍號，亦前此未有也。」趙一清曰：「御覽卷六百八十五魏文帝與于禁詔曰：昔漢高脱衣以衣韓信，光武解綬以帶李忠，誠皆人主當時貴敬功勞。今以遠游冠與將軍。」洪飴孫曰：「安遠將軍一人，第三品。」

〔七〕魏武葬高陵，高陵在鄴城西。

〔八〕或曰：事極很，亦極趣。然特狙詐輕儇伎倆，非帝王賞罰之正也。

〔九〕司馬光曰：「于禁將數萬衆，敗不能死，生降於敵，既而復歸，文帝廢之可也，殺之可也，乃畫陵屋以辱之，斯爲不君矣。」

張郃字儁乂，河閒鄚人也。〔一〕漢末應募討黄巾，爲軍司馬，屬韓馥。馥敗，以兵歸袁紹。紹以郃爲校尉，使拒公孫瓚。瓚破，郃功多，遷寧國中郎將。太祖與袁紹相拒於官渡，

漢晉春秋曰：郃說紹曰：「公雖連勝，然勿與曹公戰也。密遣輕騎鈔絶其南，則兵自敗矣。」紹不從之。

紹遣將淳于瓊等督運屯烏巢，〔二〕太祖自將急擊之。郃說紹曰：「曹公兵精，往必破瓊等；瓊等破，則將軍事去矣，宜急引兵救之。」郭圖曰：「郃計非也。不如攻其本營，勢必還；此爲不救而自解也。」郃曰：「曹公營固，攻之必不拔，若瓊等見禽，吾屬盡爲虜矣！」紹但遣輕騎救瓊，而以重兵攻太祖營，不能下。太祖果破瓊等，紹軍潰。圖慙，又更譖郃曰：「郃快軍敗，出言不遜。」郃懼，乃歸太祖。

臣松之案：武紀及袁紹傳並云袁紹使張郃、高覽攻太祖營，郃等聞淳于瓊破，遂來降，紹衆於是大潰。是則緣郃等降而後紹軍壞也。至如此傳，爲紹軍先潰，懼郭圖之譖，然後歸太祖，爲參錯不同矣。〔三〕

〔一〕鄚，見邢顒傳。

〔二〕烏巢見武紀建安五年。

〔三〕姜宸英曰：「此必郃家傳自文其醜，故與武紀、紹傳互異。」弼按：承祚紀事，多於本傳諱之，而錯見於他傳。如宕渠之役，「郃爲張飛所破，棄馬緣山，獨與麾下十餘人退還南鄭」，見蜀志張飛傳，不見於本傳也。又如蘇則傳：「則與董昭同寮，昭枕則膝，則曰：則膝非佞人之枕。」不見於董昭傳也。則傳又云：「則及臨菑侯植，聞魏氏代漢，皆發服悲哭。」不見於陳思王傳也。又如「趙儼爲河東太守，録送生人婦」，見杜畿傳注引魏略，不見於趙儼傳也。其於本傳多諱言者，如此。

太祖得郃甚喜，謂曰：「昔子胥不早寤，自使身危；豈若微子去殷，韓信歸漢邪？」拜郃偏將軍，封都亭侯。授以衆，從攻鄴，拔之。又從擊袁譚於渤海，〔一〕別將軍圍雍奴，〔二〕大破之。後討柳城，〔三〕與張遼俱爲軍鋒，〔四〕以功遷平狄將軍。〔五〕別征東萊，〔六〕討管承；又與張遼討陳蘭、梅成等，破之。從破馬超、韓遂於渭南。〔七〕圍安定，〔八〕降楊秋。〔九〕與夏侯淵討鄜賊梁興及武都氐，〔一〇〕又破馬超，平宋建。太祖征張魯，先遣郃督諸軍討興和氐王竇茂。〔一一〕太祖從散關入漢中，又先遣郃督步卒五千於前通路。至陽平，〔一二〕魯降。太祖還，留郃與夏侯淵等守漢中，拒劉備。郃別督諸軍，降巴東、巴西二郡，〔一三〕徙其民於漢中。進軍宕渠，〔一四〕爲備將張飛所拒，引還南鄭。〔一五〕拜盪寇將軍。劉備屯陽平，郃屯廣石。〔一六〕備以精卒萬餘，分爲十部，夜急攻郃。郃率親兵搏戰，備不能克。其後備於走馬谷燒都圍，〔一七〕淵救火，從他道與備相遇，交戰，短兵接刃。淵遂没，〔一八〕郃還陽平。〔一九〕

魏略曰：淵雖爲都督，劉備憚郃而易淵。及殺淵，備曰：「當得其魁，用此何爲邪！」〔二〇〕

當是時，新失元帥，恐爲備所乘，三軍皆失色。淵司馬郭淮乃令衆曰：「張將軍國家名將，劉備所憚；今日事急，非張將軍不能安也！」遂推郃爲軍主。郃出，勒兵安陣，諸將皆受郃節度，衆心乃定。太祖在長安，遣使假郃節。太祖遂自至漢中，劉備保高山不敢戰。太祖乃引出漢中諸軍，郃還屯陳倉。〔二〕

〔一〕冀州勃海郡。
〔二〕雍奴見樂進傳。
〔三〕宋本「後」作「從」。柳城見武紀建安十二年。
〔四〕于禁傳：「禁與張遼、樂進、張郃、徐晃咸遞行爲軍鋒，還爲後拒。」
〔五〕洪飴孫曰：「平狄將軍一人，第三品。」
〔六〕青州東萊郡。
〔七〕兩漢無渭南縣，此蓋指渭水之南。武紀：「建安十六年，公自潼關北渡，賊退，拒渭口，公結營於渭南。」諸葛亮傳：「亮與司馬宣王對於渭南。」今之渭南縣，爲漢京兆尹下邽縣地。
〔八〕安定見武紀建安十六年。
〔九〕武紀：「建安十六年十月，軍自長安北征楊秋，圍安定，秋降。」
〔一〇〕鄜見鄭渾傳，武都見武紀建安二十年。公將自武都入氐，氐人塞道，先遣張郃等攻破之。互見夏侯淵傳、徐晃傳。
〔一一〕武紀：「建安二十年四月，公自陳倉出散關，至河池。氐王竇茂恃險不服。五月，公攻屠之。」
〔一二〕散關、陽平關均見武紀建安二十年。
〔一三〕錢大昭曰：「郡國志，巴郡不分東西。劉璋爲牧，以永寧爲巴東郡，墊江爲巴西郡。」全祖望曰：「張魯降魏，巴郡亦隨之而入。建安二十年，分其地爲三，以夷帥朴胡爲巴東太守，杜濩爲巴西太守，（見武紀。）任約爲巴郡太守。

（見通鑑。）旋爲先主所并，故史志不詳。」弼按：巴東、巴西二郡，詳見武紀建安二十年及蜀志劉璋傳。

〔一四〕郡國志：「益州巴郡宕渠。」宋白曰：「宕渠城，漢車騎將軍馮緄增修，俗名車騎城。」方輿紀要：「今四川順慶府渠縣東北九十里。」弼按：宕渠，互見蜀志先主傳。

〔一五〕南鄭見武紀建安十六年。

〔一六〕方輿紀要卷五十六：「廣石戍在陝西寧羌州沔縣西，（按：今漢中府沔縣。）與陽平關相近。」謝鍾英曰：「郃拒先主，自當在沔縣西。胡三省謂廣石在巴、漢之閒，兵勢便不相接。」

〔一七〕謝鍾英曰：「時先主南渡沔水，擊淵於定軍山、走馬谷，疑即定軍山之谷。」趙一清曰：「走馬谷亦謂馬鳴閣。方輿紀要卷六十八謂在四川漢中府昭化縣北百里，亦見徐晃傳。」弼按：按之地勢，以謝説爲是。通鑑，先主遣將絶馬鳴閣道，事在建安二十三年；斬夏侯淵，事在建安二十四年。

〔一八〕通鑑考異曰：「淵傳曰：備夜燒圍鹿角，淵使張郃護東圍，自將輕兵護南圍。備挑郃戰，郃軍不利，淵分兵半助郃，爲備所襲，戰死。」

〔一九〕胡三省曰：「自廣石還陽平也。或曰，郃還陽平疑有誤。先主已屯陽平，郃安能退至此乎？」

〔二〇〕淵爲元帥，非魁邪？

〔二一〕陳倉見武紀建安二十年。

文帝即王位，以郃爲左將軍，進爵都鄉侯。〔一〕及踐阼，進封鄚侯。〔二〕詔郃與曹真討安定盧水胡及東羌。〔三〕召郃與真並朝許宮，遣南與夏侯尚擊江陵。郃別督諸軍渡江，取洲上屯塢。〔四〕明帝即位，遣南屯荆州，與司馬宣王擊孫權別將劉阿等，追至祁口，〔五〕交戰，破之。諸葛亮出祁山，〔六〕加郃位特進，遣督諸軍，拒亮將馬謖於街亭。〔七〕謖依阻南山，不下據城。郃絶其汲道，擊，大破之。南安、天水、安定郡反應亮，〔八〕郃皆破平之。詔曰：「賊亮以巴、蜀之衆，當虓虎之師。將軍被堅執鋭，所向克定，朕甚嘉之。益邑千户，並前四千三百户。」司馬宣王治水軍於荆州，欲順沔入江伐吴，詔郃督關中諸軍，往受節度。至荆州，會冬水淺，大船不得行，乃還屯方城。〔九〕諸葛亮復出，急攻陳倉，帝驛馬召郃到京都。帝自幸河南城，〔一〇〕置酒送郃，遣南北軍士三萬，及分遣武威、虎賁使衛郃，〔一一〕因問郃曰：「遲將軍到，〔一二〕亮得無已得陳倉乎？」郃知亮縣軍無穀，不能久攻。對曰：「比臣未到，亮已走矣；屈指計亮糧不至十日。」郃晨夜進至南鄭，〔一三〕亮退。詔郃還京都，拜征西車騎將軍。

〔一〕上尊號奏云：使持節左將軍中鄉侯臣郃。

〔二〕蓋封本縣侯也。

〔三〕涼州盧水胡伊健妓妾、治元多等反，見張既傳，又見文紀延康元年注引魏書。

〔四〕通鑑：「黄初四年正月，曹真使張郃擊破吴兵，遂奪據江陵中洲。」胡三省曰：「江陵中洲，即百里洲也。其洲自枝江縣西至上明東及江津，江津北岸即江陵故城。」一統志：「今荆州府枝江縣東接江陵縣界。縣志：明嘉靖中爲江水衝斷，分爲上百里洲、下百里洲。」謝鍾英曰：「百里洲在今荆州府江陵縣城西南大江中，周廣百里。」

〔五〕趙一清曰：「祁口即沶口。方輿紀要卷七十九：沶水在襄陽宜城縣西。水經沔水下注沶水：上通梁州沔陽縣東，逕新城之沶鄉，謂之沶水。又東歷宜城西山，謂之沶谿。東流合於夷水，謂之沶口。一清案：沶，音怡。宋書州郡志：新城太守領祁陽令，魏立。晉太康地志作沶，音祁。則魏、晉之閒，固有作祁字者矣。」

〔六〕祁山，見明紀青龍二年，在今甘肅鞏昌府西和縣北。

〔七〕街亭，見明紀太和二年，在今甘肅秦州秦安縣東北。

〔八〕南安見武紀建安十九年；天水見明紀太和二年；安定見武紀建安十六年。

〔九〕胡三省曰：「時郃將兵伐吳，屯於方城。續漢志曰：葉縣南有長山曰方城，屈完所謂楚國方城以爲城者，即此。」趙一清曰：「方輿紀要卷五十一：方城山在河南裕州東北四十里，左傳楚方城爲城是也。或曰：楚置城於山上，以爲要隘。其山連接南陽唐縣、葉縣之境，幾數百里，亦曰長城山。」謝鍾英曰：「盛弘之荆州記：葉南界有故城，始犨縣，東至瀙水，達沘陽界，南北聯數百里，號爲方城，一謂之長城。水經注：酈縣有故城一面號爲長城，城之西隅，其間相去六百里。南北雖無基築，皆連山相接，而漢水流其南。方輿紀要：今葉縣南四十里。」

〔一〇〕胡三省曰：「河南城在洛陽城西。」趙一清曰：「郡國志：河南周公時所城雒邑也。春秋時謂之王城。方輿紀要卷四十八：城在河南府西北，亦曰郟邑。晉地道記：河南城去雒城四十里。」

〔一一〕宋本「威」作「衛」。

〔一二〕胡三省曰：「遲，待也。」王念孫曰：「漢書高帝紀，遲明，圍宛城三帀。遲明，謂比明也。漢書外戚傳，遲帝還，趙王死。遲帝還，比帝還也。遲與比同義。」

〔一三〕益州漢中郡南鄭，今陝西漢中府城東。

郃識變數，善處營陣，料戰勢地形，無不如計，自諸葛亮皆憚之。郃雖武將，而愛樂儒士，嘗薦同鄉卑湛〔一〕經明行修。詔曰：「昔祭遵爲將，奏置五經大夫；居軍中，與諸生雅歌投壺。〔二〕今將軍外勒戎旅，內存國朝，朕嘉將軍之意，今擢湛爲博士。」諸葛亮復出祁山，詔郃督諸將西至略陽，亮還保祁山，郃追至木門，與亮軍交戰，飛矢中郃右膝，薨。〔三〕

魏略曰：亮軍退，司馬宣王使郃追之。郃曰：「軍法，圍城必開出路，歸軍勿追。」宣王不聽。郃不得已，遂進。蜀軍乘高布伏，弓弩亂發，矢中郃髀。

謚曰壯侯。〔四〕子雄嗣。郃前後征伐有功，明帝分郃户，封郃四子列侯，賜小子爵關内侯。

〔一〕何焯校「卑」作「畢」。

〔二〕范書祭遵傳：「博士范升上疏追稱遵曰：遵爲將軍，取士皆用儒術，對酒設樂，必雅歌投壺。又建爲孔子立後，奏置五經大夫。雖在軍旅，不忘俎豆，可謂好禮悦樂、守死善道者也。」章懷注：「雅歌，謂歌雅詩也。禮記投壺經曰：壺頸修七寸，腹修五寸，口徑二寸半，容斗五升。壺中實小豆焉，爲其矢之躍而出也。矢以柘若棘，長二尺八寸，無去其皮，取其堅而重。投之勝者，飲不勝者，以爲優劣也。」周壽昌曰：「續志有五經博士祭酒，秩六百石，無大夫，或奏而未行也。」

〔三〕御覽卷二百九十一引漢末傳曰：「丞相亮出軍圍祁山，以木牛運糧。魏司馬宣王、張郃救祁山。夏六月，亮糧盡，軍還，至於青封木門，郃追之。亮駐軍，削大樹皮題曰：張郃死此樹下。豫令兵夾道，以數千强弩備之。郃果目見，千弩俱發，射郃而死。」方輿紀要卷五十九：「木門谷在秦州西南九十里。」蜀志諸葛亮傳注引漢晉春秋曰：「司馬宣王尋亮至於鹵城。張郃曰：彼遠來逆我，我請戰不得，謂我利在不戰，欲以長計制之也。且祁山知大軍以在近，（通鑑「以」作「已」。）人情自固，可止屯於此，分爲奇兵，示諸其後，不宜進前而不敢偪，坐失民望也。今亮懸軍食少，（通鑑「懸」作「孤」。）亦行去矣。宣王不從。」胡三省曰：「懿實畏亮，又以張郃嘗再拒亮，名著關右，不欲從其計。」或曰：「郃中右膝，焉得死，似非實録。」

〔四〕正始四年，郃從祀太祖廟庭。

徐晃字公明，河東楊人也。〔一〕爲郡吏，從車騎將軍楊奉討賊有功，拜騎都尉。李傕、郭汜之亂長安也，晃説奉令與天子還洛陽，奉從其計。天子渡河至安邑，〔一〕封晃都亭侯。及到洛陽，韓暹、董承日爭鬭，晃説奉令歸太祖。奉欲從之，後悔。太祖討奉於梁，〔三〕晃遂歸太祖。

〔一〕郡國志：「司隸河東郡楊。」一統志：「楊縣故城，今山西平陽府洪洞縣東南。」
〔二〕安邑見武紀興平二年。
〔三〕梁見武紀建安元年。

太祖授晃兵，使擊卷、〔一〕原武賊，〔二〕破之，拜裨將軍。〔三〕從征呂布，別降布將趙庶、李鄒等，與史渙斬眭固於河内。從破劉備，又從破顔良，拔白馬，進至延津，〔四〕破文醜，拜偏將軍。與曹洪擊㶏彊賊祝臂，〔五〕破之。又與史渙擊袁紹運車於故市，〔六〕功最多，封都亭侯。〔七〕太祖既圍鄴，破邯鄲，易陽令韓範僞以城降而拒守，〔八〕太祖遣晃攻之。晃至，飛矢城中，爲陳成敗。範悔，晃輒降之。既而言於太祖曰：「二袁未破，諸城未下者傾耳而聽。今日滅易陽，明日皆以死守，恐河北無定時也。願公降易陽以示諸城，則莫不望風。」太祖善之。別討毛城，設伏兵掩擊，破三屯。從破袁譚於南皮，〔九〕討平原叛賊，〔一〇〕克之。從征蹋頓，拜横野將軍。〔一一〕從征荆州，別屯樊，討中廬、臨沮、宜城賊，〔一二〕又與滿寵討關羽於漢津，與曹仁擊周瑜於江陵。十五年，討太原反者，圍太陵，拔之；〔一三〕斬賊帥商曜。韓遂、馬超等反關右，遣晃屯汾陰〔一四〕以撫河東，賜牛酒，令上先人墓。〔一五〕太祖至潼關，恐不得渡，召問晃。晃曰：「公盛兵於此，而賊不復別守蒲阪，知其無謀也。今假臣精兵，

臣松之云：按晃于時未應稱臣，傳寫者誤也。〔一六〕

渡蒲阪津，〔一七〕爲軍先置，以截其裏，賊可禽也。」太祖曰：「善。」使晃以步騎四千人渡津。作塹柵未成，賊梁興夜將步騎五千餘人攻晃，晃擊走之。太祖軍得渡，遂破超等。使晃與夏侯淵平隃麋、汧諸氐，〔一八〕與太祖會安定。太祖還鄴，使晃與夏侯淵平鄜、夏陽餘賊，〔一九〕斬梁興，〔二〇〕降三千餘户。從征張魯，別遣晃討攻櫝、仇夷諸山氐，皆降之。遷平寇將軍。〔二一〕解將軍張順圍，擊賊陳福等三十餘屯，皆破之。

〔一〕原注：「卷，音墟權反。」

〔二〕郡國志：「司隸河南尹卷、原武。」一統志：「卷縣故城，今河南懷慶府原武縣西北。（輿地廣記：「在原武縣東。」）原武故城，今懷慶府陽武縣治。」（錢坫曰：「今原武縣西。」）

〔三〕胡三省曰：「按沈約志，曹魏置將軍四十號，偏將軍、裨將軍居其末。」

〔四〕白馬、延津均見武紀建安五年。

〔五〕濦彊見武紀卷首。

〔六〕故市在今延津縣界。

〔七〕姜宸英曰：「前已書封都亭侯，此又封，殆以前封非出操邪？」沈家本曰：「後文云：進封逯鄉侯，必由亭侯進封。而先未書封某某亭侯，則此文封都亭侯必有奪誤，當云封某某亭侯，非與前文複也。龐悳傳先封都亭侯，又封關門亭侯，此其一證。」

〔八〕鄴見武紀建安八年，邯鄲、易陽見武紀建安九年。

〔九〕毛城、南皮均見武紀建安九年。

〔一〇〕平原見武紀初平三年。

〔一一〕胡三省曰：「横野大將軍，光武以命王常。」洪飴孫曰：「横野將軍一人，第五品。」

〔一二〕中廬見劉表傳，臨沮、宜城見明紀景初元年。

〔一三〕錢大昭曰：「此事武紀在十六年，夏侯淵傳在十七年之前，五字疑誤。」弼按：武紀云太原商曜等以大陵叛，此作太陵，誤。大陵見武紀建安十六年。

〔一四〕郡國志：「司隸河東郡汾陰。」一統志：「汾陰故城，今山西蒲州府榮河縣北。」

〔一五〕晃爲河東人。

〔一六〕史記項羽本紀沛公與項伯語，與項羽語，皆稱臣，與自稱僕同。裴説似泥。沈家本曰：「漢時下之於上，輒稱臣，晃特沿舊習耳。」

〔一七〕潼關、蒲坂、蒲坂津，均見武紀建安十六年。

〔一八〕隃麋、汧，見夏侯淵傳。

〔一九〕鄜、夏陽見鄭渾傳。

〔二〇〕錢大昭曰：「鄜當從夏侯淵傳作鄠。」弼按：鄜縣在今陝西鄜州洛川縣東南七十里，夏陽縣在今陝西同州府韓城縣南，二縣皆在今陝西西安府之北，地亦相近。若鄠縣則在今西安府之南。應從鄜爲是。又按鄭渾傳亦云，梁興等餘衆聚鄜城，錢説似誤。然鄜縣前漢有，後漢無。武紀，建安十七年，馬超餘衆梁興等屯藍田，使夏侯淵擊平之。藍田與鄠相近，則又以作鄠爲是。蓋當時潼關以西、渭河南北皆爲馬超、韓遂餘黨也。

〔二一〕洪飴孫曰：「平寇將軍一人，第三品。」

太祖還鄴，〔一〕留晃與夏侯淵拒劉備於陽平。〔二〕備遣陳式等十餘營絶馬鳴閣道，〔三〕晃別征破之。賊自投山谷，多死者。太祖聞，甚喜；假晃節，令曰：「此閣道，漢中之險要咽喉也。〔四〕劉備欲斷絶外内，以取漢中。將軍一舉，克奪賊計，善之善者也。」太祖遂自至陽平，引出漢中諸軍。復遣晃助曹仁討關羽，屯宛。〔五〕會漢水暴溢，于禁等没。羽圍仁於樊，又圍將軍呂常於襄陽。晃所將多新卒，以羽難與爭鋒，遂前至陽陵陂屯。太祖復還，〔六〕遣將軍徐商、呂建等詣晃。令曰：「須兵馬集至，乃俱前。」賊屯偃城。晃到，詭道作都塹，示欲截其後，賊燒屯走。晃得偃城，兩面連營，稍前，去賊圍三丈所，未攻；〔七〕太祖前後遣殷署、朱蓋等〔八〕凡十二營詣晃。賊圍頭有屯，又別屯四冢。〔九〕晃揚聲當攻圍頭屯，而密攻四冢。羽見四冢欲壞，自將步騎五千出戰，晃擊之，退走；遂追陷與俱入圍，破之，或自投沔水死。〔一〇〕太祖令曰：「賊圍塹鹿角十重，將軍致戰全勝，遂陷賊圍，多斬首虜。吾用兵三十餘年，及所聞古之善用兵者，未有長驅徑入敵圍者也。且樊、襄陽之在圍，過於莒、即墨，將軍之功，踰孫武、穰苴！」晃振旅還摩陂，〔一一〕太祖迎晃七里，置酒大會。太祖舉卮酒勸晃，且勞之曰：「全樊、襄陽，將軍之功也。」時諸軍皆集，太祖案行諸營，士卒咸離陣觀，而晃軍營整齊，將士駐陣不動。太祖歎曰：「徐將軍可謂有周亞夫之風矣！」〔一二〕

〔一〕局本「還」作「遷」，誤。

〔二〕陽平見武紀建安二十年。

〔三〕郡國志：「益州廣漢郡葭萌。」三國蜀改爲漢壽，屬梓潼郡，有馬鳴閣，在今四川保寧府昭化縣北百里。潘眉曰：

「太平寰宇記：馬鳴閣在利州昭化縣，即褒斜棧道也。諸葛武侯與兄瑾書，赤崖以北，閣道緣谷一百里，其閣梁一頭入山腹，一頭立柱於水中。又云：頃大水暴出，赤崖以南橋閣悉壞。其地即馬鳴閣道。」

〔四〕宋本、元本、吴本、毛本作「喉咽」。

〔五〕宛見武紀建安二十三年。

〔六〕「還」字疑衍。

〔七〕參閲趙儼傳。

〔八〕殷署爲平難將軍，見趙儼傳。

〔九〕括地志：「陽陵陂在偃城西北五里，偃城在襄州安養縣西北三里，古鄾子國。」方輿紀要卷七十九：「偃城在襄陽府城北五里。」一統志：「偃城今襄陽縣北。」謝鍾英曰：「陽陵陂、偃城四冢，皆與樊城相近。」

〔一〇〕蜀志關羽傳注引蜀記曰：「羽與晃宿相愛，遥共語，但説平生，不及軍事。須臾，晃下馬宣令，得關雲長頭，賞千金。羽驚怖，謂晃曰：大兄是何言邪？晃曰：此國之事耳！」

〔一一〕摩陂見武紀建安二十四年。

〔一二〕御覽卷七百五十七引魏略云：「徐晃性嚴，驅使將士，不得閒息。於是軍中爲之語曰：不得餉，屬徐晃。晃聞此語，笑曰：我揺破汝鍋鎗邪？」

文帝即王位，以晃爲右將軍，進封逯鄉侯。〔一〕及踐阼，進封楊侯。〔二〕與夏侯尚討劉備於上庸，〔三〕破之。以晃鎮陽平，徙封陽平侯。〔四〕明帝即位，拒吴將諸葛瑾於襄陽，增邑二百，并前三千一百户。病篤，遺令斂以時服。

〔一〕上尊號奏云，使持節右將軍建鄉侯臣晃，與傳異。

〔二〕封本縣。

〔三〕上庸見武紀建安二十年。林國贊曰：「彼時劉封在上庸，先主在成都。如此文則似先主在上庸矣。據夏侯尚傳，尚奏劉備別軍在上庸，本傳備下當亦有別軍二字，疑傳寫脱去。曹真傳：擊劉備別將於下辯。又云：破劉備別將高詳於陽平。未直書討劉備也。」

〔四〕郡國志：「兗州東郡陽平。」三國魏改屬陽平郡。謝鍾英謂徐晃封此。弼按：本傳明言以晃鎮陽平，徙封陽平侯，非東郡之陽平也，謝説誤。互見武文世王公傳、北海悼王蕤傳。

性儉約畏慎，將軍常遠斥候，先爲不可勝，然後戰；追奔爭利，士不暇食。常歎曰：「古人患不遭明君，今幸遇之，當以功自效，何用私譽爲！」終不廣交援。太和元年薨，謚曰壯侯。〔一〕子蓋嗣。蓋薨，子霸嗣。明帝分晃户，封晃子孫二人列侯。

〔一〕正始四年，詔祀故左將軍徐晃於太祖廟庭。

初，清河朱靈爲袁紹將。太祖之征陶謙，紹使靈督三營助太祖，戰有功。紹所遣諸將各罷歸，靈曰：「靈觀人多矣，無若曹公者，此乃真明主也。今已遇，復何之！」遂留不去。所將士卒慕之，皆隨靈留。靈後遂爲好將，〔一〕名亞晃等，〔二〕至後將軍，封高唐亭侯。〔三〕

〔一〕九州春秋曰：初，清河季雍以鄃叛袁紹〔四〕而降公孫瓚，瓚遣兵衛之。紹遣靈攻之。靈家在城中，瓚將靈母弟置城上，誘呼靈。靈望城涕泣曰：「丈夫一出身與人，豈復顧家邪！」遂力戰，拔之；生擒雍而靈家皆死。

〔二〕魏書曰：靈字文博。太祖既平冀州，遣靈將新兵五千人，騎千匹，守許南。太祖戒之曰：「冀州新兵，數承寬緩，暫見齊整，意尚怏怏。卿名先有威嚴，善以道寬之，不然，即有變。」靈至陽翟，〔五〕中郎將程昂等果反，即斬昂，以狀聞。〔六〕太祖手書曰：「兵中所以爲危險者，外對敵國，内有姦謀不測之變。昔鄧禹中分光武軍西行，而有宗歆、馮愔之難，後將二十四騎還洛陽，禹豈以是減損哉？〔七〕來書懇惻，多引咎過，未必如所云也。」〔八〕文帝即位，封靈鄃侯，增其户邑。詔曰：「將軍佐命先帝，典兵歷年，威過方、邵，功踰絳、灌。圖籍所美，何以加焉！朕受天命，帝有海内，〔九〕元功之將，社稷之臣，皆朕所與同福共慶，傳之無窮者也。今封鄃侯。富貴不歸故鄉，如夜行衣繡。若平常所志，願勿難言。」〔一〇〕靈謝曰：「高唐，宿所願。」〔一一〕於是更封高唐侯。薨，謚曰威侯。子術嗣。〔一二〕

〔一〕武紀：「建安四年，遣劉備、朱靈要袁術；十六年，潛遣徐晃、朱靈夜渡蒲坂津，據河西爲營。」

〔二〕等字疑衍。

〔三〕「亭」字衍。注引魏書以鄃侯更封高唐，乃縣侯也。

〔四〕郡國志：「冀州清河國鄃。」一統志：「鄃縣故城，今山東濟南府平原縣西南。」

〔五〕潁川郡治陽翟，見武紀卷首。

〔六〕毛本「狀」作「朕」，誤。

〔七〕范書鄧禹傳：「光武以禹沈深有大度，故授以西討之略，乃拜爲前將軍，持節；中分麾下精兵二萬人，遣西入關。禹遣馮愔、宗歆守栒邑，二人爭權相攻，愔遂殺歆，因反擊禹。自愔反後，禹威稍損。禹與鄧弘擊赤眉，遂爲所敗，獨與二十四騎還詣宜陽。」

〔八〕魏武常恨朱靈，遣于禁徑奪其軍，見于禁傳。

〔九〕「帝有」二字疑誤。

〔一〇〕靈當爲清河鄃縣人。

〔一一〕高唐見武紀初平三年。

〔一二〕正始四年，詔祀故後將軍朱靈於太祖廟庭。

評曰：太祖建茲武功，而時之良將，五子爲先。于禁最號毅重，然弗克其終。張郃以巧變爲稱，樂進以驍果顯名，而鑒其行事，未副所聞。或注記有遺漏，未如張遼、徐晃之備詳也。〔一〕

〔一〕何焯曰：「此與下卷序魏諸將，但以注記所載稍櫽括其略，非經意之文。徐晃之解樊圍，一時奇功，而惟存一令，亦安得謂之備詳也。序張遼合肥，許褚潼關，差勝耳。」

魏書十八

二李臧文呂許典二龐閻傳第十八〔一〕

〔一〕毛本此卷無「第」字。劉咸炘曰：「前八人皆戰將，末二人因義烈而類敘之。」

李典字曼成，山陽鉅野人也。〔一〕典從父乾，有雄氣，合賓客數千家在乘氏。〔二〕初平中，以衆隨太祖破黃巾於壽張，〔三〕又從擊袁術，征徐州。呂布之亂，太祖遣乾還乘氏，慰勞諸縣。布別駕薛蘭、治中李封招乾，欲俱叛；乾不聽，遂殺乾。太祖使乾子整將乾兵，與諸將擊蘭、封。蘭、封破，從平兗州諸縣有功，稍遷青州刺史。整卒，典徙潁陰令；〔四〕爲中郎將，將整軍，遷離狐太守。〔五〕

魏書曰：典少好學，不樂兵事，乃就師讀春秋左氏傳，博觀羣書。太祖善之，故試以治民之政。

〔一〕鉅野見武紀興平二年。

〔二〕乘氏見武紀興平元年。

〔三〕壽張見武紀初平三年。

〔四〕潁陰見荀彧傳。

〔五〕離狐，見于禁傳。錢大昕曰：「離狐縣，前漢屬東郡，後漢屬濟陰郡。離狐城在單縣西，史無置郡之文。蓋建安初暫置，而即罷耳。」趙一清曰：「據此傳，則魏時離狐又嘗置郡矣。」

時太祖與袁紹相拒官渡，典率宗族及部曲輸穀帛供軍。紹破，以典爲裨將軍，屯安民。〔一〕太祖擊譚、尚於黎陽，使典與程昱等以船運軍糧。會尚遣魏郡太守高蕃將兵屯河上，絕水道。太祖勑典、昱：「若船不得過，下從陸道。」典與諸將議曰：「蕃軍少甲而恃水，有懈怠之心，擊之必克。軍不內御；苟利國家，專之可也，宜亟擊之！」昱亦以爲然。遂北渡河，攻蕃，破之，水道得通。劉表使劉備北侵，至葉，〔二〕太祖遣典從夏侯惇拒之。備一旦燒屯去，惇率諸軍追擊之。典曰：「賊無故退，疑必有伏，南道窄狹，草木深，不可追也。」惇不聽，與于禁追之，典留守。惇等果入賊伏裏，戰不利；典往救。備望見救至，乃散退。從圍鄴，鄴定，與樂進圍高幹於壺關，〔三〕擊管承於長廣，〔四〕皆破之。遷捕虜將軍，〔五〕封都亭侯。典宗族部曲三十餘家，居乘氏，自請願徙詣魏郡。太祖笑曰：「卿欲慕耿純邪？」〔六〕典謝曰：「典駑怯功微，而爵寵過厚，誠宜舉宗陳力。加以征伐未息，宜實郊遂之內，以制四方，非慕純也。」遂徙部曲宗族萬三千餘口居鄴。〔七〕太祖嘉之，遷破虜將軍。〔八〕與張遼、樂進屯合肥，孫權率衆圍之，遼欲奉教出戰。進、典、遼皆素不睦，遼恐其不從。典慨然曰：「此國家大事，顧君計何如耳，吾不可以私憾而忘公義乎！」〔九〕乃率衆與遼破走權，增邑百户，并前三百户。

〔一〕安民見荀彧傳。東平國壽張縣有安民亭。水經：「汶水西南至安民亭入濟。」荀彧傳：「建安六年，太祖就穀於東平之安民。」即此。

〔二〕葉，見武紀建安二年。

〔三〕壺關，見武紀建安十年。

〔四〕郡國志：「青州東萊郡長廣。」一統志：「長廣故城，今山東登州府萊陽縣東。」

〔五〕洪飴孫曰：「捕虜將軍一人，第五品；破虜將軍一人，第五品。」

〔六〕范書耿純傳：「純恐家族懷異心，迺使從昆弟訢宿歸，燒其廬舍。世祖問純故，對曰：純雖舉族歸命，老弱在行，猶恐宗人賓客，半有不同心者，故燔燒屋室，絶其反顧之望。世祖歎息。」

〔七〕宋本「二」作「三」。

〔八〕趙一清曰：「水經河水注，函谷關號天險。郭緣生記曰：魏武征韓遂、馬超，連兵此地，道東原上有李典營。傳不云典從征，蓋略之。」

〔九〕各本皆有「不」字，官本無之。通鑑無「不」字，見建安二十年。姜宸英曰：「不字衍。」

典好學問，貴儒雅，不與諸將爭功。敬賢士大夫，恂恂若不及，軍中稱其長者。年三十六，薨。子禎嗣。文帝踐阼，追念合肥之功，增禎邑百户，賜典一子爵關内侯，邑百户。謚典曰愍侯。〔一〕

〔一〕正始四年，典從祀太祖廟庭。

李通字文達，江夏平春人也。〔一〕

魏略曰：通小字萬億。

以俠聞於江、汝之間。〔二〕與其郡人陳恭共起兵於朗陵，〔三〕衆多歸之。〔四〕時有周直者，衆二千餘家，與恭、通外和內違。通欲圖殺直、而恭難之。通知恭無斷，乃獨定策，與直克會，〔五〕酒酣殺直。衆人大擾，通率恭誅其黨帥，盡并其營。後恭妻弟陳郃，殺恭而據其衆。通攻破郃軍，斬郃首以祭恭墓。又生禽黄巾大帥吴霸而降其屬。遭歲大饑，通傾家振施，與士分糟糠，皆爭爲用，由是盜賊不敢犯。

〔一〕郡國志：「荆州江夏郡平春。」一統志：「平春故城，今河南汝寧府信陽州西北。」洪亮吉補三國疆域志以平春屬義陽郡，誤。沈家本曰：「晉書李重傳作江夏鍾武人。重，通曾孫。」

〔二〕御覽「俠」上有「游」字。

〔三〕朗陵見荀彧傳。

〔四〕文達行跡與中興固始相類，不但姓名相同。

〔五〕「克」或作「尅」。

建安初，通舉衆詣太祖于許，拜通振威中郎將，屯汝南西界。太祖討張繡，劉表遣兵以助繡，太祖軍不利。通將兵夜詣太祖，太祖得以復戰；通爲先登，大破繡軍。拜裨將軍，封建功侯。〔一〕分汝南二縣，以通爲陽安都尉。〔二〕通妻伯父犯法，朗陵長趙儼收治，〔三〕致之大辟。是時殺生之柄，決於牧守，通妻子號泣以請其命。通曰：「方與曹公戮力，義不以私廢公。」嘉儼執憲不阿，與爲親交。太祖與袁紹相拒於官渡，紹遣使拜通征南將軍，劉表亦陰招之，通皆拒焉。〔四〕通親戚部曲流涕曰：「今孤危獨守，以失大援，亡可立而待也。不如亟從紹。」通按劍以叱之曰：「曹公明哲，必定天下；紹雖彊盛，而任使無方，終爲之虜耳。吾以死不貳！」即斬紹使，送印綬詣太祖。又擊羣賊瞿恭、〔五〕江宮、沈成等，皆破殲其衆，〔六〕送其首。遂定淮、汝之地。改封都亭侯，拜汝南太守。時賊張赤等五千餘家聚桃山，通攻破之。劉備與周瑜圍曹仁於江陵，別遣關羽絕北道。通率衆擊之，下馬拔鹿角入圍，且戰且前，以迎仁軍，勇冠諸將。通道得病，薨。時年四十二。追增邑二百户，并前四百户。文帝踐阼，諡曰剛侯。詔曰：「昔袁紹之難，自許、蔡以南，人懷異心。通秉義不顧，使攜貳率服，朕甚嘉之。不幸早薨，子基雖已襲爵，未足酬其庸勳。〔七〕基兄緒前屯樊城，又有功。世篤其勞，以基爲奉義中郎將，〔八〕緒平虜中郎將，〔九〕以寵異焉。」

王隱晉書曰：緒子秉，字玄胄，有儁才，爲時人所貴，〔一〇〕官至秦州刺史。〔一一〕秉嘗答司馬文王問，因以爲家誡〔一二〕曰：「昔侍坐於先帝，時有三長吏俱免。〔一三〕臨辭出，上曰：爲官長當清、當慎、當勤。脩此三者，何患不治乎！〔一四〕並受詔。既出，上顧謂吾等曰：相誡敕正當爾不？侍坐衆賢，莫不贊善。上又問：〔一五〕必不得已，於斯三者何先？或對曰：清固爲本。次復問吾，對曰：清、慎之道，相須而成；必不得已，慎乃爲大。夫清者，不必慎；慎者，必自清。亦由仁者必有勇，勇者不必有仁。是以易稱括囊無咎，〔一六〕藉用白茅，〔一七〕皆慎之至也。上曰：卿言得之耳，可舉近世能慎者，誰乎？諸人各未知所對。吾乃舉故太尉荀景倩、〔一八〕尚書董仲連、僕射王公仲，並可謂爲慎。上曰：此諸人者，温恭朝夕，執事有恪，亦各其慎也。然天下之至慎，其惟阮嗣宗乎！〔一九〕每與之言，言及玄遠，而未曾評論時事，臧否人物，真可謂至慎矣。〔二〇〕吾每思此言，亦足以爲明誡。凡人行事，年少立身，不可不慎：勿輕論人，勿輕說事。如此，則悔吝何由而生？患禍無從而至矣。」

秉子重，字茂曾，少知名。歷位吏部郎、平陽太守。晉諸公贊曰：「重以清尚稱。相國趙王倫以重望取爲右司馬。〔二一〕重以倫將爲亂，辭疾不就。倫逼之不已，重遂不復自活，至於困篤，扶曳受拜，數日，卒。贈散騎常侍。重二弟：尚字茂仲，矩字茂約。永嘉中並典郡；矩至江州刺史。重子式，字景則，官至侍中。」〔二二〕

〔一〕錢大昕曰：「陳景雲疑功下脱亭字。予謂建功侯即魏武所置名號之一也。」錢大昭曰：「建安二十年，初置名號侯，此建功侯疑與漢諸侯王之崇德侯、孔羨之宗聖侯同。」潘眉曰：「建功侯，名號侯也。」沈家本曰：「魏氏列侯多由亭侯進封鄉侯，不應通獨由亭侯改都亭侯，錢説固是，惟魏武置名號侯，在建安二十年，而通之封在三年，未必即爲名號之一。且通子基襲侯，恐名號侯不能襲也。」弼按：武紀建安二十年，始置名號侯。劉表遣兵助張繡，事在建安三年，是此時尚未有名號侯也。案：范書蓋延傳，延至廣阿，拜偏將軍，號建功侯。是早有是稱也。

〔二〕錢大昕曰：「魏略稱通領陽安太守，蓋以都尉行太守事也。趙儼傳，袁紹遣使招誘諸郡，惟陽安郡不動。蓋當時都尉別領縣者，亦稱郡矣。」趙一清曰：「郡國志，汝南郡陽安，道亭故國；朗陵，侯國。注引魏氏春秋曰：初平三年，分二縣置陽安都尉。方輿紀要卷五十，曹操分汝南置陽安都尉，以朗陵縣屬焉。亦曰陽安郡，尋罷。陽安城在光州息縣西南十里，朗陵城在確山縣西南三十五里。」謝鍾英曰：「魏受禪後，陽安郡不見於國志，蓋置郡旋廢。」一統志：「陽安故城，今河南汝寧府確山縣東北。」

〔三〕錢大昕曰：「漢制，大縣置令，小縣置長。此與趙儼傳稱朗陵長而田豫傳稱除朗陵令，當有一誤。」

〔四〕趙儼傳注引魏略云：「通欲遣使於紹。」與此異。

〔五〕胡三省曰：「瞿，姓也。王僧孺百家譜有蒼梧瞿寶。」

〔六〕宋本「殲」作「殘」。

〔七〕宋本「酬」作「疇」。

〔八〕馮本「以」上有「其」字。

〔九〕洪飴孫曰：「奉義中郎將一人，平虜中郎將一人，均比二千石，第四品。」

〔一〇〕宋本無「人」字。

〔一一〕趙一清曰：「世説卷一注引李康家誡、卷十八注引文章志曰：李廞祖康，秦州刺史；父重，平陽太守。廞好學，善隸草，與兄式齊名。此名秉，或玄胄有二名。方輿紀要卷五十九：魏增置秦州，治上邽，今鞏昌府秦州西六十里有故城，領郡六：隴西、漢陽、武都，皆故郡也；南安，中平五年置；廣魏即初平四年所置永陽郡；陰平本漢廣漢屬國，魏武改置陰平郡。太和三年，武都、陰平皆入於蜀。」吳增僅曰：「洪飴孫三國職官表於魏秦州下引世説賢媛篇注永嘉流人名云：魏秦州刺史李康。（魏志李通傳裴注引王隱晉書，李康作李秉，晉書李重傳又作景，并緣形似而誤。弼按：吳士鑑晉書斠注云，唐人避丙字諱，改作景。秉與丙爲嫌名，故亦避之。世説注引文章志、永嘉流人名作康，則康與秉形近而譌也。）考康爲魏初李通孫，東晉李重父。據王隱晉書云：秉字玄胄，官至秦州刺史。秉嘗答司馬文王問，因以爲家誡曰，昔侍坐先帝云云，以先帝稱文王，明秉仕於晉初。魏置秦州，諸書云在文帝初。李通卒於漢、魏之際，年才四十二歲，即使秉生，尚在童稺，安得爲刺史乎！且李重傳云：父景，秦州刺史，不云仕魏，即王隱晉書所云官至秦州刺史，正足明其仕晉，終于秦州刺史，非魏初所置之秦州也。世説注疑衍魏字。（世説棲逸篇注引文章志：李廞祖康，秦州刺史。秦州上亦無魏字。）」謝鍾英曰：「杜恕傳，太和中上疏，稱荆、楊、青、徐、幽、并、雍、涼、兗、豫、司、冀，不數秦州。曹植諫伐遼東表，蜀應西境，則雍、涼三分，亦不言秦州。終三國志無秦州二字。宋書州郡志：晉武帝置秦州。晉書武帝紀：太始五年春二月，以雍州、隴右五郡及涼州之金城，梁州之陰平置秦州。是秦州始於晉武。洪氏從晉書地理志列秦州，非也。」

〔一二〕馮本「答」作「得」。

〔一三〕宋本「免」作「見」。

〔一四〕清、慎、勤三字箴，本於司馬昭。梁章鉅曰：「三字箴不可以人廢也。今人以爲出於宋儒呂本中，失之矣。」

〔一五〕宋本「問」下有「曰」字。

〔一六〕易坤卦之辭。孔疏云：「括，結也；囊，所以貯物。以譬心藏知也。閉其知而不用，故曰括囊；不與物忤，故曰无咎。」

〔一七〕易大過之辭。孔疏云：「藉用白茅者，以柔處下，心能謹慎，薦藉於物，用絜白之茅，言以絜素之道，奉事於上也。」

〔一八〕荀顗字景倩，見荀彧傳注。

〔一九〕嗣宗事見王粲傳。

〔二〇〕錢振鍠曰：「嗣宗不過司馬昭門客耳，若有忠臣如王允，討昭而殺之，門客未必不與其禍。嗣宗之慎，不足道也。假使嗣宗爲王臣，人主問以臣下賢否，亦將隱情不言乎？若是必食奸黨惡者也。又不然，是無是非之心也。」

〔二一〕晉書作「左司馬」。

〔二二〕世説卷十八注引文章志曰：「式字景則，廞長兄也。思理儒隱，有平素之譽。渡江，累遷臨海太守、侍中。年五十四而卒。」

臧霸字宣高，泰山華人也。〔一〕父戒，爲縣獄掾，據法不聽太守欲所私殺。太守大怒，令收戒詣府，時送者百餘人。霸年十八，將客數十人，徑於費西山中要奪之，〔二〕送者莫敢動，因與父俱亡命東海，由是以勇壯聞。黄巾起，霸從陶謙擊破之，拜騎都尉。遂收兵於徐州，與孫觀、吴敦、尹禮等並聚衆，霸爲帥，屯於開陽。〔三〕太祖之討吕布也，霸等將兵助布，霸自匿；太祖募索得霸，〔四〕見而悦之，使霸招吴敦、尹禮、孫觀、觀兄康等，皆詣太祖。太祖以霸爲琅邪相；敦，利城；禮，東莞；觀，北海；康，城陽太守。〔五〕割青、徐二州，委之於霸。〔六〕太祖之在兖州，以徐翕、毛暉爲將。兖州亂，翕、暉皆叛。後兖州定，翕、暉亡命投霸。太祖語劉備，令語霸送二人首。霸謂備曰：「霸所以能自立者，以不爲此也。霸受公生全之恩，不敢違命；然王霸之君，可以義告，願將軍爲之辭。」備以霸言白太祖，太祖歎息，謂霸曰：「此古人之事，而君能行之，孤之願也。」乃皆以翕、暉爲郡守。〔七〕時太祖方與袁紹相拒，而霸數以精兵入青州，故太祖得專事紹，不以東方爲念。太祖破袁譚於南皮，霸等會賀。霸因求遣子弟及諸將父兄家屬詣鄴。太祖曰：「諸君忠孝，豈復在是！昔蕭何遣子弟入侍，而高祖不拒，耿純焚室輿櫬以從，而光武不逆，〔八〕吾將何以易之哉！」東州擾攘，霸等執義征暴，清定海岱，功莫大焉，皆封列侯。霸爲都亭侯，加威虜將軍。〔九〕又與于禁討昌豨，與夏侯淵討黄巾餘賊徐和等有功，遷徐州刺史。沛國公武周爲下邳令，〔一〇〕霸敬異周，身詣令舍。

部從事諰詷不法，〔一一〕周得其罪，便收考竟，霸益以善周。從討孫權，先登；再入巢湖，〔一二〕攻居巢，〔一三〕破之。張遼之討陳蘭，霸別遣至皖，討吳將韓當，使權不得救蘭。當遣兵逆霸，霸與戰於逢龍，當復遣兵邀霸於夾石，〔一四〕與戰，破之；還屯舒。權遣數萬人乘船屯舒口，〔一五〕分兵救蘭，聞霸軍在舒，遁還。霸夜追之，比明，行百餘里，邀賊前後擊之。賊窘急，不得上船，赴水者甚衆。由是賊不得救蘭，遼遂破之。霸從討孫權於濡須口，與張遼爲前鋒，行遇霖雨，大軍先及，水遂長，賊船稍進，〔一六〕將士皆不安。遼欲去，霸止之，曰：「公明於利鈍，寧肯捐吾等邪！」明日果有令。遼至，以語太祖，太祖善之，拜揚威將軍，〔一七〕假節。後權乞降，太祖還，留霸與夏侯惇等屯居巢。

〔一〕華縣見武紀初平四年，又見曹仁傳。潛研堂金石文跋尾曰：「漢志，泰山郡有華縣，續漢志無之。方輿紀要以爲并入費縣。案：三國志稱臧霸泰山華人，泰山都尉孔宙碑亦有題泰山華者，然則後漢元有華縣，殆并未久而復置耳。」梁章鉅曰：「洪亮吉補三國疆域志，泰山郡領縣十一，並無華縣，是其疏。」弼按：洪氏從晉志，以華縣屬琅邪郡，梁氏未細檢耳。周壽昌曰：「漢末尚存泰山華縣，郡國志或偶遺之。方輿紀要以爲并入費縣，恐在晉以後矣。」

〔二〕趙一清曰：「西山即蒙山也，在費縣西北五十里。」

〔三〕琅邪國治開陽，見武紀興平元年，又見下后傳。

〔四〕馮本「募」作「慕」。

〔五〕武紀：「建安三年，分琅邪、東海、北海爲城陽利城昌慮郡。」胡三省曰：「城陽，西漢王國，光武省併入琅邪。利城、昌慮二縣皆屬東海，此蓋因諸屯帥所居，而分爲郡也。」錢大昕曰：「東莞亦此時所置，利城郡未審何時并省。」餘詳見武紀建安三年注，東莞見夏侯玄傳。

〔六〕李通淮、汝，臧霸青、徐，與鍾繇關中之任并重，實爲全局所繫，不僅一隅之得失也。

〔七〕臧霸此舉，勝於于禁之斬昌豨矣。

〔八〕毛本「武」作「祖」，誤。

〔九〕洪飴孫曰：「威虜將軍一人，第五品。」

〔一〇〕陳景雲曰：「公字衍。武周，沛國竹邑人，詳胡質傳注。」

〔一一〕謥詷見程昱傳。

〔一二〕元和郡縣志：「巢湖在合肥縣東南六十四里，本居巢縣地，後陷爲湖。」一統志：「在合肥縣東南七十里，舒城縣東北一百三十里，巢縣西十里。周迴四百餘里，港汊大小三百六十，納諸水以注大江。」

〔一三〕居巢見武紀建安二十二年。

〔一四〕陸機辨亡論曰：「蓬籠之戰，子輪不返。」寰宇記卷百二十五：「逢龍城在皖水之北，遂號爲皖城。」姚範曰：「逢龍，今安慶城之集賢關，夾石即桐城北峽關也。」謝鍾英曰：「逢龍當與夾石相近，夾石今桐城縣北四十七里。」北峽關互見本志蔣濟傳、吳志呂蒙傳、朱桓傳。

〔一五〕胡三省曰：「舒在吳、魏境上，棄而不耕，去舒口甚近。」方輿紀要卷二十六：「舒城今廬州府舒城縣治，漢爲廬江郡治，三國時廢爲境上地。舒口，即巢湖口也。」謝鍾英曰：「當即今巴洋河入巢湖之口。」

〔一六〕官本考證云：「太平御覽先及作先反，稍進作稍近。」

〔一七〕「拜」下當有「霸」字。洪飴孫曰：「揚威將軍一人，第四品。」

文帝即王位，遷鎮東將軍，進爵武安鄉侯，都督青州諸軍事。〔一〕及踐阼，進封開陽侯，徙封良成侯。與曹休討吴賊，破吕範於洞浦，〔二〕徵爲執金吾，位特進。每有軍事，帝嘗咨訪焉。

魏略曰：霸一名奴寇，孫觀名嬰子，吴敦名黯奴，尹禮名盧兒。建安二十四年，霸遣别軍在洛。會太祖崩，霸所部及青州兵以爲天下將亂，皆鳴鼓擅去。文帝即位，以曹休都督青、徐，霸謂休曰：〔三〕「國家未肯聽霸耳，〔四〕若假霸步騎萬人，必能横行江表。」休言之於帝，帝疑霸軍前擅去，今意壯乃爾？遂東巡，因霸來朝，而奪其兵。〔五〕

明帝即位，增邑五百，并前三千五百户。薨，謚曰威侯。〔六〕子艾嗣。

魏書曰：艾少以才理稱，爲黄門郎，歷位郡守。

艾官至青州刺史、少府。艾薨，謚曰恭侯。子權嗣。霸前後有功，封子三人列侯，賜一人爵關内侯。

霸一子舜，字太伯，晉散騎常侍，見武帝百官名。〔七〕此百官名不知誰所撰也，皆有題目。稱舜「才穎條暢，識贊時宜」也。

〔一〕霸列名勸進，見上尊號奏。

〔二〕胡三省曰：「洞口浦在歷陽江邊。」一統志：「今安徽和州西南臨江。」

〔三〕毛本「謂」作「爲」，誤。

〔四〕漢、魏皆稱天子爲國家。范書馮異傳：「臣今亦願國家無忘河北之難。」

〔五〕霸本亡命之徒，魏武已死，無所顧忌，因而生心。魏文亟奪其兵，非無故也。

〔六〕正始四年，霸從祀太祖廟庭。

〔七〕沈家本曰：「此書隋唐志不著録。」

而孫觀亦至青州刺史，假節，從太祖討孫權，戰被創，薨。子毓嗣，亦至青州刺史。

魏書曰：孫觀字仲臺，泰山人。與臧霸俱起討黄巾，拜騎都尉。太祖破吕布，使霸招觀兄弟，皆厚遇之。與霸俱戰伐，觀常爲先登。征定青、徐羣賊，功次於霸，封吕都亭侯。〔一〕康亦以功封列侯。與太祖會南皮，遣子弟入居鄴，拜觀偏將軍，遷青州刺史。從征孫權於濡須口，假節。攻權，爲流矢所中，傷左足，力戰不顧。太祖勞之曰：「將軍被創深重，而猛氣益奮，不當爲國愛身乎？」轉振威將軍，創甚，遂卒。

〔一〕趙一清曰：「吕都，前漢書地理志屬濟陰郡，後漢省。今以封孫觀，蓋縣廢而城存耳。」

文聘字仲業，南陽宛人也。〔一〕爲劉表大將，使禦北方。表死，其子琮立。太祖征荆州，琮舉州降，呼聘，欲與俱。聘曰：「聘不能全州，當待罪而已。」太祖濟漢，〔二〕聘乃詣太祖。太祖問曰：「來何遲邪？」聘曰：「先日不能輔弼劉荆州以奉國家，荆州雖没，常願據守漢川，〔三〕保全土境。生不負於孤弱，死無愧於地下，而計不得已，以至於此。實懷悲慚，無顔早見耳。」遂欷歔流涕。太祖爲之愴然，曰：「仲業，卿真忠臣也！」厚禮待之。授聘兵，使與曹純追討劉備於長阪。〔四〕太祖先定荆州，江夏與吴接，民心不安，乃以聘爲江夏太守，〔五〕使典北兵，委以邊事，賜爵關内侯。

孫盛曰：資父事君，忠孝道一。臧霸少有孝烈之稱，文聘著垂涕之誠，是以魏武一面，委之以二方之任，豈直壯武見知於倉卒之閒哉！

與樂進討關羽於尋口，〔六〕有功，進封延壽亭侯，加討逆將軍。〔七〕又攻羽輜重於漢津，燒其船於荆城。〔八〕文帝踐阼，進爵長安鄉侯，假節。與夏侯尚圍江陵，使聘别屯沔口，〔九〕止石梵，〔一〇〕自當一隊，禦賊有功，遷後將軍，封新野侯。孫權以五萬衆自圍聘於石陽，甚急。聘堅守不動，〔一一〕權住二十餘日，乃解去。聘追擊，破之。

魏略曰：孫權嘗自將數萬衆卒至。時大雨，城柵崩壞，人民散在田野，未及補治。聘聞權到，不知所施，乃思惟莫若潛默，可以疑之。乃敕城中人，使不得見；又自卧舍中不起。權果疑之，語其部黨曰：「北方以此人忠臣也，故委之以此郡。今我至而不動，此不有密圖，必當有外救。」遂不敢攻而去。魏略此語，與本傳反。

增邑五百户，并前千九百户。

〔一〕郡國志：「荆州南陽郡宛。」一統志：「今河南南陽府南陽縣治。」

〔二〕胡三省曰：「漢即沔也。漢書地理志注曰：東漢水受氐道水，一名沔；過江夏，謂之夏水，入江。如淳曰：漢中人謂漢水爲沔水。師古曰：漢上曰沔。祝穆曰：天下之大川，以漢名者二，班固謂之東漢、西漢，而黎州之漢水源於飛越嶺者不與焉。固之所謂東漢，則禹貢之漾漢，其源出於今興元之西縣嶓冢山，逕洋、金、房、均、襄、郢，復至漢陽入江者是也。西漢則蘇代所謂漢中之甲，輕舟出於巴，乘夏水下漢，四日而至五渚者，其源出於西和州徼外，逕階、沔州與嘉陵水會，俗謂之西漢，又逕大安軍、利、劍、閬、果、合，與涪水會，至渝州入江」。

〔三〕漢川見劉表傳。

〔四〕水經沔水注：「曹太祖之追劉備於當陽也，張飛按矛于長坂，備得與數騎斜趨漢津，遂濟夏口是也。」荆州記曰：「當陽縣有櫟林長坂。」輿地紀勝：「在當陽縣東北。」方輿紀要：「今荆門州西北。」

〔五〕江夏郡見武紀建安十三年。趙一清曰：「吳、魏並立江夏郡。吳江夏郡治沙羨，孫權以程普領太守；魏以文聘爲太守，屯石陽。」吳增僅曰：「建安中，劉表以黄祖爲江夏太守，屯沙羨。（吳志孫策傳）魏武平荆州，以文聘爲江夏太守，屯石陽。嘉平中，王基自城上昶，徙江夏郡治之。終魏之世，郡治皆在上昶也。洪志據元和志云曹魏郡治安陸，蓋上昶爲安陸縣地，統言之也。」謝鍾英曰：「先主傳，建安十三年，與曹公戰於赤壁，曹公引歸，先主表劉琦爲荆州刺史，其時江夏全境俱爲琦有。迨琦既没，吳遂略取江夏諸縣，以通道江陵，於是程普爲江夏太守。及孫皎代程普督夏口，賜沙羨、雲杜、南新市、竟陵爲奉邑，見皎傳。吳之全有江夏，斷在此時。其後沔北地漸入魏。嘉禾五年，遣將軍周峻等擊江夏、新市、安陸、石陽，見陸遜傳。諸葛亮曰：其智力不侔，故限江自保；權之不能越江，猶魏賊之不能渡漢。可知沔北之安陸、新市、雲杜、竟陵於黄武中皆入魏也。」王先謙曰：「江夏郡，魏、吳分立。竟陵、雲杜、南新市、安陸四縣，地在沔北。建安中屬吳，黄武時皆屬魏。」弼按：夏侯尚傳：荆州殘荒，外接蠻夷，而與吳阻漢水爲境。謝氏謂魏江夏郡境北界義陽、汝南，東界弋陽隙地，西及南皆阻漢水接吳，此實魏江夏郡之轄境也。

〔六〕方輿紀要卷七十六：「潯水城在蘄州東，潯陽記謂之蘭池城，古潯陽也。尋口，潯水入江之口，即九江口也。今江西九江府德化縣潯陽城，蓋六朝時改置，非漢魏之舊。」謝鍾英曰：「樂進傳，從平荆州，留屯襄陽，擊關羽、蘇非等，皆走之。聘討關羽，當即此時。聘屯江夏石陽，兵勢西向，尋口，當在安陸府西南，漢水東西，非蘄春郡尋陽縣尋水入江之口也。」

〔七〕洪飴孫曰：「討逆將軍一人，第五品。」

〔八〕水經注：「沔水自荆城東南流。」輿地紀勝：「荆城在長壽縣南七十里，濱漢江。」一統志：「今鍾祥縣南。」

〔九〕沔口即夏口，見武紀建安十三年。

〔一〇〕謝鍾英曰：「石梵當在今天門縣東南、漢水北，其地去襄陽幾七百里，吴石城即此。」弼按：據水經注、元和郡縣志、通鑑地理通釋所云，石城實不在此，兹分録於下。水經沔水注：「沔水又南逕石城西，城因山爲固。晉太傅羊祜鎮荆州立。」元和郡縣志云：「長壽縣城本古之石城，背山臨漢水，吴於此置牙門戍城。羊祜鎮荆州亦置戍焉。」通鑑地理通釋云：「郢州子城三面墉基皆天造，正西絶壁，下臨漢江，石城之名本此。」一統志：「石城在今湖北安陸府鍾祥縣治。」是石城爲今安陸府鍾祥縣治，不如謝説之在今天門縣東南也。王先謙曰：「晉書羊祜傳，吴石城守去襄陽七百餘里。案，今安陸府去襄陽僅三百里，則吴石城非水經注之石城也。」弼按：水經注疏要删云：今安陸去襄陽不及四百里，疑羊祜傳之石城不在安陸。又云非也，羊祜傳七百字誤也。

〔一一〕事見明紀卷首黄初七年。晉志：「江夏郡安陸、曲陵。」沈志：「江夏有曲陵縣，本名石陽，吴立。晉起居注：太康元年改江夏石陽曰曲陵，宋明帝泰始六年，併安陸。」通鑑胡注於魏文帝黄初七年引祝穆説，指沔陽爲石陽，余已辨正。又於魏明帝青龍元年注引沈志云：「江夏郡曲陵，本名石陽。」一統志：「曲陵故城，在湖北德安府應城縣東南。」曲陵即石陽，是石陽亦即在今應城縣東南也。通鑑地理通釋卷十一云：「石陽故城，在黄陂縣西二十三里。吴征江夏，圍石陽，不克而還，即此。劉表爲荆州刺史，以此地當江、漢之口，懼吴侵軼，使黄祖於此築城鎮遏，因名黄城鎮。」方輿紀要卷七十六：「石陽城在黄陂縣西二十二里，亦名石梵，與沔口相近。」弼按：顧祖禹説本於王應麟，然皆不如沈志之有據。石陽與石梵決爲兩地，上文言別屯沔口，止石梵，則石梵必與沔口相近。既云別屯沔口，則常屯石陽可知。別屯者，軍事臨時調遣也。石陽爲江夏郡治，故孫權以重兵圍之。顧氏謂石梵與沔口相近，誠然；謂石陽亦名石梵，則誤矣。

聘在江夏數十年，有威恩，名震敵國，賊不敢侵。分聘户邑，封聘子岱爲列侯，又賜聘從子厚爵關内侯。聘薨，謚曰壯侯。〔一〕岱又先亡，聘養子休嗣。卒，子武嗣。

〔一〕正始四年，聘從祀太祖廟庭。

嘉平中，譙郡桓禺爲江夏太守，清儉有威惠，名亞於聘。

呂虔字子恪，任城人也。〔一〕太祖在兗州，聞虔有膽策，以爲從事，將家兵守湖陸。〔二〕襄陵校尉杜松部民炅毋等作亂，〔三〕與昌豨通。太祖以虔代松。虔到，招誘炅毋渠率及同惡數十人，賜酒食。簡壯士伏其側，虔察炅毋等皆醉，使伏兵盡格殺之。撫其餘衆，羣賊乃平。太祖以虔領泰山太守，郡接山海，世亂，聞民人多藏竄。〔四〕袁紹所置中郎將郭祖、〔五〕公孫犢等數十輩保山爲寇，百姓苦之。虔將家兵到郡，〔六〕開恩信，祖等黨屬皆降服；諸山中亡匿者，盡出安土業。簡其彊者補戰士，泰山由是遂有精兵，冠名州郡。濟南黄巾徐和等，所在劫長吏，攻城邑。虔引兵與夏侯淵會擊之，前後數十戰，斬首獲生數千人。太祖使督青州諸郡兵，以討東萊羣賊李條等，有功。太祖令曰：「夫有其志，必成其事，蓋烈士之所徇也。卿在郡以來，禽姦討暴，百姓獲安；躬蹈矢石，所征輒克。昔寇恂立名於汝、潁，耿弇建策於青、兗，古今一也。」舉茂才，加騎都尉，典郡如故。虔在泰山十數年，甚有威惠。〔七〕文帝即王位，加裨將軍，封益壽亭侯，遷徐州刺史，加威虜將軍。請琅邪王祥爲別駕，民事一以委之，世多其能任賢。

孫盛雜語曰：「祥字休徵，性至孝。後母苛虐，〔八〕每欲危害祥，祥色養無怠。盛寒之月，後母曰：「吾思食生魚。」祥脱衣，將剖冰求之；有少，堅冰解，〔九〕下有魚躍出，因奉以供，時人以爲孝感之所致也。供養三十餘年，母終乃仕，〔一〇〕以淳誠貞粹見重於時。

王隱晉書曰：祥始出仕，年過五十矣。〔一一〕稍遷至司隸校尉。高貴鄉公入學，以祥爲三老，遷司空、太尉。司馬文王初爲晉王，司空荀顗要祥盡敬，祥不從。語在二少帝紀。〔一二〕晉武踐阼，拜祥爲太保，封睢陵公。泰始四年，年八十九，薨。祥弟覽，字玄通，光禄大夫。〔一三〕晉諸公贊稱覽率素有至行。覽子孫繁衍，頗有賢才相繼，〔一四〕奕世之盛，古今少比焉。

討利城叛賊，〔一五〕斬獲有功。〔一六〕明帝即位，徙封萬年亭侯，增邑二百，并前六百户。虔薨，子翻嗣；翻薨，子桂嗣。

〔一〕任城，見武紀初平三年。趙一清引長沙耆舊傳文度祈晴事，誤作吕虔，補注於此。弼按：長沙耆舊傳之文度（類聚、初學記作文虔，御覽作文度。）與兖州任城之吕虔無涉，趙氏誤引，今不録。

〔二〕郡國志：「兖州山陽郡湖陸。」一統志：「湖陸故城，今山東濟寧州魚臺縣東南六十里。」

〔三〕毛本「部」作「步」，誤。宋本、吴本、毛本「毋」作「母」，下同。趙一清曰：「襄陵字誤，當作襄賁。兩漢志東海郡襄賁縣。賁，音肥。時昌豨作亂於東海，故炅母得與豨通。若河東之襄陵，與陳留襄邑之亦名襄陵，皆去東海甚遠，陵字爲誤無疑。」一統志：「襄賁故城，今山東沂州府蘭山縣西南百二十里。」

〔四〕「世亂聞民人」疑作「民人聞世亂」。

〔五〕王昶金石萃編云：「上尊號奏屯騎校尉都亭侯臣祖，疑即郭祖。」

〔六〕顧炎武曰：「古之爲將者，必有素豫之卒。春秋傳：冉求以武城人三百爲己徒卒；後漢書朱儁傳：令過本郡，簡募家兵。張燕寇河内，儁以家兵擊卻之。」

〔七〕文聘在江夏數十年，杜畿在河東十六年，張既臨雍、涼二州十餘年，梁習在并州、冀州二十餘年，呂虔在泰山十數年，皆久於其任。當時信任刺史、郡守如此。

〔八〕世説卷一注引祥世家曰：「祥父融，娶高平薛氏，生祥；繼室廬江朱氏，生覽。」

〔九〕宋本「有少」下多「頃」字。弼按：或作「有頃」，或作「少頃」，皆可通。寰宇記卷一百二十五：「魚池在舒州望江縣西南二十里。」晉書王祥傳：「漢末遭亂，扶母攜弟覽，避地廬江，隱居三十餘年。」按繼母爲廬江人，又避地於此，故魚池在舒州望江也。

〔一〇〕晉書祥傳：「繼母朱氏不慈，數譖之，由是失愛於父，每使掃除牛下。祥愈恭謹。父母有疾，衣不解帶，湯藥必親嘗。母嘗欲生魚，天寒冰凍，祥解衣將剖冰求之。冰忽自解，雙鯉躍出，持之而歸。母又思黄雀炙，復有黄雀數十，飛入其幙，復以供母。鄉里驚歎，以爲孝感所致焉。有丹柰結實，母命守之。每風雨，祥輒抱樹而泣。其篤孝純至如此。」世説卷一云：「王祥事後母朱夫人甚謹。家有一李樹，結子殊好，母恒使守之。時風雨忽至，祥抱樹而泣。祥嘗在別牀眠，母自往闇斫之，值祥私起，空斫得被。既還，知母憾之不已，因跪前請死。母於是感悟，愛之如己子。」晉陽秋、蕭廣濟孝子傳所記祥事，與此略同，見世説卷一注。

〔一一〕世説注引虞預晉書云：「祥以後母故，陵遲不仕。年向六十，刺史呂虔檄爲別駕。時人歌之曰：海、沂之康，實賴王祥；邦國不空，別駕之功。」

〔一二〕宋本「二」作「三」。互見晉書祥傳及本志三少帝紀咸熙元年注引漢晉春秋。林國贊曰：「末句是裴氏語，云少帝紀，即指本志齊王芳等紀。惟鮑勛傳注引魏書，稱語在紹傳、語在武紀，崔琰傳注引魏略，亦稱語在紹傳，而本志武紀、紹傳無此語，此皆魏書、魏略語，非裴語。吳範傳注引會稽典録，稱語在妃嬪傳，亦同此例。」

〔一三〕晉書王覽傳：「母朱遇祥無道，覽年數歲，見祥被楚撻，輒涕泣抱持。至于成童，每諫其母，其母少止凶虐。朱屢以非理使祥，覽輒與祥俱；又虐使祥妻，覽妻亦趨而共之。朱患之，乃止。祥喪父之後，漸有時譽，朱深疾之，密使酖祥。覽知之，徑起取酒，祥疑其有毒，爭而不與。朱遽奪反之。自後朱賜祥饌，覽輒先嘗，朱懼覽致斃，遂止。覽孝友恭恪，名亞於祥。初，呂虔有佩刀，工相之，以爲必登三公，可服此刀。虔謂祥曰：苟非其人，刀或爲害。卿有公輔之量，故以相與。祥固辭，强之，乃受。祥臨薨，以刀授覽曰：汝後必興，足稱此刀。覽後奕世多賢才，興於江左矣。」

〔一四〕宋、元本「繼」作「係」。

〔一五〕利城見武紀建安三年，又見文紀黄初六年。

〔一六〕史通暗惑篇曰：「新晉書王祥傳曰：祥漢末遭亂，扶母攜弟覽，避地廬江，隱居三十餘年，不應州郡之命。母終，徐州刺史呂虔，檄爲别駕。年垂耳順，覽勸之，乃應召。于時寇賊充斥，祥率勵兵士，頻討破之。時人歌曰：海、沂之康，實賴王祥。年八十五，泰始五年薨。難曰：祥爲徐州别駕，寇盜充斥，固是漢建安中徐州未清時耳。有魏受命，凡四十五年，上去徐州寇賊充斥，下至晉泰始五年，當六十年已上矣。祥於建安中年垂耳順，更加六十載，至晉泰始五年薨，則當年一百二十歲矣。而史云年八十五薨者，何也？如必以終時實年八十五，則爲徐州别駕止可年二十五六矣。又云其未從官已前，隱居三十餘載者，但其初被檄時止年二十五六，自此而往，安得復有三十餘年乎？必謂祥爲别駕在建安後，則徐州清晏，何得云於時寇賊充斥，祥率勵兵士頻討破之乎！求其前後，無一符會也。」弼按：晉書祥傳所云祥討徐州寇盜，當即爲徐州别駕討利城叛賊之事，事在黄初六年，（見文紀）非建安時事。孫盛言其養母三十餘年，王隱言其年過五十始仕，要非無稽之言。新晉書本出官撰，未及詳稽年月，又或過甚其辭，遂云年垂耳順，以啓子元之疑，駮難無可逃遁。然其指討徐州叛賊爲建安時事，確爲錯誤耳。且黃初以來，淮、徐之閒，頻年用兵，又安得云建安後徐州清晏乎！子元騁其筆鋒，亦不免失辭也。

許褚字仲康，譙國譙人也。〔一〕長八尺餘，腰大十圍，〔二〕容貌雄毅，勇力絕人。漢末，聚少年及宗族數千家，共堅壁以禦寇。時汝南葛陂賊萬餘人攻褚壁，〔三〕褚衆少不敵，力戰疲極。兵矢盡，乃令壁中男女，聚治石如杅斗者，〔四〕置四隅。褚飛石擲之，所值皆摧碎。賊不敢進。糧乏，僞與賊和，以牛與賊易食，賊來取牛，牛輒奔還。褚乃出陳前，一手逆曳牛尾，行百餘步。賊衆驚，遂不敢取牛而走。由是淮、汝、陳、梁閒聞皆畏憚之。

〔一〕譙見武紀卷首。洪亮吉曰：「晉志，譙郡魏武分沛郡置。元和志、寰宇記皆云黃初元年置。沈志引何承天志，明帝始分立。今考沈志引王粲詩既入譙郡界，粲亡在建安中，則諸說非也。」弼按：沛穆王林傳，建安二十二年徙封譙，是譙置郡在建安十八年魏國既建以後，立國在建安二十二年也。

〔二〕莊子人閒世篇：「絜之百圍。」釋文引李注：「徑尺爲圍。」又云：「三圍四圍。」釋文引崔注：「圍，環八尺爲一圍。」韻會云：「五寸曰圍，一抱曰圍。」吳越春秋：「伍子胥身長一丈，腰十圍。」范書虞延傳：「延長八尺六寸，要帶十圍。」按古今之釋圍者，有八尺至五寸之差，即同爲陸氏釋文所引，亦有八尺、徑尺之異，未知孰是。雖古尺小於今尺，亦不能相懸如是之甚也。

〔三〕郡國志：「豫州汝南郡鮦陽，侯國。」劉昭注引皇覽曰：「縣有葛陂鄉。」一統志：「鮦陽故城，今河南汝寧府新蔡縣東北七十里。葛陂在新蔡縣北，項城縣南。」謝鍾英曰：「按水經注，當在新蔡東北。」

〔四〕毛本「杅」作「杆」，誤。杅，音于，飲水器。荀子君道篇：「盤圓而水圓，杅方而水方。」

太祖徇淮、汝，褚以衆歸太祖。太祖見而壯之，曰：「此吾樊噲也！」〔一〕即日拜都尉，引入宿衛。諸從褚俠客，皆以爲虎士。從征張繡，先登，斬首萬計，〔二〕遷校尉。從討袁紹於官渡，時常從士徐他等〔三〕謀爲逆，以褚常侍左右，憚之不敢發。伺褚休下日，他等懷刀入。〔四〕褚至下舍心動，即還侍。他等不知，入帳見褚，大驚愕。他色變，褚覺之，即擊殺他等。太祖益親信之，出入同行，不離左右。從圍鄴，力戰有功，賜爵關內侯。從討韓遂、馬超於潼關。〔五〕太祖將北渡，臨濟河，先渡兵，獨與褚及虎士百餘人留南岸斷後。超將步騎萬餘人來奔太祖軍，矢下如雨。褚白太祖：「賊來多，今兵渡以盡，〔六〕宜去。」乃扶太祖上船。賊戰急，軍爭濟船，船重欲沒。〔七〕褚斬攀船者，左手舉馬鞍蔽太祖。船工爲流矢所中，死。褚右手並泝船，〔八〕僅乃得渡。是日，微褚幾危。〔九〕其後太祖與遂、超等單馬會語，〔一〇〕左右皆不得從，唯將褚。超負其力，陰欲前突太祖，素聞褚勇，疑從騎是褚。乃問太祖曰：「公有虎侯者安在？」太祖顧指褚，褚瞋目盼之。〔一一〕超不敢動，乃各罷。後數日會戰，大破超等，褚身斬首級，遷武衛中郎將。〔一二〕武衛之號，自此始也。軍中以褚力如虎而癡，故號曰虎癡；是以超問虎侯，〔一三〕至今天下稱焉，皆謂其姓名也。

〔一〕宋本、元本「吾」作「君」。

〔二〕陳景雲曰：「褚雖勇，安能手斬萬級？或百級之譌。」朱邦衡曰：「蒙從征之文，言是役斬首萬計，皆褚等先登陷陣之功也。」

〔三〕胡三省曰：「常從士，常隨從在左右者也。」

〔四〕一本校改「刀」作「刃」。

〔五〕潼關見武紀建安十六年。

〔六〕馮本「以」作「已」。

〔七〕宋本無下「船」字，馮本空一字。

〔八〕御覽「泝」作「棹」，通鑑作「右手刺船」。

〔九〕御覽「是日」作「太祖曰」。

〔一〇〕武紀建安十六年僅言曹公與韓遂語，魏書所云亦然。通鑑考異云：「按，時超不與遂同在彼，故疑此説妄也。」弼按：遂、超若同時會語，則賈詡離之之計不得而施矣。考異説是。又按本志張既傳注引魏略亦云魏武與約交馬語，（韓遂字文約，亦曰韓約。）不言與超語也。

〔一一〕何焯校改「盻」作「眄」。

〔一二〕宋百官志：「武衛將軍無員。初，魏王始置武衛中郎將，文帝踐阼，改爲衛將軍，主禁旅。」洪飴孫曰：「武衛中郎將一人，比二千石，第四品，主宿衛，後罷。」

〔一三〕武紀「乃縱虎騎夾擊」，當爲褚所將之虎士。或遂、超各別單馬會語，與超語時，慮超之勇，而以褚隨耳。

褚性謹慎奉法，質重少言。曹仁自荆州來朝謁，太祖未出，入與褚相見於殿外，仁呼褚入便坐語。褚曰：「王將出。」便還入殿，仁意恨之。或以責褚曰：「征南宗室重臣，〔一〕降意呼君，君何故辭？」褚曰：「彼雖親重，外藩也。褚備内臣，衆談足矣，入室何私乎？」太祖聞，愈愛待之，遷中堅將軍。太祖崩，褚號泣歐血。文帝踐阼，進封萬歲亭侯，遷武衛將軍，都督中軍宿衛禁兵，甚親近焉。〔二〕初，褚所將爲虎士者從征伐，太祖以爲皆壯士也，同日拜爲將，其後以功爲將軍封侯者數十人，都尉、校尉百餘人，皆劍客也。明帝即位，進牟鄉侯，〔三〕邑七百户，賜子爵一人關内侯。褚薨，謚曰壯侯。子儀嗣。褚兄定亦以軍功封爲振威將軍，〔四〕都督徼道虎賁。太和中，帝思褚忠孝，下詔褒贊，復賜褚子孫二人爵關内侯。儀爲鍾會所殺。〔五〕泰始初，子綜嗣。

〔一〕曹仁傳：「以仁行征南將軍，留屯江陵。」當在建安十四五年，安得便稱宗室？此爲承祚之微瑕。

〔二〕上尊號奏作「武衛將軍安昌亭侯臣褚」。

〔三〕「進」下當有「封」字。

〔四〕將軍非國邑，不當言封，此封字或即上文所脱。

〔五〕鍾會傳：「先命牙門將許儀在前治道，會在後行。而橋穿，馬足陷；於是斬儀。」

典韋，陳留己吾人也。〔一〕形貌魁梧，旅力過人，有志節任俠。襄邑劉氏與睢陽李永爲讎，〔二〕韋爲報之。永故富春長，〔三〕備衛甚謹。韋乘車載雞酒，僞爲候者。門開，懷匕首入殺永，并殺其妻。徐出，取車上刀戟，步出。〔四〕永居近市，一市盡駭。追者數百，莫敢近。行四五里，遇其伴，轉戰得脱。由是爲豪傑所識。初平中，張邈舉義兵，韋爲士，屬司馬趙寵。牙門旗長大，人莫能勝，韋一手建之，寵異其才力。後屬夏侯惇，數斬首有功，拜司馬。太祖討呂布於濮陽，布有别屯在濮陽西四五十里，太祖夜襲，比明破之。未及還，會布救兵至，三面掉戰。時布身自搏戰，自旦至日昳，[五]數十合，相持急。太祖募陷陣，韋先占，將應募者數千人，[六]皆重衣兩鎧，棄楯，但持長矛撩戰。[七]時西面又急，韋進當之。賊弓弩亂發，矢至如雨，韋不視，謂等人曰：[八]「虜來十步，乃白之。」等人曰：「十步矣。」又曰：「五步乃白。」等人懼，疾言「虜至矣！」韋手持十餘戟，大呼起，所抵無不應手倒者。布衆退。會日暮，太祖乃得引去。拜韋都尉，引置左右；將親兵數百人，常繞大帳。韋既壯武，其所將皆選卒，每戰鬬常先登陷陣。遷爲校尉。[九]性忠至謹重，常晝立侍終日，夜宿帳左右，稀歸私寢。好酒食，飲噉兼人。每賜食於前，大飲長歠，[一〇]左右相屬，數人益，乃供；太祖壯之。韋好持大雙戟，與長刀等。軍中爲之語曰：「帳下壯士有典君，提一雙戟八十斤。」

〔一〕已吾，見武紀卷首，即魏武始起兵之地也。王先謙曰：「後漢割寧陵、襄邑二縣地，置已吾。」
〔二〕襄邑，見武紀初平四年。睢陽，見武紀卷首。御覽「永」作「禮」。
〔三〕郡國志：「揚州吴郡富春。」一統志：「富春故城，今浙江杭州府富陽縣治西北隅。」
〔四〕御覽「出」作「去」。
〔五〕胡三省曰：「昳，徒結反，日昃也。」
〔六〕御覽「千」作「十」。
〔七〕宋本「戰」作「戟」。
〔八〕胡三省曰：「等人者，立等以募人及等者，謂之等人。或曰等人者，一等應募之人也。」

〔九〕錢大昭曰：「三少帝紀作武猛校尉。」弼按：齊王紀：「正始四年，以武猛校尉典韋從祀太祖廟庭。」

〔一〇〕歠，音啜，昌悦切。説文：飲也。

太祖征荆州，至宛，〔一〕張繡迎降。太祖甚悦，延繡及其將帥，置酒高會。太祖行酒，韋持大斧立後，刃徑尺；太祖所至之前，韋輒舉斧目之。竟酒，繡及其將帥莫敢仰視。後十餘日，繡反，襲太祖營；太祖出戰不利，輕騎引去。韋戰於門中，賊不得入。兵遂散，從他門並入。時韋校尚有十餘人，皆殊死戰，無不一當十。賊前後至稍多，韋以長戟左右擊之，一叉入，輒十餘矛摧。〔二〕左右死傷者略盡。韋被數十創，短兵接戰，賊前搏之。韋雙挾兩賊擊殺之，餘賊不敢前。韋復前突賊，殺數人；創重發，瞋目大駡而死。賊乃敢前，取其頭，傳觀之；覆軍就視其軀。太祖退住舞陰，〔三〕聞韋死，爲流涕。募閒取其喪，親自臨哭之，遣歸葬襄邑。〔四〕拜子滿爲郎中。車駕每過，常祠以中牢。太祖思韋，拜滿爲司馬，引自近。文帝即王位，以滿爲都尉，賜爵關内侯。〔五〕

〔一〕南陽郡治宛，見武紀卷首。

〔二〕御覽「矛」作「鉾」，即矛也。

〔三〕舞陰見武紀建安二年。

〔四〕已吾本由襄邑而分，此時并於襄邑，故傳文如此。

〔五〕潘眉曰：「韋同時諸將如張遼封晉陽侯，謚曰剛；樂進廣昌亭侯，謚曰威；張郃鄚侯，謚曰壯；徐晃陽平侯，謚曰壯；李典都亭侯，謚曰愍；李通都亭侯，謚曰剛；臧霸良成侯，謚曰威；文聘新野侯，謚曰壯；許褚牟鄉侯，謚曰壯；龐悳關門亭侯，謚曰壯。典韋雄武壯烈，不在遼、褚下，乃生不封侯，没無追謚，非史傳遺漏，則魏朝酬庸之典，爲未副焉。」

龐悳字令明，南安狟道人也。〔一〕

狟，音桓。〔二〕

少爲郡吏州從事。初平中，從馬騰擊反羌叛氐，數有功，稍遷至校尉。建安中，太祖討袁譚、尚於黎陽，譚遣郭援、高幹等略取河東，太祖使鍾繇率關中諸將討之。悳隨騰子超拒援、幹於平陽，〔三〕悳爲軍鋒，進攻援、幹，大破之，親斬援首。

魏略曰：悳手斬一級，不知是援。戰罷之後，衆人皆言援死，而不得其首。援，鍾繇之甥。悳晚後於鞬中出一頭，〔四〕繇見之而哭。〔五〕悳謝繇。繇曰：「援雖我甥，乃國賊也，卿何謝之！」〔六〕

拜中郎將，封都亭侯。後張白騎叛於弘農，〔七〕悳復隨騰征之，破白騎於兩殽間。〔八〕每戰，常陷陣却敵，勇冠騰軍。後騰徵爲衛尉，悳留屬超。太祖破超於渭南，〔九〕悳隨超亡入漢陽，保冀城。〔一〇〕後復隨超奔漢中，從張魯。太祖定漢中，悳隨衆降。太祖素聞其驍勇，拜立義將軍，〔一一〕封關門亭侯，邑三百户。

〔一〕狟道，班志、郡國志均作豲道。班志屬天水郡，郡國志屬涼州漢陽郡。秦川記曰：「漢靈帝中平五年，析漢陽置南安郡，豲道爲南安郡治。」水經注：「渭水東逕豲道故城南。」一統志：「豲道故城，今甘肅鞏昌府隴西縣東北渭水北。」互見武紀建安十九年。

〔二〕應劭曰：「獂，戎邑也，音完。」

〔三〕平陽見武紀卷首。

〔四〕鞬，毛本作韃，誤。鞬，居言切。説文：「所以戢弓矢也。」左傳僖公二十三年「右屬櫜鞬」杜注：「鞬，以受弓也。」

〔五〕馮本「見」作「視」。

〔六〕通鑑作「卿何謝之有」。

〔七〕張白騎見張燕傳注引典略。

〔八〕方輿紀要卷四十八：「張白塢在河南宜陽縣西北，後漢末，張白騎據此，曹公使龐德破之。」

〔九〕御覽卷八百九十七傳元乘輿馬賦曰：「馬超破蘇氏塢，塢中有駿馬百餘匹。自超以下，俱爭取肥好者。將軍龐悳獨取一騧馬，形觀既醜，衆笑之。其後從馬超戰於渭南，逸足電發，追不可逮，衆乃服。」

〔一〇〕漢陽郡治冀，見武紀建安十八年。

〔一一〕胡三省曰：「操以龐德自漢中來歸，故進號立義將軍。」

侯音、衛開等以宛叛，悳將所領與曹仁共攻拔宛，斬音、開，〔一〕遂南屯樊，討關羽。樊下諸將以悳兄在漢中，頗疑之。魏略曰：其從兄名柔，〔二〕時在蜀。悳常曰：「我受國恩，義在效死。我欲身自擊羽。今年我不殺羽，羽當殺我。」後親與羽交戰，射羽中額。〔三〕時悳常乘白馬，羽軍謂之白馬將軍，皆憚之。仁使悳屯樊北十里，會天霖雨十餘日，漢水暴溢，樊下平地五六丈。悳與諸將避水上堤。羽乘船攻之，以大船四面射隄上。悳被甲持弓，箭不虛發。〔四〕將軍董衡、部曲將董超等欲降，〔五〕悳皆收斬之。自平旦力戰，至日過中，羽攻益急，矢盡，短兵接戰。悳謂督將成何曰：「吾聞良將不怯死以苟免，烈士不毀節以求生。今日，我死日也！」戰益怒，氣愈壯，而水浸盛，吏士皆降。悳與麾下將一人，五伯二人，〔六〕彎弓傅矢，乘小船欲還仁營。水盛船覆，失弓矢，獨抱船覆水中，爲羽所得，立而不跪。〔七〕羽謂曰：「卿兄在漢中，我欲以卿爲將，不早降何爲！」悳罵羽曰：「豎子，何謂降也！魏王帶甲百萬，威振天下，汝劉備庸才耳，豈能敵邪！我寧爲國家鬼，不爲賊將也！」遂爲羽所殺。〔八〕太祖聞而悲之，爲之流涕，封其二子爲列侯。文帝即王位，乃遣使就悳墓賜謚，策曰：「昔先軫喪元，〔九〕王蠋絶脰，〔一〇〕隕身徇節，前代美之。惟侯戎昭果毅，〔一一〕蹈難成名，聲溢當時，義高在昔，寡人愍焉。」謚曰壯侯。〔一二〕又賜子會等四人爵關内侯，邑各百户。會勇烈有父風，官至中衛將軍，封列侯。〔一三〕

王隱蜀記曰：〔一四〕鍾會平蜀，前後鼓吹，迎悳屍喪還葬鄴，冢中身首如生。臣松之案：悳死於樊城，文帝即位，又遣使至悳墓所，則其屍喪不應在蜀。此王隱之虛說也。

〔一〕事見武紀建安二十四年。

〔二〕「其」，宋本作「悳」。

〔三〕韓菼云：「龐悳盡節曹氏，誠爲俠烈。但少依馬騰，騰族於曹，而悳爲曹用。且超與悳兄俱在蜀，而反與蜀棄好即仇，未爲合宜。」

〔四〕胡三省曰：「射必中也。」

〔五〕御覽「董」作「統」。

〔六〕五伯見本志荀彧傳注引禰衡傳。

〔七〕胡三省曰：「示不屈伏。」

〔八〕康發祥曰：「龐悳身爲降將，不死於馬超、張魯，而死於曹操，猶五代時周臣韓通不死於漢而死於周也。雖死作壯語以死，君子無取焉。」

〔九〕左傳僖公三十三年：「先軫免冑入狄師，死焉。狄人歸其元，面如生。」

〔一〇〕史記田單傳：「燕之初入齊，聞畫邑人王蠋賢。令軍中曰：環畫邑三十里無入。以王蠋之故。已而使人謂蠋曰：齊人多高子之義，吾以子爲將，封子萬家。蠋固謝，遂經其頸於樹枝，自奮絶脰而死。」索隱云：「經，猶繫也。」何休曰：「脰，頸，齊語也。音豆。」

〔一一〕馮本「戎」作「式」。

〔一二〕正始四年，悳從祀太祖廟庭。

〔一三〕錢大昭曰：「會以平寇將軍不附諸葛誕，斬門突出，忠壯勇烈，由臨渭亭侯進爵鄉侯。事見三少帝紀。」弼按：見高貴鄉公紀甘露二年。

〔一四〕沈家本曰：「王隱蜀記，隋志不著録。二唐志有删補蜀記七卷，在雜史。其稱删補者，不知何人，抑原有蜀記而隱删補之邪？隱著書多，此書止七卷，殆後人删補之邪？其書久佚，無可考。此傳所引迎龐悳屍喪事，裴以爲虚説。諸葛亮傳引郭沖五事，裴逐事難之，其書殆是非參半矣。」

龐淯字子冀，〔一〕酒泉表氏人也。〔二〕初以涼州從事守破羌長，〔三〕會武威太守張猛反，殺刺史邯鄲商。〔四〕猛令曰：「敢有臨商喪，死不赦。」淯聞之，棄官，晝夜奔走，號哭喪所訖，詣猛門，衷匕首，〔五〕欲因見以殺猛。猛知其義士，勑遣不殺，由是以忠烈聞。

魏略曰：猛兵欲來縛淯。猛聞之，歎曰：「猛以殺刺史爲罪，此人以至忠爲名，如又殺之，何以勸一州履義之士邪！」遂使行服。

典略曰：張猛字叔威，本燉煌人也。猛父奐，〔六〕桓帝時，仕歷郡守、中郎將、太常，遂居華陰，終因葬焉。〔七〕建安初，猛仕郡爲功曹。是時河西四郡，以去涼州治遠，隔以河寇，〔八〕上書求別置州。詔以陳留人邯鄲商爲雍州刺史，〔九〕別典四郡。〔一〇〕時武威太守缺，詔又以猛父昔在河西有威名，乃以猛補之。商、猛俱西。初，猛與商同歲，每相戲侮；及共之官，行道更相責望。暨到，商欲誅猛，猛覺之，遂勒兵攻商。商治舍與猛側近，商聞兵至，恐怖登屋，呼猛字曰：「叔威，汝欲殺我邪？然我死者有知，汝亦族矣。請和解，尚可乎？」猛因呼曰：「來。」商踰屋就猛，猛因責數之，語畢，以商屬督郵。〔一一〕督郵録商，閉置傳舍。後商欲逃，事覺，遂殺之。是歲建安十四年也。至十五年，將軍韓遂自上討猛，猛發兵遣軍東拒。其吏民畏遂，乃反，共攻猛。初，奐爲武威太守，時猛方在孕。母夢帶奐印綬，登樓而歌，旦以告奐。奐訊占夢者，曰：「夫人方生男，後當復臨此郡，其必死官乎！」及猛被攻，自知必死，曰：「使死者無知則已矣；若有知，豈使吾頭東過華陰歷先君之墓乎！」乃登樓自燒而死。

太守徐揖請爲主簿。後郡人黄昂反，〔一二〕圍城。淯棄妻子，夜踰城出圍，告急於張掖、燉煌二郡。初疑，未肯發兵。淯欲伏劍，二郡感其義，遂爲興兵。軍未至，而郡城邑已陷，〔一三〕揖死。淯乃收斂揖喪，送還本郡，行服三年乃還。太祖聞之，辟爲掾屬。文帝踐阼，拜駙馬都尉，遷西海太守，〔一四〕賜爵關内侯。後徵拜中散大夫，薨。子曾嗣。

〔一〕宋本、馮本「冀」作「異」，御覽卷四百三十八引魏志作子異。

〔二〕郡國志：「涼州酒泉郡表氏。」錢大昕曰：「前志作表是，是、氏古通用。」一統志：「表氏故城，今甘肅肅州高臺縣西。」

〔三〕郡國志：「涼州金城郡破羌。」王先謙曰：「三國魏改屬西平郡，洪氏疆域志未録。一統志：破羌晉省爲安夷縣地，是魏有此縣，當屬西平。」弼按：一統志：「破羌故城，在今甘肅西寧府碾伯縣西。」范書馬援傳：「建武十一年，援爲隴西太守，時朝臣以金城破羌之西，塗遠多寇，議欲棄之。援上言：破羌以西，城多完牢，易可依固。其田土肥壤，灌溉流通，如令羌在湟中，則爲害不休，不可棄也。帝從之。」

〔四〕惠棟曰：「風俗通云：邯鄲氏以國爲姓。棟案：杜預釋例世族譜，趙夙之孫穿，别爲邯鄲氏，趙施、趙勝、邯鄲午，是其後也。」

〔五〕康發祥曰：「衷，匿也，内也。謂匿匕首於内也。左傳衷戎師，謂前後受敵，戎師居中，故曰衷戎師也。又楚人衷甲，謂甲在内而外揜之也。又服之不衷，謂表不稱裏也。蜀志法正傳，孫權以妹妻先主，先主每入，衷心常凜凜。謂自外入内也。衷之字義可見。」弼按：匕首，劍屬，其頭類匕，短而便用，故曰匕首。史記吴世家，專諸置匕首於炙魚中以刺吴王僚是也。

〔六〕范書張奂傳：「奂字然明，敦煌酒泉人也。」錢大昕曰：「酒泉，郡名，非縣名，當作淵泉。胡注通鑑云：奂，敦煌淵泉人。晉志避唐諱，作深泉，後人妄改爲酒泉。」

〔七〕范書奂傳：「舉賢良對策第一，擢拜議郎，遷安定屬國都尉，威化大行。遷使匈奴中郎將，復拜武威太守，護匈奴中郎將，以九卿秩督幽、并、涼三州，及度遼、烏桓二營。三州清定，徙屬弘農、華陰。舊制，邊人不得内徙，唯奂因功特聽，故始爲弘農人。大將軍竇武、太傅陳蕃謀誅宦官，事泄，中常侍曹節等作亂，矯制使奂圍武，武自殺，蕃見害，奂遷少府，拜大司農。奐深病爲節所賣，封還印綬。後陷以黨罪，禁錮歸田里，閉門不出。養徒千人，著尚書記難三十餘萬言。董卓慕之，使其兄遺縑百匹。奐惡卓爲人，絶而不受。光和四年卒，年七十八。長子芝，字伯英，最知名。芝及弟昶，字文舒，並善草書，至今稱傳之。」柳從辰曰：「文舒，伯英季弟。奐蓋四子，仲子無傳。」

〔八〕胡三省曰：「涼州刺史本治漢陽郡冀縣，時寇賊繁興，遂與河西隔絶。河寇蓋羣盗阻河爲寇者。」

〔九〕胡三省曰：「風俗通：邯鄲以國爲姓。余謂邯鄲非國也，蓋以邑爲姓。左傳：晉有邯鄲午。時置雍州，治武威。」

〔一〇〕范書獻紀：「興平元年六月，分涼州河西四郡爲雍州。」章懷注：「謂金城、酒泉、燉煌、張掖也。」

〔一一〕毛本「督」作「都」，誤。

〔一二〕建安中，酒泉太守徐揖誅郡中彊族黄氏，黄昂得脱在外，募衆攻揖，見閻温傳注引魏略楊阿若傳。

〔一三〕「邑」字疑衍。

〔一四〕趙一清曰：「前漢書地理志：張掖郡居延，居延澤在東北，古文以爲流沙。郡國志居延屬國注曰：建安末立爲西海郡。」沈欽韓曰：「此西海本張掖居延屬國，改爲郡也。此與王莽所置西海郡名同而地異。莽郡在今青海東，今西寧府邊外；此在今安西州北，古流沙地，唐爲沙州也。」洪亮吉曰：「案晉書地理志，獻帝興平二年，武威太守張雅請置。與此不同。或興平中請置，建安末始立耳。」錢大昕曰：「案獻帝起居注，建安十八年復禹貢九州，雍州部已有西海郡，是立郡不在建安末也。」弼按：張既傳：「既所禮辟酒泉龐淯，終有名位。」毌丘儉傳注引魏名臣奏，雍州刺史張既表稱武威太守毌丘興，濟拔西海太守張睦在黄初時，當在龐淯之後也。

初，淯外祖父趙安爲同縣李壽所殺，淯舅兄弟三人同時病死，壽家喜。淯母娥自傷父讐不報，乃幃車袖劍，白日刺壽於都亭前，訖，〔一〕徐詣縣，顔色不變。曰：「父讐已報，請受戮！」禄福長尹嘉解印綬縱娥，娥不肯去，遂彊載還家。會赦，得免。州郡歎貴，刊石

表閭。〔二〕

皇甫謐烈女傳曰：〔三〕酒泉烈女龐娥親者，表氏龐子夏之妻，禄福趙君安之女也。〔四〕君安爲同縣李壽所殺，娥親有男弟三人，皆欲報讐，壽深以爲備。會遭災疫，三人皆死。壽聞大喜，請會宗族，共相慶賀，云「趙氏強壯已盡，唯有女弱，何足復憂！」〔五〕防備懈弛。娥親子淯出行，聞壽此言，還以啓娥親。娥親既素有報讐之心，及聞壽言，感激愈深，愴然隕涕曰：「李壽，汝莫喜也。終不活汝！戴履天地，爲吾門户，吾三子之羞也。焉知娥親不手刃殺汝，而自徼倖邪？」陰市名刀，挾長持短，晝夜哀酸，志在殺壽。壽爲人凶豪，聞娥親之言，更乘馬帶刀，鄉人皆畏憚之。比鄰有徐氏婦，憂娥親不能制，恐逆見中害，〔六〕每諫止之，曰：「李壽，男子也。凶惡有素，加今備衛在身。趙雖有猛烈之志，而彊弱不敵。邂逅不制，則爲重受禍於壽，絶滅門户，痛辱不輕也。願詳舉動，爲門户之計。」娥親曰：「父母之讐，不同天地、共日月者也。李壽不死，娥親視息世間，活復何求！今雖三弟早死，門户泯滅，〔七〕而娥親猶在，豈可假手於人哉！若以卿心況我，則李壽不可得殺；論我之心，壽必爲我所殺明矣！」夜數磨礪所持刀訖，扼腕切齒，悲涕長歎，家人及鄉里〔八〕咸共笑之。娥親謂左右曰：「卿等笑，〔九〕直以我女弱不能殺壽故也。要當以壽頸血汚此刀刃，令汝輩見之。」遂棄家事，乘鹿車伺壽。〔一〇〕至光和二年〔一一〕二月上旬，以白日清時於都亭之前，與壽相遇，便下車扣壽馬，叱之。壽驚愕，〔一二〕迴馬欲走。娥親奮刀斫之，并傷其馬。馬驚，壽擠道邊溝中。娥親尋復就地斫之，探中樹蘭，折所持刀。〔一三〕壽被創未死，娥親因前欲取壽所佩刀殺壽，壽護刀瞋目大呼，跳梁而起。〔一四〕娥親乃挺身奮手，左抵其額，右椿其喉，反覆盤旋，應手而倒。遂拔其刀以截壽頭，持詣都亭，歸罪有司，徐步詣獄，辭顔不變。時禄福長壽陽尹嘉〔一五〕不忍論娥親，即解印綬去官，弛法縱之。娥親曰：「讐塞身死，妾之明分也；治獄制刑，君之常典也。何敢貪生，以枉官法？」鄉人聞之，傾城奔往，觀者如堵焉。莫不爲之悲喜慷慨嗟嘆也。守尉不敢公縱，陰語使去，以便宜自匿。娥親抗聲大言曰：「枉法逃死，非妾本心。今讐人已雪，死則妾分，乞得歸法，以全國體。雖復萬死，於娥親畢足，不敢貪生，爲明廷負也。」尉故不聽所執。娥親復言曰：「匹婦雖微，猶知憲制，殺人之罪，法所不縱。今既犯之，義無可逃；乞就刑戮，隕身朝市，肅明王法，娥親之願也。」辭氣愈厲，而無懼色。〔一六〕尉知其難奪，彊載還家。涼州刺史周洪、酒泉太守劉班等，並共表上，稱其烈義，刊石立碑，顯其門閭。太常弘農張奂，貴尚所履，以束帛二十端禮之。〔一七〕海內聞之者，莫不改容贊善，高大其義。故黄門侍郎安定梁寬，〔一八〕追述娥親，爲其作傳。玄晏先生以爲父母之讐，〔一九〕不與共天地，蓋男子之所爲也。而娥親以女弱之微，念父辱之酷痛，感讐黨之凶言，〔二〇〕奮劍仇頸，人馬俱摧，塞亡父之怨魂，雪三弟之永恨，近古已來，未之有也。詩云：「修我戈矛，與子同仇。」娥親之謂也。〔二一〕

〔一〕顧炎武日知録卷二十二云：「都亭如今之關廂。司馬相如往臨邛，舍都亭；嚴延年母止都亭，不肯入府；孫權出都亭候邢貞；是也。」

〔二〕酒泉郡治福禄，見文紀延康元年。趙一清曰：「前漢書地理志曰禄福，郡國志曰禄福，屬酒泉郡，或漢末又改稱耳。」錢大昕曰：「前志作禄福，魏志龐淯傳及皇甫謐列女傳載龐娥事云禄福趙君安之女。又云禄福長尹嘉。曹全碑亦云拜酒泉禄福長。則知作福禄者誤也。」吴卓信曰：「漢、魏之間，猶稱禄福，改爲福禄，當自晉始。晉書張重華傳謝文爲福禄伯是也。」王先謙曰：「咸熙元年，安彌、福禄各言嘉禾生，見少帝紀。」

〔三〕馮本「烈」作「列」，是。

〔四〕姜宸英曰：「據士安作傳，娥親是其名，而志但云娥，豈傳寫之譌，或娥是女子之通稱乎？」趙一清曰：「傳云趙君安，亦與陳志不同。」弼按：范書列女傳亦云龐淯母字娥。

〔五〕范書列女傳：「娥父爲同縣人所殺，而娥兄弟三人，時俱病物故。讎乃喜而自賀，以爲莫己報也。」

〔六〕官本考證云：「逆，監本訛作返，今改正。」

〔七〕宋本「滅」作「絶」。

〔八〕宋本「鄉」作「鄰」，是。

〔九〕宋本「笑」下有「我」字。

〔一〇〕鹿車見司馬芝傳。風俗通：「俗説鹿車窄小，裁容一鹿。」

〔一一〕光和，靈帝年號。

〔一二〕宋本「憚」作「愕」，是。

〔一三〕元本、吴本、毛本「刀」作「刃」。

〔一四〕莊子：「狸狌東西跳梁，不辟高下。」跳梁，謂走躑也。

〔一五〕宋本「壽」作「漢」。

〔一六〕宋本「而」作「面」。

〔一七〕范書列女傳：「娥陰懷感憤，乃潛備刀兵，常帷車以候讎家，十餘年不能得。後遇於都亭，刺殺之。因詣縣自首曰：父讎已報，請就刑戮。福禄長尹嘉義之，解印綬欲與俱亡。娥不肯去，曰：怨塞身死，妾之明分；結罪理獄，君之常理。何敢苟生，以枉公法？後遇赦得免。州郡表其閭，太常張奂嘉歎，以束帛禮之。」

〔一八〕梁寬見楊阜傳。

〔一九〕皇甫謐自號玄晏先生，詳見武紀建安十三年。

〔二〇〕毛本「凶」作「曰」，誤。

〔二一〕御覽四百三九引魏略云：「淯外祖父爲人所殺，其二子弱，不能報。淯母娥親載車出，與仇家相逢於府門外，乃拔刀下車，手斫殺之。州郡義其女人能如此，縱而不問。及淯長大，節行又如此，故令酒泉畫其母子儀像於廳壁，而銘贊之。」（御覽「淯」誤作「毓」。）

閻温字伯儉，天水西城人也。〔一〕以涼州別駕守上邽令。〔二〕馬超走奔上邽，郡人任養等舉衆迎之。温止之，不能禁，乃馳還州。超復圍州所治冀城甚急，〔三〕州乃遣温密出，告急於夏侯淵。〔四〕賊圍數重，温夜從水中潛出。明日，賊見其迹，遣人追遮之，於顯親界得温，〔五〕執還詣超。超解其縛，謂曰：「今成敗可見，足下爲孤城請救，而執於人手，義何所施？若從吾言，反謂城中，東方無救，〔六〕此轉禍爲福之計也。不然，今爲戮矣！」温僞許之，超乃載温詣城下。温向城大呼曰：「大軍不過三日至，勉之！」城中皆泣，稱萬歲。超怒數之，曰：「足下不爲命計邪！」温不應。時超攻城久不下，故徐誘温，冀其改意。復謂温曰：「城中故人，有欲與吾同者不？」温又不應。遂切責之。温曰：「夫事君有死無貳，而卿乃欲令長者出不義之言，吾豈苟生者乎！」超遂殺之。

〔一〕錢大昕曰：「天水無西城縣，蓋即西縣。」顧祖禹曰：「秦州志，西縣故城在秦州西南一百二十里。」梁章鉅曰：「郡國志，西縣屬漢陽郡，晉志，晉始復漢陽爲天水郡，此作天水，蓋由後言之。」吴增僅曰：「三國志於魏末代漢之先，皆言漢陽，文帝即位之後，則書天水。」謝鍾英説亦同。弼按：此傳言温事在黄初以前，亦書天水何也？

〔二〕郡國志：「涼州漢陽郡上邽。」一統志：「上邽故城，今甘肅秦州西南。」錢坫云：「在東南四十里。」

〔三〕冀城見武紀建安十八年。

〔四〕胡三省曰：「夏侯淵時屯長安。」

〔五〕郡國志：「漢陽郡顯親。」一統志：「顯親故城，今秦州秦安縣西北。」

〔六〕胡三省曰：「隴右在西方，操在關東，故曰東方。」

先是，河右擾亂，隔絶不通，燉煌太守馬艾卒官，府又無丞。〔一〕功曹張恭素有學行，郡人推行長史事，恩信甚著，乃遣子就東詣太祖，請太守。時酒泉黄華、〔二〕張掖張進各據其郡，欲與恭、艾并勢。〔三〕就至酒泉，爲華所拘執，劫以白刃。就終不回，私與恭疏曰：「大人率厲燉煌，忠義顯然，豈以就在困厄之中而替之哉！昔樂羊食子，〔四〕李通覆家，〔五〕經國之臣，寧懷妻孥邪？今大軍垂至，但當促兵以掎之耳。〔六〕願不以下流之愛，〔七〕使就有恨於黄壤也。」恭即遣從弟華攻酒泉沙頭、乾齊二縣。〔八〕恭又連兵尋繼華後，以爲首尾之援。別遣鐵騎二百，迎吏官屬，東緣酒泉北塞，徑出張掖北河，逢迎太守尹奉。於是張進須黄華之助。華欲救進，西顧恭兵，恐急擊其後，遂詣金城太守蘇則降。就竟平安。奉得之官。黄初二年，下詔褒揚，賜恭爵關内侯，拜西域戊己校尉。〔九〕數歲，徵還，將授以侍臣之位，而以子就代焉。恭至燉煌，固辭疾篤。太和中卒，贈執金吾。就後爲金城太守，父子著稱於西州。

世語曰：就子斆，字祖文，弘毅有幹正，晉武帝世爲廣漢太守。王濬在益州，受中制募兵討吳，無虎符；數收濬從事列上，由此召數還。帝責數何不密啓，而便收從事？數曰：「蜀漢絶遠，劉備嘗用之。輒收，臣猶以爲輕。」帝善之，官至匈奴中郎將。數子固，字元安，有數風。爲黄門郎，早卒。數，一本作勃。

魏略勇俠傳載孫賓碩、祝公道、楊阿若、鮑出等四人。賓碩雖漢人，而魚豢編之魏書，蓋以其人接魏事，義相類故也。論其行節，皆龐、閻之流。其祝公道一人，已見賈逵傳。今列賓碩等三人於後。

孫賓碩者，北海人也。〔一〇〕家素貧。〔一一〕當漢桓帝時，常侍左悺、唐衡等權侔人主。延熹中，衡弟爲京兆虎牙都尉，〔一二〕秩比二千石，而統屬郡。衡弟初之官，不修敬於京兆尹，〔一三〕入門不持版。郡功曹趙息(阿)〔呵〕廊下曰：「虎牙儀如屬城，何得放臂入府門！」〔一四〕促收其主簿。衡弟顧促取版。既入見尹，尹欲修主人，勑外爲市買。息又啓云：「左悺子弟來爲虎牙，〔一五〕非德選，不足爲特酤買，宜隨中舍菜食而已。」及其到官，遣吏奉牋謝尹，〔一六〕息又敕門，言：「無常見此無陰兒輩子弟，邪用其牋記爲通乎」？〔一七〕晚乃通之，又不得即令報。衡弟皆知之，甚恚，欲滅諸趙。因書與衡，求爲京兆尹；旬月之間，得爲之。息自知前過，乃逃走。時息從父仲臺，見爲涼州刺史，於是衡爲詔徵仲臺，遣歸。遂詔中都官及郡部督郵，捕諸趙尺兒以上及仲臺，皆殺之，有藏者與同罪。〔一八〕時息從父岐爲皮氏長，〔一九〕聞有家禍，因從官舍逃走，之河間，〔二〇〕變姓字。又轉詣北海，著絮巾布袴，常於市中販胡餅。〔二一〕賓碩時年二十餘，乘犢車，將騎入市。觀見岐，疑其非常人也，因問之曰：「自有餅邪？販之邪？」岐曰：「販之。」賓碩曰：「買幾錢？賣幾錢？」岐曰：「買三十，亦賣三十。」賓碩曰：「視處士之望，非似賣餅者，殆有故。」乃開車後户，顧所將兩騎，令下馬扶上之。時岐以爲是唐衡耳目也，甚怖，面失色。賓碩閉車後户，下襜，謂之曰：〔二二〕「視處士狀貌，既非販餅者，加今面色變動，〔二三〕即不有重怨，則當亡命。我北海孫賓碩也，闔門百口，又有百歲老母在堂，勢能相度者也，終不相負，必語我以實。」岐乃具告之。賓碩遂載岐驅歸。住車門外，先入，白母言：「今日出，得死友，在外；當來入拜。」乃出延岐入，椎牛鍾酒，快相娛樂。一二日，因載著別田舍，藏置複壁中。〔二四〕後數歲，唐衡及弟皆死。岐乃得出，還本郡。三府並辟，展轉仕進，至郡守、刺史、太僕，而賓碩亦從此顯名於東國，仕至豫州刺史。〔二五〕初平末，賓碩以東方饑荒，南客荆州。至興平中，趙岐以太僕持節使安慰天下，南詣荆州，乃復與賓碩相遇，相對流涕。〔二六〕岐爲劉表陳其本末，由是益禮賓碩。〔二七〕頃之，賓碩病亡，岐在南爲行喪也。〔二八〕

楊阿若，後名豐，字伯陽，酒泉人。少遊俠，常以報讎解怨爲事，故時人爲之號曰：「東市相斫楊阿若，西市相斫楊阿若。」〔二九〕至建安年中，太守徐揖誅郡中彊族黄氏。〔三〇〕時黄昂得脱在外，乃以昂家粟金數斛，〔三一〕募衆得千餘人以攻揖。揖城守。豐時在外，以昂爲不義，乃告揖，捐妻子，走詣張掖求救。會張掖又反，殺太守；而昂亦陷城殺揖，二郡合勢。昂恚豐不與己同，乃重募取豐，欲令張掖以麻繫其頭，生致之。豐遂逃走。武威太守張猛假豐爲都尉，使齎檄告酒泉，聽豐爲揖報讎。豐遂單騎入南羌中，合衆得千餘騎，從樂浪南山中出，〔三二〕指趨郡城。未到三十里，皆令騎下馬，曳柴揚塵。酒泉郡人望見塵起，以爲東大兵到，遂破散。昂獨走出，羌捕得昂，豐爲昂曰：〔三三〕「卿前欲生繫我頸，今反爲我所繫，〔三四〕云何？」昂謝慙，〔三五〕豐遂殺之。時黄華在東，又還領郡。豐畏華，復走依燉煌。至黄初中，河西興復，黄華降，豐乃還郡。郡舉孝廉，州表其義勇，詔即拜駙馬都尉。後二十餘年，病亡。

鮑出字文才，京兆新豐人也。〔三六〕少遊俠。興平中，三輔亂，出與老母兄弟五人家居本縣，以饑餓，留其母守舍，相將行採蓬實，合得數升，使其二兄初、雅及其弟成持歸，爲母作食，獨與小弟在後採蓬。初等到家，而噉人賊數十人，已略其母，以繩貫其手掌，驅去。初等怖恐，不敢追逐。須臾，出從後到，知母爲賊所略，欲追賊；兄弟皆云：「賊衆，當如何？」出怒曰：「有母而使賊貫其手，將去煑噉之，用活何爲！」乃攘臂結衽，獨追之。〔三七〕行數里，及賊；賊望見出，乃共布列待之。出到，回從一頭〔三八〕斫賊四五人。賊走，復合聚圍出，出跳越圍斫之，又殺十餘人。時賊分布，驅出母前去。賊連擊出，不勝；乃走與前輩合。出復追擊之，還見其母與比舍嫗同貫相連，出遂復奮擊賊。賊問出曰：「卿欲何得？」出責數賊，指其母以示之，賊乃解還出母。比舍嫗獨不解，遥望出求哀。出復斫賊，賊謂出曰：「已還卿母，何爲不止？」出又指求哀嫗：「此我嫂也。」賊復解還之。出得母還，遂相扶侍，〔三九〕客南陽。建安五年，關中始開，出來北歸，而其母不能步行，兄弟欲共輿之。出以輿車歷山險危，不如負之安穩。乃以籠盛其母，獨自負之。到鄉里，鄉里士大夫嘉其孝烈，欲薦州郡。郡辟召出，出曰：「田民不堪冠帶。」至青龍中，母年百餘歲，乃終。出時年七十餘，行喪如禮。於今年八九十，才若五六十者。魚豢曰：昔孔子歎顔回，以爲三月不違仁者，蓋觀其心耳。孰如孫、祝菜色於市里，顛倒於牢獄，據有實事哉！且夫濮陽周氏不敢匿迹，魯之朱家不問情實，〔四〇〕是何也？懼禍之及，且心不安也。而太史公猶貴其竟脱季布，豈若二賢，厥義多乎！今故遠收孫、祝，而近録楊、鮑，既不欲其泯滅，且敦薄俗。至於鮑出，不染禮教，心痛意發，起於自然，跡雖在編户，與篤烈君子何以異乎！若夫楊阿若，少稱任俠，長遂蹈義，自西徂東，摧討逆節，可謂勇力而有仁者也。

〔一〕續百官志注引古今注曰：「建武十四年，罷邊郡太守丞，長史領丞職。」

〔二〕毛本「黄」作「張」，誤。錢大昭曰：「武紀及張既傳並作黄華，下文張進須黄華之助，可證。」弼按：華後爲兖州刺史，見王淩傳。

〔三〕錢大昭曰：「太守馬艾已卒，故功曹張恭行長史事，艾字衍。」何焯曰：「册府引此無艾字。」

〔四〕戰國策：「樂羊爲魏將，攻中山。其子時在中山，中山之君烹其子，而遺之羹。樂羊食之。」

〔五〕范書李通傳：「王莽殺李通父守及守家在長安者，盡殺之。南陽亦誅通兄弟門宗六十四人，皆焚屍宛市。天下略定，大司徒侯霸等曰：通建造大策，破家爲國，忘身奉主，功德最高。」

〔六〕胡三省曰：「掎，舉綺翻，從後牽曰掎。」又云：「偏引曰掎。」

〔七〕嚴衍曰：「父上而子下，以父而愛子，是慈惠之澤從上而流及於下，故曰下流之愛，非常流、下等之説也。不然，孫登之將死也，上疏於父權曰：願陛下棄忘臣身，割下流之愛。豈謂其父有下等人識見耶？想魏、晉間恆言，自是如是，非獨就以此規其父也。」胡三省曰：「論語云：君子惡居下流，天下之惡皆歸焉。謂下流當惡居而不當愛也。一曰，流，輩也。牽於父子之愛，而廢君臣之義，是常人之流，下一等見識，故曰下流之愛。」弼按：本志武文世王公傳樂陵王茂傳：「封茂爲聊城王，以慰太皇太后下流之念。」意亦同此。

〔八〕錢大昕曰：「沙頭，前志作池頭。」李兆洛曰：「沙頭故城，今新疆安西州玉門縣北少西一百十里，蘇賴河之南。」一統志：「乾齊故城，今玉門縣西南。」

〔九〕洪飴孫曰：「戊己校尉一人，比二千石，第四品。黄初三年，西域内附，始置，治高昌。」弼按：董卓傳，卓遷西域戊己校尉，漢有是官，不始於魏也。

〔一〇〕范書趙岐傳，賓碩名嵩，北海安丘人。本志邴原傳注引原别傳作孫崧。郡國志：「青州北海國安丘縣。」一統志：「安丘故城，今山東青州府安丘縣西南。」

〔一一〕沈家本曰：「賓碩有車騎，有别田舍，非甚貧者。」

〔一二〕續百官志：「安帝以羌犯法，三輔有園林之守，乃復置右扶風都尉、京兆虎牙都尉。」趙岐傳作「唐衡兄玹爲京兆虎牙都尉」。

〔一三〕沈家本曰：「時京兆尹延篤。」

〔一四〕淮南子：「靈王作章華之臺，棄疾立公子比，百姓放臂而去之。」

〔一五〕陳浩曰：「上云衡弟爲京兆虎牙都尉，此云左悺子弟，誤；當作唐衡子弟，或衡、悺子弟。」

〔一六〕監本訛作「邊吏」。

〔一七〕姚範曰：「邪未詳。言不常見此等人以爲異邪。」弼按：邪字疑屬下句讀。漢書外戚傳下云：「内邪若不私府，小取將安所仰乎？」師古曰：「内邪，言内中所須者也。邪，語辭也。」此邪字作焉字解，亦可通。

〔一八〕范書趙岐傳：「郡人以唐玹進不由德，皆輕侮之。岐及從兄襲，數爲貶議，玹深毒恨。延熹元年，玹爲京兆尹，岐懼禍及，乃與從子戩逃避之。玹果收岐家屬宗親，陷以重法，盡殺之。」

〔一九〕郡國志：「司隸河東郡皮氏。」一統志：「皮氏故城，今山西絳州河津縣西二里。」

〔二〇〕范書趙岐傳：「岐爲皮氏長，棄官歸，爲京兆尹功曹。」與此異。

〔二一〕岐傳：「岐逃難四方，江、淮、海、岱，靡所不歷；自匿姓名，賣餠北海市中。」

〔二二〕宋本「襜」上有「前」字。

〔二三〕監本「加」作「乃」。

〔二四〕沈欽韓曰：「岐孟子題辭云：余知命之際，嬰戚于天，遘屯離蹇，詭性遁身，十有餘年。嘗息肩弛擔於濟、岱之間，或有温故知新，雅德君子，矜我劬瘁，睠我皓首，訪論稽古，慰以大道。余困吝之中，精神遐漂，靡所濟集，聊欲係志於翰墨，得以亂思遺老也。後世謂孟子章句是複壁中作，以此題辭知之。」

〔二五〕趙一清曰：「岐傳及水經注並作青州刺史。」

〔二六〕惠棟曰：「三輔決録云：嵩在表末座，不爲表所識，岐遥識之。」

〔二七〕岐傳：「時孫嵩亦寓於表，表不爲禮。岐乃稱嵩素行篤烈，因共上爲青州刺史。」按，魏略言爲刺史在流寓荆州之前，與范書岐傳異。

〔二八〕趙一清曰：「水經卷二十六汶水注，東北逕漢青州刺史孫嵩墓西，又東逕安丘縣故城北。城對牟山，山之西南，有孫賓碩兄弟墓，碑誌並在。寰宇記卷二十四，孫嵩墓在密州安丘縣南四十里。」

〔二九〕相斫，見王肅傳注引魏略隗禧傳。

〔三〇〕徐揖見龐淯傳。

〔三一〕馮本、官本「昂」作「其」，是。

〔三二〕樂浪郡爲幽州地，此誤，當作樂涫。一統志：「樂涫故城，在肅州高臺縣西北。」

〔三三〕宋本「爲」作「謂」，此誤。

〔三四〕馮本「繫」作「係」。

〔三五〕疑作「慙謝」。

〔三六〕一統志：「新豐故城，今陝西西安府臨潼縣東北。」

〔三七〕御覽作「獨持楯追之」。

〔三八〕「囘」字未詳。

〔三九〕宋本「侍」作「持」。一曰作將。

〔四〇〕史記季布傳：「季布者，楚人也。爲氣任俠，數窘漢王。高祖購求布千金，敢有舍匿，罪及三族。季布匿濮陽周氏，周氏置布廣柳車中，之魯朱家所賣之。朱家心知是季布，迺買而置之田。朱家説滕公，滕公心知朱家大俠，意季布匿其所，言於上，上迺赦布。」

評曰：李典貴尚儒雅，義忘私隙，美矣。李通、臧霸、文聘、呂虔鎮衛州郡，並著威惠。許褚、典韋折衝左右，抑亦漢之樊噲也。龐悳授命叱敵，有周苛之節；〔一〕龐淯不憚伏劍，而誠感鄰國；閻温向城大呼，齊解、路之烈焉。〔二〕

〔一〕史記項羽本紀：「漢王使周苛守滎陽，楚下滎陽城，生得周苛。項王曰：為我將，我以公為上將軍，封三萬户。苛罵項王，項王怒，烹周苛。」

〔二〕晉解楊、齊路中大夫事，見齊王紀嘉平六年。

魏書十九

任城陳蕭王傳第十九〔一〕

〔一〕毛本無「第」字。

任城威王彰，字子文。〔二〕少善射御，膂力過人，手格猛獸，不避險阻。數從征伐，志意慷慨。太祖嘗抑之曰：「汝不念讀書慕聖道，而好乘汗馬擊劍，此一夫之用，〔三〕何足貴也！」課彰讀詩、書。彰謂左右曰：「丈夫一爲衛、霍，〔三〕將十萬騎馳沙漠，驅戎狄，立功建號耳，何能作博士邪？」太祖嘗問諸子所好，使各言其志。彰曰：「好爲將。」太祖曰：「爲將柰何？」對曰：「披堅執鋭，臨難不顧，爲士卒先。賞必行，罰必信。」太祖大笑。建安二十一年，封鄢陵侯。〔四〕

〔二〕子文，卞皇后生，文帝同母弟。吴志孫策傳：「時袁紹方强，而策并江夏，曹公力未能逞，且欲撫之，乃以弟女配策小弟匡，又爲子彰取賁女。」

〔二〕史記項羽本紀：「籍曰，劍，一人敵，不足學。」

〔三〕衛青、霍去病也。

〔四〕漢書「鄢」作「傿」。師古曰：「音偃」。鄢陵縣屬潁川郡，春秋時，鄭伯克段于鄢。又晉敗楚于鄢陵，即此地。一統志：「鄢陵故城，今河南開封府鄢陵縣西北。」

二十三年，代郡烏丸反，〔一〕以彰爲北中郎將，〔二〕行驍騎將軍。〔三〕臨發，太祖戒彰曰：「居家爲父子，受事爲君臣，動以王法從事，爾其戒之！」〔四〕彰北征入涿郡界，〔五〕叛胡數千騎卒至，時兵馬未集，唯有步卒千人，騎數百匹。用田豫計，〔六〕固守要隙，〔七〕虜乃散退。彰追之，身自搏戰，射胡騎，應弦而倒者前後相屬。戰過半日，彰鎧中數箭，意氣益厲，乘勝逐北，至于桑乾，

臣松之案：桑乾縣屬代郡，今北虜居之，號爲索干之都。〔八〕

去代二百餘里。長史諸將皆以爲新涉遠，士馬疲頓，又受節度，不得過代，不可深進，違令輕敵。彰曰：「率師而行，〔九〕唯利所在，何節度乎？胡走未遠，追之必破，從令縱敵，非良將也。」遂上馬，令軍中：「後出者斬！」一日一夜，〔一〇〕與虜相及；擊，大破之，斬首獲生以千數。彰乃倍常科，大賜將士，將士無不悦喜。時鮮卑大人軻比能〔一一〕將數萬騎，觀望彊弱，見彰力戰，所向皆破，乃請服。北方悉平。時太祖在長安，召彰詣行在所。彰自代過鄴，太子謂彰曰：「卿新有功，今西見上，〔一二〕宜勿自伐，應對常若不足者。」彰到，如太子言，歸功諸

將。太祖喜，持彰鬚曰：「黃鬚兒竟大奇也！」

魏略曰：太祖在漢中，而劉備棲於山頭，〔一三〕使劉封下挑戰。〔一四〕太祖罵曰：「賣履舍兒，長使假子拒汝公乎！〔一五〕待我呼黃鬚來，令擊之。」〔一六〕乃召彰。彰晨夜進道，西到長安，而太祖已還，從漢中而歸。彰鬚黃，故以呼之。

〔一〕代郡治高柳，今山西大同府陽高縣西北，見武紀建安十二年。通鑑：「代郡、上谷烏桓無臣氏等反。」

〔二〕洪飴孫曰：「北中郎將一人，比二千石，第四品。建安二十三年始置。」弼按：續百官志劉昭注，漢末又有四中郎將，皆帥師征伐，不知何時置。董卓爲東中郎將，盧植爲北中郎將。是建安以前有北中郎將也。又按宋書百官志，北中郎將，漢建安中以鄢陵侯曹彰居之，凡四中郎將。何承天云，並後漢置。

〔三〕驍騎將軍，見明紀青龍元年。胡三省曰：「驍騎將軍始於漢武帝以命李廣。」洪飴孫曰：「驍騎將軍一人，第四品，魏置爲中軍。」

〔四〕史言魏武執法之嚴。

〔五〕涿郡治涿，今順天府涿州治，見齊王紀嘉平五年。

〔六〕田豫傳：「鄢陵侯彰征代郡，以豫爲相。軍次易北，虜伏騎擊之，軍人擾亂，莫知所爲。豫因地形，回車結圜陣，弓弩持滿於內，疑兵塞其隙。胡不能進，大破之。」

〔七〕何焯校改「隙」作「隟」。

〔八〕郡國志：「幽州代郡桑乾。」水經：「㶟水東北過代郡桑乾縣南。」魏土地記云：「代城北九十里有桑乾城。」方輿紀要卷四十四：「桑乾城在大同府東百五十里，漢縣，爲代郡治，後廢。黃初二年，徙郡陘南，其縣亦廢也。」一統志：「桑乾故城，在今直隸宣化府蔚州東北。桑乾河自山西天鎮縣流入，東逕西寧縣南蔚州北，又東逕宣化縣南界，又東逕保安州南，與洋河會，又東南入順天府宛平縣界，即古㶟水也。」

〔九〕官本考證云：「御覽作率師專行。」

〔一〇〕宋本作「一日一夜」。

〔一一〕本志鮮卑傳：「軻比能本小種鮮卑，以勇健，斷法平端，不貪財物，衆推以爲大人。」

〔一二〕操時爲魏王，不得稱行在所，亦不得稱上。此與許褚傳之征南宗室重臣，同一失檢。

〔一三〕華陽國志曰：「漢中沔陽縣有定軍山，北臨沔水，先主作營於此。」

〔一四〕林國贊曰：「按武紀、張郃、先主傳，乃先主保險不戰，操引還。言挑戰者，誤。」

〔一五〕蜀志先主傳：「先主少孤，與母販履織席爲業。」劉封傳：「封本羅侯寇氏之子，長沙劉氏之甥，先主養封爲子。」

〔一六〕通鑑補作「待我呼黃鬚來，假子爲泥矣」。

太祖東還，以彰行越騎將軍，〔一〕留長安。太祖至洛陽，得疾，驛召彰；未至，太祖崩。〔二〕

魏略曰：彰至，謂臨菑侯植曰：「先王召我者，欲立汝也。」植曰：「不可。不見袁氏兄弟乎？」〔三〕

文帝即王位，彰與諸侯就國。

魏略曰：太子嗣立，既葬，遣彰之國。始，彰自以先王見任有功，冀因此遂見授用，而聞當隨例，意甚不悅，不待遣而去。時以鄢陵瘠薄，使治中牟。及帝受禪，因封爲中牟王。〔四〕是後大駕幸許昌，北州諸侯上下，皆畏彰之剛嚴，每過中牟，不敢不速。

詔曰：「先王之道，庸勳親親，並建母弟，開國承家，故能藩屏大宗，禦侮厭難。彰前受命北伐，清定朔土，厥功茂焉。增邑五千，并前萬戶。」〔五〕黃初二年，進爵爲公；三年，立爲任城

王。〔六〕四年，朝京都，疾薨于邸。〔七〕謚曰威。〔八〕

魏氏春秋曰：初，彰問璽綬，將有異志，故來朝不即得見。彰忿怒，暴薨。〔九〕

至葬，賜鑾輅、龍旂、虎賁百人，如漢東平王故事。〔一〇〕子楷嗣，徙封中牟。〔一一〕五年，改封任城縣。太和六年，復改封任城國，〔一二〕食五縣二千五百户。〔一三〕青龍三年，楷坐私遣官屬詣中尚方作禁物，削縣二千户。〔一四〕正始七年，徙封濟南，三千户。正元、景元初，連增邑，凡四千四百户。〔一五〕

楷，泰始初爲崇化少府，見百官名。〔一六〕

〔一〕續百官志有越騎校尉，而無越騎將軍。

〔二〕賈逵傳：「太祖崩洛陽，逵典喪事。彰從長安來赴，問逵先王璽綬所在。逵正色曰：太子在鄴，國有儲副，先王璽綬，非君侯所宜問也。」陳矯傳：「矯曰：王薨於外，愛子在側，彼此生變，社稷危矣。」胡三省曰：「愛子，謂鄢陵侯彰也。」

〔三〕御覽二百四十一引魏武令曰：「告子文，汝等悉爲侯，而子桓獨不封，止爲五官中郎將，此是太子可知矣。」弼按：據此令，則魏略之言不足信。林國贊曰：「操於植始憐終棄，迄無稍悔。且操未卒前一年，遣植救樊城圍，植因丕逼醉失指，操方盛怒，尋銜楊修黨植，又殺修。臨歿召彰，度亦計與彰決，焉得復有欲立植事？彰爲丕毒殺，植亦幾不免。魏略欲甚彰、植罪，輒巧爲誣搆，見其非所宜言耳。」

〔四〕錢大昭曰：「傳以楷爲中牟王，魚豢以彰爲中牟王，未知孰是。」潘眉曰：「此説誤也。封中牟王者，任城王子楷，非彰也。黄初二年，彰尚爲公，三年始封王。本傳云：立爲任城王，四年薨。文帝紀曰：任城王彰薨於京都。彰爲王僅兩年，而一見本傳，一見帝紀，皆曰任城王，其未封中牟甚明。魚豢乃云諸侯貴彰，過中牟不敢不速，此虛造之言，裴世期引之，謬矣！」周壽昌說同。

〔五〕李安溪曰：「此時未受禪，已封建母弟。」

〔六〕任城國治任城，今山東濟寧州治。

〔七〕文帝紀：「六月甲戌，任城王彰薨於京都。」

〔八〕曹植任城王誄云：「昔二虢佐文，旦、奭翼武，於休我王，魏之元輔。將崇懿迹，等號齊、魯，如何奄忽，命不是與！仁者悼没，兼彼殊類，矧我同生，能不憯悴？目想宫墀，心存平素，髣髴魂神，馳情陵墓。凡夫愛命，達者狥名，王雖薨殂，功著丹青。人誰不没，貴有遺聲。乃作誄曰：幼有令質，光耀珪璋，孝殊閔氏，義達參商。温温其恭，爰柔克剛，心存建業，王室是匡。矯矯元戎，雷動雨徂，横行燕、代，威慴北胡。奔虜無竄，還戰高柳，王率壯士，常爲軍首。宜究長年，永保皇家，如何奄忽，景命不遐？同盟飲淚，百僚咨嗟。」

〔九〕世說悔尤篇云：「魏文帝忌弟任城王驍壯，因在卞太后閤共圍碁，並噉棗。文帝以毒置諸棗蔕中，臣選可食者而進。王勿悟，遂雜進之。既中毒，太后索水救之，帝敕左右毀瓶罐。太后徒跣趨井，無以汲，須臾遂卒。復欲害東阿，太后曰：汝已殺我任城，不得復殺我東阿。」又互見卞后傳注。康發祥曰：「黃鬚兒力猛志大，非無覬覦之心者。史稱其來朝京師，疾薨于邸，得疾之由，或未可問也。世說啖棗中毒所由來乎？又王嘉拾遺記，魏任城王彰薨，及喪出，空中聞數百人泣聲。送者皆言：昔亂軍相殺傷者，皆無棺槨，王掩其朽骨，死者歡於地下，精靈如感王之德也。」

〔一〇〕范書東平王蒼傳云：「蒼薨，及葬，詔有司加賜鑾輅、乘馬、龍旂、虎賁百人。」

〔一一〕河南尹中牟，今河南開封府中牟縣東，見武紀卷首。

〔一二〕彭城王據傳：「黃初五年，改封諸王，皆爲縣王；太和六年，改封諸王，皆以郡爲國。」

〔一三〕郡國志，任城國統三縣，此食五縣，青龍三年削縣二，仍爲三縣，餘二縣無考。

〔一四〕局本作「削縣二、戶千」。以削縣二爲句，戶千爲句，亦可通。楚王彪傳「詔削縣三，戶千五百」，亦此例也。

〔一五〕楷子悌嗣元城哀王禮後，溫嗣邯鄲懷王邕後。

〔一六〕晉書職官志：「太后三卿，衞尉、少府、太僕，皆隨太后宮爲官號。」

陳思王植字子建，年十歲餘，〔一〕誦讀詩論及辭賦數十萬言，善屬文。太祖嘗視其文，謂植曰：「汝倩人邪？」植跪曰：「言出爲論，下筆成章，顧當面試，柰何倩人？」時鄴銅爵臺新成，〔二〕太祖悉將諸子登臺，使各爲賦。植援筆立成，可觀，太祖甚異之。

陰澹魏紀〔三〕載植賦曰：「從明后而嬉游兮，登層臺以娛情；〔四〕見太府之廣開兮，觀聖德之所營。建高門之嵯峨兮，〔五〕浮雙闕乎太清；立中天之華觀兮，連飛閣乎西城。〔六〕臨漳水之長流兮，〔七〕望園果之滋榮；仰春風之和穆兮，聽百鳥之悲鳴。天雲垣其既立兮，家願得而獲逞。〔八〕揚仁化於宇內兮，盡肅恭於上京。惟桓、文之爲盛兮，豈足方乎聖明！休矣！美矣！惠澤遠揚；翼佐我皇家兮，寧彼四方；同天地之規量兮，齊日月之暉光。永貴尊而無極兮，等年壽於東王」云云。〔九〕太祖深異之。〔一〇〕

性簡易，不治威儀。輿馬服飾，不尚華麗。每進見難問，應聲而對，特見寵愛。建安十六年，封平原侯。〔一一〕十九年，徙封臨菑侯。〔一二〕太祖征孫權，使植留守鄴，〔一三〕戒之曰：「吾昔爲頓丘令，〔一四〕年二十三，思此時所行，無悔於今。今汝年亦二十三矣，可不勉與！」植既以才見異，而丁儀、丁廙、楊修等爲之羽翼。〔一五〕太祖狐疑，幾爲太子者數矣。〔一六〕而植任性而行，不自彫勵，〔一七〕飲酒不節。文帝御之以術，矯情自飾，宮人左右，並爲之說，故遂定爲嗣。二十二年，增植邑五千，〔一八〕并前萬户。植嘗乘車行馳道中，開司馬門出。〔一九〕太祖大怒，公車令坐死。〔二〇〕由是重諸侯科禁，而植寵日衰。〔二一〕

魏武故事載令曰：「始者，謂子建兒中最可定大事。」又令曰：「自臨菑侯植私出，開司馬門至金門，〔二二〕令吾異目視此兒矣！」又令曰：「諸侯長史及帳下吏，知吾出輒將諸侯行意否？從子建私開司馬門來，吾都不復信諸侯也。恐吾適出，便復私出，故攝將行。不可恒使吾爾誰爲心腹也！」〔二三〕

太祖既慮終始之變，以楊修頗有才策，而又袁氏之甥也，於是以罪誅修，植益内不自安。〔二四〕

典略曰：楊修字德祖，太尉彪子也。謙恭才博。建安中，舉孝廉，除郎中，丞相請署倉曹屬主簿。〔二五〕是時軍國多事，修總知外内，事皆稱意。自魏太子已下，並爭與交好。又是時臨菑侯植以才捷愛幸，來意投修，〔二六〕數與修書，書曰：「數日不見，思子爲勞，想同之也。僕少好詞賦，〔二七〕迄至于今二十有五年矣。〔二八〕然今世作者，可略而言也。昔仲宣獨步於漢南，孔璋鷹揚於河朔，偉長擅名於青土，公幹振藻於海隅，德璉發迹於大魏，〔二九〕足下高視於上京。〔三〇〕當此之時，人人自謂握靈蛇之珠，家家自謂抱荆山之玉也。〔三一〕吾王於是設天網以該之，頓八紘以掩之，今盡集兹國矣。〔三二〕然此數子，猶不能飛翰絶迹，〔三三〕一舉千里也。以孔璋之才，不閑辭賦，而多自謂與司馬長卿同風。譬畫虎不成，還爲狗者也。前爲書啁之，〔三四〕反作論盛道僕贊其文。夫鍾期不失聽，於今稱之，吾亦不敢妄歎者，〔三五〕畏後之嗤余也。世人著述，不能無病。僕常好人譏彈其文，有不善者，應時改定。昔丁敬禮嘗作小文，使僕潤飾之，僕自以才不能過若人，〔三六〕辭不爲也。敬禮云：〔三七〕卿何所疑難乎！文之佳麗，〔三八〕吾自得之，後世誰相知定吾文者邪？吾常歎此達言，以爲美談。〔三九〕昔尼父之文辭，與人通流；至於制春秋，游、夏之徒不能錯一字。〔四〇〕過此而言不病者，吾未之見也。蓋有南威之容，乃可以論於淑媛；有龍淵之利，乃可以議於割斷。〔四一〕劉季緒才不逮於作者，〔四二〕而好詆呵文章，〔四三〕掎摭利病。昔田巴毁五帝，罪三王，呰五伯于稷下，〔四四〕一旦而服千人；魯連一説，使終身杜口。〔四五〕劉生之辨，〔四六〕未若田氏；今之仲連，求之不難。〔四七〕可無歎息乎！〔四八〕人各有所好尚，蘭茝蓀蕙之芳，〔四九〕衆人之所好，而海畔有逐臭之夫；〔五〇〕咸池、六英之發，衆人所樂，〔五一〕而墨翟有非之之論。〔五二〕豈可同哉！今往僕少小所著辭賦一通〔五三〕相與。夫街談巷説，〔五四〕必有可采；擊轅之歌，〔五五〕有應風雅；匹夫之思，未易輕棄也。辭賦小道，固未足以揄揚大義，彰示來世也。昔揚子雲，先朝執戟之臣耳，〔五六〕猶稱壯夫不爲也。吾雖薄德，位爲藩侯，猶庶幾戮力上國，流惠下民，建永世之業，流金石之功，〔五七〕豈徒以翰墨爲勳績，辭頌爲君子哉！〔五八〕若吾志不果，吾道不行，亦將採史官之實録，〔五九〕辨時俗之得失，定仁義之衷，成一家之言。雖未能藏之名山，將以傳之同好，此要之白首，豈可以今日論乎！〔六〇〕其言之不怍，〔六一〕恃惠子之知我也。明早相迎，書不盡懷。」〔六二〕修答曰：「不侍數日，〔六三〕若彌年載，〔六四〕豈獨愛顧之隆，〔六五〕使係仰之情深邪！損辱來命，〔六六〕蔚矣其文！〔六七〕誦讀反覆，雖諷雅、頌，〔六八〕不復過也。〔六九〕若仲宣之擅江表，陳氏之跨冀域，徐、劉之顯青、豫，應生之發魏國，斯皆然矣。至如修者，聽采風聲，仰德不暇，目周章於省覽，何惶駭於高視哉！〔七〇〕伏惟君侯，少長貴盛，體旦、發之質，有聖善之教。〔七一〕遠近觀者，徒謂能宣昭懿德，光贊大業而已，不謂復能兼覽傳記，〔七二〕留思文章。今乃含王超陳，度越數子，觀者駭視而拭目，聽者傾首而聳耳。〔七三〕非夫體通性達，受之自然，其誰能至於此乎！又嘗親見執事，握牘持筆，有所造作。若成誦在心，借書於手，曾不斯須少留思慮。仲尼日月，無所踰焉。〔七四〕修之仰望，殆如此矣。〔七五〕

是以對鶡而辭，作暑賦彌日而不獻；〔七六〕見西施之容，歸憎其貌者也。〔七七〕伏想執事，不知其然，猥受顧賜，〔七八〕教使刊定。〔七九〕春秋之成，莫能損益；呂氏、淮南，字直千金。然而弟子鉗口，市人拱手者，聖賢卓犖，固所以殊絶凡庸也。〔八〇〕今之賦頌，古詩之流；不更孔公，風雅無別耳。修家子雲，〔八一〕老不曉事，彊著一書，〔八二〕悔其少作。若此，仲山、周旦之徒，則皆有愆乎！〔八三〕君侯忘聖賢之顯迹，述鄙宗之過言，竊以爲未之思也。若乃不忘經國之大美，流千載之英聲，銘功景鐘，〔八四〕書名竹帛，此自雅量素所蓄也，豈與文章相妨害哉！輒受所惠，竊備矇瞍歌誦而已。〔八五〕敢望惠施，〔八六〕以忝莊氏！〔八七〕季緒瑣瑣，何足以云」。〔八八〕其相往來，如此甚數。植後以驕縱見疏，〔八九〕而植故連綴修不止，修亦不敢自絶。至二十四年秋，公以修前後漏泄言教，交關諸侯，〔九〇〕乃收殺之。修臨死，謂故人曰：「我固自以死之晚也！」其意以爲坐曹植也。修死後百餘日而太祖薨，〔九一〕太子立，遂有天下。初，修以所得王髦劒奉太子，太子常服之。及即尊位，在洛陽，從容出宮，追思修之過薄也，撫其劒，駐車，顧左右曰：「此楊德祖昔所說王髦劒也。髦今焉在？」及召見之，賜髦穀帛。〔九二〕

摯虞文章志曰：劉季緒名修，劉表子。官至東安太守。〔九三〕著詩、賦、頌六篇。

臣松之案：呂氏春秋曰：「人有臭者，其兄弟妻妾皆莫能與居，〔九四〕其人自苦而居海上。〔九五〕海上人有悅其臭者，晝夜隨之，而不能去。」此植所云「逐臭之夫」也。田巴事出魯連子，亦見皇覽，文多，故不載。

世語曰：修年二十五，以名公子有才能，爲太祖所器。與丁儀兄弟皆欲以植爲嗣，太子患之。〔九六〕以車載廢簏，內朝歌長吳質與謀。修以白太祖，未及推驗，太子懼，告質。質曰：「何患，明日復以簏受絹車內以惑之，修必復重白，重白必推而無驗，則彼受罪矣。」世子從之。修果白而無人，太祖由是疑焉。修與賈逵、王淩並爲主簿，而爲植所友。每當就植，慮事有闕，〔九七〕忖度太祖意，豫作答教十餘條，勑門下「教出以次答」。教裁出，答已入。太祖怪其捷，推問始泄。太祖遣太子及植各出鄴城一門，密勑門不得出，以觀其所爲。太子至門，不得出而還。修先戒植：「若門不出侯，侯受王命，可斬守者。」植從之。故修遂以交搆賜死。〔九八〕修子囂，囂子準，皆知名於晉世。囂，泰始初爲典軍將軍，受心膂之任，早卒。準字始丘，〔九九〕惠帝末爲冀州刺史。

荀綽冀州記曰：準見王綱不振，遂縱酒不以官事爲意，逍遥卒歲而已。成都王知準不治，猶以其爲名士，惜而不責，召以爲軍謀祭酒。〔一〇〇〕府散停家，關東諸侯議欲以準補三事，以示懷賢尚德之舉。事未施行而卒。準子嶠，字國彦，髦，字士彦，〔一〇一〕並爲後出之俊。準與裴頠、樂廣善，遣往見之。頠性弘方，愛嶠之有高韻，謂準曰：「嶠當及卿，然髦小減也。」廣性清淳，愛髦之有神檢。謂準曰：「嶠自及卿，然髦尤精出。」準歎曰：「我二兒之優劣，乃裴、樂之優劣也。」評者以爲嶠雖有高韻，而神檢不逮，廣言爲得。傅暢云：「嶠似準而疎。」嶠弟俊，字惠彦，最清出。嶠、髦皆爲二千石，俊，太傅掾。〔一〇二〕

二十四年，曹仁爲關羽所圍，太祖以植爲南中郎將，〔一〇三〕行征虜將軍，〔一〇四〕欲遣救仁。呼有所勑戒，植醉不能受命，於是悔而罷之。

魏氏春秋曰：植將行，太子飲焉，偪而醉之。王召植，植不能受王命，故王怒也。

〔一〕按下文，魏武視植文，疑其倩作。悉將諸子登臺，使各爲賦。語氣連綴，似爲一時事。武紀，建安十五年，作銅爵臺，時植年十九歲；登臺作賦，在建安十七年，見魏文登臺賦序，植已二十一歲矣。本傳年十歲餘，似應作年十餘歲。若解作十歲餘已能誦讀詩論及辭賦數十萬言爲一時事，善屬文登臺作賦又爲一時事，亦可通。

〔二〕銅爵臺見武紀建安十五年。一統志：「鄴縣故城，今河南彰德府臨漳縣西。」

〔三〕隋書經籍志古史類：「魏紀十二卷，左將軍陰澹撰。」舊唐志：「魏紀十二卷，魏澹撰。」新唐志：「魏澹魏記十二卷。」章宗源曰：「書鈔設官部王隱晉書曰：陰澹弱冠，州請爲治中從事。又今晉書張軌傳，軌於永寧初爲涼州刺史，以陰澹爲股肱謀主。隱逸傳，索襲不應州郡之命，太守陰澹奇而造焉。澹，晉代人，故所撰史見引於裴松之。兩唐志訛作魏澹，通志藝文略同誤。然隋志題左將軍官，晉書亦未詳。」沈家本曰：「隋魏澹，隋書有傳。所撰者後魏書，因魏收之書不善，奉敕改正之，非曹魏之書也。曹植傳注所引魏紀載植銅雀臺賦，蓋陰澹敘植事之文也。」弼按：兩唐志之誤，在以陰澹作魏澹，以魏紀作魏記。至隋魏澹之後魏書一百七卷，均列於正史，與陰澹之魏紀十二卷列於編年者，絕然兩書，卷帙亦異，各不相蒙。章、沈二氏誤爲一書，宜其辭費也。黃逢元曰：「十六國春秋前涼録云：澹，燉煌人，官至督護參軍、武威太守。晉書隱逸索襲傳有燉煌太守陰澹，均與隋志題作左將軍者不同也。」姚振宗曰：「陰氏爲涼州著姓，仕西涼張氏，見於史者六人。時中原淪没，江左隔絕，其爲左將軍、燉煌太守，皆張氏所授官也。」

〔四〕潘眉曰：「鄴中記，銅爵臺因城爲基址，高一十丈，有屋一百二十間。周圍彌覆其上。後趙石虎于銅爵臺上更起五層樓閣，去地三百七十尺，周圍殿屋一百二十房，正殿安御牀，施蜀錦流蘇斗帳，四角置金龍，頭銜五色流蘇、及安金鈕屈戌屏風牀，牀上細直女三十人，牀下立三十人。凡此衆妓，皆晏日所設。又于銅爵臺穿二井，作鐵梁地道以通井，號曰命子窟。于井中多置財寶飲食，以悦蕃客，曰聖井。又作銅爵子樓，巔高一丈五尺，舒翼若飛。按周圍一百二十房，係魏太祖舊制。觀此，亦可想見魏時繁華聲伎矣。」

〔五〕潘眉曰：「鄴中記，鄴宮南面三門：西，鳳陽門，高二十五丈，上六層反宇向陽，下開二門。未到鄴城七八里，遥望此門。水經注，鳳陽門三臺洞開，高三十五丈。」

〔六〕潘眉曰：「鄴二城。東西六里，南北八里六十步者，鄴之南城；東西七里，南北五里者，鄴之北城。魏銅爵臺在鄴都北城西北隅。鄴無西城，所謂西城者，北城之西面也。臺在北城西北隅，與城之西面樓閣相接，故曰連飛閣乎西城。又按，酈道元云，鄴之北城，百步一樓。又云。層甍反宇，飛檐拂雲，圖以丹青，色以輕素。當亦魏創其制，而石虎增飾華侈耳。」

〔七〕潘眉曰：「水經注，魏武引漳流自鄴城西，東入逕銅爵臺下，伏流入城東，注謂之長明溝也。」

〔八〕梁章鉅曰：「子建集逞作呈，與上下韻是也。此逞字恐誤。」沈家本曰：「古韻不分平仄，逞字不誤；論文義逞字爲長。」

〔九〕藝文類聚六十二、初學記二十四均引此賦。宋本曹子建集載此賦，字句多異，録之於下。賦云：「從明后之嬉遊，聊登臺以娛情。見天府之廣開，觀聖德之所營。建高殿之嵯峨，浮雙闕乎太清；立沖天之華觀，連飛閣乎西城。臨漳川之長流，望衆果之滋榮；仰春風之和穆，聽百鳥之悲鳴。天功怛其既立，家願得而獲呈；楊仁化於宇內，盡肅恭於上京，雖桓、文之爲盛，豈足方乎聖明！休矣！美矣！惠澤遠揚；翼佐皇家，寧彼四方；同天地之矩量，齊日月之輝光。」

〔一〇〕藝文類聚六十二引魏文帝登臺賦云：「建安十七年春□游西園，登銅爵臺，命余兄弟並作，其詞曰：登高臺以騁望，好靈雀之麗嫺；飛閣崛其特起，層樓儼以承天。步逍遙以容與，聊遊目于西山；溪谷紆以交錯，草木鬱其相連。風飄飄而吹衣，鳥飛鳴而過前；申躊躇以周覽，臨城隅之通川。」

〔一一〕平原郡治平原，見武紀初平三年。平原侯食邑五千户，見武紀建安十六年注引魏書。邢顒爲平原侯家丞，劉楨爲庶子，見邢顒傳。宋本曹子建集離思賦云：「建安十六年，大軍西討馬超，太子留監國，植時從焉。意有憶戀，遂作離思賦之。在肇秋之嘉月，將曜師而西旗，余抱疾以賓從，扶衡軫而不怡。慮征期之方至，傷無階以告辭；念茲君之光惠，庶没命而不疑。欲力畢于旌麾，將何心而遠之？願我君之自愛，爲皇朝而寶己；水重深而魚悦，林修茂而鳥喜。」弼按：武紀建安十六年，天子命公世子丕爲五官中郎將，二十二年，以五官中郎將丕爲魏太子。文紀亦云二十二年，立爲魏太子。此賦序云建安十六年太子留監國，當作世子方合，或爲後人誤改也。方輿紀要卷四十九：「愁思岡在彰德府城西南二十里，曹植常悲吟於此，故名。」

〔一二〕齊國治臨菑，見武紀建安四年。

〔一三〕藝文類聚五十九、御覽三百三十六載植東征賦云：「建安十九年，王師東征吴寇，余典禁兵衛官省。然神武一舉，東夷必克，想見振旅之盛，故作賦一篇。登城隅之飛觀兮，望六師之所營；幡旗轉而心思兮，舟楫動而傷精。顧身微而任顯兮，愧責重而命輕；嗟我愁其何爲兮，心遥思而縣旌。師旅憑皇穹之靈祐兮，亮元勳之必舉；揮朱旗以東指兮，横大江而莫御。循戈櫓于清流，氾雲梯而容與；禽元帥于中舟，振靈威于東野。」

〔一四〕頓丘見武紀卷首。

〔一五〕王鳴盛曰：「晉書陳壽傳云：丁儀、丁廙有名于魏，壽向其子索千斛米，不與，竟不爲立佳傳，議者以此少之。晉書好引雜説，故多蕪穢，索米一説，周柳虯、唐劉允濟、劉知幾皆信之。近朱氏彝尊、杭氏世駿辨其誣，謂壽于魏文士惟爲王粲、衛覬五人立傳，粲取其興造制度，覬取其多識典故。若徐幹、陳琳、阮瑀、應瑒、劉楨，僅于粲傳附書。今粲傳附書云：沛國丁儀、丁廙，弘農楊修，河内荀緯等，亦有文采。又于劉廙傳附見云與丁儀共論刑禮，如此亦足矣，何當更立專傳乎！且壽豈特不爲立傳而已，于陳思王傳云植既以才見異，而丁儀、丁廙、楊修等爲之羽翼。于衛臻傳云太祖久不立太子，方奇貴臨菑侯，丁儀等爲之羽翼。是奪嫡之罪，儀、廙爲大。又毛玠、徐奕、何夔、桓階之流，皆鯁臣碩輔，儀等交構其惡，疏斥之；然則二人蓋巧佞之尤，安得立佳傳？然此猶陳壽一人之言也。王沈撰魏書一則曰奸以事君，一則曰果以凶僞敗。魚豢撰魏略稱文帝欲儀自裁，儀向夏侯尚叩頭求哀。張騭撰文士傳稱廙盛譽臨菑侯，欲以勸動太祖。則知壽所書儀、廙事皆實，而壽之用心實爲忠厚。毛玠，儀所讒也，玠出見黥面。其妻子没爲官奴婢者，曰：使天不雨者，蓋此也。壽不屬之儀，而第曰：後有白玠者。白者爲誰？非儀則廙，壽爲之諱也。尚得謂因索米不得，而有意抑之乎！」潘眉曰：「丁儀、丁廙官不過右刺姦掾及黄門侍郎。外無摧鋒接刃之功，内無升堂廟勝之效，黨於陳思王，冀摇冢嗣，啟釁骨肉。事既不成，刑戮隨之，斯實魏朝罪人，不得立傳明矣。晉史謂索米不得，不爲立傳，此最無識之言。同時如徐幹、陳琳、阮瑀、應瑒、應璩、劉楨、吴質、邯鄲淳、繁欽、路粹、楊修皆無傳，益足證晉史之誣。」何屺瞻曰：「文帝即王位，誅丁儀、丁廙并其男口，安得晉時猶有子在？覓米事誣。」

〔一六〕賈詡傳：「文帝爲五官將，臨菑侯植才名方盛，各有黨與，有奪宗之議。」崔琰傳：「魏國初建，未立太子。臨菑侯植，有才而愛，太祖狐疑，以函令密訪於外。」毛玠傳：「時太子未定，而臨菑侯植有寵。」

〔一七〕通鑑作「不自雕飾」。可以明子建無奪位之謀。

〔一八〕馮本「植」作「置」，誤。

〔一九〕史記張釋之傳：「太子與梁王共車入朝，不下司馬門。於是釋之追止太子、梁王無得入殿門。」如淳曰：「宫衛令，諸出入殿門、公車司馬門，乘軺傳者，皆下；不如令，罰金四兩。」胡三省曰：「漢令乙，騎乘車馬行馳道中，已論者没入車馬，改具。又宫衛令，出入司馬門者，皆下。是司馬門猶可得而出入也。若魏制，則司馬門惟車駕出乃開耳。」趙一清曰：「水經穀水注，渠水自銅駝街東逕司馬門南，自此南直宣陽門，經緯通達，皆列馳道往來之禁，一同兩漢。曹子建嘗行御街，犯門禁，以此見薄。」潘眉曰：「宫門謂之司馬門，每門立司馬主之。如百官志，南宫有南屯司馬，主宫門；蒼龍司馬，主東門；玄武司馬，主玄武門；北屯司馬，主北門。北宫則有朱雀司馬，主南掖門；東明司馬，主東門；朔平司馬，主北門是也。」

〔二〇〕公車司馬令，見管寧傳。李祖楙曰：「公車，門名；公車所在，因以名焉。公車門，或即南闕門也。」洪飴孫曰：「案，官品無司馬二字。通典云：晉江左以來，始直云公車令耳。」

〔二一〕崔琰傳注引世語云：「植妻衣繡，太祖登臺見之，以違制命，還家賜死。」胡三省曰：「以違制命罪植妻，則當時蓋禁衣錦繡也。」弼按：武紀建安二十五年注引魏書云：「後宫衣不錦繡。」衛覬傳，覬上疏曰：「武皇帝之時，後宫食不過一肉，衣不用錦繡，茵蓐不緣飾。」蓋當時之制如此。崔琰傳：「植，琰之兄女壻也。」是植妻崔氏女也。

〔二二〕潘眉曰：「金門疑即金明門。水經注鄴城有七門，南曰鳳陽門，中曰中陽門，次曰廣陽門，東曰建春門，北曰廣德門，次曰廄門，西曰金明門，一曰白門。」弼按：范書趙孝王良傳：「白衣出司馬門，坐削中丘縣。」章懷注：「王宮門有兵衛，亦爲司馬門。」據潘氏所云，似植所開者爲鄴城之司馬門。然據水經穀水注，則爲洛城之司馬門也。當以酈注爲是。

〔二三〕官本考證云：「爾，册府作以。」李清植曰：「此文甚拗，玩其大意，蓋謂恐吾它出時，諸侯中便復有私出，如子建開司馬門之爲者。故欲管攝而盡將之以行，既有所不可；而留之則又不可信。類如此，故曰恒使吾以誰爲心腹。作以字於義較順。」

〔二四〕范書楊彪傳：「子修爲曹操所殺。操見彪問曰：公何瘦之甚？對曰：愧無日磾先見之明，猶懷老牛舐犢之愛。操爲之改容。修好學，有俊才，爲丞相曹操主簿。操自平漢中，欲因討劉備，而不得進。欲守之，又難爲功。操出教，唯曰雞肋。外曹莫能曉。修曰：夫雞肋，食之則無所得，棄之則如可惜。公歸計決矣。乃令外白稍嚴，操於此迴師。修之幾決多有此類。（互見武紀建安二十四年注引九州春秋。）修又嘗出行，籌操有問外事，乃逆爲答記，敕守舍兒若有令出，依次通之。既而果然。如是者三，操怪其速，使廉之，知狀，以此忌修。且以袁術之甥，慮爲後患，遂因事殺之。修所著賦、頌、碑、讚、詩、哀辭、表記、書凡十五篇。」隋書經籍志：「後漢丞相主簿楊修集一卷，梁二卷，録一卷。」嚴可均輯存七篇。張彦遠歷代名畫記曰：「楊修有西京圖、嚴君平象、吴季札象。」文心雕龍才略篇：「路粹、楊修，頗懷筆記之工。」世説捷悟篇：「楊德祖爲魏武主簿，時作相國門，始搆榱桷。魏武自出看，使人題門作活字便去。楊見，即令壞之。既竟，曰：門中活，闊字；王正嫌門大也。人餉魏武一桮酪，魏武噉少許，蓋頭上題合字以示衆，衆莫能解。次至楊修，修便噉曰：公教人噉一口也，復何疑！魏武嘗過曹娥碑下，楊修從碑背上見題作黄絹幼婦外孫整臼八字。魏武謂修曰：解不？答曰：解。魏武曰：卿未可言，待我思之。行三十里，魏武乃曰：吾已得。令修別記所知。修曰：黄絹，色絲也，於字爲絶；幼婦，少女也，於字爲妙；外孫，女子也，於字爲好；虀臼，受辛也，於字爲辭。所謂絶妙好辭也。魏武亦記之，與修同。乃歎曰：我才不及卿，乃覺三十里。魏武征袁本初，治裝，餘有數十斛竹片，咸長數寸。衆云：並不堪用，正令燒除。太祖思所以用之，謂可爲竹椑楯，而未顯其言。馳使問主簿楊德祖，應聲答之，與帝心同，衆伏其辯悟。」又劉孝標注引文士傳：「魏武爲丞相，修嘗白事，知必有反覆，教豫爲答對數紙，以次牒之而行。敕守者曰：向白事，必教出相反覆，若按此次第連答之。已而風吹紙次亂，守者不別，而遂錯誤。公怒，推問，修慙懼，然以所白甚有理，終亦是修。」古文苑，操與彪書曰：「與足下同海内大義，足下不遺，以賢子見輔。比中國雖靖，方外未夷。今軍征事大，百姓騷擾，吾制鐘鼓之音，主簿宜守，而足下賢子恃豪父之勢，每不與吾同懷。即欲直繩，顧頗恨恨，謂其能改，遂轉寬舒。復即宥貸，將延足下尊門大累。便令刑之。念卿父息之情，同此悼楚。」彪答書云：「彪白。雅顧隆篤，每蒙接納，私自光慰。小兒頑鹵，謬見采録，不能期効，以報所愛。方今軍征未暇，其備位匡政，當與戮力一心，而寛玩自稽，將違法制。相子之行，莫若其父，恒慮小兒，必致傾敗。足下恩恕，延罪迄今。近聞(問)〔慰〕之日，心腸酷裂。凡人情誰能不爾，深惟其失，用以自釋。所惠馬及雜物，自非親舊，孰能至斯？省覽衆賜，益以悲懼。」續漢書曰：「人有白修與臨菑侯曹植飲醉共載，從司馬門出，謗訕鄢陵侯彰。太祖聞之，大怒，故遂收殺之，時年四十五。」侯康曰：「楊太尉夫人袁氏答曹公卞夫人書云：小兒違越，分應至此，憐其始立之年，畢命埃土。據此，則修卒時似未至四十五也。」弼按：世語云「修年二十五，與丁儀兄弟欲以植爲嗣」，則死時年三十可信。寰宇記卷三：「洛陽芒山有楊修冢。」

〔二五〕續百官志：「倉曹，主倉穀事。」

〔二六〕文選注作「秉意」，郝經續漢書作「委意」。

〔二七〕文選作「僕少小好爲文章」。何焯曰：「言少小者，非謂自少篤好，蓋言故吾，非今吾也。是以篇末又引子雲壯夫不爲之語。」

〔二八〕此書蓋建安二十一年作。沈家本曰：「是時漢祚未移，不得稱大魏，作此字爲是。」

〔二九〕文選「大」作「此」。

〔三〇〕李善曰：「仲宣在荆州，故曰漢南；孔璋廣陵人，在冀州，爲袁紹記室，故曰河朔；徐偉長居北海郡，禹貢之青州也，故曰青土；公幹，東平寧陽人也，寧陽邊齊，故曰海隅；德璉，南頓人也，近許都，故曰北魏；修，太尉之子，故曰上京。」李周翰曰：「鷹揚，謂文體抑揚如鷹之飛揚也。」吕延濟曰：「上京，謂帝都也。」梁章鉅曰：「大魏，文選作此魏。」弼按：文選作北魏。王粲字仲宣，陳琳字孔璋，徐幹字偉長，劉楨字公幹，應瑒字德璉。

〔三一〕官本「握」作「掘」，誤。文選無「也」字。高誘曰：「隋侯見大蛇傷斷，以藥傅而塗之。後蛇於大江中銜珠以報之。」韓子曰：「楚人和氏得玉璞於楚山之中。」

〔三二〕李善曰：「吾王，謂操也。崔實本論曰：舉彌天之網，以羅海内之雄。淮南子曰：九州之外，是有八澤；八澤之外，乃有八紘。」

〔三三〕文選「翰」作「軒」，六臣本作「騫」。

〔三四〕文選作「前有書嘲之」。

〔三五〕文選「敢」作「能」。

〔三六〕李善曰：「若人，謂敬禮也。」

〔三七〕文選作「敬禮謂僕」。

〔三八〕文選「麗」作「惡」。

〔三九〕何焯曰：「自得佳麗，則受彈者之益；傳之後世，但以佳麗見稱，亦誰知因改定而佳麗乎？今人多誤會。」梁章鉅曰：「南史任昉傳，王儉出自作文，令昉點正。昉因定數字。儉拊几歎曰：後世誰知子定吾文！語似本此。」

〔四〇〕文選作「乃不能措一辭」。
〔四一〕文選「淵」作「泉」，（六臣本作「淵」。）「割斷」作「斷割」。李善曰：「爲劉季緒張本。戰國策云：晉平公得南威，三日不聽朝。遂推而遠之，曰：後世必有以色亡國者。爾雅曰：美女爲媛。戰國策蘇秦說韓王曰：韓之劍戟，龍淵、太阿，陸斷牛馬，水擊鴻雁。」
〔四二〕劉季緒見劉表傳注。
〔四三〕文選「呵」作「訶」。
〔四四〕宋本子建集「呰」作「訾」。
〔四五〕魯連子曰：「齊之辯者曰田巴，辯於徂丘，而議於稷下。」七略曰：「齊有稷城門，齊談說之士，期會於稷下者甚衆。」
〔四六〕宋本「辨」作「辯」。
〔四七〕何焯曰：「蓋以仲連屬德祖。」
〔四八〕宋本子建集無「歎」字。六臣本文選注曰：「善本無歎。」又引詩傳，息，止也。梁章鉅曰：「以無歎字爲是。」
〔四九〕莀，昌待切。
〔五〇〕李善曰：「喻人評文章，愛好不同也。」
〔五一〕文選「英」作「莖」，「樂」上有「共」字。
〔五二〕呂向曰：「咸池、六莖，黄帝、顓頊樂也。古今所共樂。墨子著書，乃非之；鑒文好惡，類於是也。」
〔五三〕呂向曰：「一通，猶一卷也。」
〔五四〕毛本「街」作「衘」，誤。
〔五五〕呂向曰：「擊轅，野人歌也。」

〔五六〕李賢曰：「楊雄奏羽獵賦爲郎，然郎皆執戟而持也。」

〔五七〕六臣本文選注云：「流，善本作留。」

〔五八〕文選「頌」作「賦」。

〔五九〕子建集「史」作「庶」。

〔六〇〕文選作「此要之皓首，豈今日之論乎」。

〔六一〕子建集「怍」作「慙」，毛本誤作「作」。

〔六二〕文選下有「植白」二字。

〔六三〕文選是句上有「修死罪死罪」五字。

〔六四〕毛萇詩傳曰：「彌，終也。」

〔六五〕文選「獨」作「由」。

〔六六〕文選「來」作「嘉」。

〔六七〕易曰：「君子豹變，其文蔚也。」

〔六八〕官本「諷」作「風」。

〔六九〕文選「也」作「此」。

〔七〇〕文選作「自周章於省覽，何遑高視哉」。

〔七一〕李善曰：「發，武王名也；旦，周公名也。毛詩曰：母氏聖善，我無令人。」

〔七二〕文選作「不復謂能」。

〔七三〕文選「聳」作「竦」。

〔七四〕宋本「所」作「得」，文選同。

〔七五〕此子建之所以獨步一時也。

〔七六〕李善曰：「植爲鶡鳥賦，亦命修爲之，而修辭讓。植又作大暑賦，而修亦作之，終日不敢獻。」

〔七七〕越絶書曰：「越王乃飾美女西施、鄭旦使大夫種獻之於吳王。」

〔七八〕文選「賜」作「錫」。

〔七九〕藝文類聚五十三魏陳王曹植文章序曰：「故君子之作也，儼乎若高山，勃乎若浮雲。質素也如秋蓬，摛藻也如春葩。氾乎洋洋，光乎皜皜，與雅、頌爭流可也。余少而好賦，其所尚也。雅好慷慨，所著繁多，雖觸類而蕪穢者衆，故删定別撰，爲前録七十八篇。」姚振宗曰：「陳思王傳注引典略，植與楊修書曰：今往僕少小所著辭賦一通相與。修答書曰：猥受顧賜，教使刊定云云。與此録自序所言相印合，其即此録嘗以屬楊修點定者。建安十九年徙封臨菑之後事也。」

〔八〇〕李善曰：「史記曰：孔子在位聽訟，文辭有可與共者，弗獨有也。至于爲春秋，筆則筆，削則削，子夏之徒不能贊一辭。桓子新論曰：秦吕不韋請迎高妙作吕氏春秋。漢之淮南王聘天下辨通，以著篇章。書成，皆布之都市，懸置千金，以延示衆士，而莫能有變易者。乃其事約豔，體具而言微也。」

〔八一〕劉攽曰：「案楊氏有兩族，赤泉氏從木，子雲自敍其受氏從才。而楊修稱曰修家子雲，又似震族亦是揚氏。不知文士聊如此云，其亦實然也。今范書中華陰之族，從木從才，未知所從。」梁章鉅曰：「六臣本有善注云：子雲，雄字也；與修同姓，故云修家。按沈氏作喆寓簡云：修，宏農華陰人，而揚子雲自序云，五世傳一子，雄無他揚於蜀，而雄又無子。蓋子雲爲蜀之揚，非華陰之楊也。林先生曰：唐楊珣碑云，叔虞翦珪，自周封晉；伯高食采，受邑君楊。按雄傳其先出周伯僑，食采於晉之揚，因氏焉。珣碑豈沿德祖而誤邪？然吳仁傑兩漢刊誤補遺所辨，則修與雄實同祖，皆氏木名之楊，雄自序誤耳。桂氏馥跋漢郎中鄭固碑云：今考沛相楊統碑、高楊(命)〔令〕楊著碑、太尉楊震碑皆修之先，其字亦從木也。」王先謙曰：「古从木从手之字多通。」胡玉縉曰：「楊椿孟鄰堂文鈔揚氏家傳云：修嘗與曹植書云吾家子雲。然考雄自序云：楊氏出有周伯僑，或曰周宣王子尚父封於揚，其後滅於晉，春秋時有揚孫爲秦戍鄭者，其苗裔也。而周惠王十七年齊人遷陽。陽，昭王之後也。自後晉有陽處父，爲太傅。或又云周景王封少子於陽，其子孫因以爲姓。蓋楊氏與揚氏、陽氏各爲一姓，而後世之以揚爲楊，且謂揚之出於陽者，皆非也。」錢大昕潛研堂問答云：「問：揚子雲自序先世，自張衡、晉灼、顔籀諸人皆譏其疏謬。譜牒之學，雖通人猶或失之，信乎？曰：以愚考之，揚氏之先，出自有周伯僑，初非出自羊舌。且羊舌食采之楊本从木，此文从手，其稱侯者，非五等之侯，如邢侯、張侯之類耳。六卿爭權之時，安知不别有揚侯，畏偪而奔楚者乎？」案：楊説分晰，錢説明通，可於吴説外别備一義。李慈銘受禮廬日記則直以爲唐以前用雄事，無作揚者矣。

〔八二〕李善曰：「即法言也。」

〔八三〕文選作「爲皆有譽邪。」李善注：「詩無仲山甫作者，而吉甫美仲山甫之德，未詳德祖何以言之。」何焯曰：「李注是，定是一時誤使。」

〔八四〕韋昭曰：「景鐘，景公鐘也。」

〔八五〕宋本作「誦歌」，文選作「誦詠」。

〔八六〕官本「望」作「忘」，文選、册府作「望」。

〔八七〕李善曰：「修言已豈敢望比惠施之德，以忝辱於莊周之相知乎？莊周，喻植也。惠施，莊周相知者也，故引之。」

〔八八〕文選此句下有「反答造次，不能宣備。修死罪死罪」十三字。吴曾漫録云：「書尾用不宣語始此。」

〔八九〕胡三省曰：「植乘車行馳道中，私開司馬門出，既得罪矣。曹仁爲關羽所圍，操欲遣植救仁，而植醉不能受命，於是益見疏。」

〔九〇〕胡三省曰：「以修豫作答教，謂之漏泄；與植往來，謂之交關諸侯。」

〔九一〕楊修死百餘日而操死，鮑勛死二旬而丕死，此皆可爲人才惜也。

〔九二〕林國贊曰：「修黨曹植，不即位，植黨殺幾盡；修若在，當亦坐殺。謂殺後而猶追思其過薄，豈非讕語！」

〔九三〕文選注引此作樂安太守。潘眉曰：「郡國志無東安郡，此注載劉修爲東安太守，杜畿傳注有東安太守郭智。建安四年，太祖使臧霸入青州，破齊北海。東安立郡，在建安以前，歲月不可得詳。舊有東安縣屬於琅邪，後遂升縣作郡。」錢大昭曰：「東安郡吴黄武五年分三郡惡地置，治富春。七年，罷。」弼按：錢氏所引爲吴地，與此無涉。王先謙曰：「東安，前漢縣，漢末置郡；三國魏末廢，還屬琅邪。」一統志：「東安故城，今山東沂州府沂水縣治。」

〔九四〕馮本「妾」作「子」。

〔九五〕毛本「苦」作「若」，誤。

〔九六〕嗣尚未定，不得稱「太子」，當爲「世子」之誤。下文云「世子從之」可證。胡玉縉曰：「禮記曲禮不敢與世子同名鄭注：世或爲太。桓九年春秋經曹伯使其世子射姑來朝孔疏：諸經稱世子及衛世叔申，經作世字，傳皆爲大。然則古者世之與大，字義通也。據此，則此處太字似不誤。」

〔九七〕馮本、官本「闕」作「闗」。

〔九八〕何焯曰：「世語所言，皆鄙淺兒戲，不足信。」弼按：世説捷悟篇所云魏武過曹娥碑事，亦不可據。曹娥碑在會稽上虞，魏武、楊修未嘗渡江。劉孝標已辨之矣。王鳴盛曰：「楊彪爲操所忌，幾死得免。修當遠去權勢，韜晦以避之，反爲操總知内外，與丕、植親昵，又數炫其才於操，死非不幸。」

〔九九〕李慈銘曰：「始丘，世説賞譽篇注引世語作立丘，乃立字之形誤也。」弼按：世語「顒」作「囂」，爲典軍校尉，「準」作「淮」。同引一書，而刊本流傳相異如此。

〔一〇〇〕世説注引此，「準」作「淮」，「逍遥」作「消摇」，「責」作「遣」，「軍謀」作「軍咨議」。

〔一〇一〕世説云：「王大將軍與丞相書稱楊朗曰：世彦識器理致，才隱明斷，既爲國器，且是楊侯淮之子，位望殊爲陵遲，卿亦足與之處。」據此，則淮子朗字士彦，或别爲一人。

〔一〇二〕晉書楊佺期傳：「佺期，弘農華陰人。漢太尉震之後。曾祖準，太常。自震至準，七世有名德。祖林，少有才望；父亮，梁州刺史。」

〔一〇三〕宋書百官志：「南中郎將，漢獻帝建安中以臨淄侯曹植居之。」洪飴孫曰：「南中郎將一人，比二千石，第四品。建安二十四年始置。」

〔一〇四〕宋書百官志：「征虜將軍，漢光武建武中始以祭遵居之。」洪飴孫曰：「征虜將軍一人，第三品。」

文帝即王位，誅丁儀、丁廙，并其男口。〔一〕

魏略曰：丁儀字正禮，沛郡人也。父沖，宿與太祖親善，時隨乘輿。見國家未定，乃與太祖書曰：「足下平生，常喟然有匡佐之志，〔二〕今其時矣！」是時，張楊適還河内，太祖得其書，乃引軍迎天子東詣許，以沖爲司隸校尉。後數來〔三〕過諸將飲，酒美不能止，醉，爛腸死。太祖以沖前見開導，常德之。聞儀爲令士，雖未見，欲以愛女妻之，〔四〕以問五官將。五官將曰：「女人觀貌，而正禮目不便，誠恐愛女未必悦也。以爲不如與伏波子楙。」〔五〕太祖從之。尋辟儀爲掾，到與論議，嘉其才朗。曰：「丁掾，好士也，即使其兩目盲，尚當與女，何況但眇，是吾兒誤我。」時儀亦恨不得尚公主，而與臨菑侯親善，數稱其奇才。〔六〕太祖既有意欲立植，而儀又共贊之。及太子立，欲治儀罪，轉儀爲右刺姦掾，〔七〕欲儀自裁而儀不能。乃對中領軍夏侯尚叩頭求哀，尚爲涕泣而不能救。後遂因職事，收付獄，殺之。廙字敬禮，儀之弟也。〔八〕文士傳曰：廙少有才姿，博學洽聞。〔九〕初辟公府，建安中爲黄門侍郎。廙嘗從容謂太祖曰：「臨菑侯天性仁孝，發於自然，而聰明智達，其殆庶幾；至於博學淵識，文章絶倫。當今天下之賢才君子，不問少長，皆願從其游，而爲之死，實天下所以種福於大魏，〔一〇〕而永受無窮之祚也。」〔一一〕欲以勸動太祖。太祖答曰：「植，吾愛之，安能若卿言！吾欲立之爲嗣，何如？」廙曰：「此國家之所以興衰，天下之所以存亡，非愚劣瑣賤者所敢與及。廙聞知臣莫若於君，知子莫若於父。至於君不論明闇，父不問賢愚，而能常知其臣子者何？蓋由相知非一事一物，相盡非一旦一夕。況明公加之以明哲，〔一二〕習之以人子。今發明達之命，吐永安之言，可謂上應天命、下合人心，得之於須臾，垂之於萬世者也。廙不避斧鉞之誅，敢不盡言！」太祖深納之。〔一三〕

植與諸侯並就國。〔一四〕黄初二年，監國謁者灌均希指，奏「植醉酒悖慢，劫脅使者」。〔一五〕有司請治罪，帝以太后故，貶爵安鄉侯。〔一六〕

魏書載詔曰：「植，朕之同母弟。朕於天下，無所不容，而況植乎！骨肉之親，捨而不誅，〔一七〕其改封植。」〔一八〕

其年，改封鄄城侯；三年，立爲鄄城王，〔一九〕邑二千五百户。〔二〇〕

〔一〕胡三省曰：「並男口誅之，絶其世也。」

〔二〕毛本「常」作「有」，誤。

〔三〕書鈔六，一作「數歲」。

〔四〕愛女，即清河公主也。

〔五〕夏侯惇爲伏波將軍。

〔六〕劉廙傳：「廙與丁儀共論刑禮，傳於世。」子建集有贈丁儀詩，又有贈丁儀、王粲詩。隋唐經籍志：「後漢尚書丁儀集一卷。梁二卷，録一卷。」文心雕龍才略篇：「丁儀、邯鄲，亦含論述之美。」嚴可均輯丁儀文三篇。

〔七〕胡三省曰：「王莽置左右刺姦，以督姦猾。光武中興，亦置刺姦將軍，然公府掾無其員也。魏、晉公府始有營軍刺姦等員。」弼按：續百官志：「大將軍有外刺刺姦，主罪法。」

〔八〕趙一清曰：「陳思王集有贈丁翼詩，即廙也。隋書經籍志，後漢黄門郎丁廙集一卷，梁二卷，録一卷。馮氏詩紀作丁翼，嚴可均輯存丁廙、蔡伯喈女賦、彈棊賦二篇。」

〔九〕子建亦自謂不如敬禮，可想見其文。

〔一〇〕馮本無「下」字，官本「下」作「之」，宋本「種」作「鍾」。

〔一一〕宋本「受」作「授」。

〔一二〕宋本「明公」作「名公」，誤。「明哲」作「聖哲」。

〔一三〕魏略輯本四魚豢議曰：「諺言貧不學儉，卑不學恭。非人性分也，勢使然耳。此實然之勢，信不虛矣。假令太祖防遏植等，在於疇昔，此賢之心，何緣有窺望乎！彰之挾恨，尚無所至，至於植者，乃令楊修以倚注遇害，丁儀以希意族滅，哀夫！余每覽植之華采，思若有神，以此推之，太祖之動心，亦良有以也。」弼按：此議見後。通鑑改議爲論，無後五句。李安溪曰：「若立植，當與丕大別，可知天厭魏德，如扶蘇之不得祚秦也。」

〔一四〕隸釋十九載大饗碑，爲延康元年作。嚴可均曰：「聞人牟準魏敬侯碑陰云：大饗碑，衛覬文並書。天下碑録引圖經云：曹子建文，鍾繇書。今録入子建集，俟考。」藝文類聚十三載植慶文帝受禪章云：「陛下以聖德龍飛，順天革命，允答神符，誕作民主。乃祖先后，積德累仁，世濟其美，以暨于先王。王勤恤民隱，劬勞戮力，以除其害，經營四方，不遑啟處。是用隆茲福慶，光啟于魏。陛下承統，纘戎前緒，可廣德音，綏静內外，紹先周之舊跡，襲文、武之懿德，保大定功，海內爲一，豈不休哉！」又載慶文帝受禪上禮章云：「陛下以明聖之德，受天顯命，良辰即祚，以臨天下。洪化宣流，洋溢宇內。是以溥天率土，莫不承風欣慶，執贄奔走，奉賀闕下。況臣親體至戚，懷歡踴躍。」隸釋十九、藝文類聚三十八載植孔子廟頌，爲黄初元年作。

〔一五〕通鑑此事編入延康元年。當因諸侯就國，連類而書也。胡三省曰：「時禁切藩侯，使謁者監其國。」弼按：續漢志，王國謁者，比四百石。侯國置家丞、庶子各一人。是漢官制，侯國無謁者。此監國謁者，當爲魏文特置之官。沈志：「魏氏王國謁者官屬，史闕不知次第。」而侯國乃有此監國之謁者，其希指上奏，固所宜然。趙一清曰：「陳思王集令曰：孤前令寫灌均所上孤章，三臺九府所奏事、及詔書一通，置之座隅，朝夕諷詠，以自警戒。」周壽昌曰：「時希指者豈止灌均一人？特均其最著耳。觀後詔取黄初中諸奏植罪狀語，可見。」弼按：蘇則傳：「臨菑侯植聞魏氏代漢，發服悲哭。」又則傳注引魏略云：「植自傷失先帝意，怨激而哭。」事在黄初元年，本傳未載。

〔一六〕子建集載謝初封安鄉侯表云：「臣抱罪即道，憂惶恐怖，不知刑罪，當所限齊。陛下哀愍臣身，不聽有司所執，待之過厚，即日于延津受安鄉侯印綬。奉詔之日，且懼且悲。懼于不修，始違憲法；悲于不慎，速此貶退。上增陛下垂念，下遺太后見憂。臣自知罪深責重，受恩無量，精魂飛散，亡軀殞命。」（又見藝文類聚五十一。）漢書地理志：「鉅鹿郡安鄉，侯國。」續志，後漢省。一統志：「安鄉故城，今直隸正定府晉州東。」沈家本曰：「文選責躬詩表李注云：植集曰：植抱罪徙居京師，後歸本國。而魏志不載，蓋魏志略也。案，植之徙居京師，當在貶爵安鄉侯之時，史不言徙居，而當文帝猜嫌之際，雖封鄉侯，而不遣就國，理或然也。」

〔一七〕文選李善注引此，作「舛而不殊」。

〔一八〕世說文學篇云：「文帝嘗令東阿王七步中作詩，不成者行大法。應聲便爲詩曰：煮豆持作羹，漉菽以爲汁；萁在釜下然，豆在釜中泣。本自同根生，相煎何太急！帝深有慚色。」弼按：植於太和三年徙封東阿，此時何以稱東阿王？又世說悔尤篇下太后云：不得復殺我東阿，事見任城王傳注。

〔一九〕鄄城見武紀初平四年。寰宇記卷十四：「陳思王臺在鄄城西二里。」洪亮吉曰：「杜預莊公十三年左傳注：東郡鄄城。疑魏時移屬東郡。」

〔二〇〕藝文類聚五十一載植封鄄城王謝表云：「臣愚駑垢穢，才質疵下，過受陛下日月之恩，不能摧身碎首，以答陛下厚德。而狂悖發露，始干天憲，自分放棄，抱罪終身，苟貪視息，無復晞幸。不悟聖恩，爵以非望，枯木生葉，白骨更肉，非臣罪戾，所當宜蒙，俯仰慙惶，五内戰悸。奉詔之日，悲喜參至，雖因拜章，陳答聖恩，下情未展。」文館詞林六百九十五載植毁鄄城故殿令云：「令鄄城有故殿，名漢武帝殿。昔武帝好遊行，或所幸處也。梁桷傾頓，棟宇零落，修之不成良宅，置之終于毁壞，故頗撤取，以備宫舍。余時獲疾，望風乘虚，卒得慌惚，數日後瘳。而醫巫妄説，以爲武帝神魂生兹疾病。此小人之無知，愚惑之甚者也。昔湯之隆也，則夏館無餘跡；武之興也，則殷臺無遺基；周之亡也，則伊、洛無隻椽；秦之滅也，則阿房無尺梠。漢道衰則建章撤，靈帝崩則兩宫燔。高祖之魂不能□未央，孝明之神不能救德陽。天子之存也，必居名邦□土。則死有知，亦當逍遥于華都，留神于舊室。則甘泉通天之臺，雲陽九層之閣，足以綏神育靈，夫何戀于下縣而居靈于朽宅哉！以生諭死，則不然也，況于死者之無知乎！且聖帝明王，顧宫闕之泰，花囿之侈，有妨于時者，或省以惠民。況漢氏絶業，大魏龍興，隻人尺土，非復漢有。是以咸陽則魏之西都，伊、洛爲魏之東京，故夷朱雀而樹閶闔，平德陽而建泰極。況下縣腐殿，爲狐狸之窟藏者乎？今將撤壞，以修殿舍，恐無知之人，坐自生疑，故爲此令，亦足以反惑而解迷焉。」

四年，徙封雍丘王；〔一〕其年，朝京都。〔二〕上疏曰：

臣自抱釁歸藩，〔三〕刻肌刻骨，追思罪戾。晝分而食，夜分而寢。誠以天網不可重離，〔四〕聖恩難可再恃。竊感相鼠之篇，無禮遄死之義，〔五〕形影相弔，五情愧赧。〔六〕以罪棄生，則違古賢夕改之勸；忍活苟全，〔七〕則犯詩人胡顔之譏。〔八〕伏惟陛下，德象天地，恩隆父母，施暢春風，澤如時雨。是以不别荊棘者，慶雲之惠也；七子均養者，尸鳩之仁也；〔九〕舍罪責功者，明君之舉也；矜愚愛能者，慈父之恩也。是以愚臣徘徊於恩澤，而不能自棄者也。

前奉詔書，臣等絶朝，心離志絶，自分黄耇，無復執珪之望。〔一〇〕不圖聖詔猥垂齒召，〔一一〕至止之日，馳心輦轂。僻處西館，未奉闕廷，踊躍之懷，瞻望反仄。〔一二〕謹拜表獻詩二篇，其辭曰：〔一三〕於穆顯考，時惟武皇，受命于天，寧濟四方。朱旗所拂，九土披攘，玄化滂流，〔一四〕荒服來王。超商越周，與唐比蹤。篤生我皇，奕世再聰，〔一五〕武則肅烈，文則時雍。受禪炎漢，臨君萬邦。〔一六〕萬邦既化，率由舊則，廣命懿親，以藩王國。帝曰爾侯，君兹青土，〔一七〕奄有海濱，方周于魯，〔一八〕車服有輝，旗章有敍，濟濟雋乂，我弼我輔。伊予小子，恃寵驕盈，舉挂時網，〔一九〕動亂國經。作藩作屏，先軌是墮，〔二〇〕傲我皇使，犯我朝儀。國有典刑，我削我絀，〔二一〕將寘于理，元兇是率。〔二二〕明明天子，時篤同類，〔二三〕不忍我刑，暴之朝肆，〔二四〕違彼執憲，哀予小子。〔二五〕改封兖邑，于河之濱，〔二六〕股肱弗置，有君無臣，荒淫之闕，誰弼予身？煢煢僕夫，于彼冀方，〔二七〕嗟余小子，乃罹斯殃。赫赫天子，恩不遺物，〔二八〕冠我玄冕，要我朱紱。朱紱光大，使我榮華，〔二九〕剖符授玉，王爵是加。〔三〇〕仰齒金璽，俯執聖策，〔三一〕皇恩過隆，祗承怵惕。咨我小子，〔三二〕頑凶是嬰，〔三三〕逝慙陵墓，存愧闕廷。匪敢傲德，實恩是恃，威靈改加，足以没齒。〔三四〕昊天罔極，性命不圖，〔三五〕常懼顛沛，抱罪黄壚。〔三六〕願蒙矢石，建旗東嶽，庶立毫氂，〔三七〕微功自贖。〔三八〕危軀授命，知足免戾，甘赴江、湘，奮戈吴、越。天啟其衷，得會京畿，遲奉聖

顏，〔三九〕如渴如饑。心之云慕，愴矣其悲，天高聽卑，皇肯照微！〔四〇〕

又曰：〔四一〕

肅承明詔，應會皇都，星陳夙駕，秣馬脂車。命彼掌徒，肅我征旅，朝發鸞臺，夕宿蘭渚。〔四二〕芒芒原隰，祁祁士女，經彼公田，樂我稷黍。爰有樛木，重陰匪息；雖有餱糧，饑不遑食。望城不過，面邑匪游，〔四三〕僕夫警策，〔四四〕平路是由。玄駟藹藹，揚鑣漂沫；〔四五〕流風翼衡，〔四六〕輕雲承蓋。涉澗之濱，緣山之隈，遵彼河滸，黃阪是階。〔四七〕西濟關谷，〔四八〕或降或升；驂騑倦路，再寢再興。將朝聖皇，匪敢晏寧；弭節長騖，指日遄征。前驅舉燧，後乘抗旌；輪不輟運，鸞無廢聲。爰暨帝室，稅此西墉；〔四九〕嘉詔未賜，朝覲莫從。仰瞻城閾，俯惟闕廷，長懷永慕，憂心如酲！

〔一〕雍丘見武紀興平二年。

〔二〕文選子建洛神賦序云：「黃初三年，余朝京師，還濟洛川。」李善注云：「魏志及諸詩序，並云四年朝，此云三年，誤。一云魏志三年不言植朝，蓋魏志略也。」何焯曰：「按魏志，丕以延康元年十月二十九日禪代，十一月遽改元黃初。陳思實以四年朝雒陽，而賦云三年者，不欲亟奪漢年，猶發喪悲哭之志。注家未喻其微旨耳。」又按李善注引記曰：「魏東阿王漢末求甄逸女不遂，後太祖與五官中郎將，植殊不平，晝思夜想，廢寢與食。黃初中入朝，帝示植甄后玉鏤金帶枕，植見，不覺泣下。時已爲郭后讒死，帝意亦尋悟，因令太子留宴飲，仍以枕賚植。植還度轘轅，少許時將息洛水上，思甄后。忽見女來，自云我本託心君王，其心不遂，此枕是在我家時從嫁前與五官中郎將，今與君王，遂用薦枕席。懽情交集，豈常辭能具？我爲郭后以糠塞口，今被髮，羞將此形貌重覩君王爾。言訖，遂不復見所在。

遣人獻珠於王，王答以玉珮，悲喜不能自勝。遂作感甄賦。後明帝見之，改爲洛神賦。」何焯曰：「魏志無子建求甄逸女事，此乃小説感甄記，尤本誤取之，六臣本無此注。」又曰：「后三歲失父，袁紹納爲中子熙妻。曹操平冀州，丕納之於鄴下，安有子建嘗求爲妻之事？示枕賚枕，里巷之人所不爲，況帝又猜忌，諸弟留宴從容，正不可得感甄名賦，其爲不恭，夫豈酗酒悖慢、劫脅使者之可比乎！」又曰：「離騷：我令豐隆乘雲兮，求宓妃之所在。植既不得於君，因濟洛以作爲此賦，託詞宓妃以寄心文帝。其亦屈子之志也。自好事者造爲感甄無稽之説，蕭統遂分類入於情賦，於是植幾爲名教之所棄。而後之大儒如朱子者，亦不加察，於衆惡之餘，以附之楚人之詞之後，尤可悲也！」弼按：鄴下初平，甄姬掩面，事在建安九年，子建年才十三。若求婚未遂，當在未嫁袁熙之前，此豈數歲小兒所能爲之事？不辨而知其誣。子建就國而後，憂慮恐懼，情見乎詞，所謂蒼蠅間白黑，讒巧令親疏，安敢尚有他念？世人惑於微波通辭、宓妃留枕之綺語，不究事實，遂疑陳思有不謹之嫌，此真千古奇冤，應爲昭雪也。

〔三〕文選此句上有「臣植言」三字。

〔四〕文選「離」作「罹」。老子曰：「天網恢恢。」

〔五〕毛詩曰：「相鼠有體，人而無禮，人而無禮，胡不遄死。」爾雅曰：「遄，速也。」

〔六〕文子曰：「昔者中黄子曰：色有五章，人有五情。」

〔七〕文選「活」作「垢」。

〔八〕困學紀聞云：「詩無此句。李善引毛詩曰：何顔而不速死也？今相鼠注無之。」趙一清曰：「黄初四年，始立毛詩於學官，此與文帝紀引曹人之刺詔書正同。」

〔九〕宋本子建集「尸」作「鳲」，文選同。毛詩曰：「鳲鳩在桑，其子七兮。」毛萇曰：「鳲鳩之養其子，旦從上下，暮從下上，其均平如一。」

〔一〇〕文選「無復」作「永無」。

〔一一〕李善曰：「猥，猶曲也。尚書曰：『降霍叔於庶人，三年不齒。』孔安國曰：『三年之後，乃齒録之。』」

〔一二〕文選「仄」作「側」。此下有「不勝犬馬戀主之情，謹拜表並獻詩二篇。詞旨淺末，不足采覽，貴露下情，冒顔以聞。臣植誠惶誠恐，頓首頓首，死罪死罪」數語。

〔一三〕文選作「責躬詩」。

〔一四〕廣雅曰：「玄，化也。謂道德之化也。」

〔一五〕文選「再」作「載」，是。

〔一六〕文選「炎」作「于」，「臨君」作「君臨」。宋本子建集同。朱珔曰：「作臨君，與今書顧命合，是也。」

〔一七〕李善曰：「魏志，植封臨淄侯。臨淄屬齊郡，舊青州之境。」

〔一八〕詩：「奄有龜蒙。」毛萇曰：「奄，大也。」論語注：「方，比方也。」

〔一九〕黄節曹詩補注云：「挂，礙也。」漢書敘傳曰：「不絓聖人之罔。」師古曰：「絓，讀與挂同。」

〔二〇〕毛本「隓」作「墜」，誤。

〔二一〕文選「絀」作「黜」，宋本子建集同。李善曰：「植集云：博士等議，可削爵土，免爲庶人。」

〔二二〕李善曰：「鄭玄禮記注云：理，治獄之官。儀禮曰：率，導也。」黄節注：「胡紹瑛曰：率，類也。漢書外戚傳，事率衆多。顔注，率，猶類也。」

〔二三〕文選作「時惟篤類」，子建集同。

〔二四〕李善曰：「殺人陳其尸曰肆。杜預左氏傳注曰：肆，市列也。」余蕭客曰：「獨異志言陳思王與文帝不叶，帝即位，召植游華林園，酒酣，密遣左右縊殺使者，以弓絃三縊，不死，絃皆頓絶。植即驚覺，左右走白帝，帝自是不敢害植。魏志紀、傳俱無，可補裴注之闕。」弼按：子建詩云：「嘉詔未賜，朝覲莫從。」即謁帝承明，亦不過隨班旅進，猜忌方深，怨嫌未釋，安得有華林園之宴飲？齊東野言，不足置信。

〔二五〕梁章鉅曰：「文選子作臣，恐誤，與下文臣韻複。」

〔二六〕李善曰：「魏志，改封鄄城，屬東郡，舊兗州之境。植表曰：行至延津，受安鄉侯印綬。」張銑曰：「鄄城近濟河，故曰于河之濱。」

〔二七〕李善曰：「植求出獵表云：臣自招罪釁，徙居京師，待罪南宮。然則植雖封安鄉侯，猶往冀州也。時魏都鄴，鄴，冀州之境也。一云：時魏以雒爲京師，比堯之冀方也。」弼按：安鄉屬冀州鉅鹿郡，故云于彼冀方也。

〔二八〕毛本「天」作「小」，誤。李善曰：「謂至京師，蒙恩得還也。植求習業表云：雖免大誅，得歸本國。」何焯曰：「謂復立爲鄄城王也，李注非。」

〔二九〕文選作「光光大使，我榮我華」。

〔三〇〕文選李善注本「玉」作「土」，五臣注本作「玉」。

〔三一〕左傳：「不敢與諸任齒。」杜預注：「齒，列也。」

〔三二〕六臣本「咨」作「啟」，非。

〔三三〕說文曰：「嬰，繞也。」

〔三四〕孔安國論語注曰：「齒，年也。」

〔三五〕文選「性」作「生」。

〔三六〕李善注：「淮南子曰：上際九天，下契黃壚。」高誘曰：「泉下有壚山。」梁章鉅曰：「今本淮南子覽冥訓高誘注作黃泉下壚土，不作山。」

〔三七〕毛本「鼇」作「鼈」。

〔三八〕何焯曰：「此即求自試表之意。同氣一體，冀可感動，立效報國，不虛此生，未可律以自悔免猜之常也。」

〔三九〕黃節注：「遲，待也。」

〔四〇〕李善注：「爾雅曰：皇，君也。又曰：肯，可也。班固説東平王倉曰：願降照微之明，信日昃之聽。」

〔四一〕文選作「應詔詩」。

〔四二〕李善曰：「鸞臺、蘭渚，以美言之。漢宮闕名曰：長安有鴛鸞殿。公孫乘月賦曰：鵾雞舞於蘭渚。」呂向曰：「鸞臺、蘭渚，並路邊地，美言之也。」

〔四三〕文選「匪」作「不」。李善引鄭玄周禮注曰：「面，猶向也。」

〔四四〕宋本子建集「策」作「筴」。

〔四五〕文選「濔沫」作「漂沫」。廣雅曰：「藹藹，盛也。」張銑曰：「鑣，馬銜也。漂沫，謂行急馬口中沫出也。」

〔四六〕呂向曰：「翼，扶也；衡，車軛也。」

〔四七〕文選「阪」作「坂」。李善曰：「毛詩在河之滸。毛萇曰：水涯曰滸。爾雅曰：階，因也。」呂向曰：「黄坂，坂名。」趙一清曰：「黄坂即黄巷坂，一作黄巷。水經河水注：河水自潼關東北流，水側有長坂，謂之黄巷坂。坂傍絶澗，涉此坂以升潼關，所謂泝黄巷以濟潼關矣。」梁章鉅説同。弼按：潼關在洛陽之西，植由鄄城朝京都，鄄城在洛陽之東，無由越洛陽而至潼關之理，殆沿下文西濟關谷之語而誤。趙、梁説均非是。胡玉縉曰：「所辯良是。惟涉澗之濱四句，與水經河水注所述情形合。文選潘岳西征賦發閿鄉而警策，愬黄巷以濟潼。李善注引述征記亦云：河自關北東流，水側有坂，謂之黄巷坂。是詩首言應會皇都，下文又言將朝聖皇，豈中閒有事於潼歟？趙、梁二説似可推求。果爾，則西濟關谷句，李注引洛陽記非矣。」

〔四八〕李善注：「陸機洛陽記曰：洛陽有西關南伊闕，谷，即大谷也。」馮氏詩紀作「西躋關谷」。王闓運八代詩選作「西躋函谷」，則更失之遠矣。

〔四九〕李善注：「毛詩曰召伯所稅。毛萇曰：稅，猶舍也。又曰：墉，城也。」

帝嘉其辭義，優詔答勉之。〔一〕

魏略曰：初，植未到關，自念有過，宜當謝帝。乃留其從官著關東，單將兩三人微行，入見清河長公主，〔二〕欲因主謝。而關吏以聞，帝使人逆之，不得見。太后以爲自殺也，對帝泣。會植科頭負鈇鑕，徒跣詣闕下，帝及太后乃喜。及見之，帝猶嚴顏色，不與語，又不使冠履。植伏地泣涕，太后爲不樂。詔乃聽復王服。〔三〕

魏氏春秋曰：是時待遇諸國法峻。任城王暴薨，諸王既懷友于之痛，植及白馬王彪還國，欲同路東歸，以敍隔闊之思。而監國使者不聽。植發憤告離，而作詩曰：〔四〕「謁帝承明廬，〔五〕逝將歸舊疆，〔六〕清晨發皇邑，日夕過首陽。〔七〕伊、洛曠且深，〔八〕欲濟川無梁。汎舟越洪濤，怨彼東路長。回顧戀城闕，〔九〕引領情內傷。大谷何寥廓，〔一〇〕山樹鬱蒼蒼，霖雨泥我塗，流潦浩從橫。〔一一〕中田絶無軌，改轍登高岡，〔一二〕修阪造雲日，我馬玄以黄。〔一三〕玄黄猶能進，我思鬱以紆；鬱紆將何念，〔一四〕親愛在離居。本圖相與偕，中更不克俱。鴟梟鳴衡軛，〔一五〕豺狼當路衢；蒼蠅間白黑，〔一六〕讒巧反親疎。〔一七〕欲還絶無蹊，擥轡止踟蹰。〔一八〕踟蹰亦何留，相思無終極。秋風發微凉，寒蟬鳴我側。原野何蕭條，白日忽西匿；孤獸走索羣，銜草不遑食；歸鳥赴高林，翩翩厲羽翼。〔一九〕感物傷我懷，撫心長歎息。歎息亦何爲，〔二〇〕天命與我違！柰何念同生，一往形不歸？孤魂翔故域，〔二一〕靈柩寄京師，存者勿復過，〔二二〕亡没身自衰。〔二三〕人生處一世，忽若朝露晞，〔二四〕年在桑榆閒，影響不能追。自顧非金石，咄唶令心悲。〔二五〕心悲動我神，棄置莫復陳；丈夫志四海，萬里猶比鄰。恩愛苟不虧，在遠分日親，何必同衾幬，然後展殷勤？〔二六〕倉卒骨肉情，能不懷苦辛？苦辛何慮思，天命信可疑。虛無求列仙，松子久吾欺；變故在斯須，〔二七〕百年誰能持！離別永無會，執手將何時？王其愛玉體，俱享黄髮期，收涕即長塗，〔二八〕援筆從

此辭！〔二九〕

〔一〕文選魏都賦注：「文帝答曹植詔曰：所獻詩二篇，微顯成章，此猶機事之先見者也。」

〔二〕清河長公主，武帝女，夏侯楙妻，見下后傳注引魏略。

〔三〕何焯曰：「魏略所載，皆規橅前史梁孝王事，而忘其失實。」

〔四〕何焯曰：「彪傳，是時爲吴王五年，改封壽春縣；七年，乃徙封白馬。」姜皋曰：「黄初四年不當稱白馬。裴注引魏氏春秋云，植及白馬王彪還國，藝文類聚亦題爲贈弟白馬王彪，豈彪在是年已封白馬？陳壽之書，殆有不核者歟？」趙一清曰：「文選子建贈白馬王詩注載集序曰：黄初四年五月，白馬、任城王與余俱朝京師，會節氣到洛陽，任城王薨。至七月，與白馬王還國。後有司以二王歸藩，道路宜異宿止，意每恨之。杭氏世駿曰：史稱七年徙封白馬，而序稱四年白馬王朝京師，則當時未有此封，宜稱吴王。一清案：詩序既有白馬之文，疑史之誤。」黄節曰：「植是時以鄄城王應詔至京師，東歸後始徙封雍丘，則與白馬王同路東歸者，歸鄄城也。鄄城在今濮州東二十里，白馬在今滑縣東二十里。魏時同屬兖州東郡，故能同路東歸。若吴則當南下，不能同東矣。又初學記載曹彪答東阿王詩曰：盤徑難懷抱，停駕與君訣，即車登北路，永歎尋先轍。蓋由洛陽東歸，則鄄城、白馬皆在東北，而鄄城又在白馬之東，故詩云怨彼東路長。地理方向，明白如此。是彪於黄初四年，曾徙白馬，可無疑矣。杭世駿謂當時未有此封，宜稱吴王，蓋未深考耳。」弼按：黄説誠辨，然本傳言四年徙雍丘，其年朝京都。雍丘爲今杞縣，亦在洛陽之東。黄氏引曹彪答東阿王詩，植封東阿在太和三年，此時不應稱東阿。要之，佳什軼事，輾轉傳鈔，白馬、東阿，遂致岐異。詩題爲後人所加，集序出注家之語。史文具在，年月可稽，似不必信彼而疑此。宋本子建集即無此序言也。

〔五〕承明廬詳見文紀黄初元年。

〔六〕李善曰：「毛詩逝將去汝。舊疆，鄄城也。時植雖封雍丘，仍居鄄城。」

〔七〕陸機洛陽記曰：「首陽山在洛陽東北，去洛二十里。」

〔八〕文選「曠」作「廣」。

〔九〕文選「回顧」作「顧瞻」。

〔一〇〕李善注：「太谷在洛陽西南。」劉履曰：「此指東路所行之山谷，善注非。東京賦注引洛陽注云：大谷，洛城南五十里，舊名通谷，李注多西字。」

〔一一〕文紀：「黃初四年六月大雨，伊、洛溢流。」

〔一二〕文選「中田」作「中逵」。何焯曰：「不直言有司之禁其同路，而託之淫潦改轍，恐傷國家親親之恩。下言非我馬不進，勢固有不克俱者，婉轉温厚。」梁章鉅曰：「詩中本圖相與偕，中更不克俱，何嘗不直言。」

〔一三〕毛萇曰：「玄馬病則黃。」

〔一四〕「何念」，文選作「難進」。

〔一五〕黃節曰：「續漢志輿服志：乘輿，龍首銜軛，鸞雀立衡。詩言鴟梟鳴衡軛，言不祥之鳥，近在乘輿，喻君側之多惡人也。」

〔一六〕宋本子建集作「蒼蠅白閒黑」。

〔一七〕文選「軛」作「枙」，「反」作「令」。

〔一八〕文選「擥」作「攬」。何焯曰：「言欲還訴而不得也。」

〔一九〕文選「孤獸」二句在「歸鳥」二句之下，「高」作「喬」。李善注：「厲，疾貌。」

〔二〇〕宋本「亦」作「將」，官本作「何所爲」。

〔二一〕文選「域」作「城」。

〔二二〕文選「勿」作「忽」。魏、晉刀筆中多勿勿語。

〔二三〕劉履曰：「存者亡没四字，疑互誤。」

〔二四〕文選「忽」作「去」。

〔二五〕文選「咄咤」作「咄唶」。李善注：「説文曰：咄，叱也。丁兀切。聲類曰：唶，大呼也。子夜切。言人命叱呼之閒，或至天喪也。」

〔二六〕文選此下有「憂思成疾疢，無乃兒女仁」二句。何焯曰：「恐彪以不得同宿止憂傷成疾，故復爲此以寬之。」

〔二七〕宋本子建集「斯須」作「須臾」。

〔二八〕文選「涕」作「淚」，「塗」作「路」。

〔二九〕何焯曰：「魏氏春秋載此詩極有識，與六代論相表裏也。」

六年，帝東征還，過雍丘，幸植宫，增户五百。〔一〕太和元年，徙封浚儀；〔二〕二年，復還雍丘。植常自憤怨，抱利器而無所施，上疏求自試曰：

臣聞士之生世，入則事父，出則事君。事父尚於榮親，事君貴於興國。故慈父不能愛無益之子，仁君不能畜無用之臣。〔三〕夫論德而授官者，成功之君也；量能而授爵者，畢命之臣也。故君無虚授，臣無虚受。虚授謂之謬舉，虚受謂之尸禄。詩之素餐所由作也。昔二虢不辭兩國之任，其德厚也；〔四〕旦、奭不讓燕、魯之封，其功大也。〔五〕今臣蒙國重恩，三世于今矣。〔六〕正值陛下升平之際，沐浴聖澤，潛潤德教，可謂厚幸矣。而竊位東藩，〔七〕爵在上列，身被輕煖，口厭百味，目極華靡，耳倦絲竹者，爵重禄厚之所致也。退念古之授爵禄者，〔八〕有異於此，皆以功勤濟國，輔主惠民。今臣無德可述，無功可紀，若此終年，無益國朝，將挂風人彼已之譏，〔九〕是以上慙玄冕，俯愧朱紱。

方今天下一統，九州晏如，而顧西有違命之蜀，〔一〇〕東有不臣之吴，使邊境未得脱甲，謀士未得高枕者，誠欲混同宇内，以致太和也。故啟滅有扈而夏功昭，成克商、奄而周德著。今陛下以聖明統世，將欲卒文、武之功，繼成、康之隆，簡賢授能，以方叔、邵虎之臣，鎮御四境，〔一一〕爲國爪牙者，可謂當矣。然而高鳥未挂於輕繳，淵魚未縣於鉤餌者，〔一二〕恐鈞射之術或未盡也。〔一三〕昔耿弇不俟光武，亟擊張步，言不以賊遺於君父。〔一四〕故車右伏劍於鳴轂，雍門刎首於齊境，若此二士，〔一五〕豈惡生而尚死哉？誠忿其慢主而陵君也。

劉向説苑曰：〔一六〕越甲至齊，雍門狄請死之。齊王曰：「鼓鐸之聲未聞，矢石未交，長兵未接，子何務死？知爲人臣之禮邪？」雍門狄對曰：「臣聞之，昔者王田於囿，左轂鳴，車右請死之。王曰：子何爲死？車右曰：爲其鳴吾君也。王曰：左轂鳴者，此工師之罪也，子何事之有焉？車右對曰：吾不見工師之乘，而見其鳴吾君也，遂刎頸而死。有是乎？」王曰：「有之。」雍門狄曰：「今越甲至，其鳴吾君，豈左轂之下哉？車右可以死左轂，而臣獨不可以死越甲邪？」遂刎頸而死。是日，越人引軍而退七十里，曰：「齊王有臣鈞如雍門狄，疑使越社稷不血食。」遂歸。齊王葬雍門狄以上卿之禮。〔一七〕

夫君之寵臣，欲以除患興利；臣之事君，必以殺身靖亂。〔一八〕以功報主也。昔賈誼弱冠，求試屬國，〔一九〕請係單于之頸，而制其命；〔二〇〕終軍以妙年使越，欲得長纓纓其王，〔二一〕

羈致北闕。〔二二〕此二臣，〔二三〕豈好爲誇主而燿世哉！〔二四〕志或鬱結，欲逞其才力，〔二五〕輸能於明君也。昔漢武爲霍去病治第，辭曰：匈奴未滅，臣無以家爲！固夫憂國忘家，〔二六〕捐軀濟難，忠臣之志也。今臣居外，非不厚也，而寢不安席，食不遑味者，伏以二方未克爲念。〔二七〕

伏見先武皇帝武臣宿將，〔二八〕年耆即世者有聞矣，雖賢不乏世，宿將舊卒，猶習戰陣。竊不自量，志在效命，庶立毛髮之功，以報所受之恩。若使陛下出不世之詔，效臣錐刀之用，使得西屬大將軍，當一校之隊，〔二九〕若東屬大司馬，統偏舟之任，〔三〇〕必乘危蹈險，〔三一〕騁舟奮驪，〔三二〕突刃觸鋒，爲士卒先。雖未能禽權馘亮，庶將虜其雄率，殲其醜類，必效須臾之捷，以滅終身之愧，使名挂史筆，事列朝策。〔三三〕雖身分蜀境，首縣吴闕，猶生之年也。如微才弗試，没世無聞，徒榮其軀，而豐其體，生無益於事，死無損於數，虚荷上位，而忝重禄，禽息鳥視，終於白首，此徒圈牢之養物，非臣之所志也。流聞東軍失備，〔三四〕師徒小衄，〔三五〕輟食棄餐，奮袂攘衽，撫劍東顧，而心已馳於吴會矣。

臣昔從先武皇帝南極赤岸，東臨滄海，〔三六〕西望玉門，北出玄塞，〔三七〕伏見所以行軍用兵之勢，可謂神妙矣。〔三八〕故兵者不可豫言，臨難而制變者也。志欲自效於明時，立功於聖世。每覽史籍，觀古忠臣義士，出一朝之命，以徇國家之難，身雖屠裂，而功銘著於鼎鍾，〔三九〕名稱垂於竹帛，未嘗不拊心而歎息也。〔四〇〕臣聞明主使臣，不廢有罪。故奔北敗軍之將〔四一〕用，秦、魯以成其功；

臣松之案：秦用敗軍之將，事顯，故不注。魯連與燕將書曰：〔四二〕「曹子爲魯將，三戰三北，而亡地五百里。向使曹子計不反顧，義不旋踵，刎頸而死，則亦不免爲敗軍之將矣。曹子棄三北之恥，而退與魯君計。桓公朝天子，會諸侯，曹子以一劍之任，披桓公之心於壇坫之上，顔色不變，辭氣不悖。三戰之所亡，一朝而復之。天下震動，諸侯驚駭，威加吴、越。若此二士者，非不能成少廉而行小節也。」〔四三〕

絶纓盜馬之臣赦，楚、趙以濟其難。

臣松之案：楚莊掩絶纓之罪，事亦顯，故不書。秦穆公有赦盜馬事。趙則未聞。蓋以秦亦趙姓，故互文以避上秦字也。〔四四〕

〔一〕文館詞林六百九十五載植自誡令曰：「令吾昔以信人之心，無忌于左右，深爲東郡太守王機、防輔吏倉輯等枉所誣白，獲罪聖朝。身輕于鴻毛，而謗重于泰山。賴蒙帝主天地之仁，違百寮之典議，赦三千之首戾，反我舊居，襲我初服，雲雨之施，焉有量哉！反旋在國，揵門退埽，形影相守，出入二載。機等吹毛求瑕，千端萬緒，然終無可言者。及到雍，又爲監官所舉，亦以紛若，于今復三年矣。然卒歸不能有病于孤者，信心足以貫于神明也。昔雄渠、李廣，武發石開；鄒子囚燕，中夏霜下；杞妻哭梁，山爲之崩，固精誠可以動天地金石，(河)〔何〕況于人乎！今皇帝遥過鄙國，曠然大赦，與孤更始，欣笑和樂以歡孤，隕涕咨嗟以悼孤，豐賜光厚，訾重千金。損乘輿之副，竭中黄之府，名馬充廄，驅牛塞路。孤以何德，而當斯惠；孤以何功，而納斯貺。富而不吝，寵而不驕者，則周公其人也。孤小人爾，深更以榮爲感。何者？將恐簡易之尤，出于細微；脱爾之愆，一朝復露也。故欲循吾往業，守吾初志，欲使皇帝恩在摩天，使孤心常存入地，將以全陛下厚德，窮孤犬馬之年。此難能也，然孤固欲行衆人之所難。詩曰：德輶如毛，人鮮克舉之。此之謂也。故爲此令，著于宫門，欲使左右共觀志焉。」又略見藝文類聚五十四，又見續古文苑。黄初七年，植作文帝誄，見文紀注。

〔二〕郡國志：「兖州陳留郡浚儀。」一統志：「浚儀故城，今河南開封府祥符縣西北。」

〔三〕李善注：「墨子曰：雖有賢君，不愛無功之臣；雖有慈父，不愛無益之子。」

〔四〕左傳：「虢仲、虢叔，王季之穆也，爲文王卿士。勳在王室，藏于盟府。」

〔五〕史記：「武王封周公旦於少昊之墟曲阜，是爲魯公；封召公奭於燕。」

〔六〕三世，謂武、文、明也。

〔七〕文選作「位竊」。

〔八〕文選「授」作「受」。

〔九〕文選「已」作「其」。李善注：「毛詩：彼其之子。」

〔一〇〕文選「而顧西」作「顧西尚」。

〔一一〕文選「御」作「衛」。

〔一二〕毛本「餌」作「鉺」，誤。

〔一三〕李善注：「高鳥淵魚，喻吴、蜀二主也。」

〔一四〕文選「父」下有「也」字。東觀漢記曰：「耿弇討張步，陳俊謂弇曰：虜兵盛，可且閉營休士，以待上來。弇曰：乘輿且到，臣子當擊牛釃酒，以待百官，故反欲以賊虜遺君父邪！及出大戰，自旦及昏，大破之。」

〔一五〕文選「士」作「子」。

〔一六〕漢書藝文志劉向所序六十七篇，新序、説苑、世説、列女傳、頌圖也。漢書楚元王傳附傳：「向字子政，本名更生。以父德任爲輦郎，歷官中壘校尉。向以爲王教由内及外，故採取詩、書所載，序次爲列女傳凡八篇，及採傳記行事，著新序、説苑凡五十篇。」隋書經籍志：「新序三十卷，録一卷，劉向撰。説苑二十卷，劉向撰。」兩唐志新序、説苑俱作三十卷。四庫提要曰：「隋志新序三十卷，曾鞏校。書序則云今可見者十篇。崇文總目云所載皆戰國、秦、漢閒事。以今考之，春秋時事尤多，漢事不過數條，大抵采百家傳記，以類相從，故頗與春秋內外傳、戰國策、太史公書相出入。」提要又曰：「崇文總目云說苑今存者五篇，餘皆亡。曾鞏校書序云得十五篇於士大夫家，與舊爲二十篇。其書皆録遺聞佚事，足爲法戒之資者。其例略如詩外傳，議論醇正，不愧儒宗。」四庫簡明目録曰：「說苑與新序體例相同，大旨亦復相類。其所以分爲兩書之故，莫之能詳。中有一事而兩書異詞者，蓋采摭羣書，各據其所見，既莫定其孰是，寧傳疑而兩存。」

〔一七〕文選張詵注作「雍門儁」。

〔一八〕宋本「靖」作「静」，官本改正。文選無「以」字。

〔一九〕吕延濟曰：「屬國，夷狄官名。」

〔二〇〕漢書：「賈誼曰：何不試臣以屬國之官，以主匈奴，行臣之計，必係單于之頸，而致其命。」李善曰：「賈誼、終軍，皆年十八，故曰弱冠。」

〔二一〕文選作「占其王」。李善注：「占，隱也。」郭璞曰：「隱，度之。」

〔二二〕漢書：「南越與漢和親，乃遣終軍使南越，說其主，欲令入朝，比內諸侯。軍自請願受長纓，必羈南越王而致之闕下。」

〔二三〕宋本子建集「臣」下有「者」字。

〔二四〕子建集「世」下有「俗」字。

〔二五〕文選無「其」字。

〔二六〕「固」，或改作「故」，文選無「固」字。

〔二七〕一本校改「伏」作「恒」，子建集無「伏」字。

〔二八〕子建集作「伏見先帝武臣宿兵」，文選同。

〔二九〕太和二年，遣大將軍曹真擊諸葛亮於街亭。

〔三〇〕文選「舟」作「師」。太和二年，大司馬曹休率諸軍至皖。

〔三一〕文選「蹈」作「躡」。

〔三二〕鄭玄曰：「馬黑色曰驪。」

〔三三〕文選「策」作「榮」。

〔三四〕呂延濟曰：「流，傳也。」

〔三五〕衄，女六切，音忸，敗北曰衄。明紀太和二年九月，曹休與吳將陸遜戰於石亭，敗績。

〔三六〕宋本子建集無此四字。

〔三七〕李善曰：「七發曰：淩赤岸，篲扶桑。山謙之南徐州記曰：京江，禹貢北江，有大濤，濤至乘北激赤岸，尤更迅猛。漢書燉煌郡龍勒縣有玉門關。玄塞，長城也。北方色黑，故曰玄。」李周翰曰：「極，盡也。赤岸，謂朱崖郡也。玉門，西域關名。玄塞，謂黑山。」趙一清曰：「赤岍，赤壁也，謂征劉表；滄海，東海也，謂平青、兖、冀三州。玉門城在今肅州衛西二百里，漢縣，屬酒泉郡。玉門，謂削平韓遂、馬超、宋建之屬。玄塞，盧龍之塞也，謂柳城之役。皆魏武親歷之事。又，赤壁亦作赤圻，則岍字或圻之誤。」沈家本曰：「南極赤岸，指操征孫權時事，不必定是赤壁之役。」林暘園曰：「植所述從征，本傳俱不載。按魏武紀，建安二年，東征呂布，植方六歲，度未必能從。十二年北征烏丸，十四年南征劉表，十六年西征馬超，十九年南征孫權，時植年二十二，太祖命守鄴。所云東臨滄海，疑破袁譚，在建安十年也。」弼按：建安二年，應作三年；植方六歲，應作七歲；十四年應作十三年；時植年二十二應作年二十三。林氏俱誤。

〔三八〕宋本子建集「軍」作「師」，「矣」作「也」。

〔三九〕文選「鼎」作「景」。李善注：「韋昭曰：景鍾，景公鍾也。」

〔四〇〕宋本子建集「稱」作「績」，「拊」作「撫」。

〔四一〕范書臧宮傳：「自是乘勝追北，降者以十萬數。」章懷注：「人好陽而惡陰，北方幽陰之地，故軍敗者皆謂之北。史記樂書曰：北者，敗也。而近代音北爲背，失其指矣。」蘇輿曰：「説文：北，乖也，从二人相背。國語韋注：北者，古之背字。軍奔則彼此相失，故取乖背之義，謂敗爲北。章懷注非。」黄山曰：「前書高紀：沛公項羽追北至城陽。服虔曰：師敗曰北。韋昭曰：古背字也，背去而走也。師古曰：北，陰幽之處，故謂退敗奔走者爲北。老子曰：萬物向陽而負陰。許慎説文解字云：北，乖也。史記樂書曰：紂爲朝歌北鄙之音。朝歌者，不時；北者，敗也；鄙者，陋也。是知北即訓乖，訓敗，無勞借音。韋昭之徒，並爲妄矣。師古説主於駁韋伸服，而王念孫謂古北、背本同音，不爲借音，又力斥顔説爲鑿。章懷此注，即本顔説，王氏已言之；蘇氏之駁章懷，亦即本王説也。今案：北之訓敗，義本龍門，服氏承之，不得爲鑿。敗則士卒乖散，於説文之訓北爲乖，義亦一貫。是顔之伸服，説已圓足。必改北爲背，須從脊背之義引而伸之，抑仍不過至反背之形而止矣。去而走，則韋氏所添設；經典凡言背，言背盟、背德，皆無去走之義也。不獨此也，兩軍相見，由於不合；不合，即背也。是故有背逆、背畔之名辭。今戰敗又言背，則其説捍而難明。奔北古多連文，若北亦訓背去而走，則其義複而近累。史記淮陰侯傳云折北不救；吕覽忠廉篇云將衆則必不撓北，皆以訓敗爲確，若訓背則於義窒矣。惟北、敗亦本同音相訓，顔氏之失在昧於古音，而又援引老子加入陰幽之説耳。」弼按：王念孫説，王先謙漢書補注高帝紀引之，詞繁不録。

〔四二〕漢書藝文志儒家：「魯仲連子十四篇。」隋書經籍志：「魯連子五卷，録一卷。魯連，齊人，不仕，稱爲先生。」舊唐志：「魯連子五卷，魯仲連撰。」新唐志：「魯連子一卷。」玉海藝文「中興書目五卷，退隱海上，論著此書。」王應麟曰：「春秋正義、文選注、御覽、史記正義引之。」葉德輝曰：「齊策引魯連子諫孟嘗君勿逐舍人，遺燕將書説田單攻狄。趙策引説孟嘗君養士，水經注丹水、汶水、沂水、巨洋水均引魯連子。」馬國翰輯本序曰：「戰國策載其六篇，其卻秦軍、説燕將二篇，史記亦載，文句不同。參互校訂，又搜采意林、御覽等書，得佚文二十五節，合録一卷。指意在於勢數，未能純粹合聖賢之義。然高才遠致，讀其書想見其爲人矣。」黄氏日抄曰：「魯仲連鬬新垣衍帝秦之説，引鄒魯不納齊愍王之事爲證，可謂深切著明矣。然解邯鄲之圍者，信陵君力也，非仲連口舌之爭所能解也。射書聊城，使其將自殺，而城見屠，此不過爲田單謀耳。縱當時無仲連書，聊城無救，勢亦必亡，亦非甚有功于田單也。使連能説單無屠聊城，而約其將降；或説燕王無殺其將，以救聊城之命，皆可也。連釋此不爲，射書何爲哉！惟不以爵賞自累，而輕世肆志，故得優遊天下，如飛鳥翔空然。然直以爲天下士，則未也。」姚振宗曰：「仲連之説新垣衍，衍不敢復言帝秦。秦將聞之，爲卻軍五十里。是信陵未來之前，邯鄲圍已少解矣，其功固不小也。其遺燕將書，原約其全師歸燕，或棄燕歸齊，非不欲全一城之命。其後燕將自殺，田單屠聊，非仲連意計所及。黄氏不揣其本末，而苛論古人，殆不足據。」

〔四三〕李善注：「史記曰：秦繆公使百里奚子孟明視、蹇叔子西乞術及白乙丙，將兵襲鄭，晉發兵遮秦兵於殽，虜秦三將以歸。後還秦三將，穆公復三人官秩，復使將兵伐晉，大敗晉人，以報殽之役。又曰：曹沫者，魯人也。以勇力事魯莊公，爲魯將，與齊戰，三敗北。魯莊公懼，乃獻遂邑之地以和，猶復以爲將。齊桓公許與魯會于柯而盟，桓公與莊公既盟于壇上，曹沫執匕首劫齊桓公。公問曰：子將欲何？曹沫曰：齊强魯弱，而大國侵魯，亦已甚矣。今魯城壞即壓境，君其圖之！桓公乃許盡還魯之侵地。曹沫三戰所亡，盡復於魯。」沈家本曰：「注引魯連書言曹沫事，文選注引史記，爲其本事所出。不知裴氏何以遺彼而引此。」胡玉縉曰：「沫一作劌，其本事見莊十年左傳、十三年公羊傳，而以前三北事皆未之及，惟魯連書有之，其言手劍劫盟，與公羊互有詳略。史記蓋參酌以爲説。裴注以魯連在史公前，故舍彼取此耳。」

〔四四〕李善注：「説苑曰：楚莊王賜羣臣酒，日暮，華燭滅，有引王美人衣，美人乃挽絶冠纓，告王知之。王曰：賜人酒醉，欲顯婦人之節，吾不取也。乃命左右勿上火，與寡人飲不絶纓者，不懽也。羣臣纓皆絶，盡懽而去。後與晉戰，引美人衣者五合五獲以報莊王。呂氏春秋曰：昔者秦穆公乘馬，右服失之，野人取之。繆公自往求之，見野人方將食之於岐山之陽。繆公笑曰：食駿馬之肉不飲酒，余恐傷汝也，偏飲而去。韓原之戰，晉人已環繆公之車矣，晉梁靡已扣公左驂矣。野人嘗食馬於岐山之陽者三百有餘人，畢力爲繆公疾鬭於車下，遂大克晉，及獲惠公以歸。此秦而謂之趙者，史記曰：趙之先與秦共祖。然則以其同祖，故曰趙焉。」呂周翰曰：「秦時而曰趙者，植之誤也。」何焯曰：「秦本紀，蜚廉子季勝之後造父，以善御幸于周穆王，王以趙城封造父，造父族由此爲趙氏。蜚廉子惡來之後非子，以造父之寵，皆蒙趙城姓趙氏。周孝王以其伯翳後邑之秦爲附庸，使續嬴氏祀，號曰嬴秦。然則秦嘗爲趙矣，不特爲其同祖也。」

臣竊感先帝早崩，威王棄世，〔一〕臣獨何人，以堪長久！常恐先朝露，〔二〕填溝壑，墳土未乾，而身名並滅。臣聞騏驥長鳴，則伯樂照其能；〔三〕盧狗悲號，則韓國知其才。〔四〕是以效之齊、楚之路，以逞千里之任；試之狡兔之捷，以驗搏噬之用。今臣志狗馬之微功，竊自惟度，終無伯樂、韓國之舉，是以於邑而竊自痛者也。〔五〕

夫臨博而企竦，聞樂而竊抃者，〔六〕或有賞音而識道也。〔七〕昔毛遂，趙之陪隸，猶假錐囊之喻，〔八〕以寤主立功，何況巍巍大魏多士之朝，而無慷慨死難之臣乎！夫自衒自媒者，士女之醜行也；干時求進者，道家之明忌也。而臣敢陳聞於陛下者，誠與國分形同氣，憂患共之者也。〔九〕冀以塵霧之微，〔一〇〕補益山海；熒燭末光，〔一一〕增輝日月。是以敢冒其醜而獻其忠。〔一二〕

魏略曰：植雖上此表，猶疑不見用，故曰「夫人貴生者，非貴其養體好服，終竟年壽也，貴在其代天而理物也。夫爵禄者、非虚張者也，有功德然後應之，當矣。〔一三〕無功而爵厚，無德而禄重，或人以爲榮，而壯夫以爲恥。故太上立德，其次立功。蓋功德者所以垂名也。名者不滅，士之所利，故孔子有夕死之論，孟軻有棄生之義。彼一聖一賢，豈不願久生哉？志或有不展也。是用喟然求試，必立功也。嗚呼！言之未用，欲使後之君子知吾意者也。」〔一四〕

〔一〕先帝謂文帝，任城王彰薨謚曰威。

〔二〕漢書：「李陵謂蘇武曰：人如朝露。」

〔三〕文選「照」作「昭」。李善注：「戰國策，楚客謂春申君曰：昔騏驥駕車吴坂，遷延負轅而不能進。遭伯樂，仰而長鳴，知伯樂知己也。今僕屈厄久，君獨無意使僕爲君長鳴也？」

〔四〕李善注：「戰國策曰：齊欲伐魏，淳于髡謂齊王曰：韓子盧者，天下之壯犬也；東郭逡者，海内之狡兔也。韓子盧逐東郭逡，環山者三，騰山者五，兔極于前，犬疲于後；犬兔俱罷，各死其處。田父見之，而擅其功。今齊、魏相持，臣恐强秦大楚承其後，有田父之功。高誘曰：韓國之盧犬，古之名狗也，然悲號之義未聞。」劉良曰：「盧，黑也，謂黑狗也。齊人韓國相狗於市，遂有狗號鳴而國知其善。」

〔五〕文選「邑」作「悒」。楚辭曰：「長呼吸以於悒。」王逸曰：「於邑，啼貌也。」

〔六〕説文曰：「博，局戲也，六箸十二棊。企，舉踵也；竦，猶立也；抃，拊也。」

〔七〕沈欽韓曰：「道，謂博道也。列子説符注：古博經曰，博法，二人相對坐，向局，局分爲十二道，兩頭當中名爲水。史記吴王濞太子與景帝博，爭道。」

〔八〕史記平原君傳：「毛遂自贊於平原君，平原君曰：賢士處世，譬若錐處囊中，其末立見。今先生處勝之門下三年，勝未有所聞。遂曰：使遂蚤處囊中，乃穎脱而出，非特其末立見而已也。」

〔九〕何焯曰：「於時人民稀少，東西並驚，饋輸是憂，若屢喪敗，魏將不復能支。且植自料才武猶不後於真、休，故懇懇求試，不忍爲秦、越之視也。」

〔一〇〕文選「霧」作「露」。

〔一一〕文選「熒」作「螢」。張照曰：「螢，古字本作熒。熒，小火也。以虫尾有光，故名。後世乃易火從虫。」

〔一二〕文選此下有「知必爲朝士所笑。聖主不以人廢言。伏望陛下少垂神聽，臣則幸矣」數語。

〔一三〕何焯校改「應」作「膺」。

〔一四〕藝文類聚五十三有又求自試表，其前半即本傳中之陳審舉疏。

三年，徙封東阿。〔一〕五年，復上疏求存問親戚，因致其意曰：〔二〕

臣聞天稱其高者，以無不覆；地稱其廣者，以無不載；日月稱其明者，以無不照；江海稱其大者，以無不容。故孔子曰：「大哉堯之爲君！惟天爲大，惟堯則之。」夫天德之於萬物，可謂弘廣矣。蓋堯之爲教，先親後疎，自近及遠。〔三〕其傳曰：「克明峻德，以親九族，九族既睦，平章百姓。」及周之文王，亦崇厥化。其詩曰：「刑于寡妻，至于兄弟，以御于家邦。」〔四〕是以雍雍穆穆，風人詠之。昔周公弔管、蔡之不咸，廣封懿親，以藩屏王室。〔五〕傳曰：「周之宗盟，異姓爲後。」誠骨肉之恩，爽而不離；親親之義，實在敦固。未有義而後其君，仁而遺其親者也。

伏惟陛下，資帝唐欽明之德，體文王翼翼之仁，惠洽椒房，〔六〕恩昭九族，羣后百寮，〔七〕番休遞上，〔八〕執政不廢於公朝，下情得展於私室，親理之路通，慶弔之情展，誠可謂恕己治人，推惠施恩者矣。至於臣者，人道絶緒，禁錮明時，〔九〕臣竊自傷也。不敢過望交氣類，〔一〇〕修人事，敍人倫。近且婚媾不通，兄弟乖絶，〔一一〕吉凶之問塞，〔一二〕慶弔之禮廢。恩紀之違，甚於路人；隔閡之異，殊於胡、越。〔一三〕今臣以一切之制，〔一四〕永無朝覲之望，至於注心皇極，〔一五〕結情紫闥，神明知之矣。然天實爲之，謂之何哉！〔一六〕退惟諸王常有戚戚具爾之心，〔一七〕願陛下沛然垂詔，使諸國慶問，四節得展，〔一八〕以敍骨肉之歡恩，全怡怡之篤義。妃妾之家，膏沐之遺，〔一九〕歲得再通，齊義於貴宗，等惠於百司，〔二〇〕如此，則古人之所歎，風、雅之所詠，復存於聖世矣。

臣伏自惟省，無錐刀之用，及觀陛下之所拔授，若以臣爲異姓，竊自料度，不後於朝士矣。若得辭遠遊，戴武弁，〔二一〕解朱組，佩青紱，駙馬、奉車，趣得一號，〔二二〕安宅京室，執鞭珥筆，出從華蓋，入侍輦轂，承答聖問，拾遺左右，〔二三〕乃臣丹誠之至願，〔二四〕不離於夢想者也。遠慕鹿鳴君臣之宴，中詠常棣匪他之誡，下思伐木友生之義，終懷蓼莪罔極之哀。〔二五〕每四節之會，塊然獨處，左右惟僕隸，所對惟妻子，高談無所與陳，發義無所與展，未嘗不聞樂而拊心，臨觴而歎息也。臣伏以爲犬馬之誠，不能動人，譬人之誠，不能動天。崩城隕霜，〔二六〕臣初信之；以臣心況，〔二七〕徒虛語耳！若葵藿之傾葉，太陽雖不爲之回光，然向之者誠也。〔二八〕竊自比於葵藿。若降天地之施，垂三光之明者，實在陛下。

臣聞文子曰：不爲福始，不爲禍先。〔二九〕今之否隔，友于同憂，〔三〇〕而臣獨倡言者，〔三一〕竊不願於聖世使有不蒙施之物。有不蒙施之物，必有慘毒之懷。故柏舟有天只之怨，谷風有棄予之歎。〔三二〕故伊尹恥其君不爲堯、舜，孟子曰：不以舜之所以事堯事其君者，不敬其君者也。臣之愚蔽，固非虞、伊，至於欲使陛下崇光被時雍之美，宣緝熙章明之德者，〔三三〕是爲慺慺之誠，〔三四〕竊所獨守，實懷鶴立企佇之心。敢復陳聞者，冀陛下儻發天聽而垂神聽也。

〔一〕東阿見武紀興平元年。藝文類聚五十一載植轉封東阿王謝表云：「奉詔：太皇太后念雍丘下溼少桑，欲轉東阿，當合王意，可遣人按行，知可居不？奉詔之日，伏增悲喜。臣以無功，虚荷國恩，爵尊禄厚，用無益于時；脂車秣馬，志在黜放。不圖陛下天父之恩，猥宣皇太后慈母之念遷之。陛下幸爲久長計，聖旨惻隱，恩過天地。臣在雍丘，劬勞五年，左右罷怠，居業（向）〔同〕定，園果萬株，枝條始茂，私情區區，實所重棄。然桑田無業，左右貧窮，食裁餬口，形有躶露。臣聞古之仁君，必有棄國，以爲百姓。況乃轉居沃土，人從蒙福。江海所流，無地不潤；雲雨所加，無物不茂。若陛下念臣入從五年之勤，少見佐助，此枯木生華，白骨更肉，非臣之敢望也。飢者易食，寒者易衣，臣之謂矣。」御覽一百九十八載植遷都賦序云：「余初封平原，轉出臨淄，中命鄄城，遂徙雍丘，改邑浚儀，而末將適於東阿。號則六易，居實三遷，連遇瘠土，衣食不繼。」

〔二〕文選作「求通親親表」。

〔三〕堯親九族，九族既睦，平章百姓，百姓昭明，協和萬邦。

〔四〕詩大雅思齊之辭。毛萇曰：「刑，法也；寡妻，嫡妻也；御，迎也。」鄭玄曰：「寡妻，寡有之妻，言賢也。御，治也。文王以禮法接待其妻，至于宗族，以此又能爲政治于家邦也。」

〔五〕李善注：「左氏傳富辰曰：周公弔二叔之不咸。馬融曰：二叔，管、蔡也。」姜皋曰：「杜注二叔爲夏、殷之叔世，本馬融之説；其以二叔爲管、蔡者，鄭衆、賈逵也。李注偶誤引耳。」錢大昭曰：「杜注以二叔爲夏、殷之叔世，孔穎達彌縫其失，謂馬融有此説。今觀李善所引，馬注亦與鄭、賈同也。」

〔六〕椒房見夏侯玄傳。

〔七〕文選「族」作「親」，「后」作「臣」。

〔八〕李周翰曰：「遞，迭也。言百寮宿衛，以次休息，更遞上直。」

〔九〕文選「錮」作「固」，「錮」與「固」通。下文詔語作「禁固」。

〔一〇〕文選「過」作「乃」。胡三省曰：「易曰：同聲相應，同氣相求。此言志同道合者，疇昔文會之友也。」

〔一一〕文選「乖」作「永」。

〔一二〕下文詔報曰：「本無禁固諸國通問之詔。」

〔一三〕殊，絶也。

〔一四〕李善注：「漢書音義曰：一切，權時也。」胡三省曰：「一切，謂權宜也。一説，一切謂不問可否，一切整齊之也。」

〔一五〕皇極，宅中之位，人君居之。

〔一六〕胡三省曰：「植意蓋謂君者，天也；天可違乎！」

〔一七〕文選「惟」作「省」。張銑注：「惟，思也。」李善注：「毛詩曰：戚戚兄弟，莫遠具爾。」胡三省曰：「爾，義與邇同。」

〔一八〕四節，謂四時之節；展，舒也。

〔一九〕吕延濟曰：「膏，脂也；沐，甘漿之屬也。」

〔二〇〕貴宗，謂貴戚及公卿之族也；百司，謂百官也。

〔二一〕李善注：「蔡邕獨斷曰：遠遊冠者，王侯所服。傅子曰：侍中冠武弁。」

〔二二〕濟注：「趣，疾也。言將立功績，疾取一勳號也。」胡三省曰：「駙馬、奉車都尉及騎都尉，爲三都尉，皆漢武帝置。魏、晉以下，多以宗室及外戚爲之。」

〔二三〕胡三省曰：「珥筆，插筆也。古者侍臣持橐簪筆。華蓋，乘輿車上施之。魏、晉之制，侍中與散騎常侍，或乘輿、御殿及出游幸、祭祀、治兵，侍中居左，常侍居右，備切問近對，拾遺補闕。」

〔二四〕文選「誠」作「情」。

〔二五〕何焯曰：「此謂太皇太后四年崩也。」

〔二六〕胡三省曰：「齊大夫杞梁戰死于莒城，其妻向城而哭，城爲之崩。鄒衍盡忠於君，燕惠王信讒而繫之。鄒子仰天而哭，正夏而天降霜。」

〔二七〕胡三省曰：「況，譬也。」

〔二八〕文選「然」下有「終」字。胡三省曰：「言葵藿，草也，傾葉於日，日雖不爲回光，終是誠心向日也。」

〔二九〕李善注：「文子曰：與道爲際，與德爲隣，不爲福始，不爲禍先。范子曰：文子者，姓辛，葵邱濮上人也。稱曰計然。南游於越，范蠡師事之。」班固曰：「文子，老子弟子。」李周翰曰：「福始禍先，謂諸王皆不表，植獨先表也。」

〔三〇〕胡三省曰：「否隔，不通也；友于，兄弟也。」

〔三一〕文選此下有「何也」二字。

〔三二〕李善注：「毛詩柏舟曰：母也天只，不諒人只。毛萇曰：諒，信也。母也，尚不信我也。又谷風曰：將安將樂，汝轉棄予。」

〔三三〕胡三省曰：「光被時雍，言帝堯睦族之效。詩周頌曰：維清緝熙，文王之典。鄭氏箋曰：緝熙，光明也。故植以言文王之治。」

〔三四〕文選「爲」作「臣」。

詔報曰：「蓋教化所由，各有隆弊，非皆善始而惡終也，事使之然。〔一〕故夫忠厚仁及草木，則行葦之詩作；〔二〕恩澤衰薄，不親九族，則角弓之章刺。〔三〕今令諸國兄弟，情理簡怠，妃妾之家，膏沐疏略，朕縱不能敦而睦之，王援古喻義備悉矣，何言精誠不足以感通哉！夫明貴賤，崇親親，禮賢良，順少長，國之綱紀，本無禁固諸國通問之詔也。〔四〕矯枉過正，下吏懼譴，以至於此耳。已勅有司，如王所訴。」〔五〕

〔一〕胡三省曰：「隆，崇也。謂立教之始，各有所崇，其流弊則事勢使之然也。」

〔二〕毛詩：「行葦，忠厚也。周家忠厚，仁及草木，故能内睦九族，外尊事黃耇，養老乞言，以成其福禄焉。」

〔三〕毛詩：「角弓，父兄刺幽王也。不親九族而好讒佞，骨肉相怨，故作是詩。」

〔四〕何焯校改「固」作「錮」。

〔五〕毛本「訴」作「訢」，誤。

植復上疏陳審擧之義曰：

臣聞天地協氣而萬物生，君臣合德而庶政成。五帝之世非皆智，三季之末非皆愚，〔一〕用與不用，知與不知也。既時有擧賢之名，而無得賢之實，必各援其類而進矣。諺曰：「相門有相，將門有將。」〔二〕夫相者，文德昭者也；將者，武功烈者也。文德昭，則可以匡國朝，致雍熙，稷、契、夔、龍是也；武功烈，則可以征不庭，威四夷，南仲、方叔是矣。昔伊尹之爲媵臣，至賤也；吕尚之處屠釣，至陋也。及其見舉於湯武、周文，誠道合志同，玄謨神通，豈復假近習之薦，因左右之介哉！書曰：「有不世之君，必能用不世之臣；用不世之臣，必能立不世之功。」殷、周二王是矣。若夫齷齪近步，遵常守故，安足爲陛下言哉！故陰陽不和，三光不暢，官曠無人，庶政不整者，三司之責也；疆埸騷動，方隅內侵，没軍喪衆，干戈不息者，〔三〕邊將之憂也。豈可虚荷國寵，而不稱其任哉！故任益隆者負益重，位益高者責益深。書稱「無曠庶官」，詩有「職思其憂」，此其義也。

陛下體天真之淑聖，登神機以繼統，冀聞康哉之歌，偃武行文之美，〔四〕而數年以來，水旱不時，民困衣食，師徒之發，歲歲增調。加東有覆敗之軍，〔五〕西有殪没之將，〔六〕至使蚌蛤浮翔於淮、泗，鼲鼬讙譁於林木。臣每念之，未嘗不輟食而揮餐，臨觴而搤腕矣。昔漢文發代，疑朝有變，宋昌曰：「內有朱虚、東牟之親，外有齊、楚、淮南、琅邪，此則磐石之宗，願王勿疑。」臣伏惟陛下，遠覽姬文二虢之援，中慮周成召、畢之輔，〔七〕下存宋昌磐石之固。昔騏驥之於吳阪，可謂困矣；及其伯樂相之，孫郵御之，形體不勞而坐取千里。蓋伯樂善御馬，明君善御臣，伯樂馳千里，明君致太平，誠任賢使能之明效也。若朝司惟良，萬機內理，武將行師，方難克弭，陛下可得雍容都城，何事勞動鑾駕，暴露於邊境哉！

臣聞羊質虎皮，見草則悅，見豺則戰，忘其皮之虎也。今置將不良，有似於此。故語曰：「患爲之者不知，知之者不得爲也。」昔樂毅奔趙，心不忘燕；廉頗在楚，思爲趙將。臣生乎亂，長乎軍，又數承教于武皇帝。伏見行師用兵之要，不必取孫、吴而闇與之合。竊揆之於心，常願得一奉朝覲，排金門，蹈玉陛，列有職之臣，賜須臾之問，〔八〕使臣得一散所懷，攄舒蘊積，死不恨矣！

被鴻臚所下發士息書，期會甚急。又聞豹尾已建，戎軒鶩駕，陛下將復勞玉躬，擾挂神思。臣誠竦息，不遑寧處。願得策馬執鞭，首當塵露，撮風后之奇，〔九〕接孫、吴之要，〔一〇〕追慕卜商起予左右，〔一一〕效命先驅，〔一二〕畢命輪轂，雖無大益，冀有小補。然天高聽遠，情不上通，徒獨望青雲而拊心，仰高天而歎息耳。屈平曰：「國有驥而不知乘，焉皇皇而更索！」〔一三〕昔管、蔡放誅，周、召作弼；〔一四〕叔魚陷刑，叔向匡國。〔一五〕三監之釁，臣自當之；二南之輔，求必不遠。華宗貴族，藩王之中，必有應斯舉者。故傳曰：「無周公之親，不得行周公之事。」唯陛下少留意焉。

近者，漢氏廣建藩王，豐則連城數十，約則饗食祖祭而已，未若姬周之樹國五等之品制也。若扶蘇之諫始皇，淳于越之難周青臣，〔一六〕可謂知時變矣。夫能使天下傾耳注目者，當權者是矣。故謀能移主，威能懾下。豪右執政，不在親戚；權之所在，雖疏必重；勢之所去，雖親必輕。蓋取齊者田族，非呂宗也；分晉者趙、魏，非姬姓也。〔一七〕唯陛下察之。苟吉專其位，凶離其患者，異姓之臣也。欲國之安，祈家之貴，存共其榮，沒同其禍者，公族之臣也。今反公族疏而異姓親，臣竊惑焉。

臣聞孟子曰：「君子窮則獨善其身，達則兼善天下。」今臣與陛下踐冰履炭，登山浮澗，寒溫燥溼，高下共之，豈得離陛下哉！不勝憤懣，拜表陳情。若有不合，乞且藏之書府，不便滅棄。〔一八〕臣死之後，事或可思。若有豪氂〔一九〕少挂聖意者，乞出之朝堂，使夫博古之士，糾臣表之不合義者。如是，則臣願足矣。

〔一〕毛本作「皆非」，誤。

〔二〕史記孟嘗君傳：「田文曰：文聞將門必有將，相門必有相。」

〔三〕毛本「干」作「于」，誤。

〔四〕册府「行」作「修」。

〔五〕太和二年，曹休石亭之敗。

〔六〕太和二年，諸葛亮斬王雙；五年，亮射殺張郃。

〔七〕胡三省曰：「虢仲、虢叔，文王之母弟，文王咨於二虢，以成王業。召公、畢公，周同姓也。二伯分治，輔成王以成太平之功。」

〔八〕册府「問」作「閒」。

〔九〕潘眉曰：「撮當作握。」弼按：漢書藝文志：「風后十三篇，圖二卷，黃帝臣依託也。」四庫提要云：「握奇經一卷，舊本題風后撰。漢志無握奇經之名，其依託更不待辨。」

〔一〇〕孫武、吳起也。

〔一一〕卜商字子夏。孔子曰：「起予者商也，始可與言詩已矣。」

〔一二〕毛本「驅」作「軀」，誤。

〔一三〕梁章鉅曰：「此宋玉九辨第八章之詞，子建云屈平，誤。」

〔一四〕胡三省曰：「成王幼，管叔、蔡叔以武庚畔。成王誅管叔，放蔡叔，以周公爲師，召公爲保，而相左右。」

〔一五〕胡三省曰：「左傳，晉邢侯與雍子爭田，久而無成。韓宣子使叔魚斷舊獄，罪在雍子。雍子納其女於叔魚，叔魚蔽罪於邢侯。邢侯怒，殺叔魚及雍子于朝。宣子問其罪於叔向，不以叔向爲私其親而從之。決平也。」

〔一六〕李慈銘曰：「博士齊人淳于越難僕射周青臣事，見史記秦始皇本紀。」

〔一七〕胡三省曰：「齊太公姓呂，其後爲田成子所取，非呂族也。晉唐叔，姬姓；其後爲趙籍、魏斯、韓虔所分。此不言韓，以韓亦姬姓。」李慈銘曰：「分晉者趙、魏，不云三家者，以韓爲曲沃桓叔之後，本晉公族也。」

〔一八〕「使」疑作「使」。

〔一九〕宋本作「氂」。

帝輒優文答報。〔一〕

魏略曰：是後大發士息，及取諸國士。植以近前諸國士息已見發，其遺孤稚弱，在者無幾，而復被取，乃上書曰：「臣聞古者聖君，與日月齊其明，四時等其信，是以戮凶無重，賞善無輕。怒若驚霆，喜若時雨，恩不中絶，教無二可，以此臨朝，則臣下知所死矣。受任在萬里之外，審主之所以受官，必己之所以投命，〔二〕雖有搆會之徒，泊然不以爲懼者，蓋君臣相信之明效也。昔章子爲齊將，人有告之反者，威王曰：不然。左右曰：王何以明之？王曰：聞章子改葬死母。彼尚不欺死父，顧當叛生君乎！此君之信臣也。〔三〕昔管仲親射桓公，後幽囚從魯檻車載，使少年挽而送齊。管仲知桓公之必用己，懼魯之悔，謂少年曰：吾爲汝唱，汝爲和；聲和聲，宜走。於是管仲唱之，少年走而和之，日行數百里，宿昔而至。至則相齊。此臣之信君也。〔四〕臣初受封，策書曰：植受茲青社，封于東土，以屏翰皇家，爲魏藩輔。而所得兵百五十人，皆年在耳順，或不踰矩。虎賁官騎及親事，凡二百餘人。正復不老，皆使年壯，備有不虞，檢校乘城，顧不足以自救，況皆復耄耋罷曳乎？而名爲魏東藩，使屏翰王室，臣竊自羞矣。就之諸國，國有士子，合不過五百人，伏以爲三軍益損，不復賴此。方外不定，必當須辨者，臣願將部曲倍道奔赴，夫妻負襁，子弟懷糧，蹈鋒履刃，以徇國難，何但習業小兒哉！愚誠以揮涕增河，鼷鼠飲海，於朝萬無損益，於臣家計甚有廢損。又臣士息前後三送，兼人已竭。惟尚有小兒七八歲已上，十六七已還，三十餘人。今部曲皆年耆，臥在牀席，非糜不食，眼不能視，氣息裁屬者，凡三十七人；疲瘵風靡，疣盲聾瞶者，二十三人。惟正須此小兒，大者可備宿衛，雖不足以禦寇，麤可以警小盜；小者未堪大使，爲可使耘鉏穢草，驅護鳥雀。休候人則一事廢，一日獵則衆業散，不親自經營則功不攝；常自躬親，不委下吏而已。陛下聖仁，恩詔三至，士子給國，長不復發。明詔之下，有若皦日，保金石之恩，必明神之信，畫然自固，如天如地。定習業者並復見送，晻若晝晦，悵然失圖。伏以爲陛下既爵臣百寮之右，居藩國之任，爲置卿士，屋名爲宮，冢名爲陵，不使其危居獨立，無異於凡庶。若柏成欣於野耕，〔五〕子仲樂於灌園。〔六〕蓬戶茅牖，原憲之宅也；陋巷簞瓢，顏子之居也。臣才不見效用，常慨然執斯志焉。若陛下聽臣，悉還部曲，罷官屬，省監官，使解璽釋紱，追柏成、子仲之業，營顏淵、原憲之事，居子臧之廬，宅延陵之室。如此，雖進無成功，退有可守，身死之日，猶松、喬也。然伏度國朝，終未肯聽臣之若是，固當羈絆於世繩，維縶於祿位，懷屑屑之小憂，執無已之百念，安得蕩然肆志，逍遥於宇宙之外哉！此願未從，陛下必欲崇親親，篤骨肉，潤白骨而榮枯木者，惟遂仁德，以副前恩詔。」皆遂還之。

〔一〕文館詞林六百六十四載魏明帝答東阿王論邊事詔云：「省覽來書，至于再三。朕以不德，夙遭旻凶，聖祖皇考，復見孤棄。武宣皇后復即玄宮。重此哀煢，五内傷剥。又以眇身，闇于從政，是故二寇未誅，黔首元元，各不得所。雖復兢兢，坐而待旦，懼云無益。王俠輔帝室，朕深賴焉，何乃謙卑，自同三監？知吳、蜀未梟，海内虚耗爲憂，又慮邊將或非其人，諸所開諭。朕敬德之高謀良策，思聞其次。」梁章鉅曰：「植集無論邊事表，或即是此篇。」弼按：詔文「何乃謙卑自同三監」，即答疏中語也。胡三省曰：「植求自試，而但以優詔答之，終疑之也。」

〔二〕宋本「已」作「以」，無下「以」字。

〔三〕戰國策：「秦假道韓、魏以攻齊，齊威王使章子將而應之。章子爲雙其徽章，以雜秦軍。候者言：章子以齊入秦。威王不應。頃之閒，候者復言：章子以齊兵降秦。威王不應。而此者三。有司請曰：言章子之敗，異人而同辭，王何不廢將而擊之？王曰：此不叛寡人。頃閒言齊兵大勝。左右曰：何以知之？王曰：吾使章子將也，勉之曰：夫子全兵而還，必更葬將軍之母。對曰：臣母得罪臣父，臣父未教而死。夫不得父教，而更葬母，是欺死父也，故不敢。夫爲人子而不欺死父，豈爲人臣而欺生君哉！」

〔四〕呂氏春秋：「管子得於魯，魯束縛而檻之，使役人載而送之齊。其謳歌而引。管子恐魯之止而殺己也，欲速至齊，因謂役人曰：我爲汝唱，汝爲我和。其所唱適宜走。役人不倦，而取道甚速。」

〔五〕莊子：「堯治天下，伯成子高立爲諸侯。堯授舜，舜授禹，辭爲諸侯而耕。」

〔六〕陳仲子，齊人。楚王欲以爲相，而不許，爲人灌園。見列士傳。

其年冬，詔諸王朝六年正月。〔一〕其二月，以陳四縣封植爲陳王，邑三千五百户。〔二〕植每欲求別見獨談，論及時政，幸冀試用，終不能得。既還，悵然絶望。時法制待藩國既自峻迫，寮屬皆賈豎下才，兵人給其殘老，大數不過二百人。又植以前過，事事復減半，〔三〕十一年中而三徙都，常汲汲無歡，遂發疾薨，時年四十一。〔四〕

植嘗爲琴瑟調歌，辭曰：〔五〕「吁嗟此轉蓬，居世何獨然；長去本根逝，夙夜無休閒。〔六〕東西經十陌，〔七〕南北越九阡，卒遇回風起，吹我入雲閒。自謂終天路，忽焉下沈淵，驚飈接我出，〔八〕故歸彼中田。〔九〕當南而更北，謂東而反西，宕宕當何依，忽亡而復存。飄颻周八澤，連翩歷五山，流轉無恒處，誰知吾苦艱！願爲中林草，秋隨野火燔，糜滅豈不痛？願與林葉連。」〔一〇〕

孫盛曰：異哉，魏氏之封建也！不度先王之典，不思藩屏之術，違敦睦之風，背維城之義。漢初之封，或權侔人主，雖云不度，時勢然也。魏氏諸侯，陋同匹夫，雖懲七國，矯枉過也。〔一一〕且魏之代漢，非積德之由，風澤既微，六合未一，而彫翦枝幹，委權異族，勢同痝木，危若巢幕，〔一二〕不嗣忽諸，非天喪也。五等之制，萬世不易之典；六代興亡，曹冏論之詳矣。〔一三〕

遺令薄葬。以小子志，保家之主也，欲立之。〔一四〕初，植登魚山，臨東阿，喟然有終焉之心，〔一五〕遂營爲墓。〔一六〕子志嗣，徙封濟北王。景初中詔曰：「陳思王昔雖有過失，既克己慎行，以補前闕，且自少至終，篇籍不離于手，誠難能也。其收黃初中諸奏植罪狀，〔一七〕公卿已下議尚書、祕書、中書三府、大鴻臚者，皆削除之。〔一八〕撰録植前後所著賦、頌、詩、銘、雜論凡百餘篇，副藏内外。」〔一九〕志累增邑，并前九百九十户。〔二〇〕

志別傳曰：〔二一〕志字允恭，好學有才行。晉武帝爲中撫軍，迎常道鄉公于鄴，志夜與帝相見，帝與語，從暮至旦，甚器之。及受禪，改封鄄城公。發詔以志爲樂平太守，歷章武、趙郡，遷散騎常侍、國子博士，後轉博士祭酒。及齊王攸當之藩，下禮官議崇錫之典。志歎曰：「安有如此之才，如此之親，而不得樹本助化，而遠出海隅者乎！」乃建議以諫，辭旨甚切。帝大怒，免志官。〔一二〕後復爲散騎常侍。志遭母憂，居喪盡哀，因得疾病，喜怒失常。太康九年卒，諡曰定公。〔一三〕

〔一〕詔見明紀太和五年八月。

〔二〕陳國治陳，見武紀興平二年。吳增僅曰：「漢末陳王寵爲袁紹所殺，國除爲郡。黃初四年，淮南王邕改封此。太和六年，東阿王植封此。植薨，子志徙封濟北，國復爲郡。」藝文類聚五十一載植改封陳王謝恩章云：「臣既弊陋，守國無效，自分削黜，以彰衆誡。（子建集「削黜」作「出削」，「誡」作「誠」。）不意天恩滂霈，潤澤橫流，猥蒙加封。茅土既優，爵賞必重，非臣虛淺，所宜奉受；非臣灰身，所能報塞。」（子建集「塞」作「答」。）又載謝妻改封表云：「璽書今以東阿王妃爲陳王妃，并下印綬，因故上前所假印，以其拜授書以即日到，臣輒奉詔拜。其才質底下，謬同受私，遇寵素餐，臣爲其首。陛下體乾坤育物之德，東海含容之大，乃復隨例，顯封大國，光揚章灼。非臣負薪之才，所宜克當；非臣穢釁，所宜蒙獲。夙夜憂歎，念報罔極。洪施遂隆，既榮枝幹，猥復正臣妃爲陳妃，熠燿宣朗，非妾婦惷愚，所當蒙被。葵藿草物，猶感恩養，況臣念氣，銜佩弘惠，没而後已，誠非翰墨屢辭，所能報答。」（子建集「底下」作「佰下」，「熠燿」作「光耀」。）

〔三〕宋本無下「事」字。

〔四〕周壽昌曰：「四十一下疑脱諡曰思三字。明紀太和六年十一月庚寅，陳思王植薨。攷帝紀，諸王薨例不書諡，彼特出思字，而本傳反不書諡，皆誤。」胡三省曰：「諡法，追悔前過曰思。」

〔五〕宋本作「瑟瑟調」，誤。宋本子建集題曰「吁嗟篇」。

〔六〕黃節注：「說苑云，秋蓬惡於根本，而美於枝葉。秋風一起，根且拔矣。」

〔七〕宋本「十」作「七」。

〔八〕黄節注：「爾雅曰：扶摇謂之猋。郭注曰：暴風從下上。猋，通作飆。」

〔九〕「故」疑作「放」。詩小雅「中田有廬」鄭箋云：「中田，田中也。」

〔一〇〕宋本子建集作「願與株荄連」。或曰：送白馬王及琴瑟調二篇，頓挫淒壯，仲宣、公幹俱不能及，風、雅以還，一人而已。丁晏曰：「植傳，十一年中而三徙都，嘗汲汲無歡。此詩當感徙都而作，收兩語痛心之言，傷同根而見滅也。」

〔一一〕「也」疑作「正」。

〔一二〕監本「若」作「共」，誤。

〔一三〕何焯曰：「段成式語資篇載元魏尉瑾曰：九錫或稱王粲，六代亦言曹植。按：元首不以文章名世，安得宏偉至此！意者陳王感愴孤立，常著論欲上，以身屬親藩，嫌爲己地，至身没而元首以貽曹爽歟？」又曰：「晉書曹志傳，武帝常閲六代論，問志曰：是卿先王所作邪？志對曰：先王有手所作目録，請歸尋按。還奏曰：按録無此。帝曰：誰作？對曰：以臣所聞，是臣族父冏所作，以先王文高名著，欲令書傳於後，是以假託。帝謂公卿曰：父子證明，足以爲審，可無復疑。按，允恭最稱好學，豈有先王所作，必待尋按目録，乃定是非？且素知元首假托，何不即相證明，待帝再問邪？或緣此論於司馬氏後事，有若燭照，身立其廷，恐招猜忌，故遜詞詭對耳。」沈家本曰：「此論有云大魏之興，于今二十有四年矣。則當在齊王芳正始四年上也。陳思薨於太和六年，下距正始四年，凡十二年，而謂預作此論，恐未然。且陳王於陳審舉之義疏中，曾言廣建藩王，幾二百言，亦何嘗以身屬親藩爲嫌哉！」弼按：曹冏字元首，六代論見下卷評後注引魏氏春秋。

〔一四〕晉書曹志傳：「曹志字允恭，譙國譙人，魏陳思王植之孽子也。少好學，以才行稱，夷簡有大度，兼善騎射。植曰：此保家主也。立以爲嗣。」藝文類聚五十一載植封二子爲鄉公謝恩章云：「詔書封臣息男苗爲高陽鄉公，志爲穆鄉公。臣伏自惟，文無升堂廟勝之功，武無摧鋒接刃之效，天時運幸，得生貴門，遇以親戚，少荷光寵，竊位列侯，榮曜當世。顧影慙形，汗流反側。洪恩罔極，雲雨增加，既榮本幹，枝葉并蒙。苗、志小豎，既頑且稚，猥荷列爵，並佩金紫，施崇一門，惠及父子。」據此文，則植有二子，一名苗，本傳未載。

〔一五〕「終」，宋本作「歸」。

〔一六〕異苑：「陳思王嘗登魚山，臨東阿，忽聞巖岫裏有誦經聲，清遒深亮，遠谷流響，肅然有靈氣，不覺斂衿祗敬，便有終焉之志，即效而則之。今梵唱皆植依擬所造。」梁釋慧皎高僧傳誦經篇論云：「始有魏陳思王曹植，深愛經律，屬意經旨，既通般若之瑞響，又感漁山之神製。於是刪治瑞應本起，以爲學者之宗。傳聲則三千有餘，在契則四十有二。」法苑珠林唄讚篇云：「陳思王曹植每讀佛經，以爲至道之宗極，遂製轉讚七聲，（廣宏明集作「轉讀七章」。）升降曲折之響，故世之諷誦，咸憲章焉。嘗游魚山，忽聞空中梵天之響，清雅哀婉，其聲動心。獨聽良久，乃摹其聲節，寫爲梵唄，撰文製音，傳爲後式。」寰宇記卷十三：「魚山一名吾山，曹植葬其西，亦其所封之國也。周圍十二里。」方輿紀要卷三十三：「魚山在東阿縣西北八里，一名吾山。史記河渠書瓠子歌：吾山平兮鉅野溢。徐廣曰：東阿縣魚山也。今山在大清河西鹽舟，自濼口來者俱泊於此。」名勝志：「曹子建墓在開封通許縣之七里岡。成化九年大水，墓崩二穴，居民入視，隧表碣曰曹子建墓。」杭世駿曰：「植曾徙封雍丘王，雍丘今之杞縣，距通許四十里而近，豈植真葬斯地邪？」弼按：此説與魚山營墓之事不合，與寰宇記亦異。蔣超伯曰：「東阿縣西八里魚山陳思王墓旁有隋開皇十三年所製碑，其銘曰：分珪作瑞，建國開壃；蕙樓蘭閣，遠邁靈光。」

〔一七〕李慈銘曰：「上文稱陳思王，不應又稱植。」

〔一八〕李慈銘曰：「議下疑脱藏字或在字。」

〔一九〕宋書樂志：「曹植鞞舞歌序曰：漢靈帝西園故事，（晉志「故事」作「鼓吹」。）有李堅者，能鞞舞。遭亂西隨將軍段煨。先帝聞其舊有伎，召之。堅既中廢，兼古曲多謬誤，異代之文，未必相襲，故依前曲作新歌五篇。不敢充之黃門，近以成下國之陋樂焉。」宋志又曰：「魏陳思王鞞舞歌五篇，曰聖皇篇、靈芝篇、大魏篇、精微篇、孟冬篇。」隋書經籍志：「列女傳頌一卷，曹植撰。畫讚五卷，漢明帝殿閣畫，魏陳思王讚。魏陳思王曹植集三十卷。」唐經籍志：「魏陳思王集二十卷，又三十卷。」四庫總目提要云：「曹子建集十卷。唐志云二十，復云三十者，蓋隋時舊本二十卷，合併重編，實無兩集。鄭樵通志略亦並載二本，焦竑國史經籍志合二本爲五十卷，謬甚。此本目録後有嘉定六年癸酉字，猶從宋寧宗時本翻雕。凡賦四十四篇，詩七十四篇，雜文九十二篇，合二百十篇。殘篇斷句，錯出其閒。棄婦篇見玉臺新詠。鏡銘八字反覆顛倒，皆叶韻成文，實爲回文之祖，見藝文類聚。皆未收入，亦不免有所舛漏。」姚振宗曰：「陳思王文章有前後録。景初詔撰稱前後所著百餘篇，亦似指前録、後録而言。除前録自定七十八篇，後録當二十餘，疑前録三十卷，後録二十卷。隋時但有前録，唐代乃前後録並出。通志略以三十卷在前，二十卷列後，似亦以爲前録、後録，所以別於唐志之顛倒歟？然是否即景初原本，不可知已。」胡玉縉曰：「植自定前録七十八篇，有見文，後録定否不可知。景初中詔撰植前後所著，前後猶先後耳，各爲一事。否則前録七十八篇爲三十卷，後録二十餘篇爲二十卷，不應後録俱係長篇文字。況業經詔撰，詎有仍其所自定者？以此知通志略所載兩本，非景初本；其三十卷本，非自定前録。唐志先二十後三十，亦無所謂顛倒也。姚説殊嫌牽合傅會。」弼按：子建撰前録七十八篇，見前裴注引典略楊修答書注下。鍾嶸詩品曰：「陳思爲建安之傑。」又曰：「陳思王詩，其源出於國風，骨氣奇高，詞采華茂，情兼雅怨，體被文質，粲溢今古，卓然不羣。嗟乎！陳思之於文章也，譬人倫之有周、孔，鱗羽之有龍鳳，音樂之有琴笙，女工之有黼黻。故孔氏之門，如用詩則公幹升堂，思王入室矣。」文心雕龍章表篇曰：「陳思之表，獨冠羣才。」明詩篇曰：「四言五言兼善，則子建、仲宣、丁晏。」陳思王詩鈔序曰：「洛神九詠，屈靈均之嗣聲；求試諸疏，劉更生之方駕。與楊德祖書，不以翰墨爲勛績，詞賦爲君子。其所見甚大，不僅以詩人目之。又東阿懷古云：新莽有女不附篡，孟德有子不忘漢，天遺血嗣全孤忠，自發奸邪一家判。亦實録也。」弼按：孟德亦有女山陽夫人，可與黃皇室主並稱。又按，丁晏有陳思王年譜一卷，附曹集後。

〔二〇〕陳景雲曰：「魏室諸王，至正元、景元閒，普增封邑，其户皆累千。即如平陽、成武二公，亦皆踰千户矣。思王初封於陳，已有邑三千五百户；至子志嗣爵，又累增邑，乃并前計之，止有九百九十户。必傳寫脱誤也。」

〔二一〕曹志別傳，隋、唐志不著録。

〔二二〕晉書曹志傳：「志常恨其父不得志於魏，因愴然歎曰：安有如此之才，如此之親，不得樹本助化，而遠出海隅；晉朝之隆，其殆乎哉！乃奏議曰：伏聞大司馬齊王當出藩東夏，備物盡禮，同之二伯。今陛下爲聖君，稷、契爲賢臣，内有魯、衛之親，外有齊、晉之輔，坐而守安，此萬世之基也。古之夾輔王室，同姓則周公其人也；異姓則太公其人也。皆身在内，五世反葬。後雖有五霸代興，桓、文譎主，下有請隧之僭，上有九錫之禮，終於譎而不正，驗於尾大不掉，豈與召公之歌棠棣，周詩之詠鴡鴒同日論哉！今聖朝創業之始，始之不諒，後事難工；幹植不彊，枝葉不茂；骨鯁不存，皮膚不充。自羲皇以來，豈是一姓之獨有？欲結其心者，當有盤石之固。夫欲享萬世之利者，當與天下議之。故天之聰明，自我人之聰明。秦、魏欲獨擅其威，而財得没其身；周、漢能分其利，而親疏爲之用。此自聖主之深慮，日月之所照，事雖淺，當深謀之；言雖輕，當重思之。志備位儒官，若言不及禮，是志寇竊，知忠不言，議所不敢。志以爲當如博士等議。議成，當上，見其從弟高邑公嘉，嘉曰：兄議甚切，百年之後，必書晉史，目下將見責邪？帝覽議大怒，曰：曹志尚不明吾心，況四海乎！以議者不指答所問，横造異論，策免太常鄭默。於是有司奏收志等結罪。詔惟免志官，以公還第。」

〔二三〕志葬濟北穀城墓宅。隋志：「梁有散騎常侍曹志集二卷，録一卷。」唐志：「曹志集二卷。」志子臣，元康中爲中郎，封關中侯。通典九十九有曹臣移冀州大中正文。

蕭懷王熊，早薨。[一]黄初二年，追封謚蕭懷公。太和三年，又追進爵爲王。青龍二年，子哀王炳嗣，食邑二千五百户。六年，薨。無子，國除。[二]

[一] 蕭見明紀景初二年。

[二] 何焯曰：（一作邵晉涵説。）「三王以母弟故，别爲一卷。後卷以母貴賤爲次，其猶春秋之義歟？」

評曰：任城武藝壯猛，有將領之氣。陳思文才富豔，足以自通後葉。然不能克讓遠防，終至攜隙。傳曰：「楚則失之矣，而齊亦未爲得也！」其此之謂歟？

魚豢曰：諺言「貧不學儉，卑不學恭」。非人性分也，勢使然耳。此實然之勢，信不虚矣。假令太祖妨遏植等，在於疇昔，此賢之心，何緣有窺望乎？彰之挾恨，尚無所至；至於植者，[一]乃令楊修以倚注遇害，丁儀以希意族滅。哀夫！余每覽植之華采，思若有神。以此推之，太祖之動心，亦良有以也。

[一] 陳景雲曰：「通鑑引此，此句下有豈能興難一句。以文義求之，此語斷不可删。此注少四字，必非裴氏所芟，乃後來刊本脱落耳。」

魏書二十

武文世王公傳第二十

武皇帝二十五男，〔一〕卞皇后生文皇帝、任城威王彰、陳思王植、蕭懷王熊，劉夫人生豐愍王昂、相殤王鑠，〔二〕環夫人生鄧哀王沖、彭城王據、燕王宇，杜夫人生沛穆王林、中山恭王衮，〔三〕秦夫人生濟陽懷王玹、陳留恭王峻，尹夫人生范陽閔王矩，〔四〕王昭儀生趙王幹，孫姬生臨邑殤公子上、楚王彪、剛殤公子勤，李姬生穀城殤公子乘、郿戴公子整、靈殤公子京，周姬生樊安公均，〔五〕劉姬生廣宗殤公子棘，宋姬生東平靈王徽，趙姬生樂陵王茂。〔六〕

〔一〕宋本、元本某后，某夫人，某姬皆空一格；後文帝九男下同。

〔二〕后妃傳卞后傳注引魏略云：「太祖始有丁夫人，又劉夫人生子修及清河長公主。劉早終，丁養子修。」荊楚歲時記：「魏武帝劉婕妤以七月七日折琉璃筆。」

〔三〕沛王太妃生金鄉公主，見曹爽傳注引魏末傳。又按，明紀青龍元年注引獻帝傳云：「太祖納秦宜禄妻杜氏」，未知即杜夫人否？又按，杜夫人生高城公主，見文選陸機弔魏武文李善注引魏略。

〔四〕尹夫人即何進子婦，爲何晏之母，見曹爽傳。魏末傳以何晏母爲沛王太妃，裴注已駁之。

〔五〕張繡傳：「太祖爲子均取繡女。」又按，繡傳「太祖納張濟妻」，史失其姓，俟考。

〔六〕武紀：「建安十八年，天子娉公三女爲貴人，少者待年於國。二十年，立公中女爲皇后。」荀彧傳：「太祖以女妻彧長子惲，後稱安陽公主。」司馬芝傳有臨汾公主，桓階傳階子嘉尚升遷亭公主，均不知何人所生。又按，夏侯淵妻爲太祖内妹，任峻妻爲太祖從妹，附注於此。

豐愍王昂字子修，弱冠舉孝廉。隨太祖南征，爲張繡所害。〔一〕無子。黄初二年，追封謚爲豐悼公。三年，以樊安公均子琬奉昂後，〔二〕封中都公。其年，徙封長子公。五年，追加昂號曰豐悼王。太和三年，改昂謚曰愍王。嘉平六年，以琬襲昂爵爲豐王。正元、景元中，累增邑，并前二千七百户。琬薨，謚曰恭王。子廉嗣。〔三〕

〔一〕詳見武紀建安二年及張繡傳。

〔二〕操納張濟妻，濟從子繡降而復反，昂爲繡所害。操爲子均取繡女，又以均子後昂，顛倒錯亂，匪夷所思。

〔三〕郡國志：「并州太原郡中都。」一統志：「中都故城，今山西汾州府平遥縣西北。」豐見明紀景初二年。上黨郡治長子，見武紀建安九年。

相殤王鑠，早薨。太和三年，追封謚。青龍元年，子愍王潛嗣；其年，薨。二年，子懷王偃嗣，邑二千五百户。四年，薨；無子，國除。正元二年，以樂陵王茂子陽都鄉公竦繼鑠後。〔一〕

〔一〕相見明紀景初二年。

鄧哀王沖字倉舒。〔一〕少聰察岐嶷，〔二〕生五六歲，智意所及，〔三〕有若成人之智。時孫權曾致巨象，太祖欲知其斤重，訪之羣下，咸莫能出其理。沖曰：「置象大船之上，而刻其水痕所至，稱物以載之，則校可知矣。」〔四〕太祖大悅，即施行焉。時軍國多事，用刑嚴重。太祖馬鞍在庫，而爲鼠所齧，庫吏懼必死，議欲面縛首罪，猶懼不免。沖謂曰：「待三日中，然後自歸。」沖於是以刀穿單衣，如鼠齧者，謬爲失意，貌有愁色。太祖問之，沖對曰：「世俗以爲鼠齧衣者，其主者不吉。今單衣見齧，是以憂戚。」太祖曰：「此妄言耳，無所苦也。」俄而庫吏以齧鞍聞。太祖笑曰：「兒衣在側，尚齧；況鞍縣柱乎！」一無所問。沖仁愛識達，皆此類也。凡應罪戮，而爲沖微所辨理，賴以濟宥者，前後數十。

魏書曰：沖每見當刑者，輒探覩其冤枉之情，而微理之。及勤勞之吏，以過誤觸罪，常爲太祖陳說，宜寬宥之。辨察仁愛，與性俱生。容貌姿美，有殊於衆，故特見寵異。

臣松之以「容貌姿美」一類之言，而分以爲三，亦敘屬之一病也。

太祖數對羣臣稱述，有欲傳後意。年十三，建安十三年疾病，太祖親爲請命。及亡，哀甚。〔五〕文帝寬喻太祖，太祖曰：「此我之不幸，而汝曹之幸也！」〔六〕

孫盛曰：春秋之義，立嫡以長不以賢。沖雖存也，猶不宜立；況其既没，而發斯言乎！詩云：「無易由言。」魏武其易之也。

言則流涕。〔七〕爲娉甄氏亡女與合葬，〔八〕贈騎都尉印綬，命宛侯據子琮奉沖後。二十二年，封琮爲鄧侯。〔九〕黄初二年，追贈沖曰鄧哀侯，又追加號爲公。

魏書載策曰：「惟黄初二年八月丙午，皇帝曰：咨爾鄧哀侯沖，昔皇天鍾美於爾躬，俾聰哲之才，成於弱年。當永享顯祚，克成厥終。如何不禄，早世夭昏；朕承天序，享有四海，並建親親，以藩王室。惟爾不逮斯榮，且葬禮未備，追悼之懷，愴然攸傷。今遷葬于高陵，〔一〇〕使使持節兼謁者僕射郎中陳承，追賜號曰鄧公，祠以太牢。魂而有靈，休兹寵榮。嗚呼哀哉！」

魏略曰：文帝常言：「家兄孝廉，自其分也。若使倉舒在，我亦無天下。」

三年，進琮爵，徙封冠軍公。四年，徙封已氏公。〔一一〕太和五年，加沖號曰鄧哀王。景初元年，琮坐於中尚方作禁物，〔一二〕削户三百，貶爵爲都鄉侯。三年，復爲已氏公。正始七年，轉封平陽公。〔一三〕景初、正元、景元中，累增邑，并前千九百户。

〔一〕趙一清曰：「子修、子桓、子建，皆曹氏之所以字其子，故鄧哀王沖以年少先卒，未有字。倉舒，其小字也，獨與諸王異。今此諸王之舉其字者，不必皆小弱也。古者男子二十而冠，始有字；豈有未錫名而先命字之理？名者，子生而父即名之。若非史佚諸王公之名，則曹氏之制，殆不可訓。」

〔二〕異苑曰：「山雞愛其毛，映水則舞。魏武時，南方獻之。帝欲其鳴舞而無由。公子倉舒令作大鏡其前，雞鑒形而舞不止，遂之死。」

〔三〕官本考證曰：「意，元本作慧。」

〔四〕「則」字下應從吴曾漫録增「不」字。何焯曰：「孫策以建安五年死，時孫權初統事。至建安十五年，權遣步騭爲交州刺史，士燮率兄弟奉承節度，此後或能致巨象，而倉舒已於建安十三年前死矣。知此事之妄飾也。置船刻水，疑算術中本有此法。」邵晉涵曰：「能改齋漫録引符子所載燕昭王大豕，命水官浮舟而量之事，已在其前。」

〔五〕零陵先賢傳：「周不疑，零陵人，幼有異才，太祖欲以女妻之。太祖愛子蒼舒，夙有才智，謂可與不疑爲儔。及倉舒卒，太祖心忌不疑，乃遣刺客殺之。」見本志劉表傳注。魏文帝蒼舒誄曰：「惟建安十有五年（類聚「五」作「二」，誤。）五月甲戌，童子曹蒼舒卒。嗚呼哀哉！乃作誄曰：於惟淑弟，懿矣純良，誕豐令質，荷天之光。既哲且仁，爰柔克剛，彼德之容，兹義肇行。猗歟□□，終然允藏。宜逢介祉，以永無疆，如何昊天，雕斯俊英？嗚呼哀哉！惟人之生，忽若朝露，促促百年，亹亹行暮。矧爾既夭，十三而卒，何辜於天，景命不遂？兼悲增傷，侘傺失氣，永思長懷，哀爾罔極。貽爾良妃，襚爾嘉服，越以乙酉，宅彼城隅。增丘峩峩，寢廟渠渠，姻媾雲會，充路盈衢。悠悠羣司，岌岌其車，傾都蕩邑，爰迄爾居。魂而有靈，庶可以娛。嗚呼哀哉！」見藝文類聚四十五及古文苑。張溥本子建集有倉舒誄，乃誤收。文帝年長，故以童子呼倉舒，若子建則僅長倉舒四齡耳。宋本子建集不載此誄。丁晏曰：「此文與丕他作相類，不似陳思之樸茂。且誄内有宜逢介祉、以永無疆之句，亦非陳思所宜出。張本因藝文所引，與陳思任城王誄相連，而誤采也。」

〔六〕何焯曰：「倉舒之死，正在軍敗赤壁之年，故尤憤不擇言。」

〔七〕華佗傳：「愛子倉舒病困。太祖歎曰：吾悔殺華佗，令此兒彊死也。」

〔八〕邴原傳：「原女早亡，時太祖愛子倉舒亦没，太祖欲求合葬，原辭；太祖乃止。」

〔九〕郡國志：「荆州南陽郡鄧。」一統志：「鄧縣故城，今湖北襄陽府襄陽縣東北。」

〔一〇〕錢大昭曰：「此高陵非馮翊屬縣也。魏志諸侯王墓亦稱陵。曹子建詩逝慙陵墓，及此稱高陵是也。」弼按：高陵，魏武之陵也。以倉舒爲魏武愛子，故還葬高陵。錢説誤。

〔一一〕郡國志：「南陽郡冠軍，兖州濟陰郡已氏。」一統志：「冠軍故城，今河南南陽府鄧州西北四十里；已氏故城，今山東曹州府曹縣東南。」

〔一二〕通典云：「漢末分尚方爲中、左、右三尚方。」沈欽韓曰：「續漢志，尚方令掌上手工，作御刀劍諸好器物。」

〔一三〕平陽見武紀卷首。

彭城王據，建安十六年封范陽侯。〔一〕二十二年，徙封宛侯。黃初二年，進爵爲公；三年，爲章陵王；其年，徙封義陽。文帝以南方下溼，又以環太妃彭城人，徙封彭城；又徙封濟陰。五年，詔曰：「先王建國，隨時而制。漢祖增秦所置郡，至光武以天下損耗，并省郡縣。以今比之，益不及焉。其改封諸王，皆爲縣王。」據改，封定陶縣。太和六年，改封諸王，皆以郡爲國；〔二〕據復封彭城。〔三〕景初元年，據坐私遣人詣中尚方作禁物，削縣二千户。

列書載璽書曰：〔四〕制詔彭城王：有司奏，王遣司馬董和，齎珠玉來到京師中尚方，多作禁物，交通工官，出入近署，踰侈非度，慢令違制。繩王以法，朕用憮然，不寧于心。王以懿親之重，處藩輔之位，典籍日陳於前，勤誦不輟於側。加雅素奉修，恭肅敬慎，務在蹈道，孜孜不衰。豈忘率意正身，考終厥行哉！若然，小疵或謬於細人，忽不覺悟，以斯爲失耳。書云：惟聖罔念作狂，惟狂克念作聖。〔五〕古人垂誥，乃至於此。故君子思心，無斯須遠道焉。常慮所以累德者而去之，則德明矣；開心所以爲塞者而通之，則心夷矣；慎行所以爲尤者而修之，則行全矣。三者，王之所能備也。今詔有司宥王，削縣二千户，以彰八柄與奪之法。〔六〕昔羲、文作易，著休復之誥，〔七〕仲尼論行，既過能改。王其改行，茂昭斯義，率意無怠。

三年，復所削户邑。〔八〕正元、景元中，累增邑，并前四千六百户。

〔一〕范陽見武紀建安十六年。范陽侯食邑五千户，見武紀注引魏書。
〔二〕此爲曹魏郡國沿革一大變遷，互見明紀太和六年。然文紀黄初五年何以不書？
〔三〕南陽郡治宛，見武紀卷首。章陵見武紀建安二年，彭城見武紀建安三年，濟陰郡治定陶，見武紀初平四年。郡國志：「荆州南陽郡平氏。」文帝黄初中，分平氏縣立義陽縣。一統志：「義陽故城，今南陽府桐柏縣東；平氏故城，今桐柏縣西。」
〔四〕宋本「列」作「魏」。官本考證曰：「列書疑作魏書。」
〔五〕尚書多方篇之詞。孔傳曰：「惟聖人無念於善，則爲狂人；惟狂人能念於善，則爲聖人。」
〔六〕周禮天官，「以八柄詔王馭羣臣」。
〔七〕馮本「誥」作「語」。
〔八〕錢大昭曰：「據子琮爲沖後，範爲整後，（弼按：應作子整。）非必無子者也。本傳不言薨於何時，子某嗣，恐有脱文。」沈家本曰：「此傳諸王薨于魏世者，皆書謚；其不書謚者，據及燕王宇、趙王幹、楚王彪、樂陵王茂也。楚王彪以罪自殺，故無謚；其餘不書謚者，皆逮及晉世，故本傳無薨年及子某嗣之文，非有奪也。惟趙王幹薨於景元二年，見三少帝紀，而傳不書薨年子嗣，則真缺文也。」弼按：範（第）〔弟〕闓見鄗戴公子整傳。又按：司馬師廢齊王芳，欲立彭城王據，見齊王紀嘉平六年注引魏略。

燕王宇字彭祖，建安十六年封都鄉侯，二十二年改封魯陽侯。黄初二年，進爵爲公；三年，爲下邳王。五年，改封單父縣。太和六年，改封燕王。〔一〕明帝少與宇同止，常愛異之。及即位，寵賜與諸王殊。青龍三年，徵入朝；景初元年，還鄴；二年夏，復徵詣京都。冬十二月，明帝疾篤，拜宇爲大將軍，屬以後事。受署四日，〔二〕宇深固讓；帝意亦變，遂免宇官。〔三〕

三年夏，還鄴。景初、正元、景元中，累增邑，并前五千五百户。常道鄉公、奂，宇之子，入繼大宗。〔四〕

〔一〕魯陽見劉表傳，下邳見武紀初平四年。廣陽郡治薊，見曹仁傳。廣陽本燕國，後國除作郡，三國魏復爲燕國。郡國志：「兗州濟陰郡單父。」一統志：「單父故城，今山東曹州府單縣南一里。」趙一清曰：「寰宇記，鄄陵縣魏燕王臺，魏文帝封弟燕王宇於鄄陵，居此城，築臺於城中，今呼爲燕王臺。」一清按，任城王封鄄陵侯，燕王宇未嘗封鄄陵侯，蓋記者之誤也。」

〔二〕明帝景初二年十二月辛巳，以燕王宇爲大將軍，甲申免，凡四日。

〔三〕詳見明紀注引漢晉春秋及劉放傳。燕王之退，曹爽、司馬懿之進，關繫魏之存亡，裴松之已論之矣。

〔四〕毛本「大」誤作「太」。梁章鉅曰：「奂既入繼大宗，本傳不言薨於何時，子某嗣，此與彭城王傳同一疏脱也。」沈家本曰：「説已見前。且宇爲常道鄉公之父，故三少帝紀於燕王表賀稱臣，詳載有司平議。苟薨於魏世，不應不書也。梁氏於趙王傳之疏漏，未曾糾及，而此傳及彭城王傳反議之，何也？」李慈銘曰：「通典卷九十三：晉武帝咸寧四年，陳留國上燕公是王之父，王出奉命於帝祖，今於王爲從祖父，有司奏應服周，不以親疏尊卑爲降。詔曰：王奉魏氏，所承者重，不得服其私親。是宇入晉降封燕公，至晉咸寧始薨也。」弼按：晉書武帝紀，泰始元年封魏帝爲陳留王，魏氏諸王皆降爲縣侯。梁氏論陳志不書薨於何時，子某嗣，殆未詳考耳。

沛穆王林，建安十六年封饒陽侯。〔一〕二十二年，徙封譙。黄初二年，進爵爲公；三年，爲譙王。五年，改封譙縣；七年，徙封鄄城；太和六年，改封沛。景初、正元、景元中，累增邑，并前四千七百户。林薨，子緯嗣。〔二〕

案嵇氏譜，嵇康妻，林子之女也。〔三〕

〔一〕饒陽見武紀建安十六年。饒陽侯食邑五千户，見武紀注引魏書。錢大昕曰：「武帝紀注引魏書，封子豹爲饒陽侯。又魏略云，杜夫人生沛王豹。（見文選注。）而此傳亦稱林爲杜夫人生，是林一名豹，猶趙王幹一名良也。」弼按：陸機弔魏武帝文云：「持姬女而指季豹以示四子曰，以累汝，因泣下。」注引魏略云：「太祖杜夫人生沛王豹及高城公主。」

〔二〕林薨於甘露元年正月乙巳，見高貴鄉公紀。林尚有子贊、壹，見濟陽懷王玹傳。沈家本曰：「書林薨而不言何年，缺文也。林於甘露元年薨，則不得云景元中增邑，疑傳文有舛誤。以陳留恭王峻傳例之，當云甘露元年薨，子緯嗣。景初、正元、景元中，累增邑，并前四千七百户。」

〔三〕嵇氏譜，隋、唐志不著録。康事見王粲傳及注。

中山恭王袞，建安二十一年封平鄉侯。〔一〕少好學，年十餘歲，〔二〕能屬文。每讀書，文學左右〔三〕常恐以精力爲病，數諫止之；然性所樂，不能廢也。二十二年，徙封東鄉侯，〔四〕其年，又改封贊侯。〔五〕黄初二年，進爵爲公，官屬皆賀。袞曰：「夫生深宮之中，不知稼穡之艱難，多驕逸之失。諸賢既慶其休，宜輔其闕。」每兄弟游娱，袞獨覃思經典。〔六〕文學防輔相與言曰：〔七〕「受詔察公舉錯，有過當奏，及有善，亦宜以聞。〔八〕不可匿其美也。」遂共表稱陳袞美。袞聞之，大驚懼，責讓文學曰：「修身自守，常人之行耳，而諸君乃以上聞，是適所以增其負累也。且如有善，何患不聞，而遽共如是，是非益我者！」〔九〕其誡慎如此。〔一〇〕三年，爲北海王。〔一一〕其年，黄龍見鄴西漳水，袞上書贊頌，詔賜黄金十斤。詔曰：「昔唐叔歸禾，〔一二〕

東平獻頌，〔一三〕斯皆骨肉贊美，以彰懿親。王研精墳典，耽味道真，文雅煥炳，朕甚嘉之。王其克慎明德，以終令問。」〔一四〕四年，改封贊王；七年，徙封濮陽。〔一五〕太和二年，就國。尚約儉，教勑妃妾，紡績織紝，習爲家人之事。〔一六〕五年冬，入朝；六年，改封中山。〔一七〕

〔一〕郡國志：「冀州鉅鹿郡平鄉。」一統志：「平鄉故城，今直隸順德府平鄉縣西北。」

〔二〕藝文「年」作「生」。

〔三〕王國之文學也。

〔四〕東鄉見曹真傳。

〔五〕郡國志有兩酇，一爲豫州沛國酇，一爲荆州南陽郡酇。魏國既建，分沛國爲譙郡，比豐、沛，故選用王觀、陳羣、劉放爲酇令。則曹袞所封者，當爲南陽郡之酇。一統志：「故城今湖北襄陽府光化縣北。」互見酇哀王協傳。

〔六〕宋本「覃」作「譚」。官本考證曰：「譚，疑當作覃。」

〔七〕胡三省曰：「防輔者，言防其爲非而輔之以正也。」晉百官志，王國置師友、文學各一人。防輔不書者，魏氏防制藩國過差，晉武帝懲其失而不置也。潘眉曰：「魏制，諸王在國，禁防嚴密，朝廷特設防輔監國之官以伺察之。此文學防輔是也。」

〔八〕毛本「及」誤作「反」。

〔九〕胡三省曰：「袞之言，漢北海王睦之故智也。」

〔一〇〕馮本「誡」作「戒」。

〔一一〕郡國志：「青州北海國。」

〔一二〕御覽八百三十九：「尚書微子之命曰：唐叔得禾，異畝同穎，獻諸天子。王命唐叔歸周公於東作歸禾。」藝文類聚八十五同，無微子之命四字。

〔一三〕范書東平王蒼傳云：「帝以所作光武本紀示蒼，蒼因上光武受命中興頌，帝甚善之。以其文典雅，特令校郎賈逵爲之訓詁。」

〔一四〕官本「問」作「聞」。

〔一五〕東郡治濮陽，見武紀卷首。

〔一六〕何焯曰：「袞保身之符，勝於陳思也。」

〔一七〕郡國志：「冀州中山國。」

初，袞來朝，犯京都禁。青龍元年，有司奏袞。詔曰：「王素敬慎，邂逅至此，其以議親之典議之。」有司固執，詔削縣二、户七百五十。魏書載璽書曰：「制詔中山王：有司奏，王乃者來朝，犯交通京師之禁。朕惟親親之恩，用寢吏議。然法者所與天下共也，不可得廢。今削王縣二、户七百五十。夫克己復禮，聖人稱仁；朝過夕改，君子與之。王其戒諸，無貳咎悔也。」〔一〕袞憂懼，戒敕官屬愈謹。帝嘉其意，二年，復所削縣。三年秋，袞得疾病，詔遣太醫視疾，殿中虎賁齎手詔、賜珍膳相屬。又遣太妃、沛王林並就省疾。〔二〕袞疾困，敕令官屬曰：「吾寡德忝寵，大命將盡。吾既好儉，而聖朝著終誥之制，爲天下法。吾氣絶之日，自殯及葬，務奉詔書。昔衛大夫蘧瑗葬濮陽，吾望其墓，常想其遺風。願託賢靈，以敝髪齒。營吾兆域，必往從之。禮，男子不卒婦人之手。〔三〕亟以時成東堂。」堂成，名之曰遂志之堂，輿疾往居之。又令世子曰：「汝幼少，未聞義方，早爲人君，但知樂，不知苦；不知苦，必將以驕奢爲失也。接大臣，務以禮。雖非大臣，老者猶宜答拜。〔四〕事兄以敬，恤弟以慈，兄弟有不良之行，當造膝諫之；〔五〕諫之不從，流涕喻之；喻之不改，乃白其母。若猶不改，當以奏聞，并辭國土。與其守寵罹禍，不若貧賤全身也。此亦謂大罪惡耳，其微過細故，當掩覆之。嗟爾小子，慎修乃身，奉聖朝以忠貞，事太妃以孝敬。閨闈之内，奉令于太妃；閫閾之外，受教於沛王。無怠乃心，以慰予靈。」其年薨。〔六〕詔沛王林留訖葬，使大鴻臚持節典護喪事，宗正弔祭，贈賵甚厚。凡所著文章二萬餘言，才不及陳思王，而好與之侔。〔七〕子孚嗣。景初、正元、景元中，累增邑，并前三千四百户。

〔一〕青龍二年賜趙王幹璽書云「楚、中山並犯交通之禁」。見後。
〔二〕太妃，杜夫人也。林與袞同母。
〔三〕通鑑「卒」作「死」。胡三省曰：「喪大記之言。」
〔四〕元本無「老」字。
〔五〕胡三省曰：「造膝，詣膝前也。」
〔六〕明紀：「青龍三年冬十月己酉薨。」
〔七〕郝書「好」下有「學」字。孟德諸子，皆善文章，子建尚有集，袞則所著無傳，僅存傳中二令，殆亦有幸有不幸邪？惟一則登魚山而感喟，一則依賢靈爲兆域，寄託微尚，亦可嘅也。或曰：文若陳思，行若中山，真爲魏宗之美。

濟陽懷王玹，建安十六年封西鄉侯。〔一〕早薨，無子。二十年，以沛王林子贊襲玹爵邑，早薨，無子。文帝復以贊弟壹紹玹後。黄初二年，改封濟陽侯。〔一〕四年，進爵爲公。太和四年，追進玹爵，謚曰懷公；六年，又進號曰懷王，追謚贊曰西鄉哀侯。壹薨，謚曰悼公。子恒嗣。景初、正元、景元中，累增邑，并前千九百户。

〔一〕班書地理志："涿郡西鄉，侯國。"王先謙曰："續志，後漢省。"一統志："西鄉故城，今涿州西北。"

〔二〕郡國志："兗州陳留郡濟陽。"一統志："濟陽故城，在儀封縣北。"李兆洛曰："在今河南開封府蘭儀縣北五十里。"謝鍾英曰："儀封縣，今爲儀封鄉。濟陽當在今山東曹州府荷澤縣西南九十里儀封鄉之北。"

陳留恭王峻，字子安。建安二十一年封郿侯。二十二年，徙封襄邑。黄初二年，進爵爲公；三年，爲陳留王。〔一〕五年，改封襄邑縣。太和六年，又封陳留。甘露四年薨。子澳嗣。景初、正元、景元中，累增邑，并前四千七百户。

〔一〕郿見董卓傳，襄邑見武紀初平四年。

范陽閔王矩，早薨，無子。建安二十二年，以樊安公均子敏奉矩後，〔一〕封臨晉侯。〔二〕黄初三年，追封謚矩爲范陽閔公。〔三〕五年，改封敏范陽王；七年，徙封句陽。〔四〕太和六年，追進矩號曰范陽閔王，改封敏琅邪王。〔五〕景初、正元、景元中，累增邑，并前三千四百户。敏薨，謚曰原王。〔六〕子焜嗣。

〔一〕建安二十二年，均尚未死，不應稱樊安公均，如濟陽懷王玹傳稱沛王林，不稱沛穆王林，其例也。

〔二〕郡國志：「司隸左馮翊臨晉。」王先謙曰：「三國魏馮翊郡，自建安初移治臨晉。」一統志：「臨晉故城，今陝西同州府治。」
〔三〕范陽見彭城王據傳。
〔四〕郡國志：「兗州濟陰郡句陽。」一統志：「句陽故城，今山東曹州府荷澤縣北句陽店。」
〔五〕郡國志：「徐州琅邪國。」
〔六〕「原」，或校改作「元」。

趙王幹，建安二十年封高平亭侯。二十二年，徙封賴亭侯。〔一〕其年，改封弘農侯。〔二〕黄初二年，進爵，徙封燕公。

魏略曰：幹一名良。良本陳妾子，良生而陳氏死，太祖令王夫人養之。良年五歲、而太祖疾困，遺令語太子言：「此兒三歲亡母，五歲失父，以累汝也。」〔三〕太子由是親待，隆於諸弟。良年小，常呼文帝爲阿翁。帝謂良曰：「我汝兄耳。」文帝又愍其如是，每爲流涕。

臣松之案：此傳以母貴賤爲次，不計兄弟之年，故楚王彪年雖大，傳在幹後。尋朱建平傳，知彪大幹二十歲。

三年，爲河間王，五年，改封樂城縣，七年，徙封鉅鹿。〔四〕太和六年，改封趙王。〔五〕幹母有寵於太祖，及文帝爲嗣，幹母有力。文帝臨崩，有遺詔，是以明帝常加恩意。青龍二年，私通賓客，爲有司所奏。賜幹璽書，誡誨之曰：「易稱開國承家，小人勿用；〔六〕詩著大車惟塵之誡。〔七〕自太祖受命創業，深覩治亂之源，鑒存亡之機，初封諸侯，〔八〕訓以恭慎之至言，輔以天下之端士，常稱馬援之遺誡，重諸侯賓客交通之禁，乃使與犯妖惡同。夫豈以此薄骨肉哉？徒欲使子弟無過失之愆，士民無傷害之悔耳。高祖踐阼，〔九〕祗慎萬機，申著諸侯不朝之令。朕感詩人常棣之作，嘉采菽之義，〔一〇〕亦緣詔文曰若有詔得詣京都，故命諸王以朝聘之禮。而楚、中山並犯交通之禁，趙宗、戴捷咸伏其辜。近東平王復使屬官毆壽張吏，〔一一〕有司舉奏，朕裁削縣。今有司以曹纂、王喬等〔一二〕因九族時節，集會王家，或非其時，皆違禁防。朕惟王幼少有恭順之素，加受先帝顧命，欲崇恩禮，延乎後嗣，況近在王之身乎？且自非聖人，孰能無過，已詔有司宥王之失。古人有言，戒慎乎其所不睹，恐懼乎其所弗聞，莫見乎隱，莫顯乎微，故君子慎其獨焉。〔一三〕叔父茲率先聖之典，以纂乃先帝之遺命，戰戰兢兢，靖恭厥位，稱朕意焉。」景初、正元、景元中，累增邑，并前五千户。〔一四〕

〔一〕方輿紀要卷五十：「賴亭在河南光州商城縣南，春秋時賴國。」

〔二〕弘農郡治弘農，見武紀卷首。

〔三〕錢大昕曰：「魚豢書稱良五歲失父，當生于建安二十一年丙申矣。然二十年已封亭侯，則五歲之説，未得其實。裴松之言：楚王彪大幹二十歲，據彪以嘉平三年賜死，年五十七，推其生年，當在興平二年乙亥。幹少于彪二十歲，當以建安二十年乙未生也。」侯康曰：「陸士衡弔魏武帝文云：持姬女而指季豹以示四子曰：以累汝。因泣下。與此文合。則季豹疑即幹之小名也。而李善注引魏略云：太祖杜夫人生沛王豹。攷魏志，沛穆王林建安十六年封饒陽侯，本不名豹；且建安十六年已受封，則曹公薨時年未甚幼，累汝之言，似亦未合。魏略誤也。武紀注引魏書封豹爲饒陽侯，誤與魏略同，當以陸士衡之文正之。後漢書考異疑林一名豹，恐非。」

〔四〕河閒國治樂成，見武紀建安九年。郡國志：「冀州鉅鹿郡鉅鹿。」一統志：「鉅鹿故城，今直隸順德府平鄉縣治。」

〔五〕郡國志：「冀州趙國。」

〔六〕易師卦之詞。

〔七〕詩小雅：「無將大車，維塵冥冥。」鄭箋云：「冥冥者，蔽人目明，令無所見也。猶進舉小人，蔽傷己之功德也。」

〔八〕馮本「侯」誤作「候」。

〔九〕高祖，謂文帝也。見明紀景初元年。

〔一〇〕毛詩小雅序曰：「常棣，宴兄弟也。閔管、蔡之失道，故作常棣也。采菽，刺幽王也。侮慢諸侯，諸侯來朝，不能錫命以禮，數徵會之，而無信義，君子見微而思古焉。」

〔一一〕說文：「毆，捶擊物也。」東平靈王傳作「撾」。

〔一二〕何焯校改「令」作「今」。曹纂見曹休傳。

〔一三〕中庸之詞。

〔一四〕李慈銘曰：「按帝紀，景元二年八月戊寅，趙王幹薨。此失載。且幹應有謚及嗣子，皆傳寫所脫。」沈家本說同。

臨邑殤公子上，早薨。太和五年，追封謚，無後。〔一〕

〔一〕郡國志：「兗州東郡臨邑。」一統志：「臨邑故城，今山東泰安府東阿縣北。」

楚王彪，字朱虎。建安二十一年，封壽春侯。〔一〕黄初二年，進爵，徙封汝陽公。〔二〕三年，封弋陽王；〔三〕其年，徙封吳王。〔四〕五年，改封壽春縣；七年，徙封白馬。〔五〕太和五年冬，朝京都；六年，改封楚。〔六〕初，彪來朝，犯禁；元年，〔七〕爲有司所奏，詔削縣三、户千五百。二年，大赦，復所削縣。景初三年，增户五百，并前三千户。嘉平元年，〔八〕兗州刺史令狐愚與太尉王淩謀迎彪都許昌，語在淩傳。乃遣傅及侍御史就國案驗，收治諸相連及者。廷尉請徵彪治罪，於是依漢燕王旦故事，使兼廷尉大鴻臚持節賜彪璽書，切責之，使自圖焉。

孔衍漢魏春秋載璽書曰：「夫先王行賞不遺仇讎，用戮不違親戚，至公之義也。故周公流涕而決二叔之罪，〔九〕孝武傷懷而斷昭平之獄，〔一〇〕古今常典也。惟王，國之至親，作藩于外，不能祗奉王度，表率宗室，而謀于姦邪，乃與太尉王淩、兗州刺史令狐愚搆通邪謀，〔一一〕圖危社稷，有悖忒之心，無忠孝之意。宗廟有靈，王其何面目以見先帝！朕深痛王自陷罪辜，既得王情，深用憮然。〔一二〕有司奏王當就大理。朕惟公族甸師之義，〔一三〕不忍肆王市朝，故遣使者賜書。王自作孽，匪由于他，燕刺之事，〔一四〕宜足以觀。王其自圖之！」

彪乃自殺。〔一五〕妃及諸子皆免爲庶人，徙平原。彪之官屬以下及監國謁者，坐知情無輔導之義，皆伏誅。國除爲淮南郡。詔曰：〔一六〕「故楚王彪，背國附姦，身死嗣替，雖自取之，猶哀矜焉。夫含垢藏疾，親親之道也，其封彪世子嘉爲常山真定王。」〔一七〕景元元年，增邑，并前二千五百户。

臣松之案：嘉入晉封高邑公，〔一八〕元康中，與石崇俱爲國子博士。嘉後爲東莞太守，〔一九〕崇爲征虜將軍，監青、徐軍事，屯於下邳。嘉以詩遺崇曰：「文武應時用，兼才在明哲，嗟嗟我石生，爲國之俊傑。入侍於皇闥，出則登九列，威檢肅青、徐，風發宣吴裔。疇昔謬同位，情至過魯、衛，分離踰十載，思遠心增結；願子鑒斯誠，寒暑不踰契。」崇答曰：「昔常接羽儀，俱游青雲中，敦道訓胄子，儒化涣以融，同聲無異嚮，〔二〇〕故使恩愛隆；豈惟敦初好，款分在令終。孔不陋九夷，老氏適西戎，逍遥滄海隅，可以保王躬。世事非所務，周公不足夢，玄寂令神王，是以守至沖。」王隱晉書載吏部郎李重啓云：「魏氏宗室屈滯，每聖恩所存。東莞太守曹嘉，才幹學義，不及志、翕，〔二一〕而良素修潔，性業踰之，又已歷二郡。臣以爲優先代之後，可以嘉爲員外散騎侍郎。」

〔一〕九江郡治壽春，見武紀初平四年。

〔二〕汝陽見袁紹傳。

〔三〕郡國志：「豫州汝南郡弋陽。」魏改屬弋陽郡。一統志：「弋陽故城，今河南光州西。」

〔四〕吴郡治吴，見曹休傳。按，其地屬吴，當爲僑置。又按陳思王傳注引魏氏春秋，黄初四年，同朝京師。史未書。

〔五〕白馬見武紀建安五年，又見袁紹傳。寰宇記：「魏黄初七年，封壽春王彪爲白馬王，移於韋城北五里。」韋城在白馬東南六十里。趙一清曰：「寰宇記卷六十三，深州饒陽縣枯白馬渠在縣南，一名黄河，今名白馬溝。上承滹沱河東流入下博界故瀆。李公緒趙記云：此白馬渠，魏白馬王彪所鑿。」弼按：深州饒陽，後漢屬冀州安平國，桓帝以後爲博陵郡，與兗州東郡之白馬縣相距極遠，渺不相涉。殆因白馬二字而誤耳。且曹魏限制藩王極嚴，觀子建贈白馬王詩可見，豈能越境而治饒陽之河渠乎？可決知其誤也。趙一清、洪亮吉、謝鍾英均采其説，訛誤相沿，特爲辨正之。

〔六〕楚國詳見蔣濟傳。錢大昕曰：「漢之楚國，治彭城，魏之楚國，蓋治壽春，即漢九江郡也。黄初二年封子邕爲淮南公，以九江郡爲國；三年進爵爲王。明年，邕徙封陳，當即爲淮南郡矣。太和六年，彪封楚王，又改郡爲楚國。彪王二十年以罪廢，復爲郡也。」謝鍾英曰：「魏以漢揚州九江郡爲淮南國，後改楚國，又爲淮南。郡國志所書九江、楚國、淮南，皆據當時之名也。」

〔七〕錢大昕曰：「當是青龍元年，史脱青龍二字。」錢大昭曰：「趙王幹傳云楚、中山並犯交通之禁。中山獲咎在青龍元年，此元年上疑脱青龍二字。」

〔八〕錢大昭曰：「彪有罪賜死，本紀在嘉平三年，此作元年，誤。」弼按：彪自殺雖在三年，然據王淩傳，發謀實在元年。晉書宣紀亦云二年謀立楚王。是傳文不誤；惟下文就國案驗，應書三年也。

〔九〕管叔、蔡叔也。

〔一〇〕漢書東方朔傳：「隆慮公主子昭平君尚帝女夷安公主。昭平君日驕，醉殺主傅，獄繫内官。以公主子，廷尉上請，請論。上垂涕歎息良久，曰：法令者，先帝所造也。用弟故而誣先帝之法，吾何面目入高廟乎！又下負萬民。迺可其奏。哀不能自止，左右盡悲。」

〔一一〕宋本「搆」作「構」，「邪」作「逆」。

〔一二〕馮本「憮」作「撫」，誤。

〔一三〕周禮天官甸師：「王之同姓，有辠則死刑焉。」鄭司農曰：「王同姓有罪當刑者，斷其獄於甸師之官也。文王世子曰：公族有死罪，則磬於甸人。」

〔一四〕漢燕刺王旦謀反，賜死。

〔一五〕彪死年五十七，見朱建平傳。晉書宣帝紀：「收王淩餘黨，皆夷三族，並殺彪。悉録魏王公置于鄴，命有司監察，不得交關。」

〔一六〕宋本「詔曰」上有「正元元年」四字，吴本、毛本失之。

〔一七〕真定見張燕傳。錢大昭曰：「嘉以罪人之子紹封，不應獨得二大郡，疑有衍文。」弼按：漢、魏時真定爲常山國之一縣，非郡也。錢説誤。

〔一八〕嘉事見晉書曹志傳。本志陳思王傳注曹志别傳引之。

〔一九〕東莞見夏侯玄傳。馮本「莞」作「筦」，誤。

〔二〇〕馮本「嚮」作「鄕」。

〔二一〕志，陳思王植子；翕，東平靈王徽子。

剛殤公子勤，〔一〕早薨。太和五年，追封謚，無後。

〔一〕郡國志：「兖州濟北國剛。」一統志：「剛縣故城，今山東兖州府寧陽縣東北三十五里。」謝鍾英曰：「洪氏從晉志作剛父，非。」

穀城殤公子乘〔一〕早薨。太和五年，追封謚，無後。

〔一〕漢、魏時有兩穀城，一爲司隸河南尹之穀城，一爲兖州東郡之穀城，二者未知孰是。

郿戴公子整，〔一〕奉從叔父郎中紹後。〔二〕建安二十二年，封郿侯。二十三年薨，無子。黄初二年，追進爵，謚曰戴公。〔三〕以彭城王據子範奉整後。三年，封平氏侯；〔四〕四年，徙封成武。〔五〕太和三年，進爵爲公。青龍三年，薨，謚曰悼公。無後。四年，詔以範弟東安鄉公闡爲郿公，奉整後。正元、景元中，累增邑，并前千八百户。

〔一〕郿見董卓傳。

〔二〕趙一清曰：「陳思王集釋思賦序，家弟出養族父郎中伊。余以兄弟之愛，心有戀然，作此賦以贈之。」弼按：武紀，建安八年，爲子整與袁譚結婚；九年，責譚負約，與之絶婚。

〔三〕吴本、毛本無「爵」字，誤。

〔四〕平氏見前彭城王據傳。

〔五〕郡國志：「兗州濟陰郡成武。」一統志：「成武故城，今山東曹州府成武縣治。」

靈殤公子京，早薨。太和五年，追封謚，無後。〔一〕

〔一〕郡國志：「冀州清河國靈。」一統志：「靈縣故城，今山東東昌府高唐州西南。」

樊安公均奉叔父薊恭公彬後。〔一〕建安二十二年，封樊侯。二十四年薨，子抗嗣。黄初二年，追進公爵，謚曰樊安公。〔二〕三年，徙封抗薊公。〔三〕四年，徙封屯留公。〔四〕景初元年，薨，謚曰定公。子諶嗣。景初、正元、景元中，累增邑，并前千九百户。〔五〕

〔一〕均取張繡女，見繡傳。

〔二〕趙一清曰：「郡國志，任城國樊，則樊是封邑，安其謚也。此樊字衍。」弼按：局本無樊字。一統志：「樊縣故城，今山東兗州府滋陽縣西南。」

〔三〕廣陽郡治薊，見曹仁傳。「抗」字未詳，疑誤。

〔四〕郡國志：「并州上黨郡屯留。」一統志：「屯留故城，今山西潞安府屯留縣南十里。」

〔五〕均子琬襲昂爵爲豐王，均子敏爲矩後，封范陽王。

廣宗殤公子棘，〔一〕早薨。太和五年，追封謚，無後。

〔一〕廣宗見文德郭皇后傳。

東平靈王徽奉叔父朗陵哀侯玉後。〔一〕建安二十二年，封歷城侯。〔二〕黄初二年，進爵爲公；三年，爲廬江王；〔三〕四年，徙封壽張王；〔四〕五年，改封壽張縣。太和六年，改封東平。青龍二年，徽使官屬撾壽張縣吏，爲有司所奏。詔削縣一、户五百。其年，復所削縣。正始三年，薨。子翕嗣。景初、正元、景元中，累增邑，并前三千四百户。

臣松之案：翕入晉封廩丘公。魏宗室之中，名次鄄城公。至泰始二年，〔五〕翕遣世子琨奉表來朝，詔曰：「翕秉德履道，魏宗之良。今琨遠至，其假世子印綬，加騎都尉，賜服二具，〔六〕錢十萬，隨才敍用。」翕撰解寒食散方，與皇甫謐所撰，並行於世。〔七〕

〔一〕「玉」，各本皆作「王」。官本考證云：「王，一本作玉。」趙一清曰：「王字衍。」孫志祖曰：「王當作玉，朗陵哀侯名，傳寫誤耳。」

〔二〕高堂隆爲歷城侯徽文學。徽遭喪不哀，隆以正義諫，見隆傳。郡國志：「青州濟南郡歷城。」一統志：「歷城故城，今山東濟南府歷城縣治西。」

〔三〕郡國志：「揚州廬江郡。」三國魏、吴分據，並置郡。

〔四〕壽張見武紀初平三年。

〔五〕「至」當作「志」。曹植子志，晉封鄄城公，見前。

〔六〕何焯校改作「賜朝服」，宋本「二」作「一」。

〔七〕梁章鉅曰：「隋書經籍志，梁有皇甫謐、曹歙論寒食散方二卷，即此。然則翕亦作歙也。」

樂陵王茂，建安二十二年封萬歲亭侯。二十三年，改封平輿侯。黄初三年，進爵；徙封乘氏公。七年，徙封中丘。茂性慠佷，〔一〕少無寵於太祖。及文帝世，又獨不王。太和元年，徙封聊城公，〔二〕其年爲王。詔曰：「昔象之爲虐至甚，而大舜猶侯之有鼻。近漢氏淮南、阜陵，皆爲亂臣逆子，而猶或及身而復國，或至子而錫土。有虞建之于上古，漢文、明、章行之乎前代，〔三〕斯皆敦敘親親之厚義也。聊城公茂，少不閑禮教，長不務善道。先帝以爲古之立諸侯也，皆命賢者，故姬姓有未必侯者，〔四〕是以獨不王茂。太皇太后數以爲言。如聞茂頃來少知悔昔之非，〔五〕欲修善將來。君子與其進，不保其往也。合封茂爲聊城王，〔六〕以慰太皇太后下流之念。」〔七〕六年，改封曲陽王。〔八〕正始三年，東平靈王薨，茂稱嗌痛，不肯發哀，居處出入自若。有司奏除國土，詔削縣一，户五百。五年，徙封樂陵。〔九〕詔以茂租奉少，諸子多，復所削户，又增户七百。嘉平、正元、景元中，累增邑，并前五千户。

〔一〕毛本「佷」作「很」。

〔二〕汝南郡治平輿，見武紀卷首。乘氏見武紀中平元年。郡國志：「冀州趙國中丘；兖州東郡聊城。」一統志：「中丘故城，今直隸順德府內丘縣西；聊城故城，今山東東昌府聊城縣西北十五里。」

〔三〕郝經曰：「漢書：淮南厲王長，文帝時謀反，遷于蜀而死。帝憐淮南王，封子四人爲列侯。後漢書：楚王英，光武子。明帝時謀反，有司請誅之。帝以親親不忍，廢英徙丹陽涇縣，英自殺。章帝封英子五人皆爲列侯。阜陵王延謀反，章帝詔貶爵爲阜陵侯，後復爲阜陵王。」

〔四〕沈欽韓曰：「荀子儒效篇，周公兼制天下，立七十一國，姬姓獨居五十三人。周之子孫，苟不狂惑者，莫不爲天下顯諸侯。按此，則姬姓固有未封者也。」

〔五〕錢大昭曰：「如疑當作加。」周壽昌曰：「如聞，猶恍惚聞之也。此二字唐以後詩文多用之。五代史梁末帝賜劉鄩詔，如聞寇敵兵不多；唐莊宗詔，如聞前例，各有進獻。皆詔中語，疑亦本此。」

〔六〕宋本「合」作「今」。

〔七〕封策備極醜語，欲榮反辱何也？「下流」解見閻温傳。周壽昌曰：「下流，或謂是爰有寒泉在浚之下詩語截用之，然亦不能用下流兩字。壽昌案：吳志孫登傳，登弟慮死，登泣諫權，有曰：陛下而以下流之念，減損（大）〔太〕官殽饌，過於禮制。登臨終上疏有曰：願陛下棄忘臣身，割下流之恩。是下流訓爲子孫，必魏、晉閒有此語。樂陵王茂爲文帝同産弟，明帝以下太后言封之，故稱下流之念也。」

〔八〕郡國志：「徐州下邳國曲陽。」一統志：「曲陽故城，今江蘇海州西南。」趙一清引常山郡上曲陽、鉅鹿郡下曲陽，誤。

〔九〕郡國志：「青州平原郡樂陵。」漢末置郡，三國魏因，屬冀州。一統志：「樂陵故城，今山東武定府樂陵縣西南三十里。」

文皇帝九男，甄氏皇后生明帝，〔一〕李貴人生贊哀王協，〔二〕潘淑媛生北海悼王蕤，朱淑媛生東武陽懷王鑒，仇昭儀生東海定王霖，徐姬生元城哀王禮，蘇姬生邯鄲懷王邕，張姬生清河悼王貢，宋姬生廣平哀王儼。〔三〕

〔一〕以下皇后生文帝例之，氏字疑衍文。甄后又生東鄉公主，見甄后傳。蔣超伯曰：「陳思王集有仲雍哀詞，云曹喈字仲雍，魏太子之仲也。三月而生，五月而亡。魏志，文帝九男，明帝而下無仲雍，蓋襁褓即夭，未就封國，故削去。」

〔二〕郭后傳注引魏略：「甄后臨没，以明帝屬李夫人。」未知即李貴人否？又按，甄后傳有郭后、李、陰貴人，此則李貴人生子，郭、陰無出。

〔三〕文帝尚有柴貴人，見郭后傳注引魏略。又按，山陽公二女，傳中不載，當爲無出。

贊哀王協，〔一〕早薨。太和五年，追封謚曰經殤公。青龍二年，更追改號謚；〔二〕三年，子殤王尋嗣。景初三年，增户五百，并前三千户。正始九年，薨。〔三〕無子，國除。

〔一〕贊縣見前中山恭王衮傳。漢、魏時有兩酇縣，一讀曰嵯，即豫州沛國之酇縣，魏屬譙郡；一讀曰贊，即荆州南陽郡之酇縣，魏屬南鄉郡，晉屬順陽郡。謝鍾英謂衮、協所封爲譙郡之酇，吴增僅謂爲南陽郡之酇，然以吴説爲是。

〔二〕吴本「改」作「以」，毛本「改」作「故」，均誤。錢大昭曰：「協之封贊，已是追封，不聞改封於經，疑經字衍。」周壽昌曰：「傳明曰追封謚曰經殤公，青龍二年更追改號謚，是始追封於經，爵爲公；後更追改，封於贊，爲王，改謚爲哀也。經字非衍。案，後漢書桓帝紀，建和二年立安平王得子經侯理爲甘陵王。章懷注：經，今貝州經城縣。郡國志，安平國屬縣第八爲經縣。」一統志：「經縣故城，今直隸順德府廣宗縣東。」

〔三〕毛本「始」作「年」，誤。

北海悼王蕤，黄初七年，明帝即位，立爲陽平縣王。〔一〕太和六年，改封北海。青龍元年，薨。二年，以琅邪王子贊奉蕤後，〔二〕封昌鄉公。景初二年，立爲饒安王；〔三〕正始七年，徙封文安。〔四〕正元、景元中，累增邑，并前三千五百户。

〔一〕此與徐晃所封之陽平侯非同一地，故特書陽平縣王以别之。又按：文帝黄初五年，改封諸王皆爲縣王，見前彭城王據傳。郡國志：「兖州東郡陽平。」三國魏置郡，屬冀州。一統志：「陽平故城，今山東東昌府莘縣治。」

〔二〕錢大昭曰：「魏惟范陽閔王矩之嗣王敏於太和六年改封琅邪，此琅邪王子即敏之子也。子贊上當有敏字。」弼按：沛王林子亦名贊，見濟陽懷王玹傳。

〔三〕饒安見文紀延康元年。

〔四〕郡國志：「冀州河間國文安。」三國魏改屬章武郡。一統志：「文安故城，今直隸順天府文安縣東。」

東武陽懷王鑒，〔一〕黄初六年立，其年薨。青龍三年賜謚；無子，國除。

〔一〕東武陽見武紀初平二年。

東海定王霖，黄初三年立爲河東王。〔一〕六年，改封館陶縣。〔二〕明帝即位，以先帝遺意，愛寵霖異於諸國，而霖性麤暴，閨門之内，〔三〕婢妾之間，多所殘害。太和六年，改封東海。〔四〕嘉平元年，薨。〔五〕子啟嗣。景初、正元、景元中，累增邑，并前六千二百户。高貴鄉公髦，霖之子也，入繼大宗。

〔一〕郡國志：「司隸河東郡。」三國魏改屬司州。

〔二〕郡國志：「冀州魏郡館陶。」三國魏改屬陽平郡。李兆洛云：「館陶故城，今山東東昌府館陶縣西南。」互見明紀黄初二年。

〔三〕宋本「閫」作「閨」。

〔四〕郡國志：「徐州東海郡。」魏改爲國。

〔五〕齊王紀：「嘉平二年十二月甲辰，東海王霖薨。」此作元年，誤。

元城哀王禮，黄初二年，封秦公，以京兆郡爲國。三年，改爲京兆王。〔一〕六年，改封元城王。太和三年，薨。五年，以任城王楷子悌嗣禮後。六年，改封梁王。〔二〕景初、正元、景元中，累增邑，并前四千五百户。

〔一〕明紀注引魏略云：「文帝有意欲以京兆王爲嗣，故久不拜太子。」

〔二〕洪亮吉補三國疆域志：「豫州梁郡。」謝鍾英曰：「曹悌封梁王，應作梁國。寰宇記，自漢至晉爲梁國，是也。洪氏云梁郡，誤。」弼按：司馬芝傳，梁郡有繫囚；盧毓傳，毓爲梁、譙二郡太守。是太和六年以前，梁固郡也。

邯鄲懷王邕，黄初二年，封淮南公，以九江郡爲國。三年，進爲淮南王；〔一〕四年，改封陳；〔二〕六年，改封邯鄲。〔三〕太和三年，薨。〔四〕五年，以任城王楷子温嗣邕後。六年，改封魯陽。〔五〕景初、正元、景元中，累增邑，并前四千四百户。

〔一〕淮南見楚王彪傳。

〔二〕陳見曹植傳。

〔三〕邯鄲見武紀建安九年。

〔四〕沈家本曰：「邯鄲及下清河、廣平二王，紀不書薨。」

〔五〕魯陽見劉表傳。

清河悼王貢，〔一〕黄初三年封。四年，薨。無子，國除。

〔一〕郡國志：「冀州清河國。」

廣平哀王儼，〔一〕黄初三年封。四年，薨。無子，國除。〔二〕

〔一〕黄初二年，以魏郡西部置廣平郡。

〔二〕明帝男女，此傳未載。今據見於紀、傳者，彙注於此。明紀卷首，黄初七年八月，立皇子冏爲清河王，十月薨。太和二年九月，立皇子穆爲繁陽王，三年六月薨。太和五年七月，皇子殷生，六年五月薨；追封謚安平哀王。青龍三年，立皇子芳爲齊王，詢爲秦王。夏侯玄傳注引魏書，李豐子韜尚公主。通鑑：「豐子韜以選尚齊長公主。」胡三省曰：「齊主，蓋明帝女。」晉書任愷傳：「愷尚魏明帝女。」本志甄后傳：「太和六年，明帝愛女淑薨，追封謚淑爲平原懿公主。」互見陳羣傳。

評曰：魏氏王公，既徒有國土之名，而無社稷之實，又禁防壅隔，同於囹圄，位號靡定，大小歲易，骨肉之恩乖，常棣之義廢。爲法之弊，一至于此乎！

袁子曰：〔一〕魏興，承大亂之後，民人損減，不可則以古始。於是封建侯王，皆使寄地空名，而無其實。王國使有老兵百餘人，以衛其國。雖有王侯之號，而乃儕于匹夫。縣隔千里之外，無朝聘之儀，鄰國無會同之制。諸侯游獵，不得過三十里，又爲設防輔監國之官以伺察之。〔二〕王侯皆思爲布衣而不能得。既違宗國藩屏之義，又虧親親骨肉之恩。

魏氏春秋載宗室曹冏上書曰：「臣聞古之王者，必建同姓，以明親親；必樹異姓，以明賢賢。故傳曰：庸勳親親，昵近尊賢；書曰：克明峻德，〔三〕以親九族；詩云：懷德維寧，宗子維城。由是觀之，非賢無與興功，非親無與輔治。夫親親之道，專用則其漸也微弱；賢賢之道，偏任則其弊也劫奪。〔四〕先聖知其然也，故博求親疎，而並用之。近則有宗盟藩衛之固，遠則有仁賢輔弼之助；盛則有與共其治，衰則有與守其土；安則有與享其福，危則有與同其禍。夫然，故能有其國家，保其社稷，歷紀長久，〔五〕本枝百世也。今魏尊尊之法雖明，親親之道未備。詩不云乎？鶺鴒在原，兄弟急難。以斯言之，明兄弟相救於喪亂之際，同心於憂禍之間，雖有鬩牆之忿，不忘禦侮之事。何則？憂患同也。今則不然，或任而不重，或釋而不任，一旦疆埸稱警，關門反拒，股肱不扶，胸心無衛。臣竊惟此，寢不安席，思獻丹誠，貢策朱闕。謹撰合所聞，〔六〕敘論成敗。〔七〕論曰：〔八〕昔夏、殷、周歷世數十，而秦二世而亡。何則？三代之君，與天下共其民，故天下同其憂。〔九〕秦王獨制其民，故傾危而莫救。夫與民共其樂者，人必憂其憂；與民同其安者，人必拯其危。先王知獨治之不能久也，故與人共治之；知獨守之不能固也，故與人共守之。兼親疎而兩用，參同異而並建。是以輕重足以相鎮，親疎足以相衛，并兼路塞，逆節不生。及其衰也，桓、文帥禮。苞茅不貢，齊師伐楚；宋不城周，晉戮其宰。〔一〇〕王綱弛而復張，諸侯傲而復肅。二霸之後，浸以陵遲。吴、楚憑江，負固方城，雖心希九鼎，而畏迫宗姬，姦情散於胸懷，逆謀消於唇吻。斯豈非信重親戚，任用賢能，枝葉碩茂，本根賴之與！自此之後，轉相攻伐，吴并於越，晉分爲三，魯滅於楚，鄭兼於韓。〔一一〕暨于戰國，諸姬微矣，惟燕、衛獨存。然皆弱小，西迫彊秦，南畏齊、楚，憂懼滅亡，〔一二〕匪遑相恤。至於王赧，降爲庶人，猶枝幹相持，得居虚位，海内無主，四十餘年。〔一三〕秦據勢勝之地，騁譎詐之術，征伐關東，蠶食九國，〔一四〕至於始皇，乃定天位。曠日若彼，用力若此，豈非深根固蔕，不拔之道乎！易曰：其亡其亡，繫于苞桑。周德其可謂當之矣。〔一五〕秦觀周之弊，以爲小弱見奪，於是廢五等之爵，立郡縣之官，〔一六〕棄禮樂之教，任苛刻之政。子弟無尺寸之封，功臣無立錐之地，內無宗子以自毗輔，〔一七〕外無諸侯以爲藩衛，仁心不加於親戚，惠澤不流於枝葉。譬猶芟刈股肱，獨任胸腹；浮舟江海，捐棄楫櫂。觀者爲之寒心，而始皇晏然，自以爲關中之固，金城千里，子孫帝王，萬世之業也，豈不悖哉！是時，淳于越諫曰：臣聞殷、周之王，分子弟功臣〔一八〕千有餘城。〔一九〕今陛下君有海內而子弟爲匹夫，卒有田常六卿之臣，〔二〇〕而無輔弼，何以相救？事不師古，而能長久者，非所聞也。始皇聽李斯偏說，而絀其議。至於身死之日，無所寄付，委天下之重於凡夫之手，託廢立之命於姦臣之口，至令趙高之徒，誅鉏宗室。胡亥少習刻薄之教，長遵凶父之業，不能改制易法，寵任兄弟，而乃師譚申、商，〔二一〕諮謀趙高，自幽深宮，委政讒賊，〔二二〕身殘望夷，求爲黔首，豈可得哉！〔二三〕遂乃郡國離心，衆庶潰叛，勝、廣倡之於前，劉、項弊之於後。〔二四〕向使始皇納淳于之策，抑李斯之論，割裂州國，分王子弟，封三代之後，報功臣之勞，士有常君，民有定主，枝葉相扶，首尾爲用。雖使子孫有失道之行，時人無湯、武之賢，姦謀未發，而身已屠戮，何區區之陳、項而復得措其手足哉！故漢祖奮三尺之劍，驅烏集之衆，五年之中，遂成帝業。自開闢以來，其興立功勳，未有若漢祖之易也。夫伐深根者難爲功，摧枯朽者易爲力，理勢然也。〔二五〕漢監秦之失，封殖子弟。及諸呂擅權，圖危劉氏，而天下所以不傾動，百姓所以不易心者，徒以諸侯彊大，盤石膠固，東牟、朱虛〔二六〕受命於內，齊、代、吳、楚作衛於外故也。向使高祖踵亡秦之法，忽先王之制，則天下已傳，非劉氏有也。〔二七〕然高祖封建，地過古制，大者跨州兼郡，小者連城數十，上下無別，權侔京室，故有吳、楚七國之患。賈誼曰：諸侯彊盛，長亂起姦。夫欲天下之治安，莫若衆建諸侯而少其力，令海內之勢，若身之使臂，臂之使指，則下無背叛之心，上無誅伐之事。文帝不從，至於孝景，猥用鼂錯之計，削黜諸侯，親者怨恨，疏者震恐，吴、楚倡謀，五國從風。兆發高帝，釁鍾文、景，〔二八〕由寬之過制，急之不漸故也。所謂末大必折，尾大難掉。〔二九〕尾同於體，猶或不從，況乎非體之尾，其可掉哉！武帝從主父之策，下推恩之令。自是之後，齊分爲七，〔三〇〕趙分爲六，〔三一〕淮南三割，〔三二〕梁、代五分，〔三三〕遂以陵遲。子孫微弱，衣食租税，不預政事，或以酎金免削，〔三四〕或以無後國除。至於成帝，王氏擅朝。劉向諫曰：臣聞公族者國之枝葉，枝葉落則本根無所庇蔭。方今同姓疏遠，母黨專政，排擯宗室，孤弱公族，非所以保守社稷、安固國嗣也。其言深切，多所稱引。成帝雖悲傷歎息，而不能用。至於哀、平，異姓秉權，假周公之事，而爲田常之亂，高拱而竊天位，一朝而臣四海。漢宗室王侯，解印釋紱，貢奉社稷，猶懼不得爲臣妾。或乃爲之符命，頌莽恩德，豈不哀哉！由斯言之，非宗子獨忠孝於惠、文之間，而叛逆於哀、平之際也，徒權輕勢弱，不能有定耳。賴光武皇帝挺不世之姿，禽王莽於已成，紹漢嗣於既絶，斯豈非宗子之力也？〔三五〕而曾不監秦之失策，襲周之舊制，踵王國之法，〔三六〕而徼倖無疆之期。〔三七〕至於桓、靈，閹豎執衡，朝無死難之臣，外無同憂之國，君孤立於上，臣弄權於下，本末不能相御，身首不能相使。由是天下鼎沸，姦凶並爭，宗廟焚爲灰燼，宫室變爲榛藪。〔三八〕居九州之地，而身無所安處，悲夫！魏太祖武皇帝躬聖明之資，兼神武之略，恥王綱之廢絶，愍漢室之傾覆，龍飛譙、沛，鳳翔兖、豫，埽除凶逆，翦滅鯨鯢，迎帝西京，定都潁邑。德動天地，義感人神。漢氏奉天，禪位大魏；大魏之興，于今二十有四年矣。〔三九〕觀五代之存亡，〔四〇〕而不用其長策，覩前車之傾覆，而不改於轍迹。子弟王空虚之地，君有不使之民，〔四一〕宗室竄於閭閻，不聞邦國之政，權均匹夫，勢齊凡庶。内無深根不拔之固，外無磐石宗盟之助，〔四二〕非所以安社稷，爲萬世之業也。且今之州牧、郡守，古之方伯、諸侯，皆跨有千里之土，兼軍武之任，或比國數人，或兄弟並據，而宗室子弟，曾無一人間厠其間，與相維持，非所以彊幹弱枝備萬一之虞也。〔四三〕今之用賢，或超爲名都之主，或爲偏師之帥，而宗室有文者，必限小縣之宰，有武者，必置百人之上，〔四四〕使夫廉高之士，畢志於衡軛之内，〔四五〕才能之人，恥與非類爲伍，非所以勸進賢能褒異宗室之禮也。夫泉竭則流涸，根朽則葉枯；枝繁者蔭根，條落者本孤。故語曰：百足之蟲，至死不僵。〔四六〕以扶之者衆也。此言雖小，可以譬大。且墉基不可倉卒而成，威名不可一朝而立，皆爲之有漸，建之有素。譬之種樹，久則深固其本根，茂盛其枝葉。若造次徙於山林之中，植於宮闕之下，雖壅之以黑墳，煖之以春日，猶不救於枯槁，而何暇繁育哉？夫樹猶親戚，土猶士民，〔四七〕建置不久，則輕下慢上，平居猶懼其離叛，危急將若之何？是以聖王安而不逸，以慮危也；存而設備，以懼亡也。故疾風卒至，而無摧拔之憂；天下有變，而無傾危之患矣。」冏，中常侍兄叔興之後，少帝族祖也。是時，天子幼弱，冏冀以此論感悟曹爽，爽不能納。〔四八〕

〔一〕袁子正論，詳見袁渙傳注引袁氏世紀。沈家本曰：「隋志袁子正論十九卷，袁準撰。梁又有袁子正書二十五卷，袁準撰，亡。二唐志正論二十卷，正書二十五卷。是正書先亡後出矣。文選注中，二書並引也。準字孝尼，袁渙子，見魏袁渙傳注引袁氏世紀，云著書十餘萬言，論治世之要。晉書附見袁瓌傳。裴氏但稱袁子，所引多評論之語，當是正論。文選注引之，亦但稱袁子。」

〔二〕防輔見中山恭王兗傳。

〔三〕宋本「峻」作「俊」。

〔四〕胡三省曰：「謂威權陵逼，劫其君而奪之也。」

〔五〕胡三省曰：「紀，年紀也。」

〔六〕胡三省曰：「撰，具也；述也。音雛免翻。」

〔七〕參閱陳思王植傳注引孫盛論小注。

〔八〕文選題曰六代論，謂夏、殷、周、秦、漢、魏也。

〔九〕呂延濟曰：「與天下共其民，謂建立諸侯，與之共理，共有其利也。故天下有難，則諸侯同憂。」

〔一〇〕李善注引左傳曰：「齊侯伐楚，楚子使與師言曰：不虞君之涉吾地何故？管仲對曰：爾貢苞茅不入，王祭不共，無以縮酒，寡人是徵。」又曰：「晉魏舒合諸侯之大夫于翟泉，將以城成周。宋仲幾不受功，曰：滕、薛、郳，吾役也，爲宋役，亦職也。士伯怒曰：必以仲幾爲戮。乃執仲幾歸諸京師。」

〔一一〕李善注引史記曰：「越王句踐自會稽歸，拊循其士民。伐吳，大破之。吳王自殺。」又曰：「魏武侯、韓哀侯、趙敬侯滅晉後，三分其地。」又曰：「楚考烈王伐滅魯。」又曰：「韓哀侯滅鄭，并其國。」

〔一二〕文選「憂懼」作「救於」。

〔一三〕何焯曰：「四字，從漢書諸侯王表當作三。」胡克家曰：「周赧王五十九年卒，徐廣曰：乙巳也。自此歲至始皇二十六年庚辰，始并天下，中閒固三十五年海內無主也。」

〔一四〕官本考證曰：「蠶食，元本作薦食。」

〔一五〕周易否卦之辭也。鄭玄曰：「苞，植也。否世之人，不知聖人有命，咸云其將亡矣，其將亡矣。而聖乃自繫于植桑不亡也。」王弼曰：「心存將危，乃得固也。」

〔一六〕呂向曰：「秦皇觀周所以敝者，乃以勢弱而諸侯奪其國也。遂廢五等之爵，而立郡縣之吏。五等，公、侯、伯、子、男也。」

〔一七〕毘，亦輔也。

〔一八〕文選「分」作「封」。

〔一九〕「城」，文選作「歲」，六臣本作「人」。胡克家曰：「元首此文，出於史記秦始皇本紀，彼作歲。又孝文本紀，古者殷、周有國皆千餘歲，漢書作皆且千歲。當時語自如此。」梁章鉅曰：「千有餘城，句未協。」

〔二〇〕李善注：「史記，齊簡公立，田常、闞止爲左右相。田氏殺闞止，簡公出奔。田氏執簡公於徐州，遂殺之。又曰：晉昭公卒，六卿强，公室卑。六卿，謂范氏、中行氏、智氏及趙、韓、魏也。」

〔二一〕文選「譚」作「謨」。

〔二二〕毛本「委」作「威」，誤。

〔二三〕李善曰：「史記，二世齋望夷宮，欲祠涇，使使者責讓趙高以盜事。高懼，乃陰與其女壻咸陽令閻樂謀易上，樂前即謂二世曰：「足下其自爲計。」二世曰：「願得妻子爲黔首。」閻樂麾其兵進，二世自殺。

〔二四〕文選「弊」作「斃」。

〔二五〕胡三省曰：「用班固漢宗室諸侯王表文意。」

〔二六〕齊悼惠王子章，高后封爲朱虛侯；章弟興居爲東牟侯。

〔二七〕「已」疑作「二」。

〔二八〕文選「恐」作「怒」，「帝」作「祖」，「鍾」作「成」。胡三省曰：「鍾，聚也。」

〔二九〕左傳田無宇之言。

〔三〇〕郝經曰：「謂齊、城陽、濟北、濟南、淄川、膠西、膠東也。」

〔三一〕郝經曰：「謂趙、平原、真定、中山、廣川、河間也。」

〔三二〕郝經曰：「謂淮南、衡山、廬江也。」

〔三三〕郝經曰：「謂梁、濟川、濟東、山陽、濟陰也。代未嘗分，此言五分，未詳。」

〔三四〕「酎」，元本作「酧」，吴本、毛本作「酻」。李善曰：「漢書，列侯坐獻黄金酎祭宗廟不如法，奪爵者百六人。漢儀注，王子爲侯，侯歲以户口酎黄金於漢廟，皇帝臨受獻金，助祭大祀曰飲酎，飲酎受金，小不如斤兩色惡者，王削縣，侯免國。」

〔三五〕文選「也」作「邪」。

〔三六〕文選「王」作「亡」。

〔三七〕文選「徼」作「僥」。

〔三八〕胡三省曰：「謂董卓之亂也。」

〔三九〕胡三省曰：「自黄初受禪，至此二十四年。」何焯曰：「據云魏興二十四年，則此論當在齊王芳正始四年上也。又六年，爲嘉平元年，曹爽誅滅，魏祚遂移。」

〔四〇〕胡三省曰：「五代，夏、商、周、秦、漢也。」

〔四一〕胡三省曰：「空虚謂有封國之名，實不能有其地也。君不使之民，謂抗藩王之尊於國民之上，不得而臣使也。」

〔四二〕吕延濟曰：「磐石，大石也。以其堅重，不可轉易也。宗盟，謂同姓諸侯盟會者也。」

〔四三〕文選「虞」作「慮」。

〔四四〕張銑曰：「言宗室位卑也。百人之上，百夫長也。」

〔四五〕李善曰：「衡軛，車之衡軛也。言王者之御羣臣，猶人之御牛馬，故以衡軛喻焉。」

〔四六〕馮本「僵」作「殭」。

〔四七〕毛本「猶」作「有」，誤。

〔四八〕胡三省曰：「以明帝之明，且不能用陳思王之言，況曹爽之愚闇哉！」趙一清曰：「百官志，臣昭曰：後漢彌循前迹，本枝之援少固。若使漢分兩越置二三親國，剖吳、楚樹數四列藩，割遼海而分皇枝，開隴、蜀而王子弟，使主尊顯，依漢初之貴；民無定限，許滋養之富。若有昏虐之嗣，可得廢而不得削，必傳劉氏。民信所奉，發其侵伐兼并之釁，峻其他族簒殺之科，制其入貢輕重之法，疏其來朝往復之數。君君臣臣，永許百世之期，一國之民，長無遷動之志。四方得志，聽離官列封，懷賢抱智，隨所適樂土。彊弱相侔，遠近相推，舉其大歸，略其小滯，與其畫一班之海內。天子之朝，自非異姓僭奪，不得興勤王之師；諸藩國自非雜互簒主，不降討伐之詔。犬牙相經，共爲嚴國，雖王莽善盜，將何因而敢竊；曹操雄勇，亦安能以得士？斯無俟極聖然克行，明賢麤識亦足立。故父子，首足也；昆弟，四肢也。當使筋骨髓血，動静足以相勝，長短大小，榦用足以相衛。豈有割脛致腹，取骨肉以增頭；刻背露骨，剥膏腴以裨領；而謂顱顙魁岸，可得比壽松喬；帿咽擁腫，必能長生久視哉！漢氏得之微，猶能四百載；魏人失之甚，不滿數十年。」清案：昭此論與冏書相發，故附録。其切於漢、魏之交者。」通鑑輯覽曰：「曹冏請建同姓，與曹植求通親親，名爲國計，實濟私志。然爾時司馬羽翼已成，方且欲置諸王公于鄴矣。冏奏非徒不足以寤爽，適足以忤懿耳。」

魏書二十一

王衛二劉傳傳第二十一

王粲字仲宣，山陽高平人也。〔一〕曾祖父龔、祖父暢，〔二〕皆爲漢三公。

張璠漢紀曰：龔字伯宗，有高名於天下，順帝時爲太尉。〔三〕初，山陽太守薛勤喪妻不哭，將殯，臨之曰：「幸不爲夭，復何恨哉！」及龔妻卒，龔與諸子並杖行服，時人或兩議焉。〔四〕暢字叔茂，名在八俊。靈帝時，爲司空，〔五〕以水災免。而李膺亦免歸故郡，二人以直道不容當時。天下以暢、膺爲高士，諸危言危行之徒，皆推宗之，願涉其流，惟恐不及。會連有災異，而言事者皆言三公非其人，宜因其變，以暢、膺代之，則禎祥必至。由是宦豎深怨之，及膺誅死而暢遂廢，終于家。〔六〕

父謙，爲大將軍何進長史。〔七〕進以謙名公之胄，欲與爲婚，見其二子，使擇焉。謙弗許。以疾免，卒于家。

〔一〕山陽、高平見劉表傳。惠棟曰：「酈元云有高平山，縣取名焉。」

〔二〕惠棟曰：「司隸校尉魯峻碑作暢。」

〔三〕范書王龔傳：「初舉孝廉，稍遷青州刺史。劾奏貪濁二千石數人，安帝嘉之，徵拜尚書，擢司隸校尉，遷汝南太守，徵爲太僕，轉太常，遷司空，拜太尉。深疾宦官專權，上書極言其狀。在位五年，以老病乞骸骨，卒于家。」

〔四〕沈欽韓曰：「薛勤慕莊子之達生，判合之親喪同行路，固可譏矣。若龔率由典禮，齊衰期杖，十五月而禫。期喪之重，未有過於妻子者，於龔何所譏乎！」周壽昌曰：「風俗通義云：山陽太守薛恭祖喪其妻不哭，臨殯，於棺上大言：自同恩好，四十餘年，服食禄賜，男女成人，幸不爲夭，復何恨哉，今相及也。謹案：禮，爲適妻杖，重於宗也。妻者，既齊於己，垂統傳重，其爲恩篤矣。何有死喪之感，終始永絶，而曾無慼容，此爲矯情，僞之至也。太尉山陽王龔與諸子並杖，太傅汝南陳蕃、袁隗皆制衰絰，列在服位，躬入隧，哀以送之，近得禮中；王龔諸子並杖，亦過矣。大約當時譏龔者，譏其與諸子並杖行服，不能列在服位也。」

〔五〕范書王暢傳：「初舉孝廉，辭病不就。大將軍梁商特辟，舉茂才，四遷尚書令，出爲齊相，徵拜司隸校尉，轉漁陽太守，所在以嚴明爲稱。坐事免官。太尉陳蕃薦暢清方公正，復爲尚書，尋拜南陽太守。奮厲威猛，豪黨有穢釁者，莫不糾發。徵爲長樂衛尉，遷司空，數月，以水災策免。明年，卒於家。」沈欽韓曰：「袁紀云：暢與李膺等下獄，誅。誤。」

〔六〕互見劉表傳注引謝承漢書。

〔七〕梁章鉅曰：「謙之歷官不可攷。曹子建王仲宣誄云：伊君顯考，奕葉佐時，入管機密，朝政以治；出臨朔、岱，庶績咸熙。蓋亦當時一顯宦矣。」

獻帝西遷，粲徙長安，左中郎將蔡邕見而奇之。時邕才學顯著，貴重朝廷，常車騎填巷，賓客盈坐。聞粲在門，倒屣迎之。粲至，年既幼弱，容狀短小，一座盡驚。邕曰：「此王公孫也，有異才，吾不如也。吾家書籍文章，盡當與之。」〔一〕年十七，司徒辟，詔除黄門侍郎；以西京擾亂，皆不就。〔二〕乃之荆州，依劉表。〔三〕表以粲貌寢而體弱通侻，不甚重也。〔四〕

臣松之曰：貌寢，謂貌負其實也；通侻者，簡易也。〔五〕

表卒，粲勸表子琮，令歸太祖。〔六〕

文士傳載粲說琮曰：「僕有愚計，願進之於將軍，可乎？」琮曰：「吾所願聞也。」粲曰：「天下大亂，豪傑並起，在倉卒之際，彊弱未分，故人各各有心耳。當此之時，家家欲爲帝王，人人欲爲公侯，觀古今之成敗，能先見事機者，則恒受其福。今將軍自度，何如曹公邪？」琮不能對。粲復曰：「如粲所聞，曹公故人傑也。雄略冠時，智謀出世，摧袁氏於官渡，驅孫權於江外，逐劉備於隴右，破烏丸於白登。其餘梟夷蕩定者，往往如神，不可勝計。今日之事，去就可知也。將軍能聽粲計，卷甲倒戈，應天順命，以歸曹公，曹公必重德將軍。保己全宗，長享福祚，垂之後嗣，此萬全之策也。粲遭亂流離，託命此州，蒙將軍父子重顧，敢不盡言！」琮納其言。

臣松之案：孫權自此以前，尚與中國和同，未嘗交兵，何云「驅權於江外」乎？魏武以十三年征荆州，劉備卻後數年方入蜀，備身未嘗涉於關、隴。而於征荆州之年，便云「逐備於隴右」，既已乖錯；又白登在平城，亦魏武所不經，北征烏丸，與白登永不相豫。以此知張騭假僞之辭，而不覺其虚之自露也。凡騭虚僞妄作，不可覆疏，如此類者，不可勝紀。〔七〕

太祖辟爲丞相掾，〔八〕賜爵關内侯。太祖置酒漢濱，〔九〕粲奉觴賀曰：「方今袁紹起河北，仗大衆，〔一〇〕志兼天下。然好賢而不能用，故奇士去之。劉表雍容荆楚，坐觀時變，自以爲西伯可規。士之避亂荆州者，皆海内之儁傑也。表不知所任，故國危而無輔。明公定冀州之日，下車即繕其甲卒，收其豪傑而用之，以横行天下。及平江、漢，引其賢儁而置之列位，使海内回心，望風而願治，文武並用，英雄畢力，此三王之舉也。」後遷軍謀祭酒。〔一一〕魏國既建，拜侍中。〔一二〕博物多識，問無不對。〔一三〕時舊儀廢弛，興造制度，粲恒典之。〔一四〕

摯虞決疑要注曰：〔一五〕漢末喪亂，絶無玉珮，〔一六〕魏侍中王粲識舊珮，始復作之。今之玉珮，受法於粲也。

〔一〕范書列女傳董祀妻蔡文姬傳：「曹操問文姬曰：聞夫人家多墳籍，猶能記憶之不？文姬曰：昔亡父賜書四千許卷，流離塗炭，罔有存者；今所誦憶，裁四百餘篇耳。」惠棟曰：「張華博物志云：蔡邕有書近萬卷，漢末，載數車與王粲。又邕集巴郡太守謝表云：詔書前後賜禮經、素字尚書章句、白虎議奏議合成二百一十二卷。蓋自秦禁挾書，漢以來非詔書所賜，不敢藏也。晉以後猶然。」弼按：伯喈藏書，盡與仲宣，互見鍾會傳注引博物記。

〔二〕粲年十七歲，爲漢獻帝初平四年，時司徒爲淳于嘉。司徒辟與詔除黄門侍郎爲兩事，故下文云皆不就。陳仁錫本以司徒辟詔爲句，則不可通矣。續百官志：「黄門侍郎六百石。」劉昭注引獻帝起居注曰：「帝初即位，初置侍中、給事黄門侍郎，員各六人。」

〔三〕劉表亦山陽高平人，年十七，從王暢受學，時爲荆州刺史。同里世交，故粲往依之。御覽卷百八十引襄沔記云：「王粲宅在襄陽井，猶存。」盛弘之荆州記曰：「襄陽西南有徐元直宅，其西北八里方山，山北際河水，山下有王仲宣宅。故東阿王誄云：振冠南嶽，濯纓清川。」文選李善注引盛弘之荆州記曰：「當陽縣城樓，王仲宣登之而作賦。」劉良注云：「仲宣避難荆州，依劉表，遂登江陵城樓，因懷歸而有此作，述其進退危懼之情也。」賦曰：「登茲樓以四望兮，聊暇日以銷憂；覽斯宇之所處兮，實顯敞而寡仇。挾清漳之通浦兮，依曲沮之長洲；背墳衍之廣陸兮，臨皋隰之沃流。北彌陶牧，西接昭丘，華實蔽野，黍稷盈疇。雖信美而非吾土兮，曾何足以少留？遭紛濁而遷逝兮，漫踰紀以迄今；情眷眷而懷歸兮，孰憂思之可任？憑軒檻以遥望兮，向北風而開襟，平原遠而極目兮，蔽荆山之高岑。路逶迤而修迥兮，川既漾而濟深，悲舊鄉之壅隔兮，涕横墮而弗禁。昔尼父之在陳兮，有歸與之歎音；鍾儀幽而楚奏兮，莊舄顯而越吟。人情同於懷土兮，豈窮達而異心？惟日月之逾邁兮，俟河清其未極；冀王道之一平兮，假高衢而騁力。懼匏瓜之徒懸兮，畏井渫之莫食。步棲遲以徙倚兮，白日忽其西匿。風蕭瑟而並興兮，天慘慘而無色。獸狂顧以求羣兮，鳥相鳴而舉翼，原野闃其無人兮，征夫行而未息。心悽愴以感發兮，意忉怛而憯惻。循階除而下降兮，氣交憤於胸臆，夜參半而不寐兮，悵盤桓以反側。」御覽卷六百一引金樓子曰：「王仲宣昔在荆州，著書數十篇。荆州壞，盡焚其書。今在者一篇，知名之士咸重之。見虎一毛，不知其斑。」姚範曰：「所云一篇，今亦不傳。仲宣強識，何難闇寫其本，而聽湮滅邪？」姚振宗曰：「王仲宣在荆州，以勸劉琮降曹操，遂封侯擢用。及赤壁之敗，粲亦隨操北歸，豈其書未以自隨，毁于兵火邪？此事餘書不概見，梁元帝必有所據，今無由攷見矣。」又按，粲在荆州所作，如文學官志、登樓賦、爲劉荆州諫袁譚書、爲劉荆州與袁尚書之類，梁時所存，實不止一篇。而梁元帝以爲今存一篇者，則所作數十篇皆子書，别爲一種，非詩文之類可知矣。藝文類聚三十八、太平御覽六百八載粲荆州文學記官志云：「有漢荆州牧曰劉君，乃命五業從事宋衷所作文學，延朋徒焉。宣德音以贊之，隆嘉禮以勸之，五載之間，道化大行，耆德故老綦毋闓等，負書荷器，自遠而至者三百有餘人。」姚振宗曰：「文學官志備載文學祭酒從事及學官弟子姓名、爵里，王粲稱三百餘人者，是也。劉勰稱簡約乎篇，亦即指是。類聚、御覽所録，皆是志序文。又劉荆州諫袁譚書、與袁尚書，范書章懷注云：書見王粲集，可知皆粲作也。」

〔四〕詳見後引博物記。

〔五〕沈欽韓曰：「淮南子本經訓：其行悦而順情。注：悦，簡易也。魏文帝云：仲宣善於詞賦，惜其體弱，不足起其文。彼論文，此實言體羸然。韋仲將云：仲宣傷於肥戇。又非體弱者也。」弼按：韋語亦論文，沈説誤。韋語見後陳留路粹注。

〔六〕建安十三年八月，表卒，時粲年三十二歲，在荆州已十六年矣。藝文類聚五十九載粲三輔論曰：「湘潭先生，江濱逸老，將集論雲夢，玄公豫焉。先生稱曰：蓋聞戎不可動，兵不可揚，今劉牧建德垂芳，名烈既彰矣，曷乃稱兵舉衆，殘我（波）〔涉〕靈？逸老曰：是何言與？天生五材，金作明威，長沙不軌，敢作亂違。我牧覩其然，乃赫爾發憤，且上征下戰，去暴舉順。州牧之兵，建拂天之旌，鳴振地之鼓，玄胄曜日，犀甲如堵，以此衆戰，孰能嬰御？劉牧之懿，子又未聞乎？履道懷智，休迹顯光，灑埽羣虜，艾撥穢荒，走袁術于西境，馘射貢乎武當，遏孫堅于漢南，追揚定于折商。」

〔七〕文士傳詳見曹休傳注。通鑑載章陵太守蒯越及東曹掾傅巽等勸琮降操，不採粲説琮事，當亦以文士傳爲不可據也。

〔八〕胡三省曰：「漢公府並有掾屬，東西曹掾比四百石，餘曹比三百石，其屬比二百石。三公爲天子之股肱，掾屬則三公之喉舌，魏、晉置多者或數十人。」

〔九〕通鑑考異曰：「操恐劉備據江陵，至襄陽即過，日行三百里，引用名士，皆至江陵後所爲，不得更置酒漢濱，恐誤。」

〔一〇〕馮本「仗」作「杖」，誤。

〔一一〕武紀：建安三年，初置軍師祭酒。避晉諱，改師曰謀。

〔一二〕建安十八年，魏國初置侍中，比二千石。黄初以來因之。

〔一三〕趙一清曰：「御覽卷五百五十九引異苑云：魏武北征蹋頓，升嶺眺矚，見一岡不生百草。王粲曰，此必古冢，此人在世，服生礜石死，而石性熱，蒸出外，致卉木焦滅。命即鑿之，果得大墓，有礜石滿塋。」弼按：魏武北征，在建安十二年，王粲之歸魏武，在十三年，異苑所云，不問而知其誣。

〔一四〕何焯曰：「以此獨爲粲立傳。」晉書樂志：「漢巴、渝舞歌曲，其辭既古，莫能曉其句度。魏初，乃使軍謀祭酒王粲改創其詞。」宋書樂志：「晉初有柘槃舞，王粲七釋云七槃陳於廣庭是也。」

〔一五〕梁章鉅曰：「疑要二字恐誤，當作決録注。御覽六百九十二服章部佩類乃未引此。」沈家本曰：「決疑要注一卷，摯虞撰。隋志在儀注篇，此注所引粲玉佩事，是記物之書，非紀事之文也。梁氏云疑要爲決録之誤，非。」

〔一六〕毛本「珮」作「佩」。

初，粲與人共行，讀道邊碑。人問曰：「卿能闇誦乎？」曰：「能。」因使背而誦之，不失一字。觀人圍棊，局壞，粲爲覆之。棊者不信，以帊蓋局，〔一〕使更以他局爲之。用相比校，不誤一道。其彊記默識如此。性善算，作算術，略盡其理。善屬文，舉筆便成，無所改定，時人常以爲宿構；〔二〕然正復精意覃思，亦不能加也。

典略曰：粲才既高，辯論應機。鍾繇、王朗等雖各爲魏卿相，〔三〕至於朝廷奏議，皆閣筆不能措手。〔四〕

著詩、賦、論、議垂六十篇。〔五〕建安二十一年，從征吳，〔六〕二十二年春，道病卒。時年四十一。〔七〕粲二子，爲魏諷所引，誅。後絶。〔八〕

文章志曰：太祖時征漢中，聞粲子死，歎曰：「孤若在，不使仲宣無後。」〔九〕

〔一〕說文：「帛二幅曰帊。」通俗文：「帊，衣襆也。」

〔二〕宋本「搆」作「構」。

〔三〕官本考證云：「各，宋本作名。」

〔四〕姚範曰：「朗與張昭、趙昱發名。又陳琳與張紘書，有景興在此之言，則典略未可信。且傳注載其奏議，亦卓然也。」

〔五〕粲所著有尚書釋問四卷，去伐論集三卷，漢末英雄記十卷，集十一卷。英雄記見武紀初平元年。舊唐書元行沖傳：「行沖著釋疑論曰：王粲稱伊、雒以東，淮海以北，康成一人而已，莫不宗焉。咸云。先儒多闕，鄭氏道備。粲竊嘆怪，因求其學，得尚書注，退而思之，以盡其意。意皆盡矣，所疑之者，猶未喻焉。凡有二卷，列於其集。」侯康曰：「王粲尚書問二篇，載粲集中。後田瓊、韓益答其義，因成釋問四卷。隋志但稱王粲撰，似未合。」胡玉縉曰：「顔氏家訓勉學篇：博陵崔文彦嘗説王粲集中難鄭玄尚書事，崔轉爲諸儒道之，始將發口，懸見排蹙，云：文集止有詩、賦、銘、誄，豈當論經書事乎？崔笑而退，竟不以粲集示之。據此，則王粲尚書問在集内，北齊本與唐本同也。」馬國翰曰：「隋唐志載王粲去伐論，今佚。藝文類聚引去伐論一篇，題晉袁宏，書名同而撰人異。」鍾嶸詩品曰：「魏侍中王粲詩，其源出於李陵發愀愴之詞，文秀而質羸，在曹、劉閒別搆一體。方陳思不足，比魏文有餘。」文心雕龍詮賦篇曰：「仲宣靡密，發端必遒。」雜文篇云：「仲宣七釋，致辯於事理。」才略篇云：「仲宣溢才，捷而能密，文多兼善，辭少瑕累。摘其詩賦，則七子之冠冕乎！」張溥百三家王侍中集輯本一卷，嚴可均全三國文輯本二卷，馮維訥詩紀輯存樂府詩十二篇，又有贈士孫萌詩，見董卓傳注。

〔六〕書鈔一百三十七、一百三十八，藝文類聚八，初學記六引粲浮淮賦云：「從王師以南征兮，浮淮水而遐逝，背渦浦之曲流兮，望馬丘之高澨。泛洪榜於中潮兮，飛輕舟乎濱濟。建衆檣以成林兮，譬巫山之樹藝。」又藝文類聚三十七載粲弔夷齊文云：「歲旻秋之仲月，從王師以南征，濟河、津而長驅，踰芒阜之峥嶸。覽首陽於東隅，見孤竹之遺靈；心於悒而感懷，意惆悵而不平。望壇宇而遥弔，抑悲古之幽情。」按：武紀建安二十一年十月征孫權，此云仲秋，稍有不合。又戴延之西征記云：「洛陽東北首陽山有夷齊祠，今在偃師縣西北。」蔣超伯曰：「王粲從軍詩：我君順時發，桓桓東南征。又云：籌策運帷幄，一由我聖君。又柳賦云：昔我君之定武，致天屆而徂征，元子從而撫軍，植嘉木於兹庭。皆謂操也，可謂心乎曹氏矣。」

〔七〕粲當生於熹平六年丁巳。曹子建誄云：「建安二十二年正月二十四日戊申，魏故侍中關内侯王君卒，嗚呼哀哉！皇穹神察，喆人是恃，如何靈祇，殲我吉士？誰謂不庸，早世即冥；誰謂不傷，華繁中零。存亡分流，夭遂同期，朝聞夕没，先民所思。何用誄德？表之素旗；何以贈終？哀以送之。遂作誄曰：猗歟侍中，遠祖彌芳，公高建業，佐武伐商。爵同齊、魯，邦祀絶亡，流裔畢萬，勳績惟光。晉獻賜封，于魏之疆，天開之祚，末胄稱王。厥姓斯氏，條分葉散，世滋芳烈，揚聲秦、漢。會遭陽九，炎光中矇，世祖撥亂，爰建時雍。三台樹位，履道是鍾，寵爵之加，匪惠惟恭。自君二祖，爲光爲龍，僉曰休哉，宜翼漢邦。或統太尉，或掌司空，百揆惟敘，五典克從。天静人和，皇教遐通。伊君顯考，奕葉佐時，入管機密，朝政以治；出臨朔岱，庶績咸熙。君以淑懿，繼此洪基。既有令德，材技廣宣，强記洽聞，幽讚微言。文若春華，思若湧泉，發言可詠，下筆成篇。何道不洽，何藝不閑，棊局逞巧，博奕惟賢。皇家不造，京室隕顛，宰臣專制，帝用西遷。君乃羈旅，離此阻艱，翕然鳳舉，遠竄荆、蠻。身窮志達，居鄙行鮮，振冠南嶽，濯纓清川。潛處蓬室，不干勢權。我公奮鉞，耀威南楚，荆人或違，陳戎講武。君乃義發，算我師旅，高尚霸功，投身帝宇。斯言既發，謀夫是與，是與伊何？嚮我明德。投戈編鄀，稽顙漢北。我公實嘉，表揚京國，金龜紫綬，以彰勳則。勳則伊何？勞謙靡已，憂國忘家，殊略卓峙。乃署祭酒，與君行止，算無遺策，畫無失理。我王建國，百司儁乂，君以顯舉，秉機省闥。戴蟬珥貂，朱衣皓帶，入侍帷幄，出擁華蓋。榮曜當世，芳風晻藹。嗟彼東夷，憑江阻湖，騷擾邊境，勞我師徒。光光戎路，霆駭風徂，君侍華轂，輝輝王塗。思榮懷附，望彼來威，如何不濟，運極命衰。寢疾彌留，吉往凶歸。嗚呼哀哉！翩翩孤嗣，號慟崩摧，發軫北魏，遠迄南淮。經歷山河，涕泣如頹。哀風興感，行雲徘徊，游魚失浪，歸鳥忘棲。嗚呼哀哉！吾與夫子，義貫丹青，好和琴瑟，分過友生。庶幾遐年，攜手同征，如何奄忽，棄我夙零。感昔宴會，志各高厲，予戲夫子，金石難弊。人命靡常，吉凶異制，此驩之人，孰先殞越？何寤夫子，果乃先逝！又論死生，存亡數度，予猶懷疑，求之明據。儻獨有靈，游魂泰素，我將假翼，飄颻高舉，超登景雲，要子天路。喪柩既臻，將反魏京，靈輀迴軌，白驥悲鳴。虚廓無見，藏景蔽形。孰云仲宣，不聞其聲，延首歎息，雨泣交頸。嗟乎夫子，永安幽冥，人誰不没，達士徇名，生榮死哀，亦孔之榮。嗚呼哀哉！」弼按：陳思之薨，年亦四十一。曠代逸才，享年相若，漢南獨步，異曲同工。所謂既傷逝者，行自念也。然仲宣無嗣，子建有子，似稍差勝矣。寰宇記卷十四：「王粲墓在濟州任城縣南五十二里。」世説云：「王仲宣好驢鳴，既葬，文帝臨其喪，顧語同游曰：王好驢鳴，可各作一聲以送之。赴客皆一作驢鳴。」

〔八〕鍾會傳注引博物記曰：「初，王粲與族兄凱俱避地荆州，劉表欲以女妻粲，而嫌其形陋而用率，乃以妻凱。凱生業。蔡邕有書近萬卷，末年載數車與粲，粲亡後，相國掾魏諷謀反，粲子與焉。既被誅，邕所與書悉入業。」魏氏春秋云：「文帝既誅粲二子，以業嗣粲。」

〔九〕武紀：「建安二十四年九月，魏諷反；十月，軍還洛陽。」

始，文帝爲五官將，及平原侯植，皆好文學。粲與北海徐幹字偉長、〔一〕廣陵陳琳字孔璋、陳留阮瑀字元瑜、〔二〕汝南應瑒〔三〕字德璉、〔四〕東平劉楨〔五〕字公幹，並見友善。〔六〕

〔一〕北海劇人。

〔二〕陳留尉氏人。胡三省曰：「姓譜：殷有阮國，在岐、渭之間。周詩有侵阮阻楚辭，子孫以國爲姓；後漢有已吾令阮敦。」

〔三〕汝南南頓人。

〔四〕原注：「瑒，音徒哽反。一音暢也。」（馮本暢下無「也」字。）

〔五〕東平寧陽人。

〔六〕劉咸炘曰：「曾云：因粲而兼敘徐、陳、阮、應、劉事，略仿孟荀列傳之例。」

幹爲司空軍謀祭酒掾屬，五官將文學。〔一〕

先賢行狀曰：幹清玄體道，六行修補，〔二〕聰識洽聞，操翰成章，輕官忽禄，不耽世榮。建安中，太祖特加旌命，以疾休息。後除上艾長，〔三〕又以疾不行。〔四〕

〔一〕隋唐經籍志：「徐氏中論六卷，魏太子文學徐幹撰。」中論序云：「予以荀卿子、孟軻懷亞聖之才，著一家之法，繼明聖人之業，皆以姓名自書，猶至於今，厥字不傳。原思其故，皆由戰國之世，樂賢者寡，同時之人，不早紀録，豈況徐子中論之書，不以姓名爲目乎？恐歷久遠，名或不傳，故不量其才，喟然感歎，先目其德，以發其姓名，述其雅好不刊之行，屬之篇首，以爲之序。其辭曰：世有雅達君子者，姓徐，名幹，字偉長，北海劇人也。其先業以清亮臧否爲家，世濟其美，不隕其德，至君之身十世矣。君含元休清明之氣，持造化英哲之性，放口而言，則樂頌九德之文；通耳而識，則教不再告。未志乎學，蓋已誦文數十萬言矣。年十四，始讀五經，發憤忘食，下帷專思，以夜繼日。父恐其得疾，常禁止之。故能未至弱冠，學五經悉載於口，博覽傳記，言則成章，操翰成文矣。此時靈帝之末年也。國典墮廢，冠族子弟，結黨權門，交援求名，競尚爵號。君病俗迷昏，遂閉户自守，不與之羣，以六籍娛心而已。君子之達也，學無常師，有一業勝己者，便從學焉，必盡其所知而後釋之。有一言之美，不令過耳，必心識之。志在總衆言之長，統道德之微，恥一物之不知，愧一藝之不克。故日夜亹亹，昃不暇食，夕不解衣。晝則研精經緯，夜則歷觀列宿，考混元於未形，補聖德之空缺，誕長慮於無窮，旌微言之將墜。何暇譾小學，治浮名，與俗士相彌縫哉！故浮淺寡識之人，適解驅使榮利，豈知大道之根？然其餘以疏略爲太簡，曾無憂樂，徒以爲習書之儒，不足爲上。欣之者衆，辨之者寡。故令君州閭之稱，不早彰徹。然秉正獨立，志有所存，俗之毁譽，有如浮雲。若有覺而還反者，則以道進之，忘其前之謗己也。其犯而不校，下學而上達，皆此之類也。于時董卓作亂，幼主西遷，姦雄滿野，天下無主。聖人之道息，邪僞之事興，營利之士得譽，守貞之賢不彰。故令君譽聞不振於華夏，玉帛安車不至於門。考其德行文藝，實帝王之佐也。道之不行，豈不惜哉！君避地海表，自歸舊都，州郡牧守禮命，踧踖連武欲致之。君以爲縱横之世，乃先聖之所厄困也，豈況吾徒哉。有譏孟軻不度其量，擬聖行道，傳食諸侯，深美顔淵、荀卿之行，故絶迹山谷，幽居研幾，用思深妙，以發疾疢。潛伏延年，會上公撥亂，正路始闢，遂力疾應命，從戍征行，歷載五六，疾稍沉篤，不堪王事，潛身窮巷，頤志保真，淡泊無爲，惟存正道。環堵之牆，以庇妻子，并日而食，不以爲戚。養浩然之氣，習羨門之術。時人或有聞其如此而往觀之，或有頗識其真而從之者，君無不容而見之，厲以聲色，度其情志，倡其言論，知可以道長者，則微而誘之，令益者不自覺，而大化陰行，其所匡濟，亦已多矣。君之交也，則不以其短，各取其長而善之，取故少顯，盡己之交，亦無孜孜和愛之好。統聖人中和之業，蹈賢哲守度之行，淵默難測，誠寶偉之器也。君之性，常欲損世之有餘，益俗之不足，見辭人美麗之文，並時而作，曾無闡弘大義，敷散道教，上求聖人之中，下救流俗之昏者。故廢詩、賦、頌、銘、贊之文，著中論之書二十篇。其所甄紀，邁君昔志，蓋百之一也。文義未究，年四十八，建安二十三年春二月，遭厲疾，大命殞頽，豈不痛哉！余數侍坐，觀君之言常怖，篤意自勉，而心自薄也。何則？自顧才志不如之遠矣耳。然宗之仰之，以爲師表。自君之亡，有子貢山梁之行，故追述其事，麤舉其顯露易知之數，沉冥幽微，深奧廣遠者，遺之精通君子，將自贊明之也。」曾鞏曰：「臣始見館閣及世所有徐幹中論二十篇，以謂盡於此。及觀貞觀政要，怪太宗稱嘗見幹中論復三年喪篇，而今書此篇闕。因考之魏志，見文帝稱幹著中論二十餘篇，於是知館閣即世所有幹中論二十篇者，非全書也。臣始讀其書，察其意而賢之，因其書以求其爲人。又知其行之可賢也，惜其有補於世，而識之者少。蓋迹其言行之所至，而以世俗之好惡觀之，彼惡足以知其意哉！顧臣之力，豈足以重其書，使學者尊而信之。因校其脱繆，而序其大略，蓋所以致臣之意云。編校書籍臣曾鞏上。」四庫提要曰：「中論二卷，漢徐幹撰。幹，北海劇人，事蹟附見魏志王粲傳，故相沿稱爲魏人。然幹没後三四年，魏乃受禪，不得遽以帝統予魏。陳壽作史，託始曹操，稱爲太祖，遂并其僚屬均入魏志，非其實也。是書隋、唐志皆六卷，隋志又注云梁目一卷，崇文總目亦作六卷，而晁公武、陳振孫並作二卷，與今本合。則宋人所併矣。書凡二十篇，大都闡發義理，原本經訓，而歸之于聖賢之道。故前史皆列之儒家。晁公武稱李獻民所見别本，實有復三年制役二篇，是其書在宋仁宗時，尚未盡殘闕。今所謂别本者，不可復見，于是二篇，遂佚不存。又書前有原序一篇，不題名字，陳振孫以爲幹同時人所作。今驗其文，頗類漢人體格，知振孫所言不誣。惟魏志稱幹卒於二十二年，而序乃作二十三年二月，與史頗異。」弼按：序言幹年四十八，建安二十三年春二月遭厲疾，大命殞頽。按獻帝紀：建安二十二年大疫。

又按裴注引魏略云：「建安二十三年，太子與吳質書曰昔年疾疫，親故多離其災，徐、陳、應、劉，一時俱逝云云。」昔年當指二十二年言，序稱二十三年者，傳寫誤二爲三也。文心雕龍才略篇曰：「徐幹以賦論標美。」詮賦篇云：「偉長博通，時逢壯采。」哀弔篇云：「建安哀辭，惟偉長差善。行女一篇，時有惻怛。」隋志：「魏太子文學徐幹集五卷，梁有録一卷，亡。」嚴可均全後漢文輯存文十篇，馮惟訥詩紀輯存五篇。洪飴孫曰：「建安十六年，文帝爲五官中郎將，時副丞相，置官屬，有長史、文學、司馬、門下賊曹、功曹。踐阼後不置。」

〔二〕六行，孝、友、睦、婣、任、恤也。

〔三〕郡國志：「冀州常山國上艾。」一統志：「上艾故城，今山西平定州境。」

〔四〕冢記曰：「徐幹墳在濰縣東五十里，俗呼博士冢。」趙一清曰：「魏書地形志：北海郡都昌有徐偉長冢。」

琳前爲何進主簿，進欲誅諸宦官，太后不聽。進乃召四方猛將，並使引兵向京城，欲以劫恐太后。琳進諫曰：「易稱即鹿無虞，〔一〕諺有掩目捕雀。夫微物尚不可欺以得志，況國之大事，其可以詐立乎？今將軍總皇威，握兵要，龍驤虎步，高下在心。〔二〕以此行事，無異於鼓洪爐以燎毛髮。但當速發雷霆，行權立斷，違經合道，天人順之；而反釋其利器，更徵於他。〔三〕大兵合聚，彊者爲雄，所謂倒持干戈，受人以柄，必不成功，〔四〕祇爲亂階。」進不納其言，竟以取禍。琳避難冀州，袁紹使典文章。袁氏敗，琳歸太祖。太祖謂曰：「卿昔爲本初移書，但可罪狀孤而已，惡惡止其身，何乃上及父祖邪？」琳謝罪，〔五〕太祖愛其才而不咎。〔六〕

〔一〕李賢曰：「易屯卦六三爻辭也。虞，掌山澤之官，即鹿，猶從禽也。無虞，言不可得。」

〔二〕惠棟曰：「左傳舊注云：高下，猶屈申。杜預云：因時制宜。」

〔三〕范書何進傳作「夫違經合道，天人所順，而反委釋利器，更徵外助」。

〔四〕毛本「成」作「立」。

〔五〕御覽五百九十七引魏書：「琳謝曰：矢在弦上，不得不發。」

〔六〕隋書經籍志：「後漢丞相軍謀掾陳琳集三卷，梁十卷，録一卷。」唐經籍志：「陳琳集十卷。」吳志張紘傳注引吳書曰：「紘見陳琳武庫賦、應機論，與琳書深歎美之。」弼按：琳、紘同爲廣陵人。琳神武賦見武紀建安十二年注。藝文類聚七十九載琳神女賦云：「漢三七之建安，荆野蠢而作仇，贊皇師以南假，濟漢川之清流。感詩人之悠歎，想神女之來游。」蓋建安二十一年從征吳時作也。琳答東阿王牋、爲曹洪與魏太子書，俱見文選。琳更公孫瓚與子書，見公孫瓚傳注引典略。又答張紘書，見吳志張紘傳注引吳書。嚴可均全後漢文輯存文十九篇，馮惟訥詩紀輯存樂府詩三篇。

瑀少受學於蔡邕，〔一〕建安中，都護曹洪欲使掌書記，瑀終不爲屈。太祖並以琳、瑀爲司空軍謀祭酒，管記室。〔二〕

文士傳曰：太祖雅聞瑀名，辟之，不應，連見偪促，乃逃入山中。太祖使人焚山，得瑀，送至，召入。太祖時征長安，大延賓客，怒瑀不與語，使就技人列。瑀善解音，能鼓琴，遂撫弦而歌，因造歌曲曰：「奕奕天門開，大魏應期運；青蓋巡九州，在東西人怨。士爲知己死，女爲悦者玩，恩義苟敷暢，他人焉能亂！」爲曲既捷，音聲殊妙，當時冠坐，太祖大悦。

臣松之案：魚氏典略、摯虞文章志並云「瑀建安初辭疾避役，不爲曹洪屈；得太祖召，即投杖而起。」不得有逃入山中，焚之乃出之事也。

又典略載：太祖初征荆州，使瑀作書與劉備。〔三〕及征馬超，又使瑀作書與韓遂。此二書今具存。至長安之前，遂等破走，太祖始以十六年得入關耳。而張騭云初得瑀時，太祖在長安，此又乖戾。〔四〕瑀以十七年卒，太祖十八年策爲魏公，而云瑀歌舞辭稱「大魏應期運」，愈知其妄。又其辭云「他人焉能亂」，了不成語。瑀之吐屬，必不如此。〔五〕

軍國書檄，多琳、瑀所作也。

典略曰：琳作(中)〔諸〕書及檄，草成呈太祖。太祖先苦頭風，是日疾發，臥讀琳所作，翕然而起，曰：「此愈我病。」數加厚賜。太祖嘗使瑀作書與韓遂，時太祖適近出，瑀隨從，因于馬上具草。書成呈之。太祖擥筆欲有所定，而竟不能增損。〔六〕

琳徙門下督，瑀爲倉曹掾屬。〔七〕

〔一〕邕爲陳留圉人，瑀爲陳留尉氏人。御覽三百八十五引文士傳云：「瑀少有儁才，應機捷麗。就蔡邕學，歎曰：童子奇眉，朗朗無雙。」

〔二〕胡三省曰：「漢公府有記室令史，主上章表報書記。」御覽二百四十九引典略云：「瑀以才自護。曹洪聞其有才，欲使答報書，瑀不肯；榜笞瑀，瑀終不屈。洪以語曹公，公知其無病，使人呼瑀，瑀終怖，詣門。公見之曰：卿不肯爲洪，且爲我作之。瑀曰：諾。遂爲記室。」洪飴孫曰：「記室無員，第七品，太祖時置。」

〔三〕御覽卷六百引金樓子：「劉備叛走，曹操使阮瑀爲書與備，馬上立成。」

〔四〕宋本「戾」作「矣」。

〔五〕隋書經籍志：「後漢丞相倉曹屬阮瑀集五卷。」張氏百三家集阮元瑜集輯本一卷。嚴可均全後漢文輯本有紀征賦、止欲賦、箏賦、鸚鵡賦、謝曹公箋、爲曹公與孫權書、爲曹公與劉備書、文質論、弔伯夷，凡九篇。馮氏詩紀輯存樂府詩十篇。

〔六〕文心雕龍檄移篇曰：「陳琳之檄豫州，壯有骨鯁，雖姦閹攜養，章密太甚，發丘摸金，誣過其虐。然抗辭書釁，皦然露骨矣。敢指曹公之鋒，幸哉，免袁黨之戮也。」梁章鉅曰：「琳檄草愈頭風，此歸太祖後事。而世專指袁本初之檄文，殊失實。蓋即前明小説家之讆言也。」

〔七〕門下督見邢顒傳，倉曹掾屬見武紀建安十九年。

瑒、楨各被太祖辟，爲丞相掾屬。瑒轉爲平原侯庶子，後爲五官將文學。

華嶠漢書曰：瑒祖奉，字世叔。才敏善諷誦，故世稱「應世叔讀書，五行俱下」。著後序十餘篇，〔一〕爲世儒者。延熹中，至司隸校尉。〔二〕子劭，字仲遠，〔三〕亦博學多識，尤好事。諸所撰述風俗通等，凡百餘篇。辭雖不典，世服其博聞。〔四〕續漢書曰：劭又著中漢輯敘、漢官儀及禮儀故事，凡十一種，百三十六卷。朝廷制度，百官儀式，所以不亡者，由劭記之。〔五〕官至泰山太守。〔六〕劭弟珣，字季瑜，司空掾，即瑒之父。〔七〕

楨以不敬被刑，刑竟署吏。〔八〕

文士傳曰：楨父名梁，字曼山，一名恭。少有清才，以文學見貴，終于野王令。〔九〕

典略曰：文帝嘗賜楨廓落帶，其後師死，欲借取以爲像，〔一〇〕因書嘲楨云：「夫物因人爲貴。故在賤者之手，不御至尊之側。今雖取之，勿嫌其不反也。」楨答曰：「楨聞荆山之璞，曜元后之寶；隨侯之珠，燭衆士之好；〔一一〕南垠之金，〔一二〕登窈窕之首；〔一三〕鼲貂之尾，〔一四〕綴侍臣之幘。〔一五〕此四寶者，伏朽石之下，〔一六〕潛汙泥之中，而揚光千載之上，發彩疇昔之外，亦皆未能初自接於至尊也。夫尊者所服，卑者所修也；貴者所御，賤者所先也。故夏屋初成，而大匠先立其下；嘉禾始熟，而農夫先嘗其粒。恨楨所帶，無他妙飾，若實殊異，尚可納也。」楨辭旨巧妙皆如是，由是特爲諸公子所親愛。其後太子嘗請諸文學，酒酣坐歡，命夫人甄氏出拜。坐中衆人咸伏，而楨獨平視。〔一七〕太祖聞之，乃收楨，減死輸作。〔一八〕

咸著文賦數十篇。

〔一〕范書應奉傳：「奉字世叔，汝南南頓人。著漢書後序，多所述載。」袁山松書曰：「奉又删史記、漢書及漢記三百六十餘年，自漢興至其時，凡十七卷，名曰漢事。」隋書經籍志儒家：「梁有後序十二卷，後漢司隸校尉應奉撰。亡。」章宗源曰：「隋志所云後序，當即范史所稱漢書後序，尋其名義，似宜列諸史部。」姚振宗曰：「袁山松載漢事十七卷，華嶠載後序十餘篇。范史綜覈其文，故合併言之，曰漢書後序。書或事之僞，即指漢事歟？奉書大抵以事蹟編爲漢事，而以其所餘言論細碎，仿劉向新序之例，別爲後序，故七録入之儒家。章氏以漢書、後序爲一書，恐非是。」

〔二〕范書奉傳：「奉少聰明，凡所經履，莫不暗記，讀書五行並下。爲郡決曹史，行部四十二縣，録囚徒數百千人。及還，太守備問之，奉口説罪繫姓名，坐狀輕重，無所遺脱。時人奇之。拜武陵太守。車騎將軍馮緄推破武陵蠻功於奉，薦爲司隸校尉，以嚴厲名。黨事起，以疾自退，追愍屈原，因以自傷，著感騷三十篇，數萬言。」隋書經籍志雜家：「梁有洞序九卷，録一卷，應奉撰。亡。」

〔三〕應劭事見武紀興平元年注引世語。謝承書曰：「應氏譜並云字仲遠，續漢書文士傳作仲援，漢官儀又作仲瑗。」惠棟曰：「劉寬碑陰有故吏南頓應劭仲瑗。洪适云、漢官儀作瑗。官儀，劭所著，又此碑可據，遠、援皆非。」

〔四〕范書劭傳：「劭撰風俗通，以辯物類名號，釋時俗嫌疑。文雖不典，後世服其洽聞。」四庫提要曰：「考隋書經籍志，風俗通義三十一卷，註云録一卷，應劭撰。梁三十卷。唐書藝文志：應劭風俗通義三十卷。崇文總目、讀書志、書録解題皆作十卷，與今本同。明吳琯刻古今逸史，又删其半，則更闕略矣。其自序云：謂之風俗通義，言通於流俗之過謬，而事該之於義理也。後漢書本傳稱，撰風俗通以辨物類名號，識時俗嫌疑，不知何以删去義字。或流俗省文，如白虎通義之稱白虎通，史家因之歟？其書因事立論，文辭清辨，可資博洽。大致如王充論衡，而敘述簡明，則勝充書之冗漫。」四庫簡明目録曰：「後漢書本傳作風俗通，省文也。姓氏一篇，自宋已佚，散見永樂大典中，今裒爲一篇，附録於末。其書攷論典禮，類白虎通義，糾正流俗，類論衡，不名一體，故列之雜説。」盧文弨羣書拾補曰：「風俗通佚文者，十卷外之所遺也。嘉定錢詹事曉徵，采集頗富。仁和孫侍御詒穀，復因其本，重加訂補。縱不能盡復舊觀，然碎金斷璧，終可寶愛，嗜古者所不忍遺也。」嚴可均全後漢文編曰：「案：風俗通義三十卷，見存十卷，不録；録其佚文爲六卷。篇目可見者，曰音聲，曰論數，曰氏姓，曰災異，凡六百七條。」又張澍有風俗通姓氏篇輯注上下卷。梁章鉅曰：「此書今分一百二十八目，與史稱百餘篇合。其只稱風俗通，則自後漢、三國已然。惟華嶠云：辭雖不典，當時頗有貶詞，不可得其左證矣。」王鳴盛曰：「范蔚宗論云：劭撰著篇籍，甄紀異知，雖云小道，亦有可觀者焉。案：劭著述今存者惟風俗通，明新安吴琯刻四卷，元大德丁未，無錫州守劉平父刻十卷，然亦非全本。如李注所引，出此刻外甚多，知佚者多矣。劭，俗儒；風俗通，小説家，蔚宗譏其不典。又云異知小道。王充傳：著論衡八十五篇，釋物類同異，正時俗嫌疑，與風俗通品題略同。蓋兩書正是一類，皆摭拾謏文，鄙書燕説也。」弼按：劭自序云：「俗間行語，衆所共傳，積非習貫，莫能原察。今王室大壞，九州幅裂，亂靡有定，生民無幾。私懼後進，益以迷昧，聊以不才，舉爾所知。方以類聚，凡十一卷，謂之風俗通義。」云云。是劭此作，辨名正俗，有功世道人心之作。梁、王説均非是。惜此書佚者甚多，吴志張昭傳裴注云：「劭議舊君諱，論者互有異同，事在風俗通。」今本無之。嚴可均輯佚，僅存數語。

〔五〕范書劭傳：「劭删定律令爲漢儀，建安元年奏曰：逆臣董卓，蕩覆王室，典憲焚燎，靡有孑遺。臣竊不自揆，貪少云補，輒撰集律本章句、尚書舊事、廷尉板令、決事比例、司徒都目、五曹詔書及春秋斷獄凡二百五十篇，又集駮議三十篇，以類相從，凡八十二事。其見漢書二十五、漢記四，皆删敘潤色，以全本體。其二十六，博采古今瓌瑋之士，文章煥炳，德義可觀。其二十七，臣所搽造，豈繄自謂，必合道衷；心焉憤邑，聊以藉手。是用敢露頑才，廁於明哲之末，雖未足綱紀國體，宣洽時雍，庶幾觀察增闡聖德。唯因萬機之餘暇，游意省覽焉。獻帝善之。二年，詔拜劭爲袁紹軍謀校尉。時始遷都於許，舊章湮没，書記罕存。劭綴集所聞，著漢官禮儀故事，凡朝廷制度，百官典式，多劭所立。初，父奉爲司隸時，並下諸官府郡國，各上前人像贊。劭乃連綴其名，録爲狀人紀。又論當時行事，著中漢輯序。凡所著述，百三十六篇。又集解漢書，皆傳於時。後卒於鄴。弟子瑒、璩，並以文才稱。」顏師古漢書序例云：「漢書舊無注解，唯服虔、應劭等各爲音義，自別施行。至典午中朝，有臣瓚者，總集諸家音義，凡二十四卷。今之集解、音義，則是其書。而後人見者，不知臣瓚所作，乃謂之應劭等集解。王氏七志、阮氏七録並題云，然斯不審耳。」錢大昕曰：「隋志：漢書集解音義二十四卷，應劭撰。依顏説，知隋志所載，即臣瓚所集，非出劭一人。隋志多承阮録舊文，則應劭下當有等字，殆傳寫失之也。」姚振宗曰：「顏氏言七志、七録已然，則自宋及梁，由來已久，亦何至一誤再誤，至唐初修志，猶未刊正，而五代人、宋人修唐書，又復遞相沿誤，揆諸事理，或不盡然。疑應書、瓚書卷數相同，顏監但見瓚書，不見應書，故有是言耳。」弼按：應劭尚有注荀悦漢紀三十卷，（見唐書藝文志，姚振宗辨其誤。）漢朝駁三十卷，（見唐書藝文志。）漢官注五卷，（見隋書經籍志。）汝南君諱議二卷，（見隋書經籍志。）地理風俗記，（見水經河水注、温水注。）十三州記，（見水經泗水、淄水注。）集四卷。（見隋書經籍志。）

〔六〕劭爲泰山太守，舉一孝廉，旬日而殺之。見邴原傳注。

〔七〕范書劭傳：「中興初有應嫗者，生四子而寡。見神光照社，試探之，乃得黄金。自是諸子宦學，並有才名，至瑒七世通顯。」應亨集讓著作表曰：「自司隸校尉奉至臣五世，著作不絶，鄉族以爲美談。」崔駰三世相繼，其後無聞；若乃談、遷接武，彪、固踵迹，亦各一時之良也。」文心雕龍才略篇：「應瑒學優以得文。」隋書經籍志：「魏太子文學應瑒集一卷。」嚴可均輯存文十八篇，馮惟訥詩紀輯存詩五篇。

〔八〕御覽三百八十五引文士傳曰：「楨少以才學知名，年八九歲，能誦論語、詩論及詞賦數萬言。警悟辨捷，所問應聲而答。當其詞氣鋒烈，莫有折者。」

〔九〕范書文苑傳：「劉梁字曼山，一名岑，東平寧陽人。梁，宗室子孫，少孤貧，賣書於市以自資。常疾世多利交，以邪曲相黨，乃著破羣論，又著辯和同之論。桓帝時，舉孝廉，除北新城長。大作講舍，延聚生徒數百人，身執經卷，試策殿最，儒化大行。特召入，拜尚書郎，累遷，後爲野王令，未行。光和中，病卒。孫楨，亦以文學知名。」弼按：范書劉梁傳：楨爲梁孫。文士傳作「楨父名梁」。范書作「梁一名岑」，文士傳作「一名恭」。未知孰是。

〔一〇〕沈欽韓曰：「淮南主術訓：趙武靈王貝帶鵕鸃。注：鵕鸃讀曰私鈚頭，二字三音也，曰郭洛帶。按：私鈚即趙武靈王賜周紹之師比，漢書匈奴傳之犀毗帶鉤也。楚詞大招：小腰秀頭，若鮮卑只。王逸注：鮮卑，衮帶頭也。（東觀記鄧遵傳：詔賜遵金剛鮮卑緄帶一具，緄即衮字也。）漢書注張晏曰：鮮卑，郭落帶，瑞獸名也。東胡好服之。晏以郭落帶爲瑞獸名，雖不可攷，知此帶出于鮮卑胡明矣。張革爲廓，設鉤爲落，作廓落者是。」孫志祖曰：「漢書匈奴傳張晏注：鮮卑，郭落帶，即廓落帶，文異耳。」潘眉曰：「廓落帶即鉤絡帶，革帶之有鉤者。師者，工師也。」弼按：張勃吳録：「鉤落者，革帶也，世名鉤落帶。」

〔一一〕淮南子「隋侯之珠」高誘注曰：「隋侯見大蛇傷斷，以藥傅而塗之。後蛇於江中銜珠以報，因曰隋侯珠。」

〔一二〕毛本「垠」作「珢」。

〔一三〕詩泮水「大賂南金」鄭箋云：「荆、揚之州，貢金三品。」

〔一四〕一本作「韞貂」，又作「貂貚」。

〔一五〕漢侍中常侍加黃金璫，附蟬爲文，貂尾爲飾，謂之趙惠文冠。

〔一六〕馮本「朽」作「杇」，誤。

〔一七〕沈欽韓曰：「曲禮注：平視，謂視面也。」王鳴盛曰：「後世文人浮華輕薄之習，七人開之。曹丕命甄夫人出拜客，劉楨平視之，又命吳質諦視郭后，一時風氣流蕩若此。」

〔一八〕御覽四百六十四引文士傳曰：「楨性辯捷，文帝常請同好爲主人，使甄夫人出拜，坐者皆伏，而楨獨平視如故。武帝使人觀之，見楨，大怒，命收之。主者案楨大不恭，應死；減一等，輸作部使磨石。武帝嘗輦至尚方觀作者，見楨故環坐正色，磨石不仰。武帝問曰：石如何？楨因得喻己自理，跪對曰：石出自荆山元巖之下，外有五色之章，内含卞氏之珍，磨之不加瑩，雕之不增文。稟氣堅貞，受性自然，顧理枉屈紆繞，獨不得申。武帝顧左右大笑，即日還宫赦楨，復署吏。」水經穀水注：「聽訟觀，西北接華林隸簿。昔劉楨磨石處也。」本志邢顒傳載庶子劉楨諫曹植書，是楨亦嘗爲平原侯庶子也。隋書經籍志：「毛詩義問十卷，魏太子文學劉楨撰。」（姚振宗曰：「建安二十二年，文帝始立爲太子，楨以是年卒，此則太子文學或後追題。」）馬國翰輯本序曰：「劉楨毛詩義問，隋、唐志並十卷，今從水經注、北堂書鈔、初學記、藝文類聚、太平御覽輯得十二節。訓釋名物，與陸璣疏相似。」隋書經籍志：「魏太子文學劉楨集四卷，録一卷。」魏文與吴質書云：「公幹五言詩，妙絶當時。」鍾嶸詩品曰：「魏文學劉楨詩，其源出於古詩，仗氣愛奇，動多振絶。真骨淩霜，高風跨俗，但氣過其文，雕潤恨少。然自陳思以下，楨稱獨步。」文心雕龍才略篇曰：「劉楨情高以會采。」書記篇云：「公幹箋記，麗而規益，子桓弗論，故世所共遺，若略取名實，則有美於爲詩矣。」嚴可均輯文十篇，馮惟訥輯詩八篇。

瑀以十七年卒，〔一〕幹、琳、瑒、楨，二十二年卒。〔二〕文帝書與元城令吴質曰：「昔年疾疫，親故多離其災，徐、陳、應、劉，一時俱逝。觀古今文人，類不護細行，鮮能以名節自立。而偉長獨懷文抱質，恬淡寡欲，有箕山之志，可謂彬彬君子矣。著中論二十餘篇，辭義典雅，足傳于後。德璉常斐然有述作意，其才學足以著書，美志不遂，良可痛惜！孔璋章表殊健，微爲繁富；公幹有逸氣，但未遒耳。元瑜書記翩翩，致足樂也。仲宣獨自善於辭賦，惜其體弱，不起其文。〔三〕至於所善，古人無以遠過也。昔伯牙絶絃於鍾期，仲尼覆醢于子路，痛知音之難遇，傷門人之莫逮也。諸子但爲未及古人，自一時之儁也。」〔四〕典論曰：「今之文人，魯國孔融、廣陵陳琳、山陽王粲、北海徐幹、陳留阮瑀、汝南應瑒、東平劉楨。斯七子者，於學無所遺，於辭無所假，咸自以騁騏驥於千里，〔五〕仰齊足而並馳。〔六〕粲長於辭賦，幹時有逸氣，然非粲匹也。〔七〕如粲之初征、登樓、槐賦、征思，幹之玄猨、漏巵、圓扇、橘賦，雖張、蔡不過也。然於他文，未能稱是。琳、瑀之章表書記，今之儁也。應瑒和而不壯，劉楨壯而不密，孔融體氣高妙，有過人者，然不能持論，理不勝辭，至于雜以嘲戲，及其所善，揚、班之儔也。〔八〕

〔一〕藝文類聚三十四：「魏文帝寡婦賦序曰：陳留阮元瑜與余有舊，薄命早亡。每感存其遺孤，未嘗不愴然傷心，故作斯賦，以敘其妻子悲苦之情，命王粲等並作之。」又見文選潘岳寡婦賦注。

〔二〕吳本、毛本無瑒字，宋、元本、馮本有之。案下文徐、陳、應、劉一時俱逝語，當有瑒字。

〔三〕元本「起」作「知」，誤。

〔四〕此書承祚有删節，詳見後裴注引魏略。

〔五〕毛本「騁」作「聘」，誤。文選「驥」作「騄」。

〔六〕李善注：「左傳曰：田獵齊足，尚疾也。」

〔七〕文選作「徐幹時有齊氣，然粲之匹也」。沈家本曰：「文選與此注相乖，下文粲、幹並言，似以文選爲長。幹，北海人，故云齊。此幹或因正文公幹有逸氣而致誤。」

〔八〕此魏文典論中論文之文。藝文類聚五十三、文選五十二所載較詳。世期譏承祚録文帝與吳質書，美辭多被删落，何以自蹈其失？今依文選全録之。文云：「文人相輕，自古而然。傅毅之於班固，伯仲之閒耳，而固小之。與弟超書曰：武仲以能屬文，爲蘭臺令史，下筆不能自休。夫人善於自見，而文非一體，鮮能備善，是以各以所長，相輕所短。

里語曰：家有弊帚，享之千金，斯不自見之患也。今之文人，魯國孔融文舉、廣陵陳琳孔璋、山陽王粲仲宣、北海徐幹偉長、陳留阮瑀元瑜、汝南應瑒德璉、東平劉楨公幹，斯七子者，於學無所遺，於辭無所假，咸以自騁驥騄於千里，仰齊足而並馳。以此相服，亦良難矣。蓋君子審己以度人，故能免於斯累。而作論文，王粲長於辭賦，徐幹時有齊氣，然粲之匹也。如粲之初征、登樓、槐賦、征思，幹之玄猿、漏卮、員扇、橘賦，雖張、蔡不過也。然於他文，未能稱是。琳、瑀之章表書記，今之儁也。應瑒和而不壯，劉楨壯而不密，孔融體氣高妙，有過人者，然不能持論，理不勝詞，至於雜以嘲戲，及其所善，揚、班儔也。常人貴遠賤近，向聲背實，又患闇於自見，謂己爲賢。夫文本同而末異，蓋奏議宜雅，書論宜理，銘誄尚實，詩賦欲麗。此四科不同，故能之者偏也。唯通才能備其體。文以氣爲主，氣之清濁有體，不可力强而致。譬諸音樂，曲度雖均，節奏同檢，至於引氣不齊，巧拙有素，雖在父兄，不能以移子弟。蓋文章經國之大業，不朽之盛事，年壽有時而盡，榮樂止乎其身，二者必至之常期，未若文章之無窮。是以古之作者，寄身於翰墨，見意於篇籍，不假良史之辭，不託飛馳之勢，而聲名自傳於後。故西伯幽而演易，周旦顯而制禮，不以隱約而弗務，不以康樂而加思。夫然則古人賤尺璧而重寸陰，懼乎時之過已。而人多不强力，貧賤則懾於飢寒，富貴則流於逸樂，遂營目前之務，而遺千載之功。日月逝於上，體貌衰於下，忽然與萬物遷化，斯志士之大痛也！融等已逝，唯幹著論，成一家言。」

自潁川邯鄲淳、〔一〕

魏略曰：〔二〕淳一名竺，字子叔。〔三〕博學有才章，又善蒼、雅、蟲、篆、〔四〕許氏字指。〔五〕初平時，從三輔客荊州。〔六〕荊州內附，太祖素聞其名，召與相見，甚敬異之。時五官將博延英儒，〔七〕亦宿聞淳名，因啓「淳欲使在文學官屬中」。會臨菑侯植亦求淳，太祖遣淳詣植。植初得淳甚喜，延入坐，不先與談。時天暑熱，植因呼常從取水自澡訖，傅粉。〔八〕遂科頭拍袒，〔九〕胡舞五椎鍛，〔一〇〕跳丸擊劍，誦俳優小說數千言。

訖，謂淳曰：「邯鄲生何如邪？」〔一一〕於是乃更著衣幘，整儀容，〔一二〕與淳評説混元造化之端，品物區別之意，然後論羲皇以來賢聖名臣烈士優劣之差次，頌古今文章賦誄及當官政事宜所先後，又論用武行兵倚伏之勢。乃命廚宰，酒炙交至，坐席默然，無與伉者。及暮，淳歸，對其所知，歎植之材，謂之「天人」。而于時世子未立，太祖俄有意於植，而淳屢稱植材，由是五官將頗不悅。及黃初初，以淳爲博士給事中，淳作投壺賦千餘言奏之。文帝以爲工，賜帛千匹。〔一三〕

繁欽，〔一四〕

繁，音婆。〔一五〕典略曰：（繁）〔欽〕字休伯，以文才機辯，少得名於汝、潁。欽既長於書記，又善爲詩賦，其所與太子書，記喉轉意，〔一六〕率皆巧麗。〔一七〕爲丞相主簿，建安二十三年卒。〔一八〕

陳留路粹，〔一九〕

典略曰：粹字文蔚，少學於蔡邕。初平中，隨車駕至三輔。建安初，以高才與京兆嚴像〔二〇〕擢拜尚書郎。像以兼有文武，出爲揚州刺史。粹後爲軍謀祭酒，與陳琳、阮瑀等典記室。及孔融有過，太祖使粹爲奏，承指數致融罪，其大略言：「融當在北海，見王室不寧，招合徒衆，欲圖不軌。言：我大聖之後也，而滅於宋；有天下者，何必卯金刀？」又云：「融爲九列，不遵朝儀，禿巾微行，〔二一〕唐突宮掖。又與白衣禰衡，言語放蕩，衡與融更相贊揚。衡謂融曰：仲尼不死也。融答曰：顔淵復生」。凡説融諸如此輩，〔二二〕辭語甚多。融誅之後，人覩粹所作，無不嘉其才，而畏其筆也。〔二三〕至十九年，粹轉爲秘書令，從大軍至漢中，坐違禁賤請驢伏法。〔二四〕太子素與粹善，聞其死，爲之歎惜。〔二五〕及即位，特用其子爲長史。

魚豢曰：尋省往者，魯連、鄒陽之徒，援譬引類，以解締結，誠彼時文辯之儁也。今覽王、繁、阮、陳、路諸人前後文旨，亦何昔不若哉！其所以不論者，時世異耳。余又竊怪其不甚見用，以問大鴻臚卿韋仲將。仲將曰：「仲宣傷於肥戇，休伯都無格檢，元瑜病於體弱，孔璋實自麤疏，〔二六〕文蔚性頗忿鷙。如是彼爲，非徒以脂燭自煎糜也；其不高蹈，〔二七〕蓋有由矣。然君子不責備于一人，譬之朱漆，雖無楨幹，其爲光澤，亦壯觀也。」

沛國丁儀、丁廙，弘農楊修，河内荀緯等，亦有文采，而不在此七人之例。〔二八〕

儀、廙、修事並在陳思王傳。荀勗文章敘録曰：緯字公高，少喜文學。建安中，召署軍謀掾、魏太子庶子，稍遷至散騎常侍、越騎校尉。年四十二，黄初四年卒。〔二九〕

〔一〕北史三十四江式傳、後魏書九十一術藝傳，江式上表，均作陳留邯鄲淳。

〔二〕本志王肅傳注引魏略，以邯鄲淳列儒宗傳。

〔三〕御覽八百十八作元淑，法書要録作子淑，范書章懷注作子禮。范書列女傳曹娥傳注引會稽典録曰：「上虞長度尚弟子邯鄲淳，字子禮，時甫弱冠，而有異才。尚先使魏朗作曹娥碑，文成未出。會朗見尚，尚與之飲宴，而子禮方至，督酒，尚問朗碑文成未？朗辭不才，因試使子禮爲之。操筆而成，無所點定。朗嗟歎不暇，遂毁其草。其後蔡邕又題八字曰：黄絹幼婦，外孫虀臼。」王鳴盛曰：「注引會稽典録，盛誇邯鄲淳碑文之美，蔡邕題云黄絹幼婦外孫虀臼，謂絶妙好辭也。今觀其文，淺陋荒率，何絶妙之有？皆文士增飾耳。」惠棟曰：「水經注云：尚外甥邯鄲子禮。」（弼按：見漸江水注。）

〔四〕御覽七百四九作「蒼頡」。

〔五〕北史江式傳：「魏初博士清河張揖著埤倉、廣雅、古今字詁。究諸埤、廣，綴拾遺漏，增長事類，抑亦與文爲益者。然其字詁，方之許篇，（後魏書術藝傳作許慎篇。）古今體用，或得或失。陳留邯鄲淳，亦與揖同，博開古藝，（魏書作「博古開藝」。）特善倉、雅，許氏字指、八體、六書，精究閑理，有名於揖。以書教諸皇子，又建三字石經於漢碑西。其文蔚煥，三體復宣，校之説文，篆、隸大同，而古字少異。」衛恒四體書勢云：「梁鵠宜爲大字，邯鄲淳宜爲小字。鵠謂淳得次仲法。」又云：「魏初傳古文者，出於邯鄲淳，恒祖敬侯爲寫尚書，後以示淳，而淳不別。至正始中，立三字石經，轉失淳法。」王僧虔能書録曰：「淳得次仲法，名在鵠後。」錢大昭曰：「蒼者，蒼頡篇；雅者，爾雅。蟲，蝌斗書；篆，大小篆。許氏即説文解字；字指，即劉劭傳注所謂古今字指也。」梁章鉅曰：「倉、雅之稱，始見于此。」

〔六〕何焯曰：「世傳魏正始中所立三字石經，乃邯鄲淳書，自漢獻帝初平元年庚午，至曹魏邵陵厲公正始元年庚申，已五十一年。使子叔以弱冠避亂荆土，已應七十餘，安得精力猶辦，書七經於石也？」姚範曰：「范書云：元嘉元年，度尚命邯鄲淳作曹娥碑，時淳已弱冠。自元嘉至正始，亦九十餘年，而江式以三字爲魏碑則是，謂之邯鄲所書，非也。」余按：范書未云曹娥碑爲邯鄲淳撰，此章懷注引會稽典録，不足信也。自元嘉元年至黄初元年，已七十年，淳年九十餘，尚爲博士給事中獻投壺賦乎？又衛恒四體書勢云：正始中，立三字石經，轉失淳法。則三字石經，非淳之書。」

〔七〕册府「時」字下有「文帝初爲」四字。

〔八〕范書華佗傳：「恰而汗出，因以著粉。」沈欽韓曰：「恐汗出風溼反入毛孔，著粉使燥也。」

〔九〕「袒」，毛本作「祖」，誤。

〔一〇〕「椎」，毛本作「錐」，官本作「褨」。沈欽韓曰：「五椎鍛，蓋即華佗之五禽戲。」

〔一一〕子建狂態如此，孟德家風使然。

〔一二〕監本脱「儀」字，官本校正。

〔一三〕御覽八百十八引此作「賜帛十匹」。藝文類聚七十四載淳投壺賦云：「古者諸侯間于天子之事，則相朝也。以正班爵，講禮獻功。于是乃崇其威儀，恪其容貌，繁登降之節，盛揖拜之數。机設而弗倚，酒澄而弗舉，肅肅濟濟，其惟敬焉。敬不可久，禮成于飫，乃設大射，否則投壺。植兹華壺，梟氏所鑄，厥高二尺，盤腹修脰，飾以金銀，文以雕鏤，象物必具，距筵七尺；傑焉植駐，矢維二四，或柘或棘，豐本纖末，調勁且直，執竿奉中，司射是職。曾孫侯氏，與之乎皆得。然後觀夫投者之閑習察巧，妙之所極，駱驛聯翩，爰爰兎發，翻翻隼集，不盈不縮，應壺順入，何其善也！每投不空，四矢退效，既入躍出，荏苒偃仰，僶俛趨下，餘勢振掉，又足樂也。擬議于此，命中于彼，動之如志，靡有違盭，譬諸爲政，羣職罔弛也。左右畢投，效奇數鈞，列置功竿，稱善告賢，三載考績，幽明始分也。比投不釋，增是自遂。雖往有功，義所不貴，春秋貶翬，亦猶是類也。若乃撮矢作驕，累掇聯取，一往納二，巧無與耦，斯乃絶倫之才，尤異之手也。柯列葩布，匪罕匪稠，雖就置猶弗然，矧迴絶之所投？惟兹巧之妙麗，亦希世之寡儔；調心術于混冥，適容體于便安，紛縱奇于施舍，顯必中以微觀，悦舉坐之耳目。樂衆心而不倦，瓌瑋百變，惡可窮讚！」（梁章鉅曰：「魏略稱千餘言，此不及四百言，蓋節録也。」）隋書經籍志：「笑林三卷，後漢給事中邯鄲淳撰。」馬國翰輯本曰：「此書皆記可笑之事，隋、唐志並三卷。今從御覽、類聚、太平廣記、贊寧筍譜諸書輯録二十六條。」汪師韓文選理學權輿曰：「選注所引羣書，有邯鄲淳藝經。馬國翰輯本序曰：藝經，隋、唐志不著録，佚已久；輯録爲卷，凡十一事。隋書經籍志：魏給事中邯鄲淳集二卷，梁有録一卷。文心雕龍封禪篇云：邯鄲受命，攀響前聲，風末力寡，輯韻成頌。雖文理順序，而不能奮飛。」嚴可均輯存上受命述及表、漢鴻臚陳紀碑、孝女曹娥碑。馮氏詩紀輯存詩一首。

〔一四〕欽見奇劉表，見杜襲傳。胡三省曰：「左傳殷民七族，有繁氏；西漢有御史大夫繁延壽。」

〔一五〕顧炎武曰：「漢書：建昭三年，李延壽爲御史大夫，一姓繁。師古曰：繁，音蒲元反。陳湯傳：御史大夫繁延壽。師古曰：繁，音蒲胡反。蕭望之傳師古音婆，谷永傳師古音蒲河反。蒲元則音盤，蒲胡則音蒲，蒲河則音婆，三音互見。」

〔一六〕何焯曰：「記字下疑有脱文，當是薛訪車子喉轉能與笳同音事，而注脱其文也。」孫志祖曰：「四字爲句，謂記述薛訪車子喉轉之意，非有脱文。」

〔一七〕沈家本曰：「注文云皆巧麗，則非指一事而言，疑此注當以書字句絶，率字句絶。喉轉即薛訪車子事，而意率别一事，故曰皆。其書不傳，無可考矣。」弼按：魏文帝答繁欽書，有云「固非車子，喉轉長吟所能逮也」之語。嚴可均輯藝文、初學記、御覽各書所載爲一篇。

〔一八〕文選卷四十載繁休伯與魏文帝牋云：「正月八日壬寅，領主簿欽死罪死罪。近屢奉牋，不足自宣。頃諸鼓吹，廣求異技。時都尉薛訪車子，年始十四，能喉囀引聲，與笳同音。白上呈見，果如其言。即日故共觀試，乃知天壤之所生，誠有自然之妙物也。潛氣内轉，哀音外激，大不抗越，細不幽散，聲悲舊笳，曲美常均。及與黄門鼓吹温胡，迭唱迭和，喉所發音，無不響應，曲折沉浮，尋變入節。自初呈試，中間二旬，胡欲傲其所不知，尚之以一曲，巧竭意匱，既已不能，而此孺子，遺聲抑揚，不可勝窮，優游轉化，餘弄未盡，既其清激悲吟，雜以怨慕，詠北狄之遐征，奏胡馬之長思，悽入肝脾，哀感頑豔。是時日在西隅，涼風拂衽。背山臨溪，流泉東逝。同坐仰歎，觀者俯聽，莫不泫泣殞涕，悲懷慷慨。自左顛、史妠、謇姐名倡，能識以來，耳目所見，僉曰詭異，未之聞也。竊惟聖體，兼愛好奇，是以因牋，先白委曲。伏想御聞，必含餘懽，冀事速訖，旋侍光塵，寓目階庭，與聽斯調，宴喜之樂，蓋亦無量。欽死罪死罪。」李善注引文章志云：「欽少以文辯知名，以豫州從事稍遷至丞相主簿。病卒。」文帝集序云：「上西征，余守譙，繁欽從。時薛訪車子能喉囀，與笳同音。欽牋還與余，而盛歎之。雖過其實，而其文甚麗。」御覽卷百八十引襄沔記：「繁欽宅在襄陽，井臺猶存。」隋書經籍志：「後漢丞相主簿繁欽集十卷。」嚴可均輯存文二十二篇，馮氏詩紀輯存詩六篇。樂府解題：「定情篇，漢繁欽所作。若臂環致拳拳，指環致殷勤，耳珠致區區，香囊致扣扣，跳脱致契闊，佩玉結恩情。婦人敘志之詞也。」姚範曰：「習鑿齒與桓秘書書云：襄陽有繁、王之舊宅，繁疑即休伯也。」

〔一九〕元本「路」作「文」，誤。

〔二〇〕荀彧傳作嚴象。

〔二一〕毛本「巾」誤作「中」。

〔二二〕官本考證云：「宋本輩作章。」

〔二三〕文心雕龍奏啓篇：「觀孔光之奏董賢，則實其姦回；路粹之奏孔融，則誣其釁惡。名儒之與憸士，固殊心焉。」隋書經籍志：「梁有魏國郎中令路粹集二卷，録一卷，亡。」姚振宗曰：「郎中令疑是秘書令之譌。」嚴可均輯存枉狀奏孔融一篇，爲曹公與孔融書一篇。

〔二四〕文蔚終於伏法，足爲小人之戒。

〔二五〕毛本「惜」誤作「借」。

〔二六〕毛本「麤」誤作「麄」。

〔二七〕高蹈，謂擢用高位也。

〔二八〕趙一清曰：「典論七子數孔融，今傳無文舉，而云七人，未知所數，更屬何人。詳傳，仲宣以下，祇得六人耳。」沈家本曰：「評云：惟粲等六人，最見名目。恐七人乃六人之誤。」劉咸炘曰：「尚云建安七子，孔融在其中。陳壽以融附見崔琰傳，而不與粲等同列，蓋以融爲漢臣也。徐幹有箕山之志，評中亦特表之。」

〔二九〕荀緯事見楊俊傳及注引魏略。姚振宗曰：「魏志此卷所敘，凡三十一人，皆文學士各自著書傳世者。荀緯有文才，次建安七子，與王象同爲魏太子所禮待，又見於文章敘録，必有所作。其集蓋久亡，故七録、隋志不及著録。」

瑒弟璩，璩子貞，咸以文章顯。璩，官至侍中，〔一〕貞，咸熙中參相國軍事。

〔一〕文章敘録曰：璩字休璉，博學好屬文，善爲書記。文、明帝世，歷官散騎常侍。齊王即位，稍遷侍中、大將軍長史。曹爽秉政，多違法度，璩爲詩以諷焉。其言雖頗諧合，多切時要，世共傳之。復爲侍中，典著作。嘉平四年卒，追贈衛尉。〔二〕貞字吉甫，少以才聞，能談論。正始中，夏侯玄盛有名勢，貞嘗在玄坐，作五言詩，玄嘉玩之。舉高第，歷顯位。晉武帝爲撫軍大將軍，以貞參軍事。晉室踐阼，遷太子中庶子、散騎常侍。又以儒學與太尉荀顗撰定新禮，事未施行。泰始五年卒。〔三〕貞弟純。純子紹，永嘉中爲黃門侍郎，爲司馬越所殺。純弟秀。秀子詹，鎮南大將軍、江州刺史。〔四〕

〔一〕朱建平謂應璩曰：「君六十二，位爲常伯，而當有厄。」璩六十三卒。」見方伎傳。

〔二〕文選卷二十一應休璉百一詩一首。李善注：「(引)張方賢楚國先賢傳曰：汝南應休璉作百一篇詩，譏切時事，徧以示在事者，咸皆怪愕。或以爲應焚棄之，何晏獨無怪也。然方賢之意，以有百一篇，故曰百一。李充翰林論曰：應璩作五言詩百數十篇，以風規治道，蓋有詩人之旨焉。又孫盛晉陽秋曰：應璩作五言詩百三十篇，言時事頗有補益，世多傳之。據此二文，不得以一百一篇而稱百一也。今書七志曰：應璩集謂之新詩，以百言爲一篇，或謂之百一詩。然以字名詩，義無所取。據百一詩序云，時謂曹爽曰：公今聞周公巍巍之稱，安知百慮有一失乎？百一之名，蓋興於此也。」梁章鉅曰：「隋書經籍志應璩百一詩八卷，此特其一篇耳。文心雕龍謂應璩百一，辭譎義貞。談藝録謂休璉百一，微能自振，但傷媚焉。其辭異同。鍾嶸詩品云：應璩詩祖魏文，善指事，得激刺之旨。又謂陶淵明詩出於應璩，想皆評全詩，今僅存此首，無從證其是非也。又按，野客叢書言應璩百一詩凡有五首，亦未載其辭，知南宋已少傳矣。」姚振宗曰：「隋書經籍志：魏衛尉卿應璩集十卷，梁有録一卷。又總集篇：梁又有應貞注應璩百一詩八卷，亡。唐經籍志總集類：百一詩八卷，應璩撰。藝文志總集類：應璩百一詩八卷。張氏百三家應休璉集輯本一卷，凡牋書詩四十餘篇。嚴氏全三國文録存牋四篇，書二十九篇，馮氏詩紀存詩七首。按：百一詩，隋、唐志編入總集者，以應貞注本故也。兩唐志不著應貞注字，疏矣。」又曰：「魏志高堂隆傳注：棧潛字彦皇，見應璩書林。按裴注，則書林爲應璩所集，蓋集録諸家書記之文，棧彦皇即其中之一也。」趙一清曰：「晉書五行志：魏侍中應璩在直廬，欻見一白狗出門，問衆人，無見者。踰年，卒。御覽八百八十五引魏書曰：「朱建平善相，相璩曰：『君年六十二，位爲常侍，先此一年，當獨見一白狗也。』璩年六十一，爲侍中，直内省。忽見白狗，衆人悉不見，於是游讌自娱，年六十二卒。」

〔三〕晉書文苑傳：「應貞字吉甫，魏侍中璩之子也。自漢至魏，世以文章顯。軒冕相襲，爲郡盛族。貞善談論，以才學稱。夏侯玄有盛名，貞詣玄，玄甚重之。舉高第，頻歷顯位。武帝踐阼，遷給事中。」南齊書禮志序云：「晉初，司空荀顗，因魏代前事，撰爲晉禮。應貞並共删集，成百六十五篇。」文選卷二十載應吉甫晉武帝華林園集詩一首。李善注：「(引)干寶晉紀曰：泰始四年二月，上幸芳林園，與羣臣宴，賦詩觀志。孫盛晉陽秋曰：散騎常侍應貞詩最美。」隋志：「晉散騎常侍應貞集一卷，梁五卷。」

〔四〕晉書應詹傳：「詹字思遠，魏侍中璩之孫也。詹幼孤，爲祖母所養，以孝聞。弱冠知名，性質素弘雅，以學藝文章稱。司徒何劭見之，曰：『君子哉若人！』鎮南大將軍劉弘，詹之祖舅也，請爲長史。謂之曰：『君器識弘深，後當代老子於荆南矣。』委以軍政。弘著績漢南，詹之力也。遷南平太守。王澄爲荆州，假詹督南平、天門、武陵三郡軍事。及洛陽傾覆，詹攘袂流涕，勸澄赴援。澄使詹爲檄，詹下筆便成，辭義壯烈，見者慷慨。天門、武陵谿、蠻並反，詹討降之，數郡無虞。天下大亂，詹境獨全。尋與陶侃破杜弢於長沙，賊中金寶溢目，詹一無所取，唯收圖書，莫不歎之。賜爵潁陽鄉侯，遷益州刺史。士庶攀車號泣。拜後軍將軍，上書請修辟雍，國子受訓，皇儲釋奠。王敦作逆，詹擊敗之，斬賊率杜發，封觀陽縣侯，遷都督江州諸軍事、平南將軍、江州刺史。疾篤，與陶侃書曰：『每憶密計，自沔入湘，頡頏繾綣，齊好斷金。子南我東，忽然一紀，其間事故，何所不有？足下建功嶠南，旋鎮舊楚，吾承乏幸會，來忝此州，圖與足下進共竭節本朝，報恩幼主，退以申尋平生纏綿舊好。豈悟時不我與，長即幽冥，永言莫從，能不慨悵！今神州未夷，四方多難，足下年德並隆，功名俱盛，宜務建洪範，雖休勿休，至公至平，至謙至順，即自天祐之，吉無不利。人之將死，其言也善，足下察吾此誠。』以咸和六年卒，時年五十三。册贈鎮南大將軍、儀同三司，謚曰烈。」

瑀子籍，才藻豔逸，而倜儻放蕩，行己寡欲，以莊周爲模則。官至步兵校尉。籍字嗣宗。魏氏春秋曰：籍曠遠不羈，〔一〕不拘禮俗。〔二〕性至孝，居喪雖不率常檢，而毁幾至滅性。〔三〕兗州刺史王昶請與相見，終日不得與言。昶歎賞之，自以不能測也。太尉蔣濟聞而辟之，後爲尚書郎、曹爽參軍，以疾歸田里。歲餘，爽誅，〔四〕太傅及大將軍乃以爲從事中郎。〔五〕後朝論以其名高，欲顯崇之，籍以世多故，禄仕而已。〔六〕聞步兵校尉缺，〔七〕廚多美酒，營人善釀酒，求爲校尉，遂縱酒昏酣，遺落世事。〔八〕嘗登廣武，觀楚、漢戰處，〔九〕乃歎曰：「時無英才，使豎子成名乎！」〔一〇〕時率意獨駕，不由徑路，車跡所窮，輒慟哭而返。籍少時嘗游蘇門山，〔一一〕蘇門山有隱者，莫知姓名，有竹實數斛，臼杵而已。籍從之，與談太古無爲之道、及論五帝三王之義，蘇門生蕭然曾不經聽。籍乃對之長嘯，清韻響亮，蘇門生逌爾而笑。籍既降，蘇門生亦嘯，若鸞鳳之音焉。至是，籍乃假蘇門先生之論，以寄所懷。其歌曰：「日没不周西，月出丹淵中，陽精蔽不見，陰光代爲雄。〔一二〕亭亭在須臾，厭厭將復隆，富貴俯仰閒，貧賤何必終。」又歎曰：「天地解兮六合開，星辰隕兮日月頽，我騰而上將何懷？」〔一三〕籍口不論人過，而自然高邁，故爲禮法之士何曾等所讎疾。大將軍司馬文王常保持之。〔一四〕卒以壽終。〔一五〕子渾，字長成。世語曰：渾以閒澹寡欲，知名京邑。爲太子庶子，早卒。〔一六〕

〔一〕宋本「遠」作「達」。

〔二〕晉書阮籍傳：「籍容貌瓌傑，志氣宏放，傲然獨得，任性不羈，而喜怒不形於色。或閉户視書，累月不出；或登臨山水，經日忘歸。博覽羣籍，尤好莊、老。嗜酒，能嘯，善彈琴。當其得意，忽忘形骸時，人多謂之癡。」御覽引魏氏春秋云：「籍幼有奇才異質，八歲能屬文。性恬静，兀坐長嘯，以此終日。」竹林七賢傳曰：「籍有奇才異質，或閉户讀書，連月不出，或游行丘林，終日不返。」

〔三〕晉書籍傳：「籍性至孝。母終，正與人圍碁，對者求止，籍留與決賭。既而飲酒二斗，舉聲一號，吐血數升。及將葬，食一蒸肫，飲二斗酒，然後臨決。直言窮矣，舉聲一號，因又吐血數升。毀瘠骨立，殆至滅性。」

〔四〕晉書籍傳：「曹爽輔政，召爲參軍。籍因以疾辭，屏於田里。歲餘而爽誅，時人服其遠識。」

〔五〕太傅及大將軍皆有從事中郎，太傅從事中郎二人，千石，第六品；職參謀議。大將軍從事中郎四人，六百石，第六品。晉書籍傳：「宣帝爲太傅，命籍爲從事中郎，復爲景帝大司馬從事中郎。」

〔六〕毛本「仕」作「事」。

〔七〕續百官志：「步兵校尉一人，比二千石，掌宿衛兵，屬北軍中候。」晉書職官志：「屯騎、步兵、越騎、長水、射聲等校尉，是爲五校，並漢官也。魏、晉逮於江左，猶領營兵，皆中領軍統之。」

〔八〕晉書籍傳：「高貴鄉公即位，封關內侯，徙散騎常侍。籍本有濟世志，屬魏、晉之際，天下多故，名士少有全者。籍由是不與世事，遂酣飲爲常。文帝初欲爲武帝求婚於籍，籍醉六十日，不得言而止。鍾會數以時事問之，欲因其可否而致之罪，皆以酣醉獲免。籍聞步兵廚營人善釀，有貯酒三百斛，乃求爲步兵校尉，遺落世事。」世説簡傲篇：「晉文王功德盛大，坐席嚴敬，擬於王者。惟阮籍在坐，箕踞嘯歌，酣放自若。」王隱晉書曰：「魏末，阮籍有才，而嗜酒荒放，露頭散髮，裸袒箕踞。作二千石，不治官事，日與劉伶等共飲酒歌呼。時人或以籍生在魏、晉之交，欲佯狂避時，不知籍本性自然也。」

〔九〕一統志：「廣武山在今河南開封府滎澤縣西。」史記：「漢四年，項王與漢俱臨廣武而軍。」孟康注：「於滎陽築兩城相對曰廣武，在敖倉西三皇山上。」續漢志劉昭注：「西征記曰：滎陽有三皇山，或謂三室山，上有二城，東曰東廣武，西曰西廣武，各在一山頭，相去二百餘步，其間隔深澗。漢高祖與項籍語處。」酈道元水經注：「西廣武城，漢所築；東廣武城，項羽所築。夾城之間，有絶澗斷山，謂之廣武澗。」括地志：「廣武山在滎澤縣西二十里。」

〔一〇〕晉書籍傳：「登武牢山，望京邑而歎，於是賦豪傑詩。」

〔一一〕一統志：「蘇門山在今河南衛輝府輝縣西北七里，一名蘇嶺，即太行支山也。本曰柏門山，亦作百門山。」元和志：「山即孫登隱處。」方輿紀要四十九：「蘇門山有百門泉，泉通百道。衛風所詠泉源在左者也。」

〔一二〕毛本「光」誤作「精」。

〔一三〕此二歌皆在籍所撰大人先生傳中。晉書籍傳：「籍嘗於蘇門山遇孫登，與商略終古，及栖神道氣之術。登皆不應。籍因長嘯而退。至半嶺，聞有聲若鸞鳳之音，響乎巖谷，乃登之嘯也。遂歸，著大人先生傳。其略曰：世之所謂君子，惟法是修，惟禮是克。手執圭璧，足履繩墨，行欲爲目前檢，言欲爲無窮則。少稱鄉黨，長聞鄰國，上欲圖三公，下不失九州牧。獨不見羣蝨之處褌中，逃乎深縫，匿乎壞絮，自以爲吉宅也。行不敢離縫際，動不敢出褌襠，自以爲得繩墨也。然炎丘火流，焦邑滅都，羣蝨處於褌中，而不能出也。君子之處域內，何異夫蝨之處褌中乎？此亦籍之胸懷本趣也。」太平寰宇記引魏氏春秋云：「籍見孫登長嘯，有鳳凰集登所隱之處，因號登爲蘇門先生。」

〔一四〕世說德行篇：「晉文王稱阮嗣宗至慎，每與之言，言皆玄遠，未嘗臧否人物。」本志李通傳注引王隱晉書所載與此同。又世說任誕篇：「阮籍遭母喪，在晉文王坐進酒肉。司隸何曾亦在坐，曰：明公方以孝治天下，而阮籍以重喪，顯於公坐飲酒食肉，宜流之海外，以正風教。文王曰：嗣宗毀頓如此，君不能共憂之，何謂？且有疾而飲酒食肉，固喪禮也。」干寶晉紀曰：「何曾嘗謂阮籍曰：卿恣情任性，敗俗之人也。今忠賢執政，綜核名實，若卿之徒，何可長也！」通鑑七十八：「籍居喪飲酒，何曾面質於司馬昭座。昭愛籍才，常擁護之。」胡三省曰：「昭讓九錫，籍代公卿爲勸進牋，辭甚清壯，故昭愛其才。」

〔一五〕晉書籍傳：「景元四年冬卒，時年五十四。籍能屬文，初不留思，作詠懷八十餘篇，爲世所重。著達莊論，敘無爲之貴。」宋史藝文志：「阮嗣宗通易論一卷。」寰宇記卷一：「阮籍臺在開封尉氏縣東南二十步。籍每邀名賢，攜酌長嘯，登此。籍墓在縣東四十里，有碑。」宋顏延年注詠懷詩序曰：「嗣宗身仕亂朝，常恐罹謗遇禍，因茲發詠，故每有憂生之嗟。雖志在譏刺，而文多隱避，百代之下，難以情測。故麤明大意，略其幽旨也。」鍾嶸詩品曰：「晉步兵阮籍詩，其源出於小雅，無雕蟲之功。而詠懷之作，可以陶性靈，發幽思，言在耳目之內，情寄八荒之表，洋洋乎會於風、雅，使人忘其鄙近。自致遠大，頗多感慨之詞，厥旨淵放，歸趣難求。」顏延之注解怯言其志。文心雕龍明詩篇曰：「嵇志清峻，阮旨遥深。」又才略篇云：「阮籍使氣以命詩。」隋書經籍志：「魏步兵校尉阮籍集十卷，梁十三卷，録一卷。」陳氏書録解題詩集類：「阮步兵集四卷，其題皆曰詠懷。首卷四言十三篇，餘皆五言八十篇，通爲九十三篇。文選所收十七篇而已。」馮惟訥詩紀曰：「京師曹家藏阮步兵詩一卷，唐人所書，與世所傳多異。孔宗翰亦有本，與此多同。」馮氏詩紀輯詩歌八十七篇，嚴可均輯文二十篇。何焯云：「阮公詠懷，文選所選，止十七篇，作者之要旨已具。」又云：「詠懷之作，其歸在於魏、晉易代之事，而其詞旨亦復難以直尋。若篇篇附會，又失之矣。」

〔一六〕晉書籍傳：「渾有父風，少慕通達，不飾小節。籍謂曰：仲容已豫吾此流，汝不得復爾。太康中，爲太子庶子。仲容，阮咸字，籍姪也。」

時又有譙郡嵇康，文辭壯麗，好言老、莊，而尚奇任俠。至景元中，坐事誅。

康字叔夜。案嵇氏譜：〔一〕康父昭，字子遠，督軍糧持書侍御史。〔二〕兄喜字公穆，晉揚州刺史、（中）〔宗〕正。〔三〕喜爲康傳曰：「家世儒學，少有儁才，曠邁不羣，高亮任信。〔四〕不修名譽，寬簡有大量，學不師授，博洽多聞。〔五〕長而好老、莊之業，恬靜無欲。性好服食，嘗採御上藥。善屬文論，彈琴詠詩，自足於懷抱之中。以爲神仙者，稟之自然，非積學所致。至於導養得理，以盡性命。若安期、彭祖之倫，可以善求而得也。著養生篇。〔六〕知自厚者所以喪其所生，其求益者必失其性，超然獨達，遂放世事，縱意於塵埃之表。撰録上古以來聖賢、隱逸、遁心、遺名者，集爲傳、贊，自混沌至於管寧，凡百一十有九人。蓋求之於宇宙之内，而發之乎千載之外者矣。故世人莫得而名焉。」〔七〕

虞預晉書曰：〔八〕康家本姓奚，會稽人。先自會稽遷于譙之銍縣，〔九〕改爲嵇氏，取「（嵇）〔稽〕」字之上山以爲姓，〔一〇〕蓋以志其本也。一曰：銍有嵇山，家于其側，遂氏焉。〔一一〕

魏氏春秋曰：康寓居河内之山陽縣，〔一二〕與之游者，未嘗見其喜愠之色。與陳留阮籍、河内山濤、河南向秀、〔一三〕籍兄子咸、琅邪王戎、沛人劉伶，相與友善，遊於竹林，號爲七賢。〔一四〕鍾會爲大將軍所昵，聞康名而造之。會，名公子，以才能貴幸，乘肥衣輕，賓從如雲。康方箕踞而鍛，〔一五〕會至，不爲之禮。康問會曰：「何所聞而來？何所見而去？」會曰：「有所聞而來，有所見而去。」會深銜之。〔一六〕大將軍嘗欲辟康，康既有絶世之言，又從子不善，避之河東，或云避世。及山濤爲選曹郎，舉康自代。康答書拒絶，因自説不堪流俗，而非薄湯、武。大將軍聞而怒焉。〔一七〕初，康與東平吕昭子巽及巽弟安親善，〔一八〕會巽淫安妻徐氏，而誣安不孝，囚之。安引康爲證，康義不負心，保明其事。〔一九〕安亦性烈，〔二〇〕有濟世志力。鍾會勸大將軍因此除之，遂殺安及康。康臨刑自若，援琴而歌。既而歎曰：「雅音於是絶矣！」時人莫不哀之。〔二一〕初，康採藥於汲郡共北山中，〔二二〕見隱者孫登。康欲與之言，登默然不對。踰時將去，康曰：「先生竟無言乎？」登乃曰：「子才多識寡，難乎免於今之世。」及遭吕安事，爲詩自責曰：「欲寡其過，謗議沸騰；性不傷物，頻致怨憎。昔慚柳下，今愧孫登。内負宿心，外赧良朋。」〔二三〕康所著諸文論六七萬言，皆爲世所玩詠。〔二四〕

康別傳云：〔二五〕孫登謂康曰：「君性烈而才儁，其能免乎！」稱康臨終之言曰：「袁孝尼嘗從吾學廣陵

散，〔二六〕吾每固之不與，廣陵散於今絶矣！」與盛所記不同。〔二七〕

又晉陽秋云：康見孫登，登對之長嘯，踰時不言。康辭還，曰：「先生竟無言乎？」登曰：「惜哉！」此二書皆孫盛所述，而自爲殊異如此。

康集目録曰：〔二八〕登字公和，不知何許人。無家屬，於汲縣北山土窟中得之。夏則編草爲裳，冬則被髮自覆。好讀易、鼓琴，見者皆親樂之。每所止家，輒給其衣服食飲，得無辭讓。

世語曰：毌丘儉反，康有力，且欲起兵應之，以問山濤。濤曰：「不可！」儉亦已敗。

臣松之案：本傳云：康以景元中坐事誅，而干寶、孫盛、習鑿齒諸書，皆云正元二年，司馬文王反自樂嘉，殺嵇康、呂安。蓋緣世語云「康欲舉兵應毌丘儉」，故謂破儉便應殺康也。其實不然。山濤爲選官，欲舉康自代，康書告絶，事之明審者也。案濤行狀，濤始以景元二年除吏部郎耳。景元與正元相較七八年，以濤行狀檢之，如本傳爲審。〔二九〕又鍾會傳亦云會作司隸校尉時誅康。會作司隸，景元中也。干寶云：「呂安兄巽善於鍾會，巽爲相國掾，俱有寵於司馬文王，故遂抵安罪。」尋文王以景元四年鍾、鄧平蜀後，始授相國位，若巽爲相國掾時陷安，焉得以破毌丘儉年殺嵇、呂？此又干寶之疏謬，自相違伐也。〔三〇〕

康子紹，字延祖，少知名。山濤啓以爲祕書郎，稱紹平簡温敏，有文思，又曉音，當成濟者。帝曰：「紹如此，便可以爲丞，不足復爲郎也。」遂歷顯位。〔三一〕

晉諸公贊曰：紹與山濤子簡、弘農楊準同好友善，而紹最有忠正之情。以侍中從惠帝北伐成都王，王師敗績，百官皆走，〔三二〕惟紹獨以身扞衛，遂死於帝側。故累見襃崇，追贈太尉，謚曰忠穆公。〔三三〕

〔一〕毛本誤作「嵇康譜」。

〔二〕督軍糧御史，見杜襲傳。

〔三〕文選二十四嵇叔夜贈秀才入軍五首。李善注：「(引)集云：兄秀才公穆入軍贈詩。劉義慶集林曰：嵇喜字公穆，舉秀才。」晉書阮籍傳：「籍能爲青白眼，見禮俗之士，以白眼對之。嵇喜來弔，籍作白眼，喜不懌而退。弟康聞之，乃齎酒挾琴造焉。籍大悦，乃見青眼。」(世説簡傲篇引晉百官名與此同。)又嵇康傳：「兄喜有當世才，歷太僕、宗正。」世説簡傲篇：「康與吕安善，安來，值康不在，喜出户延之。不入，題門上作鳳字而去。喜不覺，猶以爲欣。故作鳳字，凡鳥也。」

〔四〕宋本「信」作「性」。

〔五〕晉書康傳：「康，譙國銍人。早孤，有奇才，遠邁不羣。身長七尺八寸，美詞氣，有風儀。而土木形骸，不自藻飾，人以爲龍章鳳姿，天質自然。恬静寡慾，含垢匿瑕，寬簡有大量，學不師受，博覽無不該通。長好老、莊，與魏宗室婚，拜中散大夫。」本志沛穆王林傳注引嵇氏譜云：「嵇康妻，林子之女也。」書鈔卷一百引嵇康集曰：「康著華山九吟，魏明帝異其文詞，問左右曰：斯人安在？吾欲擢之。遂起家爲潯陽長。」

〔六〕隋書經籍志：「梁有養生論三卷，嵇康撰。亡。」文選五十三、藝文類聚七十五載嵇叔夜養生論。葉樹藩曰：「康所著全書已散佚，僅存此篇耳。本集有答向子期難養生論。」

〔七〕晉書康傳：「康撰上古以來高士爲之傳贊，欲友其人於千載也。」隋書經籍志雜傳類：「聖賢高士傳贊三卷，嵇康撰，周續之注。」章宗源隋志考證曰：「宋書周續之傳：續之常以嵇康高士傳得出處之美，因爲之注。」史通品藻篇曰：「嵇康高士傳，其所載者廣矣，而顔回、蘧瑗獨不見書。蓋以二子雖樂道遺榮，安貧守志，而拘禁名教，未免流俗也。正如董仲舒、揚子雲亦鑽仰四科，馳驅六籍，漸孔門之教義，服魯國之儒風，與此何殊，而並可甄録。夫回、瑗可棄，而揚、董獲升，可謂識二五而不知十者也。」采撰篇曰：「嵇康高士傳，好聚七國寓言，引書之誤，其萌於此。」雜説篇曰：（别傳條。）「嵇康高士傳取莊子、楚辭二漁父事，合成一篇。夫以園吏之寓言，騷人之假説，而定爲實録，斯已謬矣。況此二漁父者，較年則前後别時，論地則南北殊壤，而輒併之爲一，豈非惑哉！」又曰：「莊周著書，以寓言爲主。嵇康述高士傳，多引其虚辭。至有神有混沌，編諸首録，苟以此爲實，則其流甚多。」又浮詞篇論是書，亦有不滿之詞。嚴可均曰：「據康兄喜爲康傳云集爲傳、贊，是傳與贊皆康撰。唐志以傳屬嵇康，贊屬周續之，誤矣。」嚴氏輯五十二傳，五贊，凡六十一人。較馬氏玉函山房輯本爲備。

〔八〕預事互見王修傳王隱晉書注。晉書虞預傳：「預字叔寧，徵士喜之弟。（喜，會稽餘姚人。）預十二而孤，少好學，有文章。除著作佐郎，後除散騎常侍，仍領著作。以年老歸。預雅好經史，憎疾玄虚，其論阮籍裸袒，比之伊川被髮，所以胡虜遍於中國，以爲過衰周之時。著晉書四十餘卷，會稽典録二十篇，諸虞傳十二篇，皆行於世。所著詩、賦、碑、誄、論難數十篇。」隋志正史類：「晉書二十六卷，本四十四卷，迄明帝，今殘缺。晉散騎常侍虞預撰。」兩唐志作五十八卷，今存黄奭、湯球輯本各一卷。史通人物篇：「若元則、仲景時才重於許、洛，何楨、許詢，文雅高於揚、豫。而陳壽國志、王隱晉史，廣列諸傳，而遺此不編。此亦網漏吞舟，過爲迂闊者。」史官篇：「若中朝之華嶠、陳壽、陸機、束晳，江左之王隱、虞預、干寶、孫盛，宋之徐爰、蘇寶生，梁之沈約、裴子野，斯並史官之尤美，著作之妙選也。」章宗源隋志考證曰：「御覽皇王部上雖服膺文藝，而雅有雄霸之量數語，乃預宣帝紀論。其論阮籍裸袒，則籍傳論也。今晉書皆不取。初學記設官部引何楨爲弘農郡守，貢縣吏楊囂於朝。北堂書鈔設官部：何楨爲尚書郎，參秘書右（丕）〔丞〕，右丞之置，自楨始也。是知王隱所不編，預固有傳。」沈家本曰：「虞預晉書，唐志五十八卷，亦後出增多者。」

〔九〕晉書康傳：「其先姓奚，會稽上虞人，以避怨徙焉。」郡國志：「（預）〔豫〕州沛國銍縣。」王先謙曰：「三國魏改屬譙郡。」弼按：洪亮吉補志屬汝陰郡，蓋始屬沛，魏武分沛置譙郡，乃移屬譙，明帝景初二年，又移屬汝陰郡也。一統志：「銍縣故城，今安徽鳳陽府宿州西南四十六里。」

〔一〇〕官本考證曰：「元本作加山以爲姓，多加字。」

〔一一〕姚範曰：「取尤而易旨爲山耳。」

〔一二〕山陽見文紀延康元年。

〔一三〕錢大昭曰：「秀，河内懷人，此作河南，誤。」弼按：水經注作河内。

〔一四〕水經清水注：「逕七賢祠東，左右筠篁列植，冬夏不變貞萋。魏步兵校尉陳留阮籍、中散大夫譙國嵇康、晉司徒河内山濤、司徒琅邪王戎、黄門郎河内向秀、建威參軍沛國劉伶、始平太守阮咸等，同居山陽，結自得之遊，時人號之爲竹林七賢。向子期所謂山陽舊居也。郭緣生述征記云：白鹿山東南二十五里，有嵇公故居，以居時有遺竹焉。」晉書山濤傳：「濤字巨源，河内懷人，與嵇康、吕安善。後遇阮籍，便爲竹林之游，著忘言之契。康後坐事，臨誅，謂子紹曰：巨源在，汝不孤矣。後封新沓伯，拜司徒，薨。年七十九，謚曰康。濤飲酒至八斗方醉，武帝欲試之，乃以酒八斗飲濤，而密益其酒，濤極本量而止。」向秀傳：「秀字子期，河内懷人。清悟有遠識，少爲山濤所知。雅好老、莊之學，莊周著内外數十篇，歷世方士雖有觀者，莫適論其旨統也。秀乃爲之隱解，發明奇趣，振起玄風，讀之者超然心悟，莫不自足一時也。惠帝之世，郭象又述而廣之。儒墨之迹見鄙，道家之言遂盛焉。始，秀欲注，嵇康曰：此書詎復須注，正是妨人作樂耳。及成，示康曰：殊復勝不？又與康論養生，辭難往復，蓋欲發康高致也。康善鍛，秀爲之佐，相對欣然，傍若無人。又共吕安灌園於山陽。康既被誅，秀應本郡計入洛。文帝問曰：聞有箕山之志，何以在此？秀曰：以爲巢、許狷介之士，未達堯心，豈足多慕！帝甚悦。秀乃自此役作思舊賦云：余與嵇康、吕安居止接近，其人並有不羈之才。嵇意遠而疏，吕心曠而放，其後並以事見法。嵇博綜伎藝，於絲竹特妙。臨當就命，顧視日影，索琴而彈之。逝將西邁，經其舊廬，於時日薄虞泉，寒冰凄然，鄰人有吹笛者，發聲寥亮，追想曩昔游宴之好，感音而歎。故作賦曰：將命適於遠京兮，遂旋反以北徂，濟黄河以泛舟兮，經山陽之舊居。瞻曠野之蕭條兮，息余駕乎城隅；踐二子之遺迹兮，歷窮巷之空廬。歎黍離之愍周兮，悲麥秀於殷墟；追昔以懷今兮，心徘徊以躊躇。棟宇在而弗毁兮，形神逝其焉如？昔李斯之受罪兮，歎黄犬而長吟；悼嵇生之永辭兮，顧日影而彈琴；託運遇於領會兮，寄餘命於寸陰。聽鳴笛之慷慨兮，妙聲絶而復尋，佇駕言其將邁兮，故援翰以寫心。後爲散騎常侍，卒。」阮咸傳：「咸字仲容。父熙，武都太守。咸與叔父籍爲竹林之游，妙解音律，善彈琵琶。歷仕散騎侍郎，出補始平太守，以壽終。」王戎傳：「戎字濬沖，琅邪臨沂人。祖雄，幽州刺史；父渾，涼州刺史，貞陵亭侯。戎幼而穎悟，神彩秀徹，視日不眩。裴楷見而目之曰：戎眼爛爛如巖下電。阮籍與渾爲友，戎年十五，隨渾在郎舍。戎少籍二十歲，而籍與之交。籍每過渾，俄頃輒去；過視戎，良久然後出。謂渾曰：共卿言，不如共阿戎談。襲父爵，歷豫州刺史，加建威將軍。受詔伐吴，吴平，進爵安豐縣侯，拜司徒。永興二年，薨於郟縣，年七十二。謚曰元。嘗經黄公酒壚下過，顧謂後車客曰：吾昔與嵇叔夜、阮嗣宗酣暢於此，竹林之游，亦預其末。自嵇、阮云亡，吾便爲時之所羈紲。今日視之雖近，邈若山河！」劉伶傳：「伶字伯倫，沛國人。身長六尺，容貌甚陋。放情肆志，常以細宇宙、齊萬物爲心。澹默少言，不妄交游。與阮籍、嵇康相遇，欣然神解，攜手入林，未嘗厝意。文翰惟箸酒德頌一篇。嘗爲建威參軍。泰始初對策，盛言無爲之化。時輩皆以高第得調，伶獨以無用罷，竟以壽終。」隋書經籍志：「山濤集九卷，梁五卷，録一卷；向秀集二卷，録一卷。」

〔一五〕胡三省曰：「康性巧而好鍛。鍛，都玩翻，小冶也。」

〔一六〕世説簡傲篇：「鍾士季有才理，先不識嵇康。鍾要于時賢儁之士，俱往尋康，康方大樹下鍛，向子期爲佐，鼓排，康揚槌不輟，傍若無人。移時不交一言。」又劉孝標注引文士傳曰：「康性絶巧，能鍛鐵。家有盛柳樹，乃激水以圜之。夏天甚清涼，恒居其下傲戲。乃身自鍛，家雖貧，有人説鍛者，康不受直，唯親舊以雞酒往，與共飲噉，清言而已。」胡三省曰：「鍛，都玩反；小冶也。」

〔一七〕胡三省曰：「湯、武革命，而康非薄之，故昭聞而怒。」文選四十三載嵇叔夜與山巨源絶交書。晉書康傳：「山濤將去選官，舉康自代。康乃與濤書告絶。」弼按：晉書本傳所載，較文選删節甚多，書中有必不堪者七，甚不可者二，俱未録。惟此書乃康拒絶山濤之薦己自代，並非與濤絶交。康臨誅絶命，猶念巨源交誼之摯可證。自蕭選標題錯誤，相沿至今，無一糾正之者，可異也。

〔一八〕巽字長悌，安字仲悌，見杜恕傳注引世語。晉陽秋曰：「安，冀州刺史，昭第二子。志量開曠，有拔俗風氣。」

〔一九〕康有與呂長悌絶交書，見嚴可均輯本。

〔二〇〕宋本「性」作「至」。

〔二一〕世説雅量篇：「嵇中散臨刑東市，神氣不變，索琴彈之，奏廣陵散。曲終，曰：袁孝尼嘗請學此散，吾靳固不與，廣陵散於今絶矣！大學生三千人上書，請以爲師，不許。文王亦尋悔焉。」劉孝標注：「(引)晉陽秋曰：初，康與東平呂安親善。安嫡兄遜淫安妻徐氏，安欲告遜遣妻，以咨於康，康喻而抑之。遜内不自安，陰告安撾母，表求徙邊。安當徙，訴自理，辭引康。文士傳曰：呂安罹事，康詣獄以明之。鍾會庭論康曰：今皇道開明，四海風靡，邊鄙無詭隨之民，街巷無異口之議。而康上不臣天子，下不事王侯，輕時傲世，不爲物用，無益於今，有敗於俗。昔太公誅華士，孔子戮少正卯，以其負才亂羣惑衆也。今不誅康，無以清潔王道。於是録康閉獄。臨死，而兄弟親族咸與共别。康顔色不變，問其兄曰：向以琴來不邪？兄曰：以來。康取調之，爲太平引。曲成，歎曰：太平引於今絶也！王隱晉書曰：康之下獄，太學生數千人請之。于時豪俊皆隨康入獄，悉解喻，一時散遣。康竟與安同誅。」文選思舊賦李善注引干寶晉紀曰：「安，巽庶弟，俊才，妻美。巽使婦人醉而幸之。醜惡發露，巽病之，告安謗己。巽於鍾會有寵，太祖遂徙安遠郡。遺書與康：昔李叟入秦，及關而歎云。太祖惡之，追收下獄，康理之，俱死。」康幽憤詩見文選及晉書本傳。何焯曰：「天下不平之事，至嵇、呂一案，無以復加矣。司馬家兒不及阿瞞父子萬倍，何名英雄也？安得不生阮公廣武之歎！」

〔二二〕毛本「北」作「比」，誤。胡三省曰：「晉泰始二年，始分河内爲汲郡，史追書也。」

〔二三〕世説棲逸篇：「嵇康游於汲郡山中，遇道士孫登，遂與之游。康臨去，登曰：君才則高矣，保身之道不足。」劉孝標

（引）注：「文士傳曰：嘉平中，汲縣民共入山中，見一人所居，懸巖百仞，叢林鬱茂，而神明甚察。自云孫姓，登名，字公和。康聞，乃從遊三年，問其所圖，終不答。然神謀所存良妙，康每薾然歎息。將別，謂曰：先生竟無言乎？登乃曰：子識火乎？生而有光而不用其光，果然在於用光；人生有才而不用其才，果然在於用才。故用光在乎得薪，所以保其曜；用才在乎識物，所以全其年。今子才多識寡，難乎免於今之世矣！子無多求。康不能用。及遭呂安事，在獄爲詩自責云：昔慙下惠，今愧孫登。王隱晉書曰：孫登既阮籍所見者也。嵇康執弟子禮而師焉。魏、晉去就，易生嫌疑，貴賤並没，故登或默也。」

〔二四〕隋書經籍志：「春秋左氏傳音三卷，魏中散大夫嵇康撰。又集十三卷，梁十五卷，録一卷。」玉海藝文曰：「嵇康作言不盡意論。」侯康曰：「嵇康周易言不盡意論一篇，嚴可均輯文六卷，馮氏詩紀輯詩五十三篇。」趙一清曰：「康有琴賦，見文選。」御覽五百七十九引靈異志曰：「嵇中散嘗行西南出，去洛數十里，有亭名華陽，投宿，夜了無人，獨在亭中。此亭由來殺人，宿者多凶。至二更中操琴，先作諸弄，而聞空中稱善聲。中散撫琴呼之，此人云：身是古人，幽没於此數千年矣。聞君彈琴，音曲清和，故來聽耳。而終就殘毀，不宜接待君子。向夜，髣髴漸見，以手持其頭，遂與中散共論聲音，其辭清辯。中散以琴授之，彈作衆曲，惟廣陵散絶倫。中散從受之，半夕悉得。與中散誓不得教他人，又不得言其姓也。」水經洧水注：「華陽，亭名，在密縣。嵇叔夜常采藥於山澤，學琴於古人，即此亭也。」唐書韓臯傳：「臯生知音律，常曰：長年後不願聽樂，以門内事多逆知之。聞鼓琴至止息，歎曰：美哉！嵇康之爲是曲。其當晉、魏之際乎？其音主商，商爲秋，秋者，天將摇落肅殺，其歲之晏乎！晉乘金運，商又金聲，此所以知魏方季而晉將代也。緩其商弦，與宫同音，臣奪君之義，知司馬氏之將篡也。王淩、毌丘儉、文欽、諸葛誕繼爲揚州都督，咸有興復之謀，皆爲司馬懿父子所殺。康以揚州故廣陵地，淩等皆魏大臣，故名其曲曰廣陵散，言魏散亡自廣陵始。止息者，晉雖暴興，終止息於此。其哀憤躁蹙、憯痛迫脅之音，盡於是矣。永嘉之亂，其兆乎？康避晉、魏之禍，託以鬼神以俟後世知音云。」胡玉縉曰：「太平引、廣陵散引，散猶吟、行、鹽、豔之類，爲某調曲耳。韓雖唐人，散亡之説，似近傅會。」水經穀水注：「穀水經建春門石橋下，水南即馬市。洛陽有三市，斯其一也。嵇叔夜爲司馬昭所害處。」寰宇記卷十七：「嵇康墓在宿州臨涣縣西北三十五里嵇山東一里。」杭世駿所引，多神怪之説，不録。晉書本傳：「康作太師箴，足以明帝王之道，復作聲無哀樂論，甚有條理。」

〔二五〕嵇康别傳，隋、唐志不著録。

〔二六〕孝尼名準。

〔二七〕周壽昌曰：「世説注引文士傳作太平引於今絶矣，所説不同，而廣陵散一語特傳。」

〔二八〕嵇康集見前。

〔二九〕何焯校改「如」作「知」。

〔三〇〕或曰：「昭爲相國，會已在蜀被殺，安得共相搆陷康等乎？皆不足信。」弼按：高貴鄉公紀：「甘露三年五月，命大將軍司馬文王爲相國。」陳留王紀：「景元四年十月，復命大將軍進位爵賜，一如前詔。」又按鍾會傳，會遷司隸校尉，嵇康等見誅，皆會謀也。俱在平蜀之前。

〔三一〕晉書忠義傳：「嵇紹十歲而孤，事母孝謹。以父得罪，靖居私門。山濤領選，啟武帝曰：康誥有言，父子罪不相及。嵇紹賢侔郤缺，宜加旌命，請爲秘書郎。帝謂濤曰：如卿所言，乃堪爲丞，何但郎也？乃發詔徵之，起家爲秘書丞。紹始入洛，或謂王戎曰：昨於稠人中始見嵇紹，昂昂然如野鶴之在鷄羣。戎曰：君復未見其父耳。」

〔三二〕宋本「皆」作「奔」。

〔三三〕晉書忠義傳：「紹以天子蒙塵，承詔馳詣行在所。值王師敗績於蕩陰，百官及侍衛莫不潰散，唯紹儼然端冕，以身扞衛。兵交御輦，飛箭雨集，紹遂被害於帝側。血濺御服，天子深哀歎之。及事定，左右欲浣衣，帝曰：此嵇侍中血，勿去。」

景初中，下邳桓威出自孤微，年十八而著渾輿經，依道以見意。〔一〕從齊國門下書佐、司

徒署吏，後爲安成令。〔二〕

〔一〕隋書經籍志：「梁有渾輿經一卷，魏安城令桓威撰。」唐經籍志：「渾輿經一卷，姖威撰。」唐藝文志：「姖威渾輿經一卷。」姚振宗曰：「宋本隋志因避諱，桓書作桓，而傳寫誤作柏。兩唐志又轉寫作姖。」

〔二〕郡國志：「豫州汝南郡安城。」一統志：「安成故城，今河南汝寧府汝陽縣東南。」

吴質，濟陰人，以文才爲文帝所善。官至振威將軍，〔一〕假節都督河北諸軍事，封列侯。

魏略曰：質字季重，以才學通博，爲五官將及諸侯所禮愛。質亦善處其兄弟之閒，若前世樓君卿之游五侯矣。〔二〕及河北平定，大將軍爲世子，〔三〕質與劉楨等並在坐席。楨坐譴之際，質出爲朝歌長，〔四〕後遷元城令。〔五〕其後大將軍西征，〔六〕太子南在孟津小城，〔七〕與質書曰：「季重無恙。〔八〕途路雖局，〔九〕官守有限，願言之懷，良不可任。〔一〇〕足下所治僻左，書問致簡，益用增勞。每念昔日南皮之游，〔一一〕誠不可忘。既妙思六經，逍遥百氏，彈棋閒設，終以博弈，〔一二〕高談娱心，哀箏順耳。馳騖北場，〔一三〕旅食南館，〔一四〕浮甘瓜於清泉，沈朱李於寒水。〔一五〕皦日既没，〔一六〕繼以朗月，同乘並載，以游後園，〔一七〕輿輪徐動，賓從無聲，〔一八〕清風夜起，悲笳微吟，樂往哀來，凄然傷懷。余顧而言，兹樂難常，足下之徒，咸以爲然。今果分別，各在一方。元瑜長逝，化爲異物，每一念至，何時可言！方今蕤賓紀辰，〔一九〕景風扇物，天氣和暖，〔二〇〕衆果具繁。時駕而游，北遵河曲，從者鳴笳以啓路，文學託乘於後車，節同時異，物是人非，我勞如何！今遣騎到鄴，故使枉道相過。行矣，自愛！」二十三年，太子又與質書曰：「歲月易得，〔二一〕別來行復四年。三年不見，東山猶歎其遠，況乃過之，思何可支！雖書疏往反，未足解其勞結。昔年疾疫，親故多離其災，徐、陳、應、劉，一時俱逝，痛何可言邪？昔日游處，行則同輿，止則接席，何嘗須臾相失？每至觴酌流行，絲竹並奏，酒酣耳熱，仰而賦詩，當此之時，忽然不自知樂也。謂百年已分，長共相保，〔二二〕何圖數年之閒，零落略盡，言之傷心！頃撰其遺文，都爲一集。觀其名姓，已爲鬼録，追思昔游，猶在心目，而此諸子，化爲糞壤，可復道哉！觀古今文人，類不護細行，鮮能以名節自立。而偉長獨懷文抱質，恬淡寡欲，有箕山之志，可謂彬彬君子矣。著中論二十餘篇，成一家之業，辭義典雅，足傳于後，此子爲不朽矣。德璉常斐然有述作意，才學足以著書，美志不遂，良可痛惜。閒歷觀諸子之文，對之抆淚；既痛逝者，行自念也！孔璋章表殊健，微爲繁富；公幹有逸氣，但未遒耳。至其五言詩，妙絶當時。〔二三〕元瑜書記翩翩，致足樂也。仲宣獨自善於辭賦，惜其體弱，不足起其文；至於所善，古人無以遠過也。昔伯牙絶絃於鍾期，仲尼覆醢於子路，愍知音之難遇，傷門人之莫逮也。〔二四〕諸子但爲未及古人，自一時之儁也；今之存者，已不逮矣。後生可畏，來者難誣，然吾與足下不及見也。行年已長大，〔二五〕所懷萬端，時有所慮，乃至通夕不瞑，何時復類昔日？〔二六〕已成老翁，但未白頭耳。光武言：年已三十，在軍十年，〔二七〕所更非一。吾德雖不及，年與之齊。以犬羊之質，服虎豹之文，無衆星之明，假日月之光，動見瞻觀，何時易邪？恐永不復得爲昔日游也。少壯真當努力，年一過往，何可攀援？古人思秉燭夜游，良有以也。頃何以自娱？頗復有所造述不？東望於邑，裁書敘心。」〔二八〕臣松之以本傳雖略載太子此書，美辭多被删落，今故悉取魏略所述，以備其文。太子即王位，又與質書曰：「南皮之游，存者三人，烈祖龍飛，或將或侯，今惟吾子，棲遲下仕。〔二九〕從吾游處，獨不及門，缾罄罍恥，〔三〇〕能無懷愧？路不云遠，今復相聞。」初，曹真、曹休亦與質等俱在勃海游處，時休、真亦以宗親，並受爵封，出爲列將。而質故爲長史，王顧質有望，故稱二人以慰之。始質爲單家，少游遨貴戚閒，蓋不與鄉里相沈浮，故雖已出官本國，猶不與之士名。及魏有天下，文帝徵質，與車駕會洛陽。到，拜北中郎將，〔三一〕封列侯，使持節督幽、并諸軍事，治信都。〔三二〕太和中入朝。質自以不爲本郡所饒，〔三三〕謂司徒董昭曰：「我欲溺鄉里耳。」昭曰：「君且止。我年八十，不能老爲君溺攢也。」〔三四〕

世語曰：魏王嘗出征，世子及臨菑侯植並送路側。植稱述功德，發言有章，左右屬目，王亦悅焉。世子悵然自失。吴質耳曰：「王當行，流涕可也。」及辭，世子泣而拜，王及左右咸歔欷。於是皆以植辭多華而誠心不及也。

質別傳曰：〔三五〕帝嘗召質及曹休歡會，命郭后出見質等。帝曰：「卿仰諦視之。」其至親如此。〔三六〕質黄初五年朝京師，詔上將軍及特進以下皆會質所，大官給供具。酒酣，質欲盡歡。時上將軍曹真性肥，中領軍朱鑠性瘦，〔三七〕質召優使説肥、瘦。真負貴，恥見戲，怒謂質曰：「卿欲以部曲將遇我邪？」驃騎將軍曹洪、輕車將軍王忠〔三八〕言：「將軍必欲使上將軍服肥，即自宜爲瘦。」真愈恚，拔刀瞋目，言：「俳敢輕脱，吾斬爾！」遂罵坐。質案劍曰：「曹子丹，汝非屠机上肉，吴質吞爾不摇喉，咀爾不摇牙，何敢恃勢驕邪！」鑠因起曰：「陛下使吾等來樂卿耳，乃至此邪！」質顧叱之，曰：「朱鑠，敢壞坐！」〔三九〕諸將軍皆還坐。鑠性急，愈恚，還拔劍斬地，遂便罷也。及文帝崩，質思慕，作詩曰：「愴愴懷殷憂，殷憂不可居；徙倚不能坐，出入步踟躕。念蒙聖主恩，榮爵與衆殊。自謂永終身，志氣甫當舒。何意中見棄，棄我歸黄壚，煢煢靡所恃，淚下如連珠。隨没無所益，身死名不書，慷慨自僶俛，庶幾烈丈夫。」太和四年，入爲侍中。時司空陳羣録尚書事。帝初親萬機，質以輔弼大臣，安危之本，對帝盛稱：「驃騎將軍司馬懿忠智至公，社稷之臣也。陳羣從容之士，非國相之才，處重任而不親事。」帝甚納之。〔四〇〕明日，有切詔以督責羣，而天下以司空不如長文，即羣，言無實也。〔四一〕質，其年夏卒。〔四二〕質先以怙威肆行，謚曰醜侯。質子應仍上書論枉，至正元中，乃改謚威侯。應字溫舒，晉尚書；應子康，字子仲，知名於時，亦至大位。〔四三〕

〔一〕振威將軍見程昱傳。

〔二〕漢書游俠傳：「樓護字君卿，齊人。王氏方盛，賓客滿門，五侯兄弟爭名，其客各有所厚，不得左右。唯護盡入其門，咸得其驩心，與谷永俱爲五侯上客，長安號曰谷子雲筆札，樓君卿脣舌。」西京雜記：「五侯競致奇膳，護乃合以爲鯖，世稱五侯鯖。」字林云：「鯖，雜肴也。」

〔三〕李慈銘曰：「大將軍當作五官將，下大將軍西征，將字衍文。文選注引典略，無將字。」

〔四〕文選作「朝歌令」。朝歌見武紀建安十七年。張雲璈曰：「漢書百官表：萬户以上爲令，萬户以下爲長。令、長以縣之大小爲分，故長遷始同令也。」弼按：子桓以廢簏納朝歌長吴質與謀，見陳思王傳注引世語。文選四十二載曹子建與吴季重往還書，有墨子朝歌迴車之語，正質爲朝歌長之時也。

〔五〕元城見文紀黄初二年。

〔六〕官本考證曰：「將字疑衍。」

〔七〕方輿紀要四十八：「小平城在今河南孟津縣西，北有河津曰小平津，津上有城。靈帝時，河南八關之一也。晉永嘉末，傳祇保孟津小城，或曰即小平津。」小平津見董卓傳。

〔八〕文選此句上有「五月十八日丕白」七字。

〔九〕李善注引爾雅曰：「局，近也。」（六臣本「爾」作「小」。）

〔一〇〕李善注引杜預曰：「任，當也。」

〔一一〕李善注：「漢書渤海郡有南皮縣。」寰宇記六十五云：「魏志文帝爲五官中郎將，射雉於南皮，即此。醼友臺在縣東二十五里，魏文帝爲五官中郎將，與吳質重游南皮，（弼按：「質」字疑「季」字之誤。）築此臺醼友，故名焉。」一統志：「南皮故城，今直隸天津府南皮縣東北。」

〔一二〕典論云：「余於他喜弄之事，少所許，惟彈棋略盡其巧。」世説巧藝篇：「魏文帝於此戲特妙，用手巾角拂之，無不中。」文選「博奕」作「六博」。

〔一三〕文選作「馳騁」。

〔一四〕李善注：「鄭玄曰：旅，衆也。」

〔一五〕寰宇記六十五：「寒冰井在南皮縣西一里。」

〔一六〕文選作「白日既匿」。

〔一七〕趙一清曰：「名勝志：西園在鄴城西，魏曹丕同弟植賓從游幸之地也。」

〔一八〕文選「賓」作「參」。

〔一九〕李善注引禮記曰：「仲夏之月，律仲蕤賓。」

〔二〇〕毛本「天」作「風」，誤。

〔二一〕文選此句上有「二月三日丕白」六字。

〔二二〕文選「長」上有「可」字。

〔二三〕文選作「妙絶時人」。

〔二四〕李善注：「（引）呂氏春秋曰：子期死，伯牙乃破琴絶絃。禮記曰：孔子哭子路於中庭，有入弔者，而夫子拜之。既哭，進使者而問故。使者曰：醢之矣。遂命覆醢。」

〔二五〕文選作「年行已長大」。

〔二六〕文選「何時」上有「志意」二字。

〔二七〕文選作「光武言，年三十餘，在兵中十歲」。

〔二八〕文選卷四十載吳季重答魏太子牋云：「二月八日庚寅，臣質言。奉讀手命，追亡慮存，恩哀之隆，形於文墨。日月冉冉，歲不（與我）〔我與〕，昔侍左右，廁坐衆賢，出有微行之游，入有管絃之懽。置酒樂飲，賦詩稱壽，自謂可終始相保，並騁材力，效節明主。何意數年之閒，死喪略盡，臣獨何德，以堪久長！陳、徐、應、劉，才學所著，誠如來命；惜其不遂，可爲痛切。凡此數子，於雍容侍從，實其人也。若乃邊境有虞，羣下鼎沸，軍書輻至，羽檄交馳，於彼諸賢，非其任也。往者，孝武之世，文章爲盛，若東方朔、枚皋之徒，不能持論，即阮、陳之儔也。其唯嚴助、壽王，與聞政事？然皆不慎其身，善謀於國，卒以敗亡，臣竊恥之。至於司馬長卿，稱疾避事，以著書爲務，則徐生庶幾焉。而今各逝，已爲異物矣。後來君子，實可畏也。伏惟所天，優游典籍之場，休息篇章之囿，發言抗論，窮理盡微，摛藻下筆，鸞龍之文奮矣。雖年齊蕭王，才實百之。此衆議所以歸高，遠近所以同聲。然年歲若墜，今質已四十二矣。白髮生鬢，所慮日深，實不復若平日之時也。但欲保身敕行，不蹈有過之地，以爲知己之累耳。游宴之歡，難可再遇；盛年一過，實不可追。臣幸得下愚之才，值風雲之會，時邁齒載，猶欲觸胸奮首，展其割裂之用也，不勝慺慺。以來命備悉，故略陳至情。質死罪死罪。」又在元城與魏太子牋云：「臣質言。前蒙延納，侍宴終日，曜靈匿景，繼以華燈。雖虞卿適趙，平原入秦，受贈千金，浮觴旬日，無以過也。小器易盈，先取沉頓，醒悟之後，不識所言。即以五日到官，初至承前，未知深淺。然觀地形，察土宜，西帶恒山，連岡平、代，北鄰柏人，乃高帝之所忌也。重以泜水漸漬疆宇，喟然歎息，思淮陰之奇譎，亮成安之失策。南望邯鄲，想廉、藺之風；東接鉅鹿，存李、齊之流。都人士女，服習禮教，皆懷慷慨之節，包左車之計。而質闇弱，無以莅之。若乃邁德種恩，樹之風聲，使農夫逸豫於疆畔，女工吟詠於機杼，固非質之能也。至於奉遵科教，班揚明令，下無威福之吏，邑無豪俠之傑，賦事行刑，資於故實，抑亦懔懔有庶幾之心。往者，嚴助釋承明之歡，受會稽之位；壽王去侍從之娛，統東郡之任。其後皆克復舊職，追尋前軌。今獨不然，不亦異乎？張敞在外，自謂無奇；陳咸憤積，思入京城。彼豈虛談夸論，誑曜世俗哉？斯實薄郡守之榮，顯左右之勤也。古今一揆，先後不貿，焉知來者之不如今？聊以當覲，不敢多云。」

〔二九〕何焯曰：「宋本仕作士。」弼按：宋本作「士」。

〔三〇〕宋本「缾」作「瓶」。

〔三一〕藝文類聚六十八引吴質別傳云：「質爲北中郎將，朝京師，上歡喜其到。比至家，問訊相續。詔將軍列鹵簿，作鼓吹，望闕而止。」本志崔林傳：「北中郎將吴質統河北軍事。」宋書百官志：「北中郎將，漢建安中置。」

〔三二〕安平國治信都，今冀州治，見武紀建安九年，又見賈詡傳。

〔三三〕俞正燮癸巳存稿卷七云：「饒，容也。北齊書樊遜傳云：遜少學，常爲兄仲優饒。隋書劉光伯傳自序云：性本愚蔽，家業寠，爲父兄所饒，厠搢紳之末。後漢書鄭康成傳戒子益恩書云：吾家舊貧，不爲父母羣弟所容。唐、宋以前，本無不字。（引證甚詳，文繁未録。）宋以後字匠誤多也。康成以學成歸美父兄羣弟，故爲此言。」

〔三四〕官本考證曰：「攢，宋本作讚。」弼按：宋本作「欑」。錢大昭曰：「董昭、吴質，皆濟陰人。質欲溺鄉里，則昭亦在應溺之内，故云溺攢。」

〔三五〕吴質別傳，隋、唐志不著録。類聚六十八引之，亦見御覽。

〔三六〕劉楨平視甄夫人，輸作；吴質則諦視郭后。路側耳語之功，廢簏載絹之策，深結子桓之歡，故親信如此。

〔三七〕周壽昌曰：「本謂體有肥瘦，兹易體爲性，蓋性猶生也。又真拜大將軍，非上將軍，上字誤。」

〔三八〕上尊號奏有輕車將軍都亭侯臣忠，即王忠也。又見武紀建安十八年注。

〔三九〕毛本「朱」誤作「未」。

〔四〇〕趙一清曰：「晉書宣帝紀：魏國既建，遷太子中庶子。每與大謀，輒有奇策，爲太子所信重，與陳羣、吴質、朱鑠，號曰四友。」后妃傳：「景懷皇后崩，景帝更娶鎮北將軍濮陽吴質女。質蓋司馬氏之黨也。」弼按：質爲忠於魏文之人，遽指爲黨於司馬氏，似不足以服其心。

〔四一〕此二語疑有誤。

〔四二〕質答魏太子牋云：「今質已四十二矣。」時爲建安二十三年，至魏太和四年卒，年五十四。隋書經籍志：「梁有侍中吴質集五卷，亡。」嚴可均輯文七篇，馮氏詩紀録詩一篇。

〔四三〕晉書良吏傳：「吴隱之，字處默，濮陽鄄城人。魏侍中質六世孫。」弼按：濮陽，漢、魏屬東郡，晉置濮陽國。鄄城，漢、魏屬濟陰郡，晉改屬濮陽國。

衛覬〔一〕字伯儒，河東安邑人也。〔二〕少夙成，以才學稱。太祖辟爲司空掾屬，除茂陵令、〔三〕尚書郎。太祖征袁紹，而劉表爲紹援，關中諸將又中立。益州牧劉璋與表有隙，覬以治書侍御史使益州，〔四〕令璋下兵，以綴表軍。至長安，道路不通，覬不得進，遂留鎮關中。時四方大有還民，關中諸將多引爲部曲，覬書與荀彧曰：「關中膏腴之地，頃遭荒亂，人民流入荆州者十餘萬家。〔五〕聞本土安寧，皆企望思歸。而歸者無以自業，諸將各競招懷，以爲部曲。郡縣貧弱，不能與爭，兵家遂彊。一旦變動，必有後憂。夫鹽，國之大寶也。自亂來放散，宜如舊置使者監賣，以其直益市犁牛。若有歸民，以供給之。勤耕積粟，以豐殖關中。遠民聞之，必日夜競還。又使司隸校尉留治關中，以爲之主，則諸將日削，官民日盛，此彊本弱敵之利也。」或以白太祖，太祖從之，〔六〕始遣謁者僕射監鹽官，〔七〕司隸校尉治弘農，〔八〕關中服從。

乃白召覬還，稍遷尚書。魏書曰：〔九〕初，漢朝遷移，臺閣舊事散亂。自都許之後，漸有綱紀。覬以古義，多所正定。是時關西諸將，外雖懷附，內未可信。司隸校尉鍾繇求以三千兵入關，外託討張魯，內以脅取質任。太祖使荀彧問覬，覬以爲：「西方諸將，皆豎夫屈起，無雄天下意，苟安樂目前而已。今國家厚加爵號，得其所志，非有大故，不憂爲變也。宜爲後圖。若以兵入關中，當討張魯，魯在深山，道徑不通，彼必疑之。一相驚動，地險衆彊，殆難爲慮！」或以覬議呈太祖，太祖初善之，而以繇自典其任，遂從繇議。兵始進而關右大叛，太祖自親征，僅乃平之，死者萬計。太祖悔不從覬議，由是益重覬。

魏國既建，拜侍中，與王粲並典制度。〔一〇〕文帝即王位，徙爲尚書。頃之，還漢朝爲侍郎，勸贊禪代之義，爲文誥之詔。〔一一〕文帝踐阼，復爲尚書，封陽吉亭侯。

〔一〕馮本、官本目録「覬」作「顗」，晉書衛瓘傳作「覬」。

〔二〕安邑見武紀興平二年。晉書衛瓘傳：「高祖暠，漢明帝時以儒學自代郡徵至河東安邑，卒。因賜所亡地而葬之，子孫遂家焉。」

〔三〕郡國志：「司隸右扶風(郡)茂陵。」方輿紀要云：「三國魏廢。」王先謙曰：「三國魏因，晉志省，并入始平縣，見寰宇記。」一統志：「茂陵故城，今陝西西安府興平縣東北。」

〔四〕續百官志：「治書侍御史二人，六百石，掌選明法律者爲之。凡天下諸讞疑事，掌以法律，當其是非。」互見明紀卷首。

〔五〕各本作「十萬餘家」。

〔六〕通鑑：「建安四年，曹操使治書侍御史河東衛覬鎮撫關中。」胡三省曰：「河東安邑鹽池，舊有鹽官，鹽之爲利厚矣。」

齊用管子鬻筴而霸，晉之定都，諸大夫必欲其近盬。至漢武之世，斡之以佐軍興。及唐安、史之亂，第五琦榷鹽以贍國用，自此遂爲經賦，其利居天下歲入之半。」弼按：衛覬此謀，與棗祗屯田之議，同爲當時要政。

〔七〕續百官志：「謁者僕射一人，比千石，爲謁者臺率，主謁者。天子出，奉引。古重習武，有主射以督録之，故曰僕射。」晉書職官志：「謁者僕射，秦官也。自漢至魏因之。」弼按：有河隄謁者，見袁渙傳，有監營謁者，見司馬朗傳。蓋因事派遣，監督外政也。趙一清曰：「水經涑水注：監鹽縣故城，南有鹽池。地理志曰：鹽池在安邑西南，池西又有一池，謂之女鹽澤，在猗氏故城南，本司鹽都尉治。」

〔八〕胡三省曰：「時以鍾繇爲司隸校尉。據魏略及三國志，繇實治洛陽，蓋暫治弘農，以招撫關中也。」

〔九〕吴本「書」作「略」，毛本、局本脱此三字，誤。

〔一〇〕趙一清曰：「南齊書禮志序：魏氏籍漢末大亂，舊章殄滅，侍中王粲、尚書衛覬，集創朝儀，而魚豢、王沈、陳壽、孫盛，並未詳也。」

〔一一〕文心雕龍詔策篇：「建安之末，文理代興，潘勖九錫，典雅逸羣；衛覬禪誥，符命炳燿。弗可加已！」嚴可均曰：「按本傳云：頃之，還漢朝，勸贊禪代之義，爲文誥之詔。是獻帝諸禪詔，皆衛覬作也。」又云：「按唐韋絢録劉賓客嘉話：魏受禪表，王朗文，梁鵠書，鍾繇鐫字，謂之三絶。今據聞人牟準魏敬侯碑陰，則受禪表衛覬撰並書。牟準去魏未遠，語尤可信也。」又云：「案古文苑聞人牟準衛敬侯碑陰言：羣臣上尊號奏，衛覬撰，鍾繇書。」又云：「按聞人牟準魏敬侯碑陰云：大饗碑，衛覬文並書。天下碑録引圖經云：曹子建文，鍾繇書。疑圖經之言非也。隸釋四又有大饗殘碑云：繇文爲書。則大饗非一碑，當以碑陰爲實。」

明帝即位，進封閺鄉侯，〔一〕三百户。〔二〕覬奏曰：「九章之律，自古所傳，〔三〕斷定刑罪，其意微妙。百里長吏，皆宜知律。刑法者，國家之所貴重，而私議之所輕賤；獄吏者，百姓之所縣命，而選用者之所卑下。王政之弊，未必不由此也。請置律博士，轉相教授。」事遂施行。〔四〕時百姓凋匱，而役務方殷，覬上疏曰：「夫變情厲性，彊所不能，人臣言之既不易，人主受之又艱難。且人之所樂者，富貴顯榮也；所惡者，貧賤死亡也。然此四者，君上之所制也。君愛之則富貴顯榮，君惡之則貧賤死亡。順指者愛所由來，逆意者惡所從至也。故人臣皆爭順指而避逆意。非破家爲國殺身成君者，誰能犯顏色，觸忌諱，建一言，開一說哉！陛下留意察之，則臣下之情可見矣。今議者多好悅耳，其言政治，則比陛下於堯、舜；其言征伐，則比二虜於貍鼠。臣以爲不然。昔漢文之時，諸侯彊大，賈誼累息以爲至危。況今四海之內，分而爲三，羣士陳力，各爲其主。其來降者，未肯言舍邪就正，咸稱迫於困急，是與六國分治，無以爲異也。當今千里無煙，遺民困苦，陛下不善留意，將遂凋弊，難可復振。禮，天子之器，必有金玉之飾；飲食之肴，必有八珍之味。至於凶荒，則徹膳降服。然則奢儉之節，必視世之豐約也。武皇帝之時，後宮食不過一肉，衣不用錦繡，茵蓐不緣飾，〔五〕器物無丹漆，〔六〕用能平定天下，遺福子孫，此皆陛下之所親覽也。當今之務，宜君臣上下，並用籌策，計校府庫，量入爲出。深思句踐滋民之術，〔七〕由恐不及，〔八〕而尚方所造金銀之物，漸更增廣，工役不輟，侈靡日崇，帑藏日竭。昔漢武信求神仙之道，謂當得雲表之露，以餐玉屑，故立仙掌以承高露。陛下通明，每所非笑。漢武有求於露，而由尚見非。〔九〕陛下無求於露而空設之，不益於好而糜費工夫，〔一〇〕誠皆聖慮所宜裁制也。」覬歷漢、魏，時獻忠言，率

如此。〔一二〕

〔一〕范書鄭興傳：「興，客授閿鄉。」章懷注：「閿，音聞；古字也。建安中改作聞。」又董卓傳「段煨封閿鄉侯」章懷注：「閿鄉，今虢州縣也。說文：闅。今作閿，流俗誤也。」沈欽韓曰：「說文：闅，低目視也。弘農湖縣有閿鄉。廣韻：闅，俗作閿。前書孟康注：古闅字从門中旻，建安中正改作聞。蓋建安中改作閿，非聞也。潘岳西征賦發閿鄉而警策。李善注：漢書湖縣名。今閿鄉、湖城二縣皆其地。」趙一清曰：「續郡國志：弘農郡湖，故屬京兆，有閿鄉。一清案：今河南陝州閿鄉縣是。隋開皇十六年置縣。閿本從門中旻，後轉譌爲門中受，建安中正作閿，見漢書武五子傳。」弼按：此爲孟康注，趙氏所引有誤，已更正。沈家本曰：「闅、閿皆俗字。」胡玉縉曰：「說文旻部闅云：氐目視也，从旻，門聲。宏農湖縣有闅鄉，汝南西平有闅亭。段注：俗作受。」

〔二〕原注：「閿，音聞。」趙一清曰：「三百户上落邑字。」

〔三〕漢書刑法志：「漢興，高祖初入關，約法三章。其後三章之法不足以禦姦，於是相國蕭何攈摭秦法，取其宜於時者，作律九章。」晉書刑法志：「漢承秦制，蕭何定律，除參夷連坐之律，增部主見知之條，益事律興、廄、户三篇，合爲九篇。」沈家本律目考曰：「李悝法經六篇：一盜法，二賊法，三囚法，四捕法，五雜法，六具法。唐律疏議云：一盜法，今賊盜律是也；二賊法，今詐僞律是也；三囚法，今斷獄律是也；四捕法，今捕亡律是也；五雜法，今雜律是也；六具法，今名例律是也。唐律疏議序云：漢相蕭何，更加悝所造户、興、廄三篇，謂之九章之律。」

〔四〕晉書刑法志云：「衛覬奏請置律博士，轉相教授，事遂施行。然而律文煩廣，事比衆多，離本依末，輕枉相繼。」

〔五〕胡三省曰：「緣，俞絹反。茵蓐之字從草。蓋古人用草爲之，後世鞇字有旁從革者，用皮爲之也。裀、褥二字，有旁從衣者，用帛爲之也。古樸散而文飾盛，又從而加緣飾焉。觀書顧命，敷席有黼純、綴純、畫純、玄紛純之別，則成周之時已然矣。純，之尹反，緣也。」

〔六〕胡三省曰：「古者樸素，舜造漆器，而羣臣諫者不止，況加丹乎？」

〔七〕國語：「句踐命壯者無取老婦，老者無取壯妻。女子十七不嫁，其父母有辠；丈夫二十不取，其父母有辠。」
〔八〕通鑑「由」作「猶」。
〔九〕通鑑「由」作「猶」。
〔一〇〕宋本「工」作「功」。
〔一一〕侯康曰：「古文苑載魏衞（此字依顧廣圻校補。）敬侯碑陰文云：詔令雜駮議上封事一百餘條。」

受詔典著作，又爲魏官儀，〔一〕凡所撰述數十篇。〔二〕好古文、鳥篆、隸草，無所不善。〔三〕建安末，尚書右丞河南潘勖，〔四〕

文章志曰：勖字元茂。初名芝，改名勖，後避諱。〔五〕或曰：勖，獻帝時爲尚書郎，遷右丞。詔以勖前在二千石曹，才敏兼通，明習舊事，敕并領本職，數加特賜。二十年，遷東海相。未發，留拜尚書左丞。其年病卒，時年五十餘。〔六〕魏公九錫策命，勖所作也。〔七〕勖子滿，平原太守，〔八〕亦以學行稱。滿子尼，字正叔。

尼別傳曰：尼少有清才，文辭温雅。初應州辟，後以父老歸供養。居家十餘年，父終，晚乃出仕。尼嘗贈陸機詩，機答之，其四句曰：「猗歟潘生，世篤其藻；仰儀前文，丕隆祖考。」位終太常。尼從父岳，字安仁。

岳別傳曰：岳美姿容，〔九〕夙以才穎發名。其所著述，清綺絶倫。〔一〇〕爲黄門侍郎，爲孫秀所殺。〔一一〕尼、岳文翰，並見重於世。〔一二〕尼從子滔，字湯仲。

晉諸公贊：滔以博學才量爲名。永嘉末，爲河南尹，遇害。

黄初時，散騎常侍河内王象，亦與覬並以文章顯。

王象事别見楊俊傳。

覬薨，謚曰敬侯。子瓘嗣。瓘，咸熙中爲鎮西將軍。〔一三〕

晉陽秋曰：瓘字伯玉，清貞有名理，少爲傅嘏所知。弱冠爲尚書郎，遂歷位内外，爲晉尚書令、司空、太保。惠帝初輔政，爲楚王瑋所害。

世語曰：瓘與扶風内史燉煌索靖，並善草書。〔一四〕瓘子恒，字巨山，黄門侍郎。〔一五〕恒子玠，字叔寶，有盛名。爲太子洗馬，早卒。〔一六〕

〔一〕隋書經籍志：「梁有荀攸魏官儀一卷，亡。」章宗源隋志考證曰：「南齊書百官志云：今有衛氏官儀。初學記文部、太平御覽服章部並引魏官儀。」周壽昌曰：「御覽引魏官儀，是此書宋時猶存。唐志作荀攸等撰，或如後世修書，以官尊者列名於前也。」姚振宗曰：「衛敬侯卒於明帝時，荀敬侯卒於建安中。荀書作於魏國初建，衛書作於文明之世，當視荀書爲備。」

〔二〕古文苑聞人牟準衛敬侯碑陰文曰：「所著述注解故訓及文筆等甚多，皆已失墜。所注孝經固而、倉頡冢碑大篆書在左馮翊利陽亭南道旁，及華山下亭碑增算狀、殷叔時碑、魏大饗碑、羣臣上尊號奏及受禪石表文，並在許繁昌。尊號奏，鍾元常書受禪表，覬並金針八分書也。太祖、文帝等臨詔令、雜駮議、上封事一百餘條，誡子等散在門人及碑石可見。」（一作「散在人間」。）嚴可均曰：「牟準不見於傳記，據碑陰言故吏門生，則去覬未遠也。又言所著述注解故訓及文筆甚多，皆已失墜。攷覬仕漢入魏，卒於明帝時。子瓘仕魏入晉，至惠帝永平初，家世烜赫，何至失墜？此必賈后矯詔殺瓘後之言也。」姚振宗曰：「衛敬侯所撰，今可攷見者唯孝經固、魏官儀兩書，其集亦不見於隋、唐志，蓋皆亡於賈后殺瓘及恒之時。嚴氏極意蒐萃，猶存一卷，可珍也。」

〔三〕晉書衛恒傳：「恒善草隸書，爲四體書勢曰：魏初傳古文者，出於邯鄲淳。恒祖敬侯寫淳尚書，後以示淳，而淳不別。」（互見前邯鄲淳注。）王僧虔能書人名録云：「衛覬善草及古文，略盡其妙。草體微瘦，而筆跡精熟。」魏收魏書九十一江式傳云：「京兆韋誕、河東衛覬二家，並號能篆。」又云：「臣六世祖瓊，與從父兄應元俱受學於衛覬。」

〔四〕本志武紀建安十八年，魏公九錫策命注：「後漢尚書左丞潘勖之辭也。勖字元茂，陳留中牟人。」晉書潘岳傳：「岳，滎陽中牟人。」按郡國志，滎陽、中牟俱爲河南尹屬縣，魏分河南郡縣爲滎陽郡，中牟改屬滎陽，故本志書河南潘勖。晉書書滎陽中牟人，均是。惟武紀注書陳留中牟人，似有誤。

〔五〕「後避諱」三字當在「改名勖」上。勖卒於建安末，究避何人之諱，疑有誤。

〔六〕御覽四百七十六引王隱晉書云：「潘勖字元茂。值年荒，部曲之家，健兒渠帥，皆素服重名，共相率送迎，道路所在爲儲，以供行資。勖隨主人多少，口率均分，無有尊卑優劣。若所賦已盡，偶有不足，則推己之分，以周未徧。父老有頌之曰：且貴且富，有南山之壽，吾仍得與潘元茂。又曰：恩不可忘，無如我潘郎。」

〔七〕御覽五百九十三引殷洪小説云：「魏國初建，潘勖爲策命文，自漢武以來，未有此制。勖乃依商、周憲唐虞，辭義温雅，典誥同風。於時朝士皆莫能措一字。勖亡後，王仲宣擅名於當時，時人見此策美，或疑是仲宣所爲，論者紛紛。及晉王爲太傅，臘日大會賓客，勖子滿時亦在焉。宣王謂之曰：尊君作封魏君策，高妙信不可及。吾曾聞仲宣亦以爲不如，朝廷之士，乃知勖作也。」文心雕龍才略篇曰：「潘勖憑經以騁才，故絶羣於錫命。」隋書經籍志：「後漢尚書右丞潘勖集二卷，梁有録一卷，亡。」嚴可均輯存文四篇。

〔八〕晉書潘尼傳：「祖勖，漢東海相。父滿，平原內史。」

〔九〕晉書潘岳傳：「岳美恣儀，辭藻絶麗，尤善爲哀誄之文。常挾彈出洛陽道，婦人遇之者，皆連手縈繞，投之以果，遂滿載以歸。」

〔一〇〕臧榮續晉書曰：「岳總角辯慧，摛藻清豔，鄉邑稱爲奇童。弱冠辟司空太尉府，舉秀才，高步一時，爲衆所疾。」

〔一一〕晉書潘岳傳：「初，岳父芘爲琅邪内史，孫秀爲小史給岳，而狡黠自喜。岳惡其爲人，數撻辱之，秀常銜忿。及趙王倫輔政，秀爲中書令，遂誣岳及石崇、歐陽建謀奉淮南王允、齊王冏爲亂，誅之，夷三族。」

〔一二〕文選載岳籍田、射雉、西征、秋興、閒居、懷舊、寡婦、笙等賦，楊荆州、楊仲武、夏武常侍、馬汧督等誄，哀永逝文。晉書尼傳載尼安身論釋奠頌。隋書經籍志：「晉黄門郎潘岳集十卷，晉太常卿潘尼集十卷。」嚴可均輯岳文四卷，尼文一卷。馮氏詩紀輯岳、尼詩共一卷。

〔一三〕晉書衛瓘傳：「瓘年十歲喪父，至孝過人。襲父爵閿鄉侯，弱冠爲魏尚書郎。時魏法嚴苛，母陳氏憂之。瓘自請，得徙爲通事郎，轉中書郎。時權臣專政，瓘優游其閒，無所親疏，甚爲傅嘏所重，謂之甯武子。在位十年，以任職稱。累遷散騎常侍。陳留王即位，拜侍中，持節慰勞河北，以定議功增邑户。數歲，轉廷尉卿。鄧艾、鍾會伐蜀，瓘以本官持節監會、艾軍事，行鎮西軍司，給兵千人。」互見鄧艾、鍾會傳注。周濟晉略衛瓘傳：「艾定蜀，承制行事，會忌之，與瓘奏陷艾，詔檻車徵。既收艾，會遂誘執諸將，留瓘謀反。瓘詐疾篤，夜檄諸軍攻殺會。艾將士追破檻車出艾，還向成都。瓘懼見讎，乃使護軍田續夜襲殺艾，並其子忠。蜀平，以誅二將功，除鎮西將軍。」

〔一四〕晉書瓘傳：「瓘學深博，明習文藝，與尚書郎敦煌索靖俱善草書，時人號爲一臺二妙。漢末，張芝亦善草書，論者謂瓘得伯英筋，靖得伯英肉。」

〔一五〕晉書瓘傳：「恒善草隸書，爲四體書勢。瓘爲楚王瑋所搆，恒亦遇害。」

〔一六〕晉書瓘傳：「恒二子璪、玠。璪字仲寶，襲瓘爵。玠字叔寶，年五歲，風神秀異。瓘曰：此兒有異於衆，顧吾年老，不見其長成耳。總角，乘羊車入市，見者以爲玉人，觀之者傾都。玠妻父樂廣，有海内重名，議者以爲婦公冰清，女壻玉潤。永嘉六年卒，時年二十七。」

劉廙字恭嗣，南陽安衆人也。〔一〕年十歲，戲於講堂上，潁川司馬德操拊其頭曰：〔二〕「孺子，孺子，黄中通理，〔三〕寧自知不？」廙兄望之，有名於世，荆州牧劉表辟爲從事。而其友二人，皆以讒毁，爲表所誅。望之又以正諫不合，投傳告歸。廙謂望之曰：「趙殺鳴、犢，仲尼回輪。〔四〕

劉向新序曰：趙簡子欲專天下，謂其相曰：「趙有犢犨，晉有鐸鳴，魯有孔丘。吾殺三人者，天下可王也。」於是乃召犢犨、鐸鳴而問政焉。已即殺之。使使者聘孔子於魯，以胖牛肉迎於河上。使者謂船人曰：「孔子即上船，中河必流而殺之。」孔子至，使者致命，進胖牛之肉。孔子仰天而歎曰：「美哉水乎！洋洋乎，使丘不濟此水者，命也夫！」子路趨而進曰：「敢問何謂也？」孔子曰：「夫犢犨、鐸鳴，晉國之賢大夫也。趙簡子未得意之時，須而後從政；及其得意也，殺之。黄龍不反于涸澤，鳳皇不離其罻羅。故刳胎焚林，則麒麟不臻；覆巢破卵，則鳳皇不翔；竭澤而漁，則龜龍不見。鳥獸之於不仁，猶知避之，況丘乎？故虎嘯而谷風起，龍興而景雲見。擊庭鐘於外，而黄鐘應於内。夫物類之相感，精神之相應，若響之應聲，影之象形，故君子違傷其類者。今彼已殺吾類矣，何爲之此乎！」於是遂回車不渡而還。〔五〕

今兄既不能法柳下惠，和光同塵於内，〔六〕則宜模范蠡遷化於外。〔七〕坐而自絶於時，殆不可也！」望之不從，尋復見害。廙懼，奔揚州，

廙别傳〔八〕載廙道路爲牋謝劉表曰：「考匊過蒙分遇榮授之顯，〔九〕未有管、狐、桓、文之烈，〔一〇〕孤德隕命，精誠不遂。兄望之見禮在昔，既無堂構昭前之績，〔一一〕中規不密，用墜禍辟。斯乃明神弗祐，天降

之災。悔吝之負，哀號靡及。廙之愚淺，言行多違，懼有浸潤三至之間。〔一二〕考匊之愛已衰，望之之責猶存，必傷天慈既往之分。門户殪滅，取笑明哲。是用迸竄，永涉川路，即日到廬江尋陽。昔鍾儀有南音之操，〔一三〕椒舉有班荆之思，〔一四〕雖遠猶邇，敢忘前施！」

傅子曰：表既殺望之，荆州士人皆自危也。夫表之本心，於望之不輕也，以直迕情，而讒言得入者，以無容直之度也。據全楚之地，〔一五〕不能以成功者，未必不由此也。夷、叔迕武王以成名，丁公順高祖以受戮，二主之度遠也。若不遠其度，惟褊心是從，難乎以容民畜衆矣。

遂歸太祖。太祖辟爲丞相掾屬，轉五官將文學。文帝器之，命廙通草書。廙答書曰：「初以尊卑有踰，禮之常分也。是以貪守區區之節，不敢修草。必如嚴命，誠知勞謙之素，〔一六〕不貴殊異若彼之高，而惇白屋如斯之好，〔一七〕苟使郭隗不輕於燕，九九不忽於齊，樂毅自至，霸業以隆。

戰國策曰：有以九九求見齊桓公，桓公不納。其人曰：「九九小術，而君納之，況大於九九者乎？」於是桓公設庭燎之禮而見之。居無幾，隰朋自遠而至，齊遂以霸。〔一八〕

虧匹夫之節，成巍巍之美，雖愚不敏，何敢以辭！」魏國初建，爲黄門侍郎。

〔一〕晉書劉喬傳：「喬字仲彦，南陽人。其先漢宗室，封安衆侯，傳襲歷三代。祖廙，魏侍中；父阜，陳留相。」安衆見武紀建安三年。洪亮吉曰：「有安衆港，魏武破張繡於此。」

〔二〕拊，通作撫。蜀志龐統傳：「潁川司馬徽，清雅有知人鑒。」襄陽記曰：「司馬德操爲冰鏡。」

〔三〕易坤卦：「君子黄中通理，正位居體，美在其中。」正義曰：「黄中通理者，以黄居中，兼四方之色，奉承臣職，是通曉物理也。」

〔四〕胡三省曰：「史記：孔子將西見趙簡子，至河而聞竇鳴犢、舜華之死。臨河而嘆曰：丘之不濟，命也夫！子貢進曰：何謂也？孔子曰：竇鳴犢、舜華，晉之賢大夫也，趙簡子未得志之時，須此兩人，而後從政。丘聞之，刳胎殺夭，則麒麟不至；竭澤而漁，則蛟龍不合陰陽；覆巢毀卵，則鳳凰不翔。何則？君子諱傷其類。夫鳥獸之於不義也，尚知避之，而況乎丘哉！乃還。」

〔五〕劉向新序詳見陳思王傳注。劉向説苑下曾子固校書序云今可見者十篇，則所佚已多。裴注所引，今通行十卷本均無之。四庫提要曰：「曾鞏與歐陽修同時，而所言卷帙懸殊。蓋唐藝文志所載，據唐時全本；鞏所校録，則宋初殘闕之本也。」盧文弨羣書拾補内有新序逸篇五十一條，其引御覽八百六十三：「趙簡子使使者聘孔子於魯，以胖牛肉迎於河上。使者謂船人曰：孔子即上船，中河安流而殺之。孔子至，使者致命，進胖牛之肉。孔子仰天而歎曰：美哉水乎！洋洋也。使丘不濟此水者，命也夫！」與此注所引，詞略而義同。

〔六〕老子：「和其光，同其塵。」王弼注：「和光而不汙其體，同塵而不渝其真。」

〔七〕史記越世家：「范蠡事越王勾踐滅吴，以勾踐爲人可與共患，難與處安，乃乘舟浮海以行，終不反。」胡三省曰：「謂蠡扁舟五湖，卒居於陶，隨其遷而自爲變化也。」

〔八〕章宗源曰：「廙别傳見御覽。」

〔九〕毛本「蒙」作「家」，誤。潘眉曰：「當是廙父名冡。下文考冡之愛已衰句同。」沈家本曰：「廙與表牋，似不得自稱其父名，此當闕疑。」弼按：陳羣對魏武亦稱臣父紀，見陳羣傳。

〔一〇〕管仲、狐偃、齊桓、晉文也。

〔一一〕尚書大誥：「厥子乃弗肯堂，矧肯構。」孔傳云：「子乃不肯爲堂基，況肯構立屋乎！」

〔一二〕史記甘茂傳：「昔曾子之處費，魯人有與曾參同姓名殺人，人告其母曰：曾參殺人。其母織自若也。頃之，又一人告之曰：曾參殺人。其母尚織自若也。頃又一人告之曰：曾參殺人。其母投杼下機，踰牆而走。夫以曾參之賢，其母信之也；三人疑之，其母懼焉。」范書班超傳：「超歎曰：身非曾參，而有三至之讒。」

〔一三〕左傳成公九年：「晉侯觀于軍府，見鍾儀，問之曰：南冠而縶者，誰也？有司對曰：楚囚也。使稅之。問其族，對曰：泠人也。使與之琴，操南音。范文子曰：楚囚，君子也；樂操土風，不忘舊也。」呂氏春秋精通、本味篇鍾子期注：「期，楚人，鍾儀之族，善聽音。」

〔一四〕椒舉，伍舉也。左傳襄公二十六年：「伍舉奔鄭，將遂奔晉。聲子將如晉，遇之於鄭郊，班荆相與食，而言復故。」杜注：「班，布也；布荆坐地，共議歸楚事。朋友世親。」

〔一五〕毛本「全」作「前」，誤。

〔一六〕易謙卦：「勞謙，君子有終，吉。」

〔一七〕白屋解見曹真傳。

〔一八〕此事互見呂氏春秋、說苑、韓詩外傳。顏師古曰：「九九算術，若今九章五曹之輩。」

太祖在長安，欲親征蜀，廙上疏曰：「聖人不以智輕俗，王者不以人廢言。故能成功於千載者，必以近察遠；智周於獨斷者，不恥於下問。亦欲博采必盡於衆也。且韋弦非能言之物，而聖賢引以自匡。〔一〕臣才智闇淺，願自比於韋弦。昔樂毅能用弱燕破大齊，而不能以輕兵定即墨者，夫自爲計者雖弱必固，欲自潰者雖彊必敗也。自殿下起軍以來，三十餘年，敵無不破，彊無不服。今以海内之兵，百勝之威，而孫權負險於吳，劉備不賓於蜀。夫夷狄之臣，不當冀州之卒；權、備之籍，不比袁紹之業。然本初以亡，而二寇未捷。非闇弱於今而智武於昔也。斯自爲計者，與欲自潰者異勢耳。故文王伐崇，三駕不下；歸而修德，然後服之。秦爲諸侯，所征必服，及兼天下，東向稱帝，匹夫大呼，而社稷用隳。是力斃於外而不恤民於內也。臣恐邊寇非六國之敵，而世不乏才，土崩之勢，〔一〕此不可不察也，天下有重得，有重失。勢可得而我勤之，此重得也；勢不可得而我勤之，此重失也。於今之計，莫若料四方之險，擇要害之處而守之，選天下之甲卒，隨方面而歲更焉。殿下可高枕於廣夏，潛思於治國；廣農桑，〔二〕事從節約。修之旬年，則國富民安矣。」太祖遂進前而報廙曰：「非但君當知臣，臣亦當知君。今欲使吾坐行西伯之德，恐非其人也。」

〔一〕韓非子：「西門豹性急，故佩韋以自緩；董安于心緩，故佩絃以自急。」
〔二〕李慈銘曰：「才疑有字之誤，當作一句讀。」
〔三〕李慈銘曰：「廣下當脫一勸字。」

魏諷反，廙弟偉爲諷所引，當相坐誅。太祖令曰：「叔向不坐弟虎，古之制也。」〔一〕特原不問，

廙別傳曰：初，廙弟偉與諷善，廙戒之曰：「夫交友之美，在於得賢，不可不詳。而世之交者，不審擇人，務合黨衆，違先聖人交友之義，此非厚己輔仁之謂也。吾觀魏諷不修德行，而專以鳩合爲務，華而不實，此直攪世沽名者也。卿其慎之，勿復與通。」偉不從，故及於難。

徙署丞相倉曹屬。廙上疏謝曰：「臣罪應傾宗，禍應覆族。遭乾坤之靈，值時來之運，揚湯

止沸，使不燋爛；起煙於寒灰之上，生華於已枯之木。物不答施於天地，子不謝生於父母，可以死效，難用筆陳。」

廙別傳載廙表論治道曰：「昔者周有亂臣十人，〔二〕有婦人焉，九人而已。孔子稱才難，〔三〕不其然乎！明賢者難得也。況亂弊之後，百姓凋盡，士之存者，蓋亦無幾。股肱大職，及州郡督司，邊方重任，雖備其官，亦未得人也。此非選者之不用意，蓋才匱使之然耳。況於長吏以下，羣職小任，能皆簡練備得其人也，〔四〕其計莫如督之以法。不爾而數轉易，往來不已，送迎之煩，不可勝計。轉易之間，輒有姦巧，既於其事不省，而爲政者亦以其不得久安之故，知惠益不得成於己，而苟且之可免於患。皆將不念盡心於卹民，而夢想於聲譽，此非所以爲政之本意也。今之所以爲黜陟者，近頗以州郡之毀譽，聽往來之浮言耳。亦皆得其事實，〔五〕而課其能否也。長吏之所以爲佳者，奉法也，憂公也，卹民也。此三事者，或州郡有所不便，往來者有所不安。而長吏執之不已，於治雖得計，其聲譽未爲美；屈而從人，〔六〕於治雖失，計其聲譽必集也。長吏皆知黜陟之在於此也，亦何能不去本而就末哉！以爲長吏皆宜使小久，足使自展。歲課之能，三年總計，乃加黜陟。課之皆當以事，不得依名。事者，皆以戶口率其墾田之多少，及盜賊發興民之亡叛者，爲得負之計。如此行之，則無能之吏，修名無益；有能之人，無名無損。法之一行，雖無部司之監，姦譽妄毀，可得而盡。」事上，太祖甚善之。

廙著書數十篇，及與丁儀共論刑禮，皆傳於世。〔七〕文帝即王位，爲侍中，賜爵關内侯。〔八〕黄初二年，卒。

廙別傳云：時年四十二。

無子，帝以弟子阜嗣。

案劉氏譜：阜字伯陵，陳留太守。阜子喬，字仲彥。〔九〕

晉陽秋曰：喬有贊世志力，惠帝末爲豫州刺史。喬冑胤丕顯，貴盛至今。〔一〇〕

〔一〕左傳襄公二十一年：「范宣子殺羊舌虎，囚叔向。祁奚乘驛而見宣子，以言諸公而免之。」

〔二〕元本「者」作「有」。

〔三〕吴本、毛本「稱」下有「其」字。

〔四〕何焯校改「也」作「邪」。

〔五〕「亦」當作「非」。

〔六〕宋本「屈」作「闕」，元本作「闞」，官本作「屈」。

〔七〕隋書經籍志：「梁有政論五卷，魏侍中劉廙撰，亡。」唐經籍志：「劉氏政論五卷，劉廙撰。」嚴可均輯本序曰：「劉廙政論五卷。隋志法家云亡；舊、新唐志著於録，至宋復亡。今所見僅羣書治要載有八篇，題爲劉廙別傳，而目録作政論。據裴松之所引別傳，似與政論各爲一書，則目録作政論者是也。各書都未引見治要，有此彌復可貴。因録出以廣其傳。其目曰正名、曰慎愛、曰審愛、曰欲失、曰疑賢、曰任臣、曰下視。」姚振宗曰：「政論似全載別傳中，故治要標曰別傳。刑禮論有與丁儀諸人論難之文，似亦別行。吴志陸遜傳：南陽謝景善劉廙先刑後禮之論，遜呵（之）〔景〕曰：禮之長於刑久矣，廙以細辨而詭先聖之教，皆非也。君今侍東宮，宜遵仁義，以彰德音。若彼之談，不須講也。則所謂先刑後禮者亦從可知矣。隋書經籍志：梁又有劉廙集二卷。藝文類聚卷五十四載魏丁儀刑禮論。」

〔八〕廙上書勸進，見禪代衆事。

〔九〕潘眉曰：「仲彥，唐書宰相世系表作伯彥。」弼按：晉書作仲彥。唐書世系表多誤。

〔一〇〕晉書劉喬傳：「喬少爲秘書郎，王戎引爲參軍。伐吴之役，破武昌，還，授滎陽令，遷太子洗馬。以誅楊駿功，賜爵關中侯，拜尚書右丞。豫誅賈謐，封安衆男，累遷散騎常侍、御史中丞。張昌之亂，喬出爲豫州刺史，與荆州刺史劉弘共討昌，進左將軍。子挺，潁川太守；挺子耽，光禄大夫；耽子柳，尚書左右僕射。」

劉劭字孔才，〔一〕廣平邯鄲人也。〔二〕建安中爲計吏，〔三〕詣許。太史上言：「正旦當日蝕。」劭時在尚書令荀彧所，坐者數十人，或云當廢朝，或云宜卻會。劭曰：「梓慎、裨竈，古之良史，猶占水火，錯失天時。〔四〕禮記曰：諸侯旅見天子，及門不得終禮者四，〔五〕日蝕在一。〔六〕然則聖人垂制，不爲變豫廢朝禮者，〔七〕或災消異伏，或推術謬誤也。」彧善其言，敕朝會如舊，日亦不蝕。〔八〕

晉永和中，廷尉王彪之〔九〕與揚州刺史殷浩書曰：〔一〇〕「太史上元日合朔，談者或有疑，應卻會與不？昔建元元年，亦元日合朔，庾車騎寫劉孔才所論，以示八座。于時朝議有謂孔才所論，爲不得禮議，荀令從之，是勝人之一失也。何者？禮云，諸侯旅見天子，入門不得終禮而廢者四：太廟火、日蝕、后之喪、雨霑服失容。尋此四事之指，自謂諸侯雖已入門而卒暴有之，則不得終禮。非爲先存其事，而徼倖史官推術錯謬，故不豫廢朝禮也。夫三辰有災，莫大日蝕，史官告譴，而無懼容，不修豫防之禮，而廢消救之術，方大饗華夷，君臣相慶，豈是將處天災罪己之謂？〔一一〕且檢之事實，合朔之儀，至尊静躬殿堂，不聽政事，冕服御坐門闥之制，與元會禮異。自不得兼行，則當權其事宜。合朔之禮，不輕於元會；元會有可卻之準，合朔無可廢之義。謂應依建元故事，卻元會。」浩從之，竟卻會。〔一二〕

〔一〕宋庠人物志後記節録劉劭傳自注云：「據今官書魏志作勉邵之劭，從力；他本或從邑者，晉邑之名。按字書，此二訓外無他釋，然俱不協孔才之義。説文則爲卲，音同上，但召旁從卩耳，訓高也。李舟切韻訓美也。高、美又與孔才義符。揚子法言曰周公之才之卲，是也。今俗寫法言亦作邑旁劭，蓋力卩文近易訛，讀者又昧偏旁之别。今定從卲云。」四庫提要曰：「庠所辯精核，今從之。」潘眉曰：「楊慎集引宋庠曰：卲从卩，説文，高也，故字孔才。三國志作劭，或作邵，从邑，皆非。眉按：本傳作劉劭，荀彧傳注作劉邵，皆傳寫之誤。晉刑法志散騎常侍劉卲，从卩作卲。」

〔二〕邯鄲，漢舊縣，屬冀州趙國。建安十七年，移屬魏郡；黄初二年，以魏郡西部爲廣平郡，故傳書廣平邯鄲人。一統志：「邯鄲故城，今直隸廣平府邯鄲縣西南十里。」錢坫曰：「今廣平府邯鄲縣治。」

〔三〕續百官志：「諸州初歲盡詣京都奏事，中興但因計吏。」又曰：「歲盡遣吏上計。」通典七十八作「博平計吏劉劭」。博平當係廣平之誤。

〔四〕梓慎，魯大夫；裨竈，鄭大夫。均見左傳襄二十八年注。昭公二十四年五月，日有食之。梓慎曰：「將水。」昭子曰：「旱也。」八月，大雩，旱也。昭公十八年，裨竈曰：「鄭又將火。」子産曰：「天道遠，人道邇，竈焉知天道？亦不復火。」

〔五〕宋書禮志一「及」作「入」，通典七十八亦作「入」。

〔六〕禮記曾子問篇：「曾子問曰：諸侯旅見天子，入門不得終禮，廢者幾？孔子曰：四。請問之。曰：太廟火、日食、后之喪、雨霑服失容，則廢。如諸侯皆在而日食，則從天子救日；太廟火，則從天子救火。」

〔七〕宋書禮志一「變」下有「異」字，通典同。

〔八〕古時推歷甚疏，不能精確。宋書禮志一云：「劭由此顯名，魏史美而書之。」

〔九〕晉書王廙傳：「彪之字叔武，年二十，鬚鬢皓白，時人謂之王白鬚。初除佐著作郎，累遷廷尉，時人比之張釋之。」

〔一〇〕晉書殷浩傳：「浩字深源，陳郡長平人。好老、易，爲風流談論者所宗，于時擬之管、葛。徵爲揚州刺史，後爲中軍將軍，被黜。終日書空，作咄咄怪事四字而已。」

〔一二〕監本「處」作「虔」，誤。

〔一三〕宋書禮志一：「晉武帝咸寧三年、四年，並以正旦合朔卻元會，改魏故事。康帝建元元年，太史上元日合朔，朝士復疑應卻會與否。庾冰輔政，寫劉劭議以示八坐。蔡謨著議非之，於是冰從衆議，遂以卻會。至永和中，殷浩輔政，又欲從劉劭議，不卻會。王彪之據咸寧、建元故事，於是又從彪之。」

御史大夫郗慮辟劭，會慮免，拜太子舍人，遷秘書郎。黃初中，爲尚書郎、散騎侍郎。受詔集五經羣書，以類相從，作皇覽。〔一〕明帝即位，出爲陳留太守，敦崇教化，百姓稱之。徵拜騎都尉，與議郎庾嶷、〔二〕荀詵等〔三〕定科令，作新律十八篇，〔四〕著律略論。〔五〕遷散騎常侍。時聞公孫淵受孫權燕王之號，議者欲留淵計吏，遣兵討之。劭以爲：「昔袁尚兄弟歸淵父康，康斬送其首，是淵先世之效忠也。又所聞虛實，未可審知。古者要荒未服，修德而不征，重勞民也。宜加寬貸，使有以自新。」後淵果斬送權使張彌等首。劭嘗作趙都賦，明帝美之，詔劭作許都、洛都賦。時外興軍旅，内營宮室，劭作二賦，皆諷諫焉。〔六〕

〔一〕皇覽詳見文紀黃初七年。盧明楷曰：「楊俊傳注引魏略云：王象領秘書監，受詔撰皇覽，數歲而成。又文帝紀云：使諸儒撰集經傳，隨類相從，凡千餘篇，號曰皇覽。則劉劭、王象俱在撰集之列，並非專出一手也。」何焯曰：「類書疑以皇覽爲祖。按楊俊傳注中所引魏略，皇覽凡四十餘部，部有數十篇，通合八百餘萬字，乃王象一人撰集，與此互異。」梁章鉅曰：「隋書經籍志：皇覽，繆卜等撰。又有何承天、徐爰合本，蓋仍魏之舊，各漸增加。唐以後書中所引，大抵皆何、徐合本，故唐志祇載何、徐皇覽也。」

〔二〕晉書庾峻傳：「伯父嶷，中正簡素，仕魏爲太僕。」

〔三〕詵，荀彧子，見彧傳。

〔四〕晉書刑法志：「命司空陳羣、散騎常侍劉劭、給事黃門侍郎韓遜、議郎庾嶷、中郎黃休、荀詵等刪約舊科，傍采漢律，定爲魏法，制新律十八篇。其序略曰：凡所定增十三篇，故就五篇，合十八篇。於正律九篇爲增，於旁章科令爲省矣。改漢舊律不行於魏者，皆除之。」通典一百六十三所引亦同。姚振宗曰：「侯康補三國藝文志作魏法制新律，蓋誤讀晉刑法志之文。志云：定爲魏法，制新律十八篇。當以定爲魏法讀爲句，不當連屬下文。衛覬傳：明帝即位，覬奏請置律博士，轉相教授，事遂施行。此卲等撰新律之緣起。」

〔五〕隋書經籍志：「梁有應劭律略論五卷，亡。」（姚振宗曰：「應劭蓋劉劭之誤。」）唐經籍志：「律略論五卷，劉劭撰。」御覽六百三十八刑法部引劉劭律略曰：「刪舊科，采漢律，爲魏律，懸之象魏。」（姚振宗曰：「此似序言中語。」）

〔六〕趙都賦見藝文類聚六十一。嚴可均曰：「又略見文選海賦注、赭白馬賦注、初學記六、又十五、又二十二、御覽三百四十七。許都、洛都賦文俱佚。」文心雕龍才略篇：「劉劭趙都，能攀於前修。」

青龍中，吳圍合肥，時東方吏士皆分休，征東將軍滿寵表請中軍兵，並召休將士，須集擊之。劭議以爲：「賊衆新至，心專氣銳，寵以少人，自戰其地，〔一〕若便進擊，必不能制。寵求待兵，未有所失也。以爲可先遣步兵五千，精騎三千，軍前發，〔二〕揚聲進道，震曜形勢。騎到合肥，疏其行隊，多其旌鼓，曜兵城下，引出賊後，擬其歸路，要其糧道。賊聞大軍來，騎斷其後，必震怖遁走，不戰自破賊矣。」帝從之。兵比至合肥，賊果退還。

〔一〕「戰」應作「守」。

〔一〕通鑑作「先軍前發」。

時詔書博求衆賢，散騎侍郎夏侯惠薦劭曰：「伏見常侍劉劭，深忠篤思，體周於數，凡所錯綜，源流弘遠，是以羣才大小，咸取所同而斟酌焉。故性實之士〔一〕服其平和良正，清静之人慕其玄虚退讓，文學之士嘉其推步詳密，法理之士明其分數精比，意思之士知其沈深篤固，文章之士愛其著論屬辭，〔二〕制度之士貴其化略較要，策謀之士贊其明思通微。凡此諸論，皆取適己所長，而舉其支流者也。臣數聽其清談，覽其篤論，漸漬歷年，服膺彌久，實爲朝廷奇其器量。以爲若此人者，宜輔翼機事，納謀幃幄，當與國道俱隆，非世俗所常有也。惟陛下垂優游之聽，使劭承清閒之歡，〔三〕得自盡於前，則德音上通，煇燿日新矣。」

臣松之以爲：凡相稱薦，率多溢美之辭，能不違中者或寡矣。惠之稱劭云「玄虚退讓」及「明思通微」，近於過矣。〔四〕

〔一〕「性」疑作「信」。
〔二〕古人文學與文章有別，即言語文學分科之意。
〔三〕「閒」，宋本作「閑」。
〔四〕宋本「矣」作「也」。

景初中，受詔作都官考課。劭上疏曰：「百官考課，王政之大較，然而歷代弗務，是以治典闕而未補，能否混而相蒙。陛下以上聖之宏略，愍王綱之弛頹，神慮内鑒，明詔外發。臣奉恩曠然，得以啓矇，輒作都官考課七十二條，〔一〕又作説略一篇。〔二〕臣學寡識淺，誠不足以宣暢聖旨，著定典制。」〔三〕又以爲宜制禮作樂，〔四〕以移風俗，著樂論十四篇，〔五〕事成未上。會明帝崩，不施行。正始中，執經講學，賜爵關内侯。凡所撰述法論、人物志之類百餘篇。〔六〕卒，追贈光禄勳。子琳嗣。

〔一〕通典：「劉劭作都官考課之法七十二條，攷覈百官。其略欲使州郡攷士，必由四科，皆有效然後察舉。或辟公府，爲親人長吏。（杜恕傳作「爲親民長吏」，通典避唐諱耳。）轉以功次補郡守者，或就秩而加賜爵焉。至於公卿及内職大臣，率攷之。」弼按：上語本杜恕上疏所言，見恕傳。

〔二〕胡三省曰：「説略者，説考課之大略也。」

〔三〕通鑑：「魏明帝景初元年，詔下百官議，崔林、杜恕、傅嘏議久不決，事竟不行。」司馬光曰：「或曰：考績之法，唐、虞所爲，京房、劉劭述而修之耳，烏可廢哉！曰：唐虞之官，其居位也久，其受任也專，其立法也寬，其責成也遠。非若京房、劉劭之法，校其米鹽之課，責其旦夕之效也。事固有名同而實異者，不可不察也。考績非可行於唐、虞而不可行於漢、魏，由京房、劉劭不得其本，而奔趨其末故也。」

〔四〕毛本「樂」作「學」，誤。

〔五〕玉海音樂類：「劉邵樂論二十四篇。」文選注、太平御覽並引之。

〔六〕隋書經籍志：「劉邵注孝經一卷，法論十卷，人物志三卷，集二卷。」晁氏讀書志曰：「人物志三卷，魏邯鄲劉邵孔才撰。以人之材器，志尚不同，當以九徵八觀，審察而任之。凡十六篇。邵（卻）〔郤〕慮所薦，慮譖殺孔融者，不知在邵書爲何等，而邵受其知也。」玉海五十七中興書目：「劉邵人物志三卷，述人性品有上下，材質有邪正，欲攷諸行事，而約之中庸。十二篇，九證體別，流業才理，才能利害，接識英雄，八觀七繆，效難釋事。」四庫提要曰：「邵書凡十二篇，首尾完具。晁公武讀書志作十六篇，疑傳寫之誤。其書主於論辨人才，以外見之符，驗内藏之器，分別流品，研析疑似，故隋志以下，皆著録於名家。然所言究悉物情，而精覈近理，其學雖近乎名家，其理則弗乖於儒者也。」（以上均姚振宗三國藝文志所引。）嚴可均輯存趙都賦、嘉瑞賦、龍瑞賦、疏議序、七華、飛白序勢、誄凡一十三篇。（姚振宗曰：「飛白序勢，嚴氏從藝文類聚七十四卷中録出。今攷張懷瓘書斷，乃晉劉紹撰，非此劉邵也。」）

劭同時東海繆襲，亦有才學，多所述敘，官至尚書、光禄勳。

先賢行狀曰：繆斐字文雅。該覽經傳，事親色養。徵博士，六辟公府。漢帝在長安，公卿博舉名儒。時舉斐任侍中，並無所就。即襲父也。〔一〕文章志曰：襲字熙伯，辟御史大夫府，歷事魏四世。正始六年，年六十，卒。〔二〕子悦，字孔懌，晉光禄大夫。襲孫紹、播、徵、胤等，並皆顯達。〔三〕

〔一〕寰宇記二十二：「繆裴，東海朐人。其先楚元王大夫。繆生避難居此。」御覽四百十一引宋躬孝子傳：「繆裴，東海蘭陵人。父忽得患，醫藥不給。裴夜叩頭，不寢不食，氣息將盡。至三更中，忽有二神，引鏁而至，求裴曰：尊府君昔經見侵，故有怨報，君至孝所感，昨爲天曹攝録。裴驚起，視父已差。父云：吾昔過伍子胥廟，引二神象置地，當是此耳。」又卷四百九十六引皇甫謐達士傳：（「達」當作「逸」。）「繆裴字文雅，代修儒學，繼踵六博，士以經行修明學士稱之。故時人爲之語曰：素車白馬繆文雅。」又卷五百一十引蕭繹孝德傳：「繆斐字文雅，東海蘭陵人。世亂，將家避地海濱，不以遯世爲悶，不以窮居爲傷。浣衣濯冠，以俟絶氣。」弼按：繆斐一作東海朐人，一作東海蘭陵人。朐縣在今江蘇海州南，蘭陵在今山東兖州府嶧縣東五十里。當是先居朐縣，後徙蘭陵。晉書繆播傳，播爲蘭陵人。播即襲孫也。

〔二〕晉書樂志：「漢時有短簫鐃歌之樂，其曲列於鼓吹，多序戰陳之事。及魏受命，改其十二曲，使繆襲爲詞，述以功德代漢。」宋書樂志：「魏鼓吹曲十二篇，繆襲造。第一曲初之平，言魏也；第二曲戰滎陽，言曹公也；第三曲獲吕布，言曹公東圍臨淮，生禽吕布也；第四曲克官渡，言曹公與袁紹戰，破之於官渡也；第五曲舊邦，言曹公勝袁紹於官渡，還譙，收藏士卒死亡也；第六曲定武功，言曹公初破鄴，武功之定，始乎此也；第七曲屠柳城，言曹公越北塞，歷白檀，破三部烏桓於柳城也；第八曲平南荆，言曹公南平荆州也；第九曲平關中，言曹公征馬超，定關中也；第十曲應帝期，言曹文帝以聖德受應運期也；第十一曲邕熙，言魏氏臨其國，君臣邕穆，庶績咸熙也；第十二曲太和，言魏明帝繼體承統，太和改元，德澤流布也。」文心雕龍樂府篇：「軒、岐鼓吹，並入樂府，繆襲所致，亦有可算焉。」隋書經籍志：「列女傳讚一卷，繆襲撰。又魏散騎常侍繆襲集五卷。」嚴可均輯文十四篇，馮氏詩紀録鼓吹曲挽歌凡十三篇。鍾嶸詩品曰：「熙伯挽歌，唯以造哀爾。」隋志：「魏散騎常侍繆襲集五卷，梁有録一卷。」

〔三〕晉書繆播傳：「播字宣則，蘭陵人。父悦，光禄大夫。播才思清辯。高密王泰爲司空，以播爲祭酒，後徙中書令，爲東海王越所害。胤字休祖，與播名譽略齊。拜太僕卿，參機密，亦爲越所害。」

襲友人山陽仲長統，漢末爲尚書郎，早卒。著昌言，詞佳可觀省。〔一〕

襲撰統昌言表稱：統字公理，少好學，博涉書記，贍於文辭。年二十餘，游學青、徐、并、冀之間，與交者多異之。并州刺史高幹，素貴有名，招致四方，游士多歸焉。統過幹，幹善待遇之，訪以世事。統謂幹曰：「君有雄志而無雄才，好士而不能擇人，所以爲君深戒也。」幹雅自多，〔二〕不納統言。統去之，無幾而幹敗。并、冀之士，以是識統。大司農常林，與統共在上黨，爲臣道統性倜儻，〔三〕敢直言，不矜小節。每列郡命召，輒稱疾不就。默語無常，時人或謂之狂。漢帝在許，尚書令荀彧領典樞機，好士愛奇。聞統名，啓召以爲尚書郎。後參太祖軍事，復還爲郎。延康元年卒，時年四十餘。統每論説古今世俗行事，發憤歎息，輒以爲論，名曰昌言，凡二十四篇。〔四〕

〔一〕官本考證：「佳，元本作皆。」胡三省曰：「仲，姓也。商左相仲虺，周有仲山甫，舜十六相有仲堪、仲熊，周八士有仲突、仲忽。」又曰：「仲長，複姓。」范書仲長統傳：「仲長統，字公理，山陽高平人。統常以爲凡游帝王者，欲以立身揚名耳，而名不常存。人生易滅，優游偃仰，可以自娛。欲卜居清曠，以樂其志。論之曰：使居有良田廣宅，背山臨流，溝池環帀，竹木周布，場圃築前，果園樹後。舟車足以代步涉之難，使令足以息四體之役，養親有兼珍之膳，妻孥無苦身之勞。良朋萃止，則陳酒肴以娛之；嘉時吉日，則烹羔豚以奉之。躕躇畦苑，遊戲平林，濯清水，追涼風，釣遊鯉，弋高鴻，諷於舞雩之下，詠歸高堂之上。安神閨房，思老氏之玄虛；呼吸精和，求至人之仿佛。與達者數子，論道講書，俯仰二儀，錯綜人物，彈南風之雅操，發清商之妙曲，逍遥一世之上，睥睨天地之閒，不受當時之責，永保性命之期。如是則可以陵霄漢出宇宙之外矣，豈羨夫入帝王之門哉！又作詩二篇，以見其志。辭曰：飛鳥遺跡，蟬蜕亡殼，騰蛇棄鱗，神龍喪角。至人能變，達士拔俗，乘雲無轡，騁風無足。垂露成幃，張霄成幄，沆瀣當餐，九陽代燭。恒星豔珠，朝霞潤玉，六合之內，恣心所欲。人事可遺，何爲局促？天道雖夷，見幾者寡。任意無非，適物無可。古來繞繞，委曲如瑣，百慮何爲，至要在我。寄愁天上，埋憂地下，叛散五經，滅棄風雅。百家雜碎，請用從火，抗志山西，游心海左。元氣爲舟，微風爲柂，敖翔太清，縱意容冶。」

〔二〕胡三省曰：「自以爲多才也。」

〔三〕沈家本曰：「爲臣道三字未詳，疑有譌奪。」弼按：襲言常林對襲道仲長統事也。

〔四〕毛本、吴本「二」作「一」，誤。范書仲長統傳：「著論名曰昌言，凡三十四篇，十餘萬言。獻帝遜位之歲，統卒，時年四十一。友人東海繆襲常稱統才章足繼西京董、賈、劉、揚。」章懷注：「昌，當也。尚書曰：汝亦昌言。」御覽六百二引抱朴子曰：「仲長統作昌言，未竟而亡，後繆襲撰次之。」隋書經籍志：「仲長子昌言十二卷，録一卷，漢尚書郎仲長統撰。」嚴可均輯本序曰：「仲長子昌言，崇文總目稱所存十五篇，分爲二卷。郡齋讀書志、直齋書録解題不著録。明陳第世善堂書目有二卷，其刻本僅見明胡維新兩京遺編，有理亂、損益、法誡三篇，歸有光諸子彙函有理亂、損益二篇，皆出本傳，無所增多。則北宋十五篇本又復佚失。今從羣書治要寫出九篇，益以本傳三篇，以意林次第之。刺取各書引見，補正脱譌，定著二卷。其遺文墜句，于原次無攷，依各書先後，附于末。本傳著論三十四篇，十餘萬言，今此搜輯，纔萬餘言，亡者蓋十八九。而治要所載，又頗删節，斷續侀離，殆所不免。然其闓陳善道，指抲時弊，剴切之忱，踔厲震蕩之氣，有不容摩滅者。繆熙伯方之董、賈、劉、揚，非過譽也。道藏本尹文子有仲長統序云：余黄初末，始到京師，繆熙伯以此書見示云云。嚴可均曰：統卒于獻帝遜位之歲，而此序言黄初末始到京師，當是後人妄改，或此序非統作，疑莫能明。」弼按：范書本傳，尚書令荀彧聞統名，奇之，舉爲尚書郎，後參丞相曹操軍事，則非黄初末始到京師。又按：統卒於延康元年，益證黄初云云之妄。唐書經籍志兖州山陽先賢贊一卷，仲長統撰。章宗源隋志攷證曰：「據元和姓纂稱晉太宰參軍長仲穀著山陽先賢傳，則唐志仲長統誤。」姚振宗曰：「郡國傳記之書，大抵多後人以次注續，不止一家。唐志明載其書，未有碻證，不當直斷其誤。隋志有兖州先賢傳一卷，不著撰人，似即是書。」

散騎常侍陳留蘇林、

魏略曰：林字孝友，博學；多通古今字指。凡諸書傳文間危疑，林皆釋之。建安中爲五官將文學，甚見禮待。黄初中爲博士給事中。文帝作典論，所稱蘇林者是也。以老歸第，國家每遣人就問之，數加賜遺。年八十餘，卒。〔一〕

光禄大夫京兆韋誕、〔二〕

文章敍録曰：誕字仲將，太僕端之子。有文才，善屬辭章。建安中，爲郡上計吏，特拜郎中，稍遷侍中中書監，以光禄大夫遜位。年七十五，卒於家。〔三〕初，邯鄲淳、衛覬及誕並善書，有名。覬孫恒撰四體書勢，〔四〕其序古文曰：「自秦用篆書，焚燒先典，而古文絶矣。漢武帝時，魯恭王壞孔子宅，得尚書、春秋、論語、孝經，〔五〕時人已不復知有古文，謂之科斗書。漢世祕藏，希得見之。魏初傳古文者，出於邯鄲淳。敬侯寫淳尚書，後以示淳，而淳不别。至正始中，立三字石經，轉失淳法。因科斗之名，遂效其法。〔六〕太康元年，汲縣民盜發魏襄王冢，得策書十餘萬言。案敬侯所書，猶有髣髴。」〔七〕敬侯，謂覬也。其序篆書曰：「秦時李斯，號爲工篆，諸山及銅人銘，皆斯書也。〔八〕漢建初中，扶風曹喜少異於斯，而亦稱善。〔九〕邯鄲淳師焉，略究其妙。韋誕師淳而不及也。太和中，誕爲武都太守，以能書留補侍中。魏氏寶器銘題，皆誕書云。〔一〇〕漢末，又有蔡邕采斯、喜之法，爲古今雜形，然精密簡理，〔一一〕不如淳也。」〔一二〕其序録隸書，已略見武紀。〔一三〕又曰：「師宜官爲大字，〔一四〕邯鄲淳爲小字。梁鵠謂淳得次仲法，〔一五〕然鵠之用筆，盡其勢矣。」其序草書曰：「漢興而有草書，不知作者姓名。至章帝時，齊相杜度號善作篇，〔一六〕後有崔瑗、崔實，〔一七〕亦皆稱工。杜氏結字甚安，〔一八〕而書體微瘦；崔氏甚得筆勢，而結字小疏。弘農張伯英者，因而轉精其巧。〔一九〕凡家之衣帛，必書而後練之；〔二〇〕臨池學書，池水盡黑。〔二一〕下筆必爲楷則，號怱怱不暇草。〔二二〕寸紙不見遺，至今世人尤寶之，〔二三〕韋仲將謂之草聖。伯英弟文舒者，次伯英。〔二四〕又有姜孟潁、梁孔達、〔二五〕田彥和及韋仲將之徒，皆伯英弟子，有名於世，然殊不及文舒也。」〔二六〕

樂安太守譙國夏侯惠、

惠，淵子，事在淵傳。〔二七〕

陳郡太守任城孫該、

文章敘録曰：該字公達，彊志好學。年二十，上計掾，召爲郎中，著魏書。〔二八〕遷博士、司徒右長史，復

還入著作。〔二九〕景元二年，卒官。〔三〇〕

郎中令河東杜摯等，亦著文賦，頗傳於世。〔三一〕

文章敘録曰：摯字德魯。初上笳賦，〔三二〕署司徒軍謀吏。後舉孝廉，除郎中，轉補校書。摯與毌丘儉鄉里相親，〔三三〕故爲詩與儉，求仙人藥一丸，欲以感切儉求助也。其詩曰：「騏驥馬不試，婆娑槽櫪間，壯士志未伸，坎軻多辛酸。伊摯爲媵臣，呂望身操竿，夷吾困商販，甯戚對牛歎。食其處監門，淮陰飢不餐；買臣老負薪，妻畔呼不還。釋之宦十年，位不增故官。才非八子倫，而與齊其患；無知不在此，袁盎未有言。被此篤病久，榮衛動不安，聞有韓衆藥，信來給一丸。」〔三四〕儉答曰：「鳳鳥翔京邑，哀鳴有所思，才爲聖世出，德音何不怡？八子未遭遇，今者遘明時，胡康出壟畝，楊偉無根基，飛騰沖雲天，奮迅協光熙。駿驥骨法異，伯樂觀知之，但當養羽翮，鴻舉必有期。體無纖微疾，安用問良醫？聯翩輕栖集，還爲燕雀嗤；韓衆藥雖良，或更不能治；悠悠千里情，薄言答嘉詩。信心感諸中，中實不在辭。」〔三五〕摯竟不得遷，卒于祕書。〔三六〕

廬江何氏家傳曰：〔三七〕明帝時，有譙人胡康，年十五，以異才見送。又陳損益，求試劇縣。詔特引見，衆論翕然，號爲神童。詔付祕書，使博覽典籍。帝以問祕書丞何禎：「康才如何？」禎答曰：「康雖有才，性質不端，必有負敗。」後果以過見譴。

臣松之案：魏朝自微而顯者，不聞胡康，疑是孟康。康事見杜恕傳，楊偉見曹爽傳。〔三八〕

〔一〕文紀注引獻帝傳：「蘇林、董巴上勸進表。」（又見宋書符瑞志上。）通典七十九載蘇林議皇后崩不宜稱大行云：「臣以爲古禮無稱大行之文。案漢天子稱行在所，言不常居；崩曰大行者，不返之稱也。未葬、未有謚，不言大行，則嫌與嗣天子同號。至于后崩未葬，禮未立后，宜無所嫌。故漢氏諸后，不稱大行，謂未葬宜直稱皇后。」本志高堂隆傳：「始景初中，帝以蘇林、秦静等並老，恐無能傳業者。乃詔科郎吏高才解經義者三十人，從光禄勳隆、散騎常侍林、博士静分受四經三禮，主者具爲設課試之法。數年，隆等皆卒，學者遂廢。」釋文敘録：「蘇林，魏散騎常侍，注孝經。」隋書經籍志：「梁有魏散騎常侍蘇林注孝經一卷，亡。」唐經籍志：「孝經一卷，蘇林注。」藝文志：「孝經蘇林注一卷。」顔師古漢書敘例注釋家名氏云：「蘇林字孝友，一云彦友，陳留外黄人。魏給事中、領祕書監、散騎常侍、永安衛尉、太中大夫。黄初中，遷博士，封安成亭侯。」又曰：「服、應曩説，疏紊尚多，蘇、晉衆家，剖斷蓋尠。」汪師韓文選理學權輿曰：「選注所引羣書，有蘇林漢書注。」姚振宗曰：「魏略言：諸書傳危疑，林皆釋之。則所注釋者必多，今惟孝經注、漢書注二種耳。」隋書經籍志：「陳留耆舊傳一卷，魏散騎常侍蘇林撰。」章宗源隋志考證曰：「魏志高柔傳注、後漢書吴祐傳注、初學記居處部並引陳留耆舊傳，不著蘇林名。」朱一新曰：「王肅傳注引魏略，以董遇、賈洪、邯鄲淳、薛夏、隗禧、蘇林、樂詳等七人爲儒宗。」姚範曰：「蘇林又見晉書庾峻傳。」弼按：魏收魏書江式傳：「式上表云：魏初博士清河張揖著埤倉、廣雅、古今字詁，陳留邯鄲淳亦與揖同時。」顔師古漢書敘例云：「張揖字稚讓，魏太和中爲博士。」顔注敘次在蘇林之前，承祚此傳網羅漢、魏文士，邯鄲淳、蘇林皆見其名，而獨遺張揖，裴注亦未之及。佚此閎才，不能不謂賢者之一失。甚矣，作史之難也！張揖事互見前邯鄲淳注。

〔二〕誕，京兆杜陵人。誕事見本志荀彧傳注引三輔決録。

〔三〕姚振宗曰：「王粲傳注以問大鴻臚卿韋仲將，則誕嘗官鴻臚卿。又齊王紀注有侍中中書監安陽亭侯臣誕，則誕嘗封侯。」

〔四〕四體書勢見武紀建安十三年注。

〔五〕漢書藝文志：「武帝末，魯恭王壞孔子宅，欲以廣其宫，而得古文尚書及禮記、論語、孝經凡數十篇，皆古字也。」據漢志所云，是孔壁中有禮記，無春秋。經典釋文所云亦同。又按魏收魏書江式傳云：「壁中書者，魯恭王壞孔子宅而得，禮、尚書、春秋、論語、孝經。」云云，是孔壁有禮、有春秋也。胡玉縉曰：「許慎說文序：壁中書者，魯恭王壞孔子宅而得禮記、尚書、春秋、論語、孝經，又北平侯張蒼獻春秋左氏傳。段注：春秋，蓋謂春秋經也，志言春秋古經十二篇是也。春秋經傳，班志不言出誰氏。據許云張蒼獻春秋左氏傳，意經、傳皆其所獻。古經與傳別，然則班云春秋古經十二篇，左氏傳三十卷，皆謂蒼所獻也。而許以經系之孔壁，以傳系之北平侯，恐非事實。或曰：春秋二字衍文。玉縉謂：古經與傳別行，許以經屬孔壁，以傳屬張蒼，畫然分開，必係事實，恐班志奪春秋二字，而許序非衍耳。」

〔六〕晉書衛恒傳「法」作「形」。

〔七〕以上爲四體書勢之文，下文「敬侯謂覬也」五字，爲裴注之語。

〔八〕繹山刻石、泰山刻石、琅邪臺刻石、之罘刻石、之罘東觀刻石碣、石門刻石、會稽刻石、句曲山白璧刻文、金狄銘、秦權文，皆斯書。

〔九〕王僧虔名書録曰：「扶風曹喜，後漢人，不知其官。善篆隸，小異李斯。」

〔一〇〕晉書衛恒傳「云」作「也」。水經穀水注：「南宫既建，明帝令侍中京兆韋誕以古篆書之。」

〔一一〕晉書衛恒傳「簡」作「閑」。

〔一二〕法書要録羊欣傳：「古來能書人名，蔡邕授于神人而傳之崔瑗及女文姬。文姬傳之鍾繇，鍾繇傳之衛夫人，衛夫人傳之王羲之。」張懷瓘書斷：「衛夫人名鑠，字茂猗，廷尉展之女弟，恒之從女，汝陰太守李矩之妻也。隸書猶善規矩，鍾公、右軍常師之。永和五年卒。子克爲中書郎，亦工書。」書史會要：「王曠，導從弟，與衛世爲中表，故得蔡邕書法于衛夫人，以授子羲之。」

〔一三〕應作武紀注。

〔一四〕書斷曰：「師宜官，南陽人。靈帝好書，徵天下工書於鴻都門，至數百人，八分稱宜官爲最。」

〔一五〕書斷曰：「梁鵠字孟皇，安定烏氏人。受法於師宜官，以善八分書知名。」

〔一六〕書斷曰：「後漢杜度，字伯度，京兆杜陵人。御史大夫延年曾孫。章帝時，爲齊相，善草書。」

〔一七〕書斷曰：「崔瑗字子玉，安平人。師於杜度，媚趣過之。」又曰：「瑗子實，官至尚書，能草書。」

〔一八〕各本「結」作「然」，局本作「結」，晉書衛恒傳亦作「結」，元本晉書作「殺」，法書要録作「煞」。李慈銘曰：「殺，猶製也。此因殺俗作煞，遂誤爲然耳。」沈家本曰：「然乃譌字，殺字亦難解，當從書勢作結。」

〔一九〕晉書衛恒傳「其」作「甚」。

〔二〇〕藝文類聚「練」作「染」。

〔二一〕晉書王羲之傳：「羲之曾與人書云：張之臨池學書，池水盡黑。使人耽之若是，未必後之也。」吴士鑑曰：「敦煌石室本沙州圖經曰：張芝墨池，在縣東北一里，効穀府東南五十步右。後漢獻帝時，前件人於此池學書，其池盡墨。書絶世，天下名傳。因兹王羲之顥書論云：臨池學書，池水盡墨，好之絶倫，吾弗及也。其池年代既遠，並磨滅。古老相傳，池在前件所去。開元二年九月、正議大夫使持節沙州諸軍事，行沙州刺史，兼豆盧軍使上柱國杜楚臣赴任尋墳典，文武俱明，訪覩此地，未獲安措。（恐有譌字。）至四年六月，燉煌縣令趙智本到任，其令博覽經史，通達九經，尋諸古典，委張芝、索靖，俱是燉煌人，各檢古跡，具知處所。其年九月，拓上件池中，得一石硯，長二尺，闊一尺五寸。乃勸諸張族一十八代孫上柱國張仁會等，令修葺墨池，中立廟及張芝容。」

〔二二〕「怱怱」一作「悤悤」，晉書衛恒傳作「忩忩」，草下有「書」字。姚範曰：「此時重草書，苟爲楷書，則自署不暇草耳。必字晉人語。」

〔二三〕晉書衛恒傳「之」作「其書」。

〔二四〕書斷曰：「張昶字文舒，伯英季弟，爲黄門侍郎，尤善章草。書類伯英，時人謂之亞聖。」

〔二五〕孟潁名翊，孔達名宣，均見書斷。

〔二六〕書斷曰：「仲將服膺於張伯英，兼邯鄲淳之法，諸書並善，題署尤精。青龍中，洛陽、許、鄴三都宮觀始就，詔仲將題署，以爲永制。給御筆墨，皆不任用。因奏蔡邕自矜能書，兼斯、喜之法，非紈素不妄下筆。夫欲善其事，必利其器，若用張芝筆，左伯紙及臣墨，兼此三具，又得臣手，然後可以逞徑丈之勢，方寸千言。」又曰：「仲將八分、隸書、章草、飛白入妙，小篆入能。兄康，字元將，工書；子熊，字少季，亦善書。時人云：名父之子，克有二事，世所美焉。」世説注引四體書勢曰：「誕善楷書，魏宮觀多誕所題。明帝立陵霄觀，誤先釘榜，乃籠盛誕，轆轤長絙引上，使就題之。去地二十五丈，誕甚危懼，乃戒子孫，絶此楷書，著之家令。」書斷又曰：「左伯字子邑，東萊人。特工八分，又甚能作紙。漢興，有紙代簡。至和帝時，蔡倫工爲之，而子邑尤得其妙。」宋本意林韋仲將筆墨法一卷，嚴可均據齊民要術九引韋誕筆方、初學記二十一引墨方。隋書經籍志：「梁有光禄大夫韋誕集三卷，録一卷，亡。」唐經籍志：「韋誕集三卷。」趙一清曰：「伯英、文舒，皆奂之子。伯英名芝，田彦和則以字爲名。」何焯曰：「古人論書，惟巨山獨尋其源，留意此藝，當誦之，此書學之經也。」李治敬齋古今黈卷四云：「魏明帝之爲人，人主中俊健者也。興工造事，必不孟浪。況淩雲殿非小小營搆，匠氏必極天下之工，將作必極當時之選，樓觀題榜，宜必先定，豈有大殿已成，而使匠石輩遽挂白榜哉！誤釘後書之説，萬無此理。而名書録載之，晉書又載之，是皆好事者之過也。晉書又稱誕書比訖，鬚髮盡白，此尤不可信。前人記周興嗣一夕次千文，鬚髮變白，已屬繆妄，而誕之書榜，特茶頃耳，危懼雖甚，安能遽白乎！」

〔二七〕隋書經籍志：「梁有樂安太守夏侯惠集二卷。」藝文類聚六十二載惠景福殿賦。惠薦劉卲表，見前。

〔二八〕史通正史篇：「魏史，黄初、太和中始命尚書衛覬、繆襲草創紀、傳，累載不成；又命侍中韋誕、應璩，祕書監王沈，大將軍從事中郎阮籍，司徒右長史孫該，司隸校尉傅玄等復共撰定。其後王沈獨就其業，勒成魏書四十四卷。其書多爲時諱，殊非實録。」

〔二九〕趙一清曰：「晉書職官志：著作郎，周左史之任也。漢東京圖籍在東觀，故使名儒著作東觀，有其名，尚未有官。魏明帝太和中，詔置著作郎於此，始有其官，隸中書省。」

〔三〇〕隋書經籍志：「梁有陳郡太守孫該集二卷。」藝文類聚七十九載該三公山下神祠賦，又四十四載該琵琶賦。

〔三一〕隋書經籍志：「魏校書郎杜摯集二卷。」

〔三二〕藝文類聚四十四載杜摯笳賦。

〔三三〕儉爲河東聞喜縣人。

〔三四〕顧炎武曰：「東觀餘論引晉武帝、王右軍、陶隱居帖及謝宣城傳，謂凡言信者，皆爲使人。楊用修引古樂府『有信數寄書，無信長相憶』爲證。良是。然此語起於東漢以下，楊太尉夫人袁氏答曹公卞夫人書云：『輒付往信。』古詩有焦仲卿妻作『自可斷來信，徐徐更謂之』。以使人爲信，始見於此。若古人所謂信者，乃符驗之別名，如今人言印信、信牌之信，不得謂爲使人也。」

〔三五〕馮氏詩紀載摯贈答詩，「妻畔」作「妻叛」，「篤病」作「萬病」，「中實」作「中貴」。又載摯贈毌丘荆州詩云：「鵠飛舉萬里，一飛翀昊蒼，翔高志難得，離鴻失所望。」

〔三六〕何焯曰：「儉雖敗滅，要是曹氏死臣，詩以言志，固不碌碌也。不得遷者，摯之命，非儉過。詩比興經緯，亦非晉以下所及。」

〔三七〕沈家本曰：「隋志，何氏家傳三卷，不題廬江，無撰人。唐志無，別有何世家傳二卷。後漢何敞傳注引何氏家傳。」

〔三八〕何焯曰：「孟康，郭后外屬，始仕見輕，晚爲良二千石。又冀部安平人，當時自有胡康也。」趙一清曰：「孟康事見魏略，不聞有以過見譴之事，則別是一人爲審。」潘眉曰：「胡康沛國譙人，孟康安平國安平人，當別有胡康，非即孟康。況孟康恩澤治績，吏民稱歌；胡康性質不端，迥不侔合。」弼按：顏師古漢書敘例：「孟康，安平廣宗人。」郡國志：「廣宗屬鉅鹿郡，魏改屬安平郡。」見通鑑胡注。潘氏謂孟康爲安平國安平人，殆未細審耳。

傅嘏字蘭石，〔一〕北地泥陽人，〔二〕傅介子之後也。〔三〕伯父巽，黄初中爲侍中尚書。〔四〕

傅子曰：嘏祖父睿，代郡太守；父充，黄門侍郎。

嘏弱冠知名，

傅子曰：是時何晏以材辯顯於貴戚之間，鄧颺好變通，〔五〕合徒黨，鬻聲名於閭閻；而夏侯玄以貴臣子，少有重名，爲之宗主。求交於嘏而不納也。〔六〕嘏友人荀粲，〔七〕有清識遠心，然猶怪之。謂嘏曰：「夏侯泰初一時之傑，虚心交子，合則好成，不合則怨至。二賢不睦，非國之利，此藺相如所以下廉頗也。」嘏答之曰：「泰初志大其量，能合虚聲而無實才。何平叔言遠而情近，好辯而無誠，所謂利口覆邦國之人也。〔八〕鄧玄茂有爲而無終，外要名利，内無關鑰，貴同惡異，多言而妬前。多言多釁，妬前無親。〔九〕以吾觀此三人者，皆敗德也。遠之猶恐禍及，況昵之乎！」〔一〇〕

司空陳羣辟爲掾。時散騎常侍劉劭作考課法，事下三府。〔一一〕嘏難劭論曰：「蓋聞帝制宏深，聖道奥遠，苟非其才，則道不虚行，神而明之，存乎其人。暨乎王略虧頽，而曠載罔綴，微言既没，六籍泯玷。何則？道弘致遠而衆才莫晞也。案劭考課論，雖欲尋前代黜陟之文，然其制度略以闕亡。禮之存者，惟有周典，外建侯伯，藩屏九服；内立列司，筦齊六職；士有恒貴，〔一二〕官有定則；百揆均任，四民殊業。故考績可理而黜陟易通也。大魏繼百王之末，承秦、漢之烈，制度之流，靡所修采。自建安以來，至於青龍，神武撥亂，肇基皇祚，埽除凶逆，芟夷遺寇，旌旗卷舒，日不暇給。及經邦治戎，權法並用，百官羣司，軍國通任，隨時之宜，以應政機。以古施今，事雜義殊，難得而通也。所以然者，制宜經遠，或不切近；法應時務，不足垂後。夫建官均職，清理民物，所以立本也；〔一三〕循名考實，糾勵成規，所以治末也。本綱未舉，而造制未呈；〔一四〕國略不崇，而考課是先；〔一五〕懼不足以料賢愚之分，精幽明之理也。昔先王之擇才，必本行於州閭，講道於庠序，行具而謂之賢，道修則謂之能。鄉老獻賢能于王，〔一六〕王拜受之，舉其賢者，出使長之；科其能者，入使治之，此先王收才之義也。〔一七〕方今九州之民，爰及京城，未有六鄉之舉，〔一八〕其選才之職，專任吏部。案品狀則實才未必當，任薄伐〔一九〕則德行未爲敘。如此則殿最之課，未盡人才。述綜王度，敷贊國式，體深義廣，難得而詳也。」

〔一〕世說新語文學篇注引魏志作「字蘭碩」，御覽三百八十五引嘏別傳「一字昭光」。姚範曰：「王厚齋云：蘭石本淮南子蘭生而芳，石生而堅。」沈家本曰：「釋詁：嘏，碩大也。則作碩爲是。」

〔二〕北地見武紀建安十九年注引九州春秋。郡國志：「涼州北地郡泥陽。」宋書傅弘之傳：「北地郡漢末失土，寄寓馮翊。」顧野王輿地志：「北地郡漢末但有泥陽、富平二縣，魏、晉亦然。」晉志屬雍州。方輿紀要：「泥陽故城，今陝西西安府耀州東北一里。」一統志：「今甘肅慶陽府寧州東南五十里泥陽里。」

〔三〕漢書傅介子傳：「傅介子，北地人。」顏師古曰：「介子，北地義渠人。」王先謙曰：「義渠，後漢省。」一統志：「故城今寧州西北。」

〔四〕巽事見武紀建安十八年注、文紀延康元年注及蘇則傳。本志劉表傳注引傅子曰：「巽字公悌，以說劉琮功賜爵關內侯。文帝時爲侍中，太和中卒。巽弟子嘏，別有傳。」王昶金石萃編云：「上尊號奏懷遠將軍關內侯臣巽者，傅巽也。」

〔五〕世說注「變」作「交」。

〔六〕一作「皆求交於嘏，嘏不納也」。

〔七〕粲字奉倩，荀彧子，詳見荀彧傳注引何劭荀粲傳。

〔八〕論語：「孔子曰：惡利口之覆邦家者。」

〔九〕胡三省曰：「鄧颺字玄茂，妬前者，忌前也。人忌勝己，則無親之者。」嚴衍曰：「妬前者，忌人之在己前也。」

〔一〇〕胡三省曰：「昵，尼質翻；比也，近也。」世說文學篇：「傅嘏善言虛勝，荀粲談尚玄遠。每至共語，有爭而不相喻。裴冀州釋二家之義，通彼我之懷，常使兩情皆得，彼此俱暢。」姜宸英曰：「夏侯泰初非何、鄧比，而嘏慨劣之，緣嘏是司馬之黨，故云爾，非公論也。」

〔一一〕三公府也。

〔一二〕宋本作「土有恒貢」。

〔一三〕馮本「立」作「務」。

〔一四〕「未呈」，通鑑作「末呈」。

〔一五〕胡三省曰：「舉綱則衆目張，言所繫者大。十髮爲程，一程爲分，言其細也。」又曰：「程，品式也；國略，國經也。先，心薦翻。」

〔一六〕周禮地官：「鄉老，二鄉則公一人。」鄭注云：「老，尊稱也。王置六鄉，則公有三人也。」

〔一七〕周禮地官：「鄉老及鄉大夫獻賢能之書于王，王再拜受之，登于天府。此謂使民興賢，出使長之；使民興能，入使治之。」鄭司農云：「興賢者，謂若今舉孝廉；興能者，謂若今舉茂才。」

〔一八〕監本、吳本「鄉」作「卿」，誤。

〔一九〕何焯曰：「薄伐，疑作簿閥，官簿閥閱也。古字或通。」梁章鉅曰：「伐，勞也。薄伐，謂微勞也。似不必改字而可通。」

正始初，除尚書郎，遷黄門侍郎。時曹爽秉政，何晏爲吏部尚書。嘏謂爽弟羲曰：「何平叔外静而内銛巧，好利不念務本，〔一〕吾恐必先惑子兄弟，仁人將遠，而朝政廢矣。」晏等遂與嘏不平，因微事以免嘏官。〔二〕起家拜滎陽太守，不行。太傅司馬宣王請爲從事中郎。曹爽誅，爲河南尹，〔三〕

傅子曰：河南尹内掌帝都，外統京畿，〔四〕兼古六鄉六遂之士。〔五〕其民異方雜居，多豪門大族，商賈胡貊，天下四方會。〔六〕利之所聚，而姦之所生。前尹司馬芝，舉其綱而太簡；次尹劉静，〔七〕綜其目而太密；後尹李勝，毁常法以收一時之聲。嘏立司馬氏之綱統，裁劉氏之綱目，以經緯之；李氏所毁，以漸補之。郡有七百吏，半非舊也。河南俗，黨五官掾功曹典選職，皆授其本國人，無用異邦人者。嘏各舉其良而對用之，官曹分職，而後以次考校之。〔八〕其治以德教爲本，然持法有恒，簡而不可犯，見理識情，獄訟不加檟楚而得其實。〔九〕不爲小惠，有所薦達及大有益於民事，皆隱其端迹，若不由己出。故當時無赫赫之名，吏民久而後安之。〔一〇〕

遷尚書。嘏常以爲：「秦始罷侯置守，設官分職，不與古同。漢、魏因循，以至于今。然儒生學士，咸欲錯綜以三代之禮，禮弘致遠，不應時務，事與制違，名實未附。故歷代而不至於治者，蓋由是也。欲大改定官制，依古正本，今遇帝室多難，〔一一〕未能革易。」

〔一〕通鑑「内」下有「躁」字。胡注：「銛，思廉翻；利也。」

〔二〕晉書荀顗傳：「曹爽專政，何晏等欲害太常傅嘏，顗營救得免。」何焯曰：「嘏亦一時之良，然以不平免官之故，自此遂爲司馬腹心，於義有所掩矣。特功名之士，稍循尺幅者耳。」

〔三〕洪亮吉曰：「水經注：正始三年，歲在甲子，被癸丑詔書，割河南郡縣，自鞏闕以東創建滎陽郡，以李勝爲郡守。（曹真傳注：「李勝爲滎陽太守。」）今攷傅嘏傳，爲滎陽守亦在正始時，則水經注之言信也。又孫禮傳：太祖時遷滎陽都尉。蓋河南郡大，漢末已別建都尉，至正始三年，乃升作郡耳。宋志、晉志等皆以爲晉泰始元年置，豈魏末暫廢，晉復立邪？」謝鍾英曰：「晉書地理志司州下云：光武都洛陽，魏氏受禪，即都漢宮，司隸所部，河南、河東、河內、宏農并冀州之平陽，合五郡置司州。元和郡縣志司州領河南、河東、河內、宏農、平陽五郡。是魏司州無滎陽郡。又考魏志，蘇峻，河南中牟人；鄭渾，河南開封人。（中牟、開封，晉志并屬滎陽郡。）蓋魏末已省滎陽并河南，故承祚書法如此。一統志魏置滎陽郡，尋罷。晉太始元年復置。三國郡縣，省置移易，宜以最後爲斷。」弼按：纂地志者，自應以最後爲斷。然魏正始間，割河南郡置滎陽郡，且先後置守，作史者自應據事直書，陳志自不誤也。」

〔四〕毛本「畿」作「幾」，誤。

〔五〕鄭司農云：「百里內爲六鄉，外爲六遂。」又云：「遂爲王國百里外。」

〔六〕御覽、書鈔、六帖均無「方」字。

〔七〕陳浩曰：「劉馥子靖，曾爲河南尹。傳稱其爲政，初雖如碎密，終於百姓便之，有馥遺風。則此靜字當作靖。」弼按：夏侯玄傳引魏略作劉靜。

〔八〕毛本「校」作「核」。

〔九〕書鈔「加」作「任」，「櫝」作「捶」，宋本「櫝」作「賈」，馮本作「榎」。

〔一〇〕何焯曰：「曾更內職，則舉動必與鋒銳悍吏急名喜事者不同。」

〔一一〕似應以「今」字斷句，「本」字疑衍。

時論者議欲自伐吴，三征獻策各不同。〔一〕詔以訪嘏，嘏對曰：「昔夫差陵齊勝晉，威行中國，終禍姑蘇；〔二〕齊閔兼土拓境，闢地千里，身蹈顛覆。〔三〕有始不必善終，古之明效也。孫權自破關羽并荆州之後，志盈欲滿，凶宄以極，是以宣文侯深建宏圖大舉之策。今權已死，託孤於諸葛恪。若矯權苛暴，蠲其虐政，民免酷烈，偷安新惠，外内齊慮，有同舟之懼，雖不能終自保完，猶足以延期挺命於深江之外矣。而議者或欲汎舟徑濟，横行江表；或欲四道並進，攻其城壘；或欲大佃疆埸，〔四〕觀釁而動。誠皆取賊之常計也。然自治兵以來，出入三載，非掩襲之軍也。賊之爲寇，幾六十年矣，〔五〕君臣僞立，吉凶共患，又喪其元帥，上下憂危，設令列船津要，堅城據險，横行之計，其殆難捷。惟進軍大佃，最差完牢。隱〔六〕兵出民表，寇鈔不犯；坐食積穀，不煩運士；乘釁討襲，無遠勞費。此軍之急務也。〔七〕昔樊噲願以十萬之衆，横行匈奴，季布面折其短。今欲越長江，涉虜庭，亦向時之喻也。未若明法練士，錯計於全勝之地，振長策以禦敵之餘燼，斯必然之數也。」

司馬彪戰略載嘏此對，詳於本傳，今悉載之，以盡其意。彪曰：嘉平四年四月，孫權死。征南大將軍王昶、征東將軍胡遵、鎮南將軍毌丘儉等表請征吴。朝廷以三征計異，詔訪尚書傅嘏。嘏對曰：「昔夫差勝齊陵晉，威行中國，不能以免姑蘇之禍；齊閔辟土兼國，開地千里，不足以救顛覆之敗。有始不必善終，古事之明效也。孫權自破蜀兼平荆州之後，志盈欲滿，罪戮忠良，誅及胤嗣，元凶已極。相國宣文侯先識取亂侮亡之義，深建宏圖大舉之策。今權已死，託孤於諸葛恪。若矯權苛暴，蠲其虐政，民免酷烈，偷安新惠，外内齊慮，有同舟之懼，雖不能終自保完，猶足以延期挺命於深江之表矣。昶等或欲汎舟徑渡，橫行江表，收民略地，因糧於寇；或欲四道並進，臨之以武，誘間攜貳，待其崩壞；或欲進軍大佃，偪其項領，積穀觀釁，相時而動。凡此三者，皆取賊之常計也。然施之當機，則功成名立；苟不應節，必貽後患。自治兵已來，出入三載，非掩襲之軍也。賊喪元帥，利存退守，若撰飾舟楫，羅船津要，堅城清野，以防卒攻，橫行之計，殆難必施。賊之爲寇，幾六十年，君臣僞立，吉凶同患。若恪蠲其弊，天去其疾，崩潰之應，不可卒待。今邊壤之守，與賊相遠，賊設羅落，〔八〕又持重密，〔九〕間諜不行，耳目無聞。夫軍無耳目，校察未詳，而舉大衆以臨巨險，此爲希幸徼功，先戰而後求勝，非全軍之長策也。唯有進軍大佃，最差完牢。可詔昶、遵等擇地居險，審所錯置，及令三方一時前守。奪其肥壤，使還耕塉土，一也；兵出民表，寇鈔不犯，二也；招懷近路，降附日至，三也；羅落遠設，間搆不來，四也；賊退其守，羅落必淺，佃作易之，〔一〇〕五也；坐食積穀，士不運輸，六也；釁隙時聞，討襲速決，七也。凡此七者，軍事之急務也。不據則賊擅便資，據之則利歸於國，不可不察也。夫屯壘相偪，形勢已交，智勇得陳，巧拙得用，策之而知得失之計，角之而知有餘不足，虜之情僞，將焉所逃？夫以小敵大，則役煩力竭；以貧敵富，則斂重財匱。故敵逸能勞之，飽能飢之，此之謂也。然後盛衆厲兵以震之，參惠倍賞以招之，多方廣似以疑之。由不虞之道，以閒其不戒。比及三年，左提右挈，〔一一〕虜必冰散瓦解，安受其弊，可坐算而得也。昔漢氏歷世常患匈奴，朝臣謀士，早朝晏罷，介冑之將，則陳征伐；搢紳之徒，〔一二〕咸言和親，勇奮之士，思展搏噬。故樊噲願以十萬之衆，橫行匈奴，季布面折其短。〔一三〕李信求以二十萬獨舉楚人，而果辱秦軍。〔一四〕今諸將有陳越江陵險，獨步虜庭，即亦向時之類也。以陛下聖德，輔相忠賢，法明士練，錯計於全勝之地，振長策以禦之，虜之崩潰，必然之數。故兵法曰：屈人之兵，而非戰也；拔人之城，而非攻也。〔一五〕若釋廟勝必然之理，而行萬一不必全之路，誠愚臣之所慮也。故謂大佃而偪之計最長。」時不從嘏言。其年十一月，詔昶等征吳。五年正月，諸葛恪拒戰，大破衆軍於東關。〔一六〕

後吳大將諸葛恪新破東關，乘勝揚聲，欲向青、徐，朝廷將爲之備。嘏議以爲：「淮海非賊輕行之路，又昔孫權遣兵入海，漂浪沈溺，略無孑遺，恪豈敢傾根竭本，寄命洪流，以徼乾没乎？

漢書張湯傳曰：湯始爲小吏，乾没。與長安富賈田甲、魚翁叔之屬交私。服虔曰：「乾没，射成敗也。」如淳曰：「得利爲乾，失利爲没。」

臣松之以虔直以乾没爲射成敗，而不説乾没之義，於理猶爲未暢。淳以得利爲乾，又不可了。愚謂乾讀宜爲乾燥之乾，蓋謂有所徼射，不計乾燥之與沈没而爲之。〔一七〕

恪不過遣偏率小將素習水軍者，乘海泝淮，示動青、徐，恪自并兵來向淮南耳。」〔一八〕後恪果圖新城，〔一九〕不克而歸。

〔一〕胡三省曰：「漢置四征將軍，謂征東、征西、征南、征北也。其後又置四鎮將軍，有功進號，則自鎮爲征。毌丘儉方爲鎮南，而曰三征，史概言之。」

〔二〕史記吳太伯世家：「吳王夫差敗齊師於艾陵，與晉定公爭長。北會諸侯於黄池，欲霸中國。越敗吳，越王句踐欲遷吳王夫差於甬東。吳王自剄死，越王滅吳。」

〔三〕史記田敬仲完世家：「齊湣王三十八年，齊南割楚之淮北，西侵三晉，欲以并周室爲天子，泗上諸侯，鄒、魯之君皆稱臣。諸侯恐懼。四十年，燕、秦、楚、三晉合謀，各出鋭師以伐，燕將樂毅遂入臨淄，盡取齊之寶藏器。湣王出亡，楚使淖齒將兵救齊，淖齒遂殺湣王，而與燕共分齊之侵地鹵器。」

〔四〕胡三省曰：「佃讀曰田。」

〔五〕胡三省曰：「自漢建安十三年赤壁之戰，吴、魏始爲寇敵，至是年，凡五十五年。吴、魏通者三年耳。」

〔六〕姜英宸曰：「隱即穩字，句讀。」沈家本曰：「注引無隱字。」

〔七〕何焯曰：「此雜耕渭濱，爲蠶食伺利之上策也。先儒謂武侯三年不死，可以取魏，即蘭石之言耳。」

〔八〕胡三省曰：「謂設烽燧、遠候望以羅落邊面也。羅，布也；落與絡同，聯絡也。莊子曰：牛馬四足，是謂天；落馬首、穿牛鼻是謂人。用此落字也。」

〔九〕通鑑「持」作「特」。胡注：「重，直龍翻。」

〔一〇〕通鑑「之」作「立」。

〔一一〕宋本「提」作「持」。

〔一二〕毛本「搢」作「縉」。

〔一三〕事見史記季布傳。

〔一四〕史記李將軍傳：「李將軍廣者，隴西成紀人。其先曰李信，秦時爲將，逐得燕大子丹者也。」

〔一五〕此孫子謀攻篇之語。杜佑曰：「言伐謀伐交，不至於戰。故司馬法曰：上謀不鬬。孟氏曰：言以威刑服敵，不攻而取，若鄭伯肉袒以迎楚莊王之類。」

〔一六〕東關見齊王紀嘉平四年。胡三省曰：「今栅江口有兩山，濡須山在和州界，謂之東關；七寶山在無爲軍界，謂之西關。唐志：廬州巢縣東南四十里有故東關。」一統志：「今安徽和州含山縣西南七十里，濡須塢之北，與無爲州巢縣接界。其地險峻，周圍皆石。」潘眉曰：「少帝紀東關之敗在嘉平四年十二月。吴志云：十二月戊午，大破魏軍。是年十二月丙申朔戊午二十三日也。司馬彪戰略作五年正月，誤。」弼按：通鑑亦編於嘉平四年十二月。

〔一七〕周壽昌曰：「裴氏謂服説未暢，如説未了，誠然。然裴説亦未了暢。蓋乾没二字，當串説，不宜對舉。射利者之取人財，如入水之取物，有水而没之，是沈没也，然尚爲有因。今無故攫人之資，亦猶無水而強没其物，以乾燥之地，行沈溺之法，故曰乾没。」沈欽韓曰：「此言無所將而没取利，今猶有乾折之稱。晉潘岳母誚岳曰：汝當知足，而乾没不已乎！與陸沈義相類。」曾國藩曰：「服、如二説，皆望文生訓，非本義也。没者，謂没入人之財物也。凡財物入官者，曰藉没入官；子女入官者，曰没入爲奴婢；或曰没入奚官。乾没者，謂無故而没入人財物。潘岳傳之乾没，謂無故而取高爵厚禄，當知足止也。」王先謙曰：「正義：乾没，謂無潤及之而取他人也。或云：掙取貨利，没爲已有，如水盡涸也。」顧炎武曰：「乾没，大抵是徼幸取利之意。史記春申君傳：没利於前，而易患於後也。即此意。」

〔一八〕何焯曰：「若習海道，則當有備；不可執藺石之料昊，謂後世永無其事。」

〔一九〕趙一清曰：「圖當依諸葛恪傳作圍。」胡三省曰：「合肥新城也。」

嘏常論才性同異，鍾會集而論之。

傅子曰：嘏既達治好正，而有清理識要，好論才性，原本精微，尟能及之。〔一〕司隸校尉鍾會年甚少，嘏以明智交會。〔二〕

臣松之案：傅子前云嘏了夏侯之必敗，不與之交，而此云與鍾會善。愚以爲夏侯玄以名重致患，釁由外至；鍾會以利動取敗，禍自己出。然則夏侯之危兆難覩，而鍾氏之敗形易照也。嘏若了夏侯之必危，而不見鍾會之將敗，則爲識有所蔽，難以言通；若皆知其不終，而情有彼此，是爲厚薄由于愛憎，奚豫於成敗哉！以愛憎爲厚薄，又虧於雅體矣。傅子此論，非所以益嘏也。〔三〕

嘉平末，賜爵關内侯。〔四〕高貴鄉公即尊位，進封武鄉亭侯。正元二年春，毌丘儉、文欽作亂，或以司馬景王不宜自行，可遣太尉孚往，惟嘏及王肅勸之，景王遂行。

漢晉春秋曰：嘏固勸景王行，景王未從。嘏重言曰：「淮、楚兵勁，〔五〕而儉等負力遠鬬，其鋒未易當也。若諸將戰有利鈍，大勢一失，則公事敗矣。」是時景王新割目瘤，〔六〕創甚，聞嘏言，蹶然而起，曰：〔七〕「我請輿疾而東。」

以嘏守尚書僕射，俱東。儉、欽破敗，嘏有謀焉。及景王薨，嘏與司馬文王徑還洛陽，文王遂以輔政。語在鍾會傳。〔八〕

世語曰：景王疾甚，以朝政授傅嘏，嘏不敢受。及薨，嘏祕不發喪，以景王命召文王於許昌，領公軍焉。

孫盛評曰：晉宣、景、文王之相魏也，權重相承，王業基矣。豈蕞爾傅嘏所宜間廁？世語所云，斯不然矣。

會由是有自矜色。嘏戒之曰：「子志大其量，而勳業難爲也，可不慎哉！」嘏以功進封陽鄉侯，〔九〕增邑六百户，并前千二百户。是歲薨，時年四十七。追贈太常，謚曰元侯。〔一〇〕

傅子曰：初，李豐與嘏同州，〔一一〕少有顯名，早歷大官，内外稱之，嘏又不善也。謂同志曰：「豐飾僞而多疑，矜小失而昧於權利，若處庸庸者可也。自任機事，遭明者必死。」豐後爲中書令，與夏侯玄俱禍，卒如嘏言。嘏自少與冀州刺史裴徽、〔一二〕散騎常侍荀甝善，徽、甝早亡。又與鎮北將軍何曾、司空陳泰、尚書僕射荀顗、後將軍鍾毓並善，相與綜朝事，俱爲名臣。〔一三〕

子祗嗣。〔一四〕咸熙中，開建五等，以嘏著勳前朝，改封祗涇原子。〔一五〕

晉諸公贊曰：祗字子莊，嘏少子也。晉永嘉中至司空。〔一六〕祗子宣，字世弘。世語稱宣以公正知名，位至御史中丞。宣弟暢，字世道，祕書丞，没在胡中。著晉諸公贊及晉公卿禮秩故事。〔一七〕

〔一〕「尠」，宋本作「尟」。

〔二〕本志鍾會傳：「會嘗論才性同異。」世説賢媛篇注引魏氏春秋曰：「王廣字公淵，王陵子也。有風量才學，名重當世。與傅嘏等論才性同異，行於世。」世説文學篇：「鍾會撰四本論。」注引魏志曰：「會論才性同異，傳於世。四本者，言才性同、才性異、才性合、才性離也。尚書傅嘏論同，中書令李豐論異，侍郎鍾會論合，屯騎校尉王廣論離。」晉書阮裕傳：「嘗問謝萬云未見四本論，君試爲言之。萬敘説既畢，裕以傅嘏爲長。」

〔三〕何焯曰：「實由愛憎耳。然其論三士者，不惟取友之鑒，亦時當以之自省自箴也。」姜宸英曰：「嘏黨於司馬氏，故策夏侯之敗，而深交鍾會。厚薄由於愛憎，得之矣。」

〔四〕嘏列名奏永寧宫。

〔五〕胡三省曰：「壽春故楚都，時爲淮南重鎮，以南備吴，勁兵聚焉。」

〔六〕胡三省曰：「瘤，音留。肉起疾腫曰瘤。」

〔七〕胡三省曰：「蹶然，急遽而起之貌。」

〔八〕通鑑：「正元二年，舞陽忠武侯司馬師疾篤，還許昌。衛將軍昭自洛陽往省師，師令昭總統諸軍。辛亥，師卒於許昌。中書侍郎鍾會從師典知密事。中詔敕尚書傅嘏以東南新定，權留衛將軍昭屯許昌爲內外之援，令嘏率諸軍還。會與嘏謀，使嘏表上，輒與昭俱發。還到洛水南屯住。二月丁巳，詔以司馬昭爲大將軍録尚書事。」胡三省曰：「詔自中出，上意也。是時詔命皆以司馬氏之意行之，此詔出於禁中之意，故曰中詔。」王懋竑曰：「傅嘏與何晏等不合，免官。司馬懿請爲從事中郎，遂附從懿父子，以傾魏曹。爽之死，齊王之廢，嘏皆與有力焉。故爽誅即以嘏爲河南尹，轉尚書，賜爵關内侯。齊王廢，進爵武鄉亭侯。及毌丘儉、文欽兵起，嘏勸師自行，與之俱東。師卒，中詔嘏還師，嘏輒與昭俱還，以成司馬氏之篡。迹其始末，蓋與賈充不異。幸其早死，不與佐命之數，此乃魏之逆臣。但以善自韜晦，不名其功，即如與昭俱還，乃嘏之本謀，顧以推之鍾會，故世莫得而議之。其與何晏、鄧颺、夏侯玄、李豐不平，皆以其爲魏故，而自與鍾毓、鍾會、何曾、陳泰、荀顗善，則皆司馬氏之黨也。所譏議何晏等語，大率以愛憎爲之。陳壽謂嘏用才達顯，裴注則盡收傅子所述，通鑑又因注而爲之。條分件繫，謂嘏言若蓍龜之驗，於是嘏得爲魏之名臣，而豐、玄遂與晏、颺同類而共棄之。此真豐、玄之不幸也。」

〔九〕潘眉曰：「唐書世系表，陽鄉作陽都，誤。」

〔一〇〕隋書經籍志：「梁有太常卿傅嘏集二卷，録一卷。」

〔一一〕夏侯玄傳：「中書令李豐，與皇后父張緝俱馮翊人。」北地郡漢末寄寓馮翊，同屬雍州。

〔一二〕裴徽事詳見裴潛傳注。

〔一三〕「相與」，監本作「相友」，誤。

〔一四〕弼按：范書傅燮傳：「燮，北地靈州人。燮子幹，扶風太守。」晉書傅玄傳：「玄，北地泥陽人。祖燮，漢漢陽太守；父幹，魏扶風太守。」又玄傳目下小注云：「子咸，咸從父弟祗。」據此，則玄與嘏應爲兄弟行。然由玄上推至燮，由嘏上推至睿，史無昆季明文，未知玄傳小注何據也。

〔一五〕沈欽韓曰：「兩漢志及晉志，安定郡無涇原縣。」

〔一六〕晉書傅祗傳：「祗性至孝，早知名。武帝始建東宮，起家太子舍人，母憂去職。服終，爲滎陽太守。自魏黄初大水之後，河、濟汎溢，鄧艾開石門而通之，至是復浸壞。祗乃造沈萊堰，至今兗、豫無水患，百姓立碑頌焉。楊駿輔政，議普進封爵，祗與駿書曰：未有帝王始崩，臣下論功者也。駿不從。駿伏誅，收駿官屬。祗言僚佐不可加罰，詔赦之。以討駿功，當封郡公、八千户。固讓減半，降封靈川縣公。趙王倫輔政，以爲中書監。惠帝還宫，祗以經受僞職，請退，不許。懷帝末，遷司徒。及洛陽陷没，推祗爲盟主，傳檄四方。遣子宣赴告方伯，徵義兵。祗自屯盟津小城，宣弟暢行河陰令以待宣，祗以暴疾薨，時年六十九。」趙一清曰：「晉書祗傳：遷司徒，薨。非司空。晉諸公贊即其子暢作，不應有誤，疑傳寫誤。」弼按：裴注引晉諸公贊語止此，下文爲世期自注。

〔一七〕傅暢事見高貴鄉公紀甘露元年注。晉書傅祗傳：暢作晉諸公敘贊二十二卷，又爲公卿故事九卷。隋志雜史類：晉諸公贊二十一卷，晉公卿禮秩故事九卷。續漢書輿服志注、宋書禮志均引之，省「故事」二字。宋書禮志又引作傅暢故事。

評曰：昔文帝、陳王以公子之尊，博好文采，同聲相應，才士並出，惟粲等六人最見名目。〔一〕而粲特處常伯之官，興一代之制，然其沖虚德宇，未若徐幹之粹也。衛覬亦以多識典故，相時王之式。劉劭該覽學籍，文質周洽。劉廙以清鑒著，傅嘏用才達顯云。

臣松之以爲傅嘏識量名輩，實當時高流。而此評但云「用才達顯」，既於題目爲拙，又不足以見嘏之美也。〔二〕

〔一〕典論以孔融、陳琳、王粲、徐幹、阮瑀、應瑒、劉楨爲七子，陳評所云六人無孔融。

〔二〕姜宸英曰：「嘏爲司馬用人，人品心術可知。陳評才達，可云當矣；謂爲高流，吾不許也。」王鳴盛曰：「此書於易代之際，有貳心以邀功者，必加微詞。司馬氏勢雖偪主，然師死於淮，昭方在許，事之至危。嘏專心奉戴，擁衆還洛，大柄已得，魏祚傾矣。故首列王粲，書其勸琮納土之謀，中傳衛覬，特著還漢助禪之事，終之以嘏，則奉馬傾曹。此始此終，著鑒甚明，故評中特表徐幹之沖虚，以示優劣焉。如幹，猶揚雄之不與易耳，此外皆與聞乎篡者。稱嘏才達，節不足見矣。松之未明作者之心也。」劉咸炘曰：「王説未必作者本意。才達二字，不見是微詞也。」又曰：「尚云：此傳若出蔚宗手，不知如何鋪序詩文，壽惟録曹丕與質書，品題諸子，諸子詩文，一篇不載，其識力之高簡，後史追蹤者希。按：此説非也。蔚宗傳文苑，安得不録文？承祚此傳，止傳成一代典制者，本非作文苑傳，故不詳文耳。若謂承祚輕文，則全書中載文豈少哉！」

魏書二十二

桓二陳徐衛盧傳第二十二

桓階字伯緒，〔一〕長沙臨湘人也。〔二〕

魏書曰：階祖父超，父勝，皆歷典州郡。勝爲尚書，著名南方。

仕郡功曹。〔三〕太守孫堅舉階孝廉，〔四〕除尚書郎。父喪，還鄉里。會堅擊劉表，戰死，〔五〕階冒難詣表乞堅喪，〔六〕表義而與之。後太祖與袁紹相拒於官渡，〔七〕表舉州以應紹。〔八〕階說其太守張羨曰：〔九〕「夫舉事而不本於義，未有不敗者也。故齊桓率諸侯以尊周，〔一〇〕晉文逐叔帶以納王。〔一一〕今袁氏反此，而劉牧應之，取禍之道也。明府必欲立功明義，全福遠禍，不宜與之同也。」羨曰：「然則何向而可？」階曰：「曹公雖弱，仗義而起，〔一二〕救朝廷之危，奉王命而討有罪，孰敢不服？今若舉四郡保三江以待其來，〔一三〕而爲之內應，不亦可乎？」〔一四〕羨曰：「善。」乃舉長沙及旁三郡以拒表，〔一五〕遣使詣太祖，太祖大悅。會紹與太祖連戰，軍未得南。

而表急攻羡，羡病死，城陷。〔一六〕階遂自匿。久之，劉表辟爲從事祭酒，〔一七〕欲妻以妻妹蔡氏。階自陳已結婚，拒而不受，因辭疾告退。

〔一〕潘眉曰：「任城太守孫夫人碑云：長沙人桓伯序。緒當依碑作序。階、序字義相應。」

〔二〕郡國志：「荆州長沙郡臨湘。」一統志：「臨湘故城，今湖南長沙府城南。」

〔三〕續百官志：「郡有功曹史，主選署功勞。」

〔四〕堅爲長沙太守，在漢靈帝中平四年。

〔五〕吴志孫堅傳，堅死在漢獻帝初平三年，通鑑在二年。

〔六〕報舉主也。

〔七〕通鑑考異曰：「桓階傳，袁、曹相拒官渡，階説張羡。范書劉表傳，建安三年，羡拒表在官渡前。」

〔八〕表爲鎮南將軍荆州牧，舉荆州以應紹。

〔九〕本志劉表傳注引英雄記曰：「張羡，南陽人。先作零陵、桂陽長，（范書「長」作「守」，是。）甚得江、湘閒心。然性屈彊不順，表薄其爲人，不甚禮也。羡由是懷恨，遂叛表。」弼按：英雄記所載羡因恨而拒表，非由階説，與此傳異。

〔一〇〕論語：「管仲相桓公，霸諸侯，一匡天下。」何晏集解云：「馬曰：天子微弱，桓公帥諸侯以尊周室，一正天下。」

〔一一〕左傳僖公二十五年：「秦伯師于河上，將納王。狐偃言於晉侯曰：求諸侯莫如勤王。晉侯辭秦師而下，右師圍温，左師逆王。王入于王城，取大叔于温，殺之于隰城。」

〔一二〕馮本「仗」作「杖」，誤。

〔一三〕趙一清曰：「德清胡氏渭禹貢錐指云：巴陵，岳州府治，本漢下雋縣地。荆江口在縣西北洞庭水入江處，亦名西江口，又名三江口。元和志：巴陵城對三江口：岷江爲西江，澧江爲中江，湘江爲南江。案：三江口北岸，有楊林浦，一名楊葉洲，蓋即水經湘水注所謂巴陵故城西對長洲者。」

〔一四〕或曰：設身處地，自以此論爲正。若曰宜逆拒曹氏，則爾時羣雄所圖，孰是乃心漢室者？必欲斥桓、文而附秦、楚，無乃不可乎？故曰：讀書論世。

〔一五〕范書劉表傳：「建安三年，長沙太守張羨率零陵、桂陽三郡畔表。」通鑑：「郡人桓階説羨舉長沙、零陵、桂陽三郡以拒表。」弼按：范書、通鑑俱云三郡，與此傳四郡之説不合。又按：通鑑：「初平元年，劉表徙治襄陽，鎮撫郡縣，江南悉平。」胡三省注：「荊部在江南者，長沙、武陵、零陵、桂陽四郡也。」當合武陵郡爲四郡。

〔一六〕本志劉表傳：「長沙太守張羨叛表，表圍之，連年不下。羨病死，長沙復立其子懌，表遂攻并懌。」范書劉表傳：「表遣兵攻圍破羨，平之。」周壽昌曰：「據魏志表傳，表未能破羨，至張懌時始能平之耳。」弼按：各傳互異。

〔一七〕宋書百官志：「刺史官屬，今有別駕從事史、治中從事史、主簿、西曹書佐、祭酒從事史、議曹從事史、部郡從事史。自主簿以下，置人多少，各隨州舊，無定制也。」荊州有從事史，在議曹從事史下，大較應是魏、晉以來置也。

太祖定荊州，聞其爲張羨謀也，異之，辟爲丞相掾主簿，遷趙郡太守。〔一〕魏國初建，〔二〕爲虎賁中郎將、侍中。〔三〕時太子未定，而臨菑侯植有寵，階數陳文帝德優齒長，〔四〕宜爲儲副。公規密諫，前後懇至。

魏書稱階諫曰：「今太子位冠羣子，〔五〕名昭海内，仁聖達節，天下莫不聞；而大王甫以植而問臣，〔六〕臣誠惑之。」於是太祖知階篤於守正，深益重焉。

又毛玠、徐奕以剛蹇少黨，〔七〕而爲西曹掾丁儀所不善，儀屢言其短，賴階左右以自全保。〔八〕其將順匡救，多此類也。遷尚書，典選舉。曹仁爲關羽所圍，太祖遣徐晃救之，不解。太祖欲自南征，以問羣下，羣下皆謂：「王不亟行，今敗矣。」階獨曰：「大王以仁等爲足以料事勢不也？」曰：「能。」「大王恐二人遺力邪？」〔九〕曰：「不。」「然則何爲自往？」曰：「吾恐虜衆多，而晃等勢不便耳。」階曰：「今仁等處重圍之中，而守死無貳者，誠以大王遠爲之勢也。夫居萬死之地，必有死爭之心；内懷死爭，外有彊救，大王案六軍以示餘力，何憂於敗而欲自往？」太祖善其言，駐軍於摩陂。〔一〇〕賊遂退。〔一一〕

〔一〕郡國志：「冀州趙國。」吴增僅曰：「太和六年，曹幹封此。」弼按：漢建安時，國除爲郡。趙郡張登，見魏志王朗傳注。至魏明帝太和六年，復爲國也。趙一清曰：「御覽卷二百六十二引桓階别傳曰：上已平荆州，引爲主簿，每有深謀疑事，嘗與君籌之。或日昃忘食，或夜坐徹旦。擢爲趙郡太守，會郡寮送之。上曰：北邊未靖，以卿威能震敵，德足懷遠人，故用相煩，是亦寇恂河内之舉。階在郡時，俸盡食醬酢。上聞之，數戲之曰：卿家醬頗得成不邪？詔曰：昔子文清儉，朝不謀夕，而有脯糧之秩；宣子守約，簞食魚飧，而有加粱之賜。豈況光光大魏，富有四海，棟宇大臣，而有蔬食，非吾所以禮賢之意也。其賜射鹿師二人，并給媒。」（齊人謂麴蘗爲媒。）水經濁漳水注引長沙耆舊傳稱：「階爲趙郡太守，嘗有遺囊粟於路者，行人挂囊粟於樹，莫敢取之。」又御覽卷四百八十五引階别傳曰：「階貧儉。文帝嘗幸其第，見諸子無褌。文帝拊手笑曰：長者子無褌，乃抱與同乘。是日，拜二子爲郎，使黄門齎衣三十囊賜曰：卿兒能趨，可以褌矣。」

〔二〕建安十八年。

〔三〕續百官志：「虎賁中郎將，比二千石，主虎賁宿衛；侍中，比二千石，掌侍左右贊導衆事，顧問應對。」魏都賦注：「建安十八年，魏國初置侍中。」

〔四〕監本「齒」作「且」。

〔五〕馮本「位」作「仁」。

〔六〕馮本「大」誤作「天」。

〔七〕「蹇」或作「謇」。

〔八〕胡三省曰：「左右讀曰佐佑。」

〔九〕胡三省曰：「二人，謂曹仁、呂常也。」弼按：是時關羽自率衆攻曹仁於樊城，又遣別將圍將軍呂常於襄陽。

〔一〇〕胡三省曰：「據水經，摩陂在潁川郟縣，縱廣可一十五里。魏青龍元年有龍見于陂，改曰龍陂。」方輿紀要：「摩陂今河南汝州郟縣南。」

〔一一〕建安二十四年，孫權上書稱臣。侍中陳羣、尚書桓階奏稱：漢曆已盡，黃家當興。見武紀注引魏略。

文帝踐阼，遷尚書令，〔一〕封高鄉亭侯，加侍中。〔二〕階疾病，帝自臨省，謂曰：「吾方託六尺之孤，寄天下之命於卿，勉之！」徙封安樂鄉侯，〔三〕邑六百户，又賜階三子爵關内侯。祐以嗣子不封，病卒，又追贈關内侯。後階疾篤，遣使者即拜太常，薨。帝爲之流涕，謚曰貞侯。〔四〕子嘉嗣。以階弟纂爲散騎侍郎，賜爵關内侯。嘉尚升遷亭公主，會嘉平中，以樂安太守與吳戰於東關，軍敗，没，謚曰壯侯。子翊嗣。〔五〕

世語曰：階孫陵，字元徽，有名於晉武帝世，至滎陽太守，卒。〔六〕

〔一〕階爲尚書令，列名勸進，見禪代衆事。延康元年，尚書令桓階請追尊曹嵩，見通典七十二。

〔二〕階前已爲侍中，此時以尚書令加侍中，爲加官，如衛臻已爲侍中，後轉右僕射加侍中是也。

〔三〕潘眉曰：「凡書法，初封曰封，進爵曰進封，不進爵但更易邑土曰徙封，亦曰更封，亦曰改封，亦曰轉封。桓階初封高鄉亭侯，至是進爵鄉侯，宜書進封，不當曰徙封。夏侯尚封平陵亭侯，文帝踐阼，更封平陵鄉侯，不書進封，而書更封，與此傳同失。若曹洪封野王侯，後徙封都陽侯，張既封都鄉侯，後徙封西鄉侯。彼皆徙封，與此不同。」

〔四〕正始四年階從祀太祖廟庭。

〔五〕趙一清曰：「寰宇記卷六十六：瀛州高陽縣有聖姑祠。邢子勵記云：聖姑姓郝，字女君。魏青龍二年四月下旬，與鄰女采樵於滱、徐二水合流之處，忽有數婦人從水出，皆著連胥裙，若今之青衣。至女君前曰：東海公聘女君爲婦，故遣相迎。因敷連茵褥於水中，置女君茵上，青衣者侍側，順流而下。其家大小皆走往看，涕泣遥望，莫能就。女君怡然云：今幸得爲水仙，願勿憂憶。語訖，風起，遂逝。因爲立祠。桓翊以大臣子爲尚書郎，試高陽長。主簿丁馥白縣有聖姑祠，前後守令皆謁而後入。翊曰：何浮言之甚！遂立杖而教曰：若祀者有罪。未經月餘，在廳事，忽見十餘婦人，各持扇從門入，謂翊曰：今古既殊，何相妨害，而斷吾路？翊性方直，教斷更甚。未經一旬，無病暴卒。今水岸上有郝女君招魂葬處，時人呼爲元姬冢，亦名聖女陵。」弼按：此說荒誕，不足信。

〔六〕階弟彝，仕吴爲尚書，爲孫琳所殺。見吴志孫琳傳及注引漢晉春秋。

陳羣字長文，潁川許昌人也。〔一〕祖父寔，父紀，叔父諶，皆有盛名。

寔字仲弓，〔二〕紀字元方，諶字季方。魏書曰：寔德冠當時，紀、諶並名重於世，寔爲太丘長，〔三〕遭黨錮，〔四〕隱居荆山，〔五〕遠近宗師之。〔六〕靈帝崩，何進輔政，引用天下名士。徵寔，欲以爲參軍。以老病，遂不屈節。〔七〕諶爲司空掾，早卒。〔八〕紀歷位平原相、侍中、大鴻臚，著書數十篇，世謂之陳子。〔九〕寔之亡也，司空荀爽、太僕令韓融，並制緦麻，執子孫禮。四方至者，車數千乘。自太原郭泰等，無不造門。傅子曰：寔亡，天下致弔會其葬者三萬人，〔一〇〕制縗麻者以百數。

先賢行狀曰：大將軍何進遣屬弔祠，諡曰文範先生。于時，寔、紀高名並著，而諶又配之，世號曰三君。〔一一〕每宰府辟命，率皆同時，羔鴈成羣，丞掾交至。豫州百姓，皆圖畫寔、紀、諶之形象。

羣爲兒時，寔常奇異之，謂宗人父老曰：「此兒必興吾宗。」魯國孔融高才倨傲，年在紀、羣之閒。先與紀友，後與羣交，更爲紀拜，由是顯名。〔一二〕劉備臨豫州，辟羣爲別駕。時陶謙病死，徐州迎備，備欲往。羣說備曰：「袁術尚彊，今東，必與之爭。呂布若襲將軍之後，將軍雖得徐州，事必無成。」備遂東，與袁術戰，布果襲下邳，遣兵助術，大破備軍。備恨不用羣言。〔一三〕舉茂才，除柘令，〔一四〕不行，隨紀避難徐州。〔一五〕屬呂布破，〔一六〕太祖辟羣爲司空西曹掾屬。時有薦樂安王模、下邳周逵者，太祖辟之。羣封還教，以爲模、逵穢德，終必敗，太祖不聽。後模、逵皆坐姦宄誅，太祖以謝羣。羣薦廣陵陳矯、丹陽戴乾，太祖皆用之。後吳人叛，乾忠義死難，矯遂爲名臣，世以羣爲知人。除蕭、贊、長平令，〔一七〕父卒，〔一八〕去官。後以司徒掾舉高第，爲治書侍御史，轉參丞相軍事。魏國既建，〔一九〕遷爲御史中丞。〔二〇〕

〔一〕郡國志：「豫州潁川郡許。」劉昭注：「獻帝徙都，改許昌。」周壽昌曰：「獻帝改都許，在建安二年八月，改許縣爲許昌縣，在魏文帝黃初二年，非獻帝徙都時改名也。注誤。」弼按：范書獻帝紀建安元年八月，遷都許。周氏云二年，誤。一統志：「許昌故城，今河南許州西南。」鄒安鬯曰：「今許州東北四十里。」

〔二〕錢大昕曰：「洪氏隸續載陳寔碑云：字仲躬。」

〔三〕章懷注：「太丘縣屬沛國，故城在今亳州永城縣西北。」一統志：「太丘在河南歸德府永城縣西北三十里。」

〔四〕范書陳寔傳：「及後逮捕黨人，事亦連寔。餘人多逃避求免。寔曰：吾不就獄，衆無所恃，乃請囚焉。遇赦得出。」

〔五〕一統志：「荆山在安徽鳳陽府懷遠縣西南一里。」水經注：「淮出於荆山之左，當塗之右。」又云：「淮水過塗山而後至荆山。」一統志：「塗山在懷遠縣東南八里，淮河東岸，亦名當塗山。」圖經：「荆、塗二山，本相聯屬。禹鑿爲二，以通淮流。今兩山間有斷接谷，濱淮爲勝。」

〔六〕范書寔傳：「寔在鄉里，平心率物。其有爭訟，輒求判正，曉譬曲直，退無怨者。至乃歎曰：寧爲刑罰所加，不爲陳君所短。」

〔七〕范書寔傳：「大將軍何進、司徒袁隗，遣人敦寔，欲特表以不次之位。寔乃謝使者曰：寔久絶人事，飾巾待終而已。時三公每缺，議者歸之，累見徵命，遂不起。閉門懸車，棲遲養老。中平四年，年八十四，卒於家。」沈欽韓曰：「陳寔故里在許州府長葛縣西四十里，今德星觀即其遺址。」弼按：一統志：「陳寔故里在長葛縣西五十里，紫荆山之南，後人即其故址，建德星觀以祠之。」陳氏家傳：「紀、諶以下八十六墓，三十六碑，並在長葛縣西陘山之陽。」

〔八〕惠棟曰：「海内先賢傳：諶，司徒掾。公車徵，不就。世系云：諶謚獻文先生，生青州刺史忠。陳氏譜曰：忠字孝先，州辟不就。」

〔九〕范書陳紀傳：「紀亦至德稱。兄弟孝養，閨門廱和。及遭黨錮，發憤著書數萬言，號曰陳子。豫州刺史嘉其至行，表上尚書，圖象百城，以厲風俗。就家拜五官中郎將，遷侍中，出爲平原相。時議欲以爲司徒，紀見禍亂方作，不復辨嚴，即時之郡。璽書追拜太僕，又徵爲尚書令。建安初，袁紹爲太尉，讓於紀，紀不受，拜大鴻臚。年七十一，卒於官。」邯鄲淳鴻臚陳君碑云：「君既處隱約，潛躬味道，足不踰閾。乃覃思著書三十餘萬言。」

〔一〇〕似失之誣。

〔一一〕邯鄲淳鴻臚陳君碑云：「顯考以茂行崇冠先儔，季弟亦以英才知名當世。孝靈之初，並遭黨錮，俱處于家，號曰三君。」

〔一二〕本志荀彧傳注引晉陽秋云：「荀顗字景倩，幼爲姊夫陳羣所異。」顗爲彧子，則羣爲彧壻也。

〔一三〕陳景雲曰：「呂布時據兗州，與曹操相持，何暇分兵規取徐州？及布爲操所破，乃東奔備，已在備領徐州之明年。至備與袁術戰，術誘布襲取下邳，此又在布奔徐州之後一年。當時羣止可料袁術之爭徐，不能逆睹呂布之爲害也。況備雖名領豫州，不過屯兵小沛，謙既卒而備不領州事，徐州爲他人所有，備亦安得有容足之處哉！他日袁、呂相爲首尾，協傾徐州，此變生意外，初非始謀不臧。輕舉貪得，致貽顛蹶，又何追恨之有？斯實由魏史事後附會虛談，承祚未及刊削。」弼按：陳說是，惜多誤字，已改正。

〔一四〕郡國志：「豫州陳國柘。」一統志：「柘縣故城，今河南歸德府柘城縣城北。」

〔一五〕邯鄲淳碑云：「紀寓於邳、郯之野，袁術恣睢，僭號江、淮。」據碑所云，當即羣隨侍避難徐州時也。

〔一六〕破布在建安三年，陳羣父子俱在布軍，見太祖皆拜，見袁渙傳注引袁氏世紀。

〔一七〕郡國志：「豫州沛國蕭、酇，陳國長平。」一統志：「蕭縣故城，今江蘇徐州府蕭縣西北；酇縣故城，今河南歸德府永城縣西南酇縣鄉；長平故城，今河南陳州府西華縣東北十八里。」趙一清曰：「按除蕭、贊長句，平令句。漢地理志：河南郡有平縣，續漢志無之，則已廢矣。豈曹魏復置此縣乎？」弼按：趙氏此說，無一不誤。續漢志河南郡有平縣，誤一；豫州陳國有長平縣，趙氏乃以長屬上讀爲句，誤二；是時爲建安初年，不能云曹魏復置，誤三；續百官志：每縣邑道大者置令，其次置長。萬户以上爲令，不滿爲長。蕭令劉良，見范書本傳，酇令劉放，見魏志本傳。何夔傳注引魏書云：太祖以陳羣爲酇令，是蕭、贊俱稱令，不稱長。趙氏乃以長斷句，誤四。趙氏此說，見錢儀吉三國志證聞，自著三國志注補中無之，或係輾轉迻録之訛。謝鍾英亦以蕭、贊長爲句，平令爲句，王先謙復采其說，其誤與此同。

〔一八〕紀卒於建安四年六月，見邯鄲淳陳君碑。

〔一九〕建安十八年。

〔二〇〕續百官志：「御史中丞一人，千石；治書侍御史二人，六百石。」胡三省曰：「時以御史大夫爲三公，以中丞爲御史臺主。」

時太祖議復肉刑，令曰：「安得通理君子，達於古今者，使平斯事乎！昔陳鴻臚以爲死刑有可加於仁恩者，正謂此也。〔一〕御史中丞能申其父之論乎？」羣對曰：「臣父紀以爲漢除肉刑，而增加笞，〔二〕本興仁惻，而死者更衆，所謂名輕而實重者也。名輕則易犯，實重則傷民。書曰：惟敬五刑，以成三德。〔三〕易著劓刖滅趾之法，所以輔政助教，懲惡息殺也。且殺人償死，合於古制；至於傷人，或殘毀其體而裁翦毛髮，非其理也。若用古刑，使淫者下蠶室，盜者刖其足，則永無淫放穿踰之姦矣。夫三千之屬，〔四〕雖未可悉復，若斯數者，時之所患，宜先施用。漢律所殺殊死之罪，仁所不及也，其餘逮死者，可以刑殺。〔五〕如此，則所刑之與所生足以相貿矣。〔六〕今以笞死之法，易不殺之刑，是重人支體而輕人軀命也。」時鍾繇與羣議同，王朗及議者多以爲未可行。太祖深善繇、羣言，以軍事未罷，顧衆議，故且寢。〔七〕

〔一〕晉書刑法志：「漢時天下將亂，百姓有土崩之勢，刑罰不足以懲惡，於是名儒大才，故遼東太守崔實、大司農鄭玄、大鴻臚陳紀之徒，咸以爲宜復行肉刑。漢朝既不議其事，故無所用。及魏武帝匡輔漢室，尚書令荀彧博訪百官，復欲申之。」何焯曰：「陳鴻臚之論，原於班固刑法志。」

〔二〕漢文帝十三年除肉刑。

〔三〕尚書呂刑之辭。孔傳云：「惟敬五刑，所以成剛柔正直之三德也。」

〔四〕胡三省曰：「穿者，穿穴隙；踰者，踰垣牆。周穆王作甫刑，墨罰之屬千，劓罰之屬千，剕罰之屬五百，宮罰之屬三百，大辟之罰其屬二百。五刑之屬三千。」顏師古曰：「五者之刑凡三千。」

〔五〕通鑑作「其餘逮死者，可易以肉刑」。

〔六〕胡三省曰：「貿，易也。」

〔七〕晉書刑法志：「時奉常王修，不同其議。魏武帝亦難以藩國改漢朝之制，遂寢不行。」本志王修傳：「太祖議行肉刑，修以爲時未可行，太祖採其議。」周壽昌曰：「唐六典：魏氏受命，乃命陳羣等採漢律爲魏律十八篇，增蕭何律劫掠、詐僞、毁亡、告劾、繫訊、斷獄、請賕、驚事、償贓等九篇。通典刑門：魏文詔陳羣、劉劭等定魏新律十八篇，州郡令四十五篇，尚書官令、軍中令合百八十餘篇。」

羣轉爲侍中，〔一〕領丞相東西曹掾。在朝無適無莫，〔二〕雅杖名義，〔三〕不以非道假人。文帝在東宮，深敬器焉，待以交友之禮。常歎曰：「自吾有回，門人日以親。」及即王位，封羣昌武亭侯，徙爲尚書。〔四〕制九品官人之法，羣所建也。〔五〕及踐阼，遷尚書僕射，加侍中，徙尚書令，〔六〕進爵潁鄉侯。〔七〕帝征孫權，至廣陵，〔八〕使羣領中領軍。〔九〕帝還，假節，都督水軍。還許昌，以羣爲鎮軍大將軍，領中護軍，録尚書事。〔一〇〕帝寢疾，羣與曹真、司馬宣王等並受遺詔輔政。明帝即位，進封潁陰侯，增邑五百，并前千三百户，與征東大將軍曹休、中軍大將軍曹真、撫軍大將軍司馬宣王並開府。頃之，爲司空，〔一一〕故録尚書事。〔一二〕

〔一〕武紀建安二十四年注引魏略云：「侍中陳羣奏言，漢歷已盡，黄家當興。」

〔二〕適、莫解見夏侯玄傳注引魏略。

〔三〕監本、馮本「雅」作「推」。

〔四〕羣爲尚書，列名勸進，見禪代衆事。

〔五〕通鑑：「尚書陳羣以天朝選用，不盡人才，乃立九品官人之法。州郡皆置中正，以定其選。擇州郡之賢有識鑒者爲之。區別人物，第其高下。」胡三省曰：「天朝，謂漢朝也。九品中正自此始。九品，上上、上中、上下；中上、中中、中下；下上、下中、下下也。」通典：「九品之制，州、郡、縣俱置大、小中正，各以本處人任諸府公卿及臺省郎吏有德充才盛者爲之。區別所管之人物，定爲九等。其有言行修著，則升進之；或以五升四，以六升五。倘或道義虧闕，則降下之；或自五退六，自六退七矣。是以吏部不能審定核天下人才士庶，故委中正銓第等級，憑之授受，謂免乖戾。」太平御覽卷二百六十五引傅子曰：「魏司空陳羣始立九品之制，郡置中正，評次人才之高下，各爲輩目，州置都而總其議。」又引孫楚集奏曰：「九品，漢氏本無。班固箸漢書，序先代賢智以九條，此蓋記鬼録次第耳。而陳羣依之，以品生人。又魏武拔奇決於胸臆，收人才不問階次，豈賴九品而後得人？今可令長守爲大小中正，各自品其編户也。」劉毅集論曰：「今立九品中正，操人主之威福，奪天朝之權柄，上品無寒門，下品無勢族。今職名中正，實爲姦府；事名九品，而有八損。宜罷中正，除九品，棄魏弊法，更立一代之美制。」晉書衛瓘傳：「瓘上疏曰：魏氏承顛覆之運，起喪亂之後，人士流移，攷詳無地，故立九品之制，麤具一時選用之本耳。其始造也，鄉邑清議，不拘爵位，褒貶所加，足爲勸勵，猶有鄉論餘風。中間漸染，遂計資定品，使天下觀望，惟以居位爲貴。人棄德而忽道業，爭多少於錐刀之末，傷損風俗，其弊不細。」又李重傳：「重上疏陳九品曰：九品始於喪亂軍中之政，非經國不刊之法。且其檢防轉碎，徵刑失實，故朝野之論，僉謂驅動風俗，爲弊已甚。」通鑑輯覽曰：「以本州、郡人任中正之職，使品第官材高下，其義尚可訓，其法尚可行哉！蓋汝南月旦，惡習釀成弊政，有如是之甚者。」

〔六〕百官志：「尚書令一人，千石；尚書僕射一人，六百石。」

〔七〕趙一清曰：「水經潩水注：潩水又南逕潁陰縣故城西，魏明帝封司空陳羣爲侯國。」弼按：下文明帝即位，進封潁陰侯，即水經注所指，趙氏誤注於此。

〔八〕文紀：「黄初六年，行幸廣陵故城。」郡國志：「徐州廣陵郡廣陵。（縣）」寰宇記：「江都縣也」一統志：「廣陵故城，今江蘇揚州府東北。」方輿紀要：「今揚州府城。」

〔九〕洪飴孫曰：「中領軍一人，第三品，掌禁兵。故漢北軍中候之官也。」

〔一〇〕洪飴孫曰：「鎮軍大將軍一人，第二品，黄初六年置。後不常設。中護軍一人，第四品，掌禁兵。録尚書事，無常員，公卿權重者爲之。」

〔一一〕侯康曰：「藝文類聚卷四十引摯虞決疑要注曰：魏司空陳羣喪母，使者弔祭如故事。又黄門侍郎杜恕奉詔慰問。通典：魏明帝弔陳羣詔曰：司空今遭母憂，當遣使者弔祭如故事。尚書司馬孚奏：尋故事，自魏興，無三公喪母弔祭。輒訪韋誕、王肅、高堂隆、秦静等云：漢太傅胡廣喪，天子使謁者以中牢弔祭送葬。王肅議：禮，臣有父母之喪，訃君弔之；弔諸臣之母，當從夫爵。」

〔一二〕通志「故」作「改」，郝經續漢書作「共」。

是時帝初莅政，羣上疏曰：「詩稱儀刑文王，萬邦作孚。又曰刑于寡妻，至于兄弟，以御于家邦。〔一〕道自近始，而化洽于天下。自喪亂已來，干戈未戢，百姓不識王教之本，懼其陵遲已甚。陛下當盛魏之隆，荷二祖之業，天下想望至治，唯有以崇德布化，惠恤黎庶，則兆民幸甚。夫臣下雷同，是非相蔽，國之大患也。若不和睦，則有讎黨，〔二〕有讎黨，則毀譽無端；毀譽無端，則真僞失實；不可不深防備，有以絶其源流。」太和中，曹真表欲數道伐蜀，從斜谷入。羣以爲太祖昔到陽平攻張魯，多收豆麥，以益軍糧，魯未下而食猶乏。今既無所因，且斜谷阻險，難以進退，轉運必見鈔截，多留兵守要，則損戰士，不可不熟慮也。」帝從羣議。真復表從子午道。羣又陳其不便，并言軍事用度之計。詔以羣議下真，真據之遂行。〔三〕會霖

雨積日，羣又以爲宜詔真還，帝從之。〔四〕

〔一〕毛傳：「刑，法也；孚，信也；寡妻，適妻也；御，迎也。」鄭箋：「儀法文王之事，則天下咸信而順之。寡妻，寡有之妻，言賢也。御，治也。文王以禮法接待其妻，至於宗族，以此又能爲政治於家邦也。」

〔二〕左傳：「晉郤芮曰：有黨必有讎。」

〔三〕胡三省曰：「詔以議下真，將與之商度可否也。真鋭於出師，遂以詔爲據而行。」

〔四〕通鑑：「太和四年八月，會天大雨三十餘日，棧道斷絶。九月，詔曹真等班師。」李安溪曰：「若非長文，子丹必大喪師，諸葛公因而乘之，其取關中必矣。惜哉此機！」弼按：是時華歆、楊阜、王肅俱上疏諫，乃詔曹真班師，不僅長文一人陳其不便也。

後皇女淑薨，追封謚平原懿公主。〔一〕羣上疏曰：「長短有命，存亡有分。故聖人制禮，或抑或致，以求厥中。防墓有不修之儉，〔二〕嬴、博有不歸之魂。〔三〕夫大人動合天地，垂之無窮，又大德不踰閑，〔四〕動爲師表故也。八歲下殤，禮所不備；〔五〕況未朞月，而以成人禮送之，加爲制服，舉朝素衣，朝夕哭臨，自古已來，未有此比。而乃復自往視陵，親臨祖載。願陛下抑割無益有損之事，但悉聽羣臣送葬，乞車駕不行，此萬國之至望也。聞車駕欲幸摩陂，實到許昌，二宮上下，皆悉俱東，〔六〕舉朝大小，莫不驚怪。或言欲以避衰，或言欲於便處移殿舍，〔七〕或不知何故。臣以爲吉凶有命，禍福由人，移徙求安，則亦無益。若必當移避，繕治金墉城西宮〔八〕及孟津別宮，皆可權時分止。可無舉宮暴露野次，廢損盛節蠶農之要。又賊地聞之，以爲大衰。〔九〕加所煩費，不可計量。〔一〇〕且由吉士賢人，當盛衰，處安危，秉道信命，非徙其家以寧，鄉邑從其風化，無恐懼之心。〔一一〕況乃帝王萬國之主，静則天下安，動則天下擾，行止動静，豈可輕脱哉！」帝不聽。〔一二〕

〔一〕通鑑：「太和六年二月，明帝愛女淑卒，帝痛之甚，立廟洛陽，葬於南陵，取甄后從孫黄與之合葬。帝欲自臨送葬，又欲幸許。」

〔二〕禮記：「孔子既得合葬於防，曰：吾聞之，古者墓而不墳。又曰：古不修墓。」

〔三〕嬴、博見文紀黄初三年。

〔四〕論語：「子夏曰：大德不踰閑。」邢昺疏曰：「閑，猶法也。大德之人，所行皆不越法則也。」

〔五〕胡三省曰：「禮檀弓曰：周人以殷人之棺椁葬長殤，以夏后氏之聖周葬中殤、下殤，以有虞氏之瓦棺葬無服之殤。」鄭玄注云：「略未成人。」陸德明曰：「十六至十九爲長殤，十二至十五爲中殤，八歲至十一爲下殤，七歲以下爲無服之殤。生未三月不爲殤。」

〔六〕通鑑「俱」作「居」。

〔七〕通鑑作「或言欲以便移殿舍」。胡三省曰：「避衰，謂五行之氣，有王有衰，徙舍以避之也。今人謂之避災。便移殿舍，謂欲營繕宫室，故出幸許，以便移殿舍也。」趙一清曰：「陳絳金罍子云：今俗家人死，輒行課算某日魂當還，輒棄屍徹哭，傾户走竄，謂之躲衰。此雖鄙猥，絶有所本。魏皇女淑薨，二宫上下俱東，言欲避衰。又顔氏家訓亦云：偏傍之書，死有歸殺，子孫逃竄，莫肯在家，畫瓦書符，作諸厭勝。喪出之日，門前然火，户外列灰，祓送家鬼，章斷注連。凡如此比，不近有情。之推，北齊人，魏又在三國，則愚瞀流傳，下摇上惑，非一日矣。衰、字通書作煞，今俗北方避衰，而南方則迎衰也。」

〔八〕胡三省曰：「水經注：金墉城在洛陽城西北角。」

〔九〕趙一清曰：「衰當作哀。大哀，謂如叡自死也。」

〔一〇〕或曰：「此句下疑有脱文。下句『且由』二字，疑作自古。」

〔一一〕通鑑作「且吉士賢人，猶不妄徙其家，以寧鄉邑，使無恐懼之心。」胡三省曰：「子思居於衛，有齊寇。或曰：寇至，盍去諸？子思曰：如伋去，君誰與守？」

〔一二〕楊阜亦諫阻，明帝皆不聽。

青龍中，營治宮室，〔一〕百姓失農時。羣上疏曰：「禹承唐、虞之盛，猶卑宮室，而惡衣服，況今喪亂之後，人民至少，比漢文、景之時，不過一大郡。

臣松之案：漢書地理志云：元始二年，天下户口最盛，汝南郡爲大郡，有三十餘萬户。則文、景之時，不能如是多也。案：晉太康三年地記，〔二〕晉户有三百七十七萬，吴、蜀户不能居半。以此言之，魏雖始承喪亂，方晉亦當無乃大殊。長文之言，於是爲過。〔三〕

加邊境有事，將士勞苦，若有水旱之患，國家之深憂也。且吴、蜀未滅，社稷不安，宜及其未動，講武勸農，有以待之。今舍此急而先宮室，臣懼百姓遂困，將何以應敵？昔劉備自成都至白水，多作傳舍，〔四〕興費人役，太祖知其疲民也。今中國勞力，亦吴、蜀之所願。此安危之機也，惟陛下慮之！」帝答曰：「王者宮室，亦宜並立，滅賊之後，但當罷守耳。〔五〕豈可復興役邪？是固君之職，蕭何之大略也。」〔六〕羣又曰：「昔漢祖唯與項羽爭天下，羽已滅，宮室燒焚，是以蕭何建武庫、太倉，皆是要急，然猶非其壯麗。〔七〕今二虜未平，誠不宜與古同也。

孫盛曰：周禮，天子之宫，有斲礱之制。〔八〕然質文之飾，與時推移。漢承周、秦之弊，宜敦簡約之化，而何崇飾宫室，示侈後嗣，此乃武帝千門萬户所以大興，豈無所復增之謂邪？況乃魏氏方有吴、蜀之難，四海罹塗炭之艱，而述蕭何之過議，以爲令軌，豈不惑於大道、而昧得失之辨哉？使百代之君，眩於奢儉之中，何之由矣。詩云：「斯言之玷，不可爲也。」其斯之謂乎！

夫人之所欲，莫不有辭，況乃天王，莫之敢違。前欲壞武庫，謂不可不壞也；後欲置之，謂不可不置也。〔九〕若必作之，固非臣下辭言所屈；若少留神，卓然回意，亦非臣下之所及也。漢明帝欲起德陽殿，鍾離意諫，即用其言。後乃復作之，殿成，謂羣臣曰：「鍾離尚書在，不得成此殿也。」〔一〇〕夫王者豈憚一臣，蓋爲百姓也。今臣曾不能少凝聖聽，〔一一〕不及意遠矣！」帝於是有所減省。

〔一〕明紀：「青龍三年，大治洛陽宫，起昭陽、太極殿。」胡三省曰：「諸葛亮死，帝乃大興宫室。」

〔二〕晉太康三年地記，詳見吴志孫晧傳寶鼎二年注。

〔三〕詳見本志蔣濟傳注。趙一清曰：「劉昭郡國志補注引帝王世紀云：昔漢永和五年，南陽户五十餘萬，汝南户四十餘萬，方之於今，三帝鼎足，不踰二郡，加有食禄復除之民，凶年飢疾之難，見可共役，裁若一郡。以一郡之人，供三帝之用，斯亦勤矣。則當時固以户少爲病也。」

〔四〕蜀志先主傳注引典略云：「備於是起館舍，築亭障，從成都至白水關四百餘區。」郡國志：「益州廣漢郡白水。」一統志：「白水故城，在今四川保寧府昭化縣西北，蜀先主分屬梓潼郡。」

〔五〕通鑑「王者」作「王業」，「守」下有「禦」字。

〔六〕胡三省曰：「此指蕭何治未央宮事而言。」弼按：羣爲司空，故云。

〔七〕毛本「麗」作「鹿」，誤。通鑑「然」下有「高祖」二字。胡三省曰：「羣因帝蕭何之言，以陳善閉邪。」

〔八〕國語：「趙子爲室，斲其椽而礱之。」張老曰：「天子之室，斲其椽而礱之，加密石焉；諸侯礱之，大夫斲之，士首之。借其物，義也；從其等，禮也。」

〔九〕胡三省曰：「此皆指帝拒諫實事。」

〔一〇〕范書鍾離意傳：「意字子阿，會稽山陰人。顯宗即位，徵爲尚書。永平三年夏，旱，而大起北宮。意詣闕免冠上疏諫，帝策詔報曰：湯引六事，咎在一人，其冠履勿謝。後德陽殿成，百官大會，帝思意言，謂公卿曰：鍾離尚書若在，此殿不立。」章懷注：「漢宮殿名曰：北宮中有德陽殿。」惠棟曰：「永平七年成。」沈欽韓曰：「漢官典職云：德陽殿周游容萬人，自偃師去宮四十五里，激洛水於殿下。」

〔一一〕胡三省曰：「凝，定也，停也。言帝不能爲之留聽也。」

初，太祖時，劉廙坐弟與魏諷謀反當誅。羣言之太祖，太祖曰：「廙，名臣也，吾亦欲赦之。」乃復位。〔一〕廙深德羣，羣曰：「夫議刑爲國，非爲私也。且自明主之意，吾何知焉？」其弘博不伐，皆此類也。青龍四年薨，〔二〕謚曰靖侯。〔三〕子泰嗣。帝追思羣功德，分羣户邑，封一子列侯。

魏書曰：羣前後數密陳得失，每上封事，輒削其草，時人及其子弟莫能知也。論者或譏羣居位拱默。〔四〕正始中，詔撰羣臣上書，以爲名臣奏議，〔五〕朝士乃見羣諫事，皆歎息焉。〔六〕

袁子曰：或云：「故少府楊阜豈非忠臣哉？見人主之非，則勃然怒而觸之，與人言未嘗不道也。〔七〕豈非所謂王臣謇謇、匪躬之故者歟？」答曰：「然，可謂直士，忠則吾不知也。夫仁者愛人，施於君謂之忠，施於親謂之孝。忠、孝者，其本一也。故仁愛之至者，君親有過，諫而不入，求之反覆，不得已而言，不忍宣也。今爲人臣，見人主失道，直詆其非，而播揚其惡，可謂直士，未爲忠臣也。故司空陳羣則不然，其談論終日，未嘗言人主之非；書數十上，而外人不知。君子謂羣於是乎長者矣！」〔八〕

〔一〕康發祥曰：「郭嘉傳：陳羣非嘉不治行檢，數廷訴嘉，劉廙之坐，爲之申理，非黨同伐異者。」

〔二〕十二月癸巳薨，見明紀。

〔三〕謚法：「恭己鮮言曰靖，寬樂令終曰靖。」正始四年，羣從祀太祖廟庭。趙一清曰：「寰宇記卷一：陳司農墓在陳留縣北二十八里，有碑篆文大司農陳羣墓也。一清案：羣爲魏司空，則三公之官；若大司農，則卿曹耳。樂史誤也。」

弼按：寰宇記所載，與陳氏家傳不合。家傳云：在長葛縣西。說見前。

〔四〕胡三省曰：「言拱手而已，默無一言。」

〔五〕魏名臣奏見明紀景初二年。

〔六〕隋書經籍志：「梁又有司徒陳羣集五卷，亡。」唐經籍志：「陳羣集三卷。」汪師韓文選理學權輿曰：「選注所引羣書，有陳羣論語義疏。」嚴可均輯録文十三篇，諫追封太后父母，見下后傳；薦管寧，見管寧傳注引傅子；奏請魏王受禪，見武紀注引魏略；奏定麻，見晉書律麻志中；追尊始祖太王爲高皇議，見通典七十二；汝潁人物論，見荀彧傳注；與諸葛亮書，見劉巴傳。

〔七〕胡三省曰：「道者，言之也。」

〔八〕袁宏三國名臣序贊曰：「長文通雅，義格終始。思戴元首，擬伊同恥。民未知德，懼若在己。嘉謀肆庭，讜言盈耳。」

泰字玄伯。青龍中，除散騎侍郎。〔一〕正始中，〔二〕徙游擊將軍，爲并州刺史，加振威將軍，〔三〕使持節護匈奴中郎將。〔四〕懷柔夷民，甚有威惠。京邑貴人，多寄寶貨，〔五〕因泰市奴婢。泰皆挂之於壁，不發其封。〔六〕及徵爲尚書，悉以還之。〔七〕嘉平初，代郭淮爲雍州刺史，加奮威將軍。〔八〕蜀大將軍姜維率衆依麴山築二城，〔九〕使牙門將句安、李歆等守之，〔一〇〕聚羌胡質任等寇偪諸郡。征西將軍郭淮與泰謀所以禦之。泰曰：「麴城雖固，去蜀險遠，當須運糧。羌夷患維勞役，必未肯附。今圍而取之，可不血刃，以拔其城。〔一一〕雖其有救，山道阻險，非行兵之地也。」淮從泰計，使泰率討蜀護軍徐質、〔一二〕南安太守鄧艾等，〔一三〕進兵圍之，斷其運道及城外流水。安等挑戰，不許，將士困窘，分糧聚雪，以稽日月。維果來救，出自牛頭山，〔一四〕與泰相對。泰曰：「兵法貴在不戰而屈人。〔一五〕今絶牛頭，維無反道，則我之禽也。」敕諸軍各堅壘勿與戰，遣使白淮，欲自南渡白水，〔一六〕循水而東，使淮趣牛頭，截其還路，可并取維，不惟安等而已。淮善其策，進率諸軍軍洮水。維懼，遁走；安等孤縣，遂皆降。〔一七〕

〔一〕散騎侍郎，見文紀延康元年。

〔二〕世説：「正始中，人士比論，以五荀方五陳：荀淑方陳寔，荀靖方陳諶，荀爽方陳紀，荀彧方陳羣，荀顗方陳泰。又王右軍目陳玄伯壘塊有正骨。」

〔三〕游擊將軍見下后傳，振威將軍見程昱傳。

〔四〕護匈奴中郎將，見明紀太和五年。

〔五〕毛本「寄」作「奇」。

〔六〕毛本「其」作「於」，誤。

〔七〕曹爽傳：「侍中許允、尚書陳泰説曹爽使早自歸罪。爽於是遣允、泰詣宣王，歸罪請死。」

〔八〕奮威將軍見袁紹傳。

〔九〕蜀志姜維傳延熙十年，遷衛將軍。十二年，復與魏戰，正當嘉平初年。通鑑書衛將軍是也。後主傳：「延熙十二年，衛將軍姜維出攻雍州，不克而還。」此傳書大將軍，誤。維爲大將軍，在延熙十九年。胡三省曰：「麴山蓋在羌中，魏雍州西南界。據郭淮傳，麴山在翅上。翅，爲翅也；爲翅，要地也。魏屯兵守之。」方輿紀要卷六十：「麴城在岷州衛東百里。」一統志：「今甘肅鞏昌府岷州東南一百里。」

〔一〇〕牙門將見齊王紀嘉平五年。李歆，蜀志先主傳作李韶。胡三省曰：「句音鉤，姓也。姓譜：句芒氏之後。史記有句彊，今蜀中猶有句姓。」

〔一一〕宋本「以」作「而」。

〔一二〕洪飴孫曰：「諸護軍無定員，第六品，諸要鎮及將軍領兵出征者，皆置此官。」

〔一三〕馮本、監本「南安」作「汝南」，誤。

〔一四〕胡三省曰：「牛頭山蓋在洮水之南，以形名山。」方輿紀要卷六十：「牛頭山在岷州衛東南，又東北即麴山也。」吳熙載曰：「牛頭山在甘肅階州西。」

〔一五〕孫子曰：「百戰百勝，非善之善者也；不戰而屈人，善之善者也。」

〔一六〕水經注：「白水出隴西臨洮縣西南西傾山東南。」吳熙載曰：「此白水在階州北。」

〔一七〕郭淮傳：「嘉平元年，淮遷征西將軍，都督雍、涼諸軍事。與雍州刺史陳泰，協策降蜀牙門將句安等於翅上。」

淮薨，〔一〕泰代爲征西將軍，假節都督雍、涼諸軍事。後年，雍州刺史王經白泰云：「姜維、夏侯霸欲三道向祁山、石營、金城，〔二〕求進兵爲翅，〔三〕使涼州軍至枹罕，〔四〕討蜀護軍向祁山。」泰量賊勢終不能三道，且兵勢惡分，涼州未宜越境，報經：「審其定問，知所趣向，須東西勢合乃進。」時維等將數萬人至枹罕，趣狄道。〔五〕泰敕經進屯狄道，須軍到，乃規取之。〔六〕泰進軍陳倉。〔七〕會經所統諸軍於故關，〔八〕與賊戰，不利，經輒渡洮。泰以經不堅據狄道，必有他變，並遣五營在前，泰率諸軍繼之。經已與維戰，大敗，以萬餘人還保狄道城，餘皆奔散。〔九〕維乘勝圍狄道。泰軍上邽，〔一〇〕分兵守要，晨夜進前。鄧艾、胡奮、王祕亦到，即與艾、祕等分爲三軍，進到隴西。〔一一〕艾等以爲：「王經精卒破衄於西，賊衆大盛，乘勝之兵，既不可當，而將軍以烏合之卒，繼敗軍之後，將士失氣，隴右傾蕩。古人有言，蝮蛇螫手，壯士解其腕。〔一二〕孫子曰：兵有所不擊，地有所不守。蓋小有所失，而大有所全故也。今隴右之害，過於蝮蛇；狄道之地，非徒不守之謂。姜維之兵，是所辟之鋒，不如割險自保，〔一三〕觀釁待弊，然後進救，此計之得者也。」泰曰：「姜維提輕兵深入，〔一四〕正欲與我爭鋒原野，求一戰之利。王經當高壁深壘，挫其鋭氣。今乃與戰，使賊得計，走破王經，封之狄道。若維以戰克之威，進兵東向，據櫟陽積穀之實，〔一五〕放兵收降，招納羌胡，東爭關、隴，傳檄四郡，〔一六〕此我之所惡也。而維以乘勝之兵，挫峻城之下，鋭氣之卒，屈力致命，攻守勢殊，客主不同。兵書云：修櫓、轒轀，三月乃成；拒堙，三月而後已。〔一七〕誠非輕軍遠入，維之詭謀倉卒所辦。縣軍遠僑，〔一八〕糧穀不繼，是我速進破賊之時也，所謂疾雷不及掩耳，〔一九〕自然之勢也。洮水帶其表，維等在其内，今乘高據勢，臨其項領，不戰必走。寇不可縱，圍不可久，君等何言如此！」

遂進軍，度高城嶺，〔二〇〕潛行，夜至狄道東南高山上，多舉烽火，鳴鼓角。狄道城中將士見救者至，皆憤踊。維始謂官救兵當須衆集乃發，〔二一〕而卒聞已至，謂有奇變宿謀，上下震懼。自軍之發隴西也，以山道深險，賊必設伏，泰詭從南道，維果三日施伏。

臣松之案：此傳云「謂救兵當須衆集，而卒聞已至，謂有奇變，上下震懼」。此則救至出於不意。若不知救至，何故伏兵深險，乃經三日乎？設伏相同，非不知之謂。此皆語之不通也。〔二二〕

定軍潛行，卒出其南。維乃緣山突至，泰與交戰，維退還涼州，軍從金城南至沃干阪。〔二三〕泰與經共密期，當共向其還路，維等聞之，遂遁，城中將士得出。經歎曰：「糧不至旬，向不應機，〔二四〕舉城屠裂，覆喪一州矣！」〔二五〕泰慰勞將士，前後遣還，更差軍守，〔二六〕并治城壘，還屯上邽。

〔一〕淮傳：「正元二年薨。」本傳下文後年應書正元二年，移在淮薨之上。

〔二〕方輿紀要卷五十九：「祁山在甘肅鞏昌府西和縣北七里，漢末置城，山上爲戍守處。城極嚴固。石營在西和縣西北二百里。」又卷六十：「金城關在甘肅蘭州府北二里，當黄河西北山要隘處，本漢置。闞駰十三州記金城郡有金城關是也。」沈欽韓曰：「水經注云：闞駰曰：河至金城縣，謂之金城河，隨地爲名，無置關之說。要之，今蘭州府即漢之金城矣。」

〔三〕爲翅見前麴山注。

〔四〕抱罕，漢屬金城郡，後漢屬隴西郡，今蘭州府河州治。

〔五〕通鑑「趣」作「趨」，同。狄道，兩漢屬隴西郡，今蘭州府狄道州治。

〔六〕通鑑作「須泰軍到，東西合勢，乃進」。

〔七〕陳倉縣，兩漢志屬右扶風郡。一統志：「今陝西鳳翔府寶雞縣東二十里。」

〔八〕故關，即河關也，在洮水西。胡三省曰：「謂漢時故邊關也。」一統志：「在狄道州北三十里。」謝鍾英曰：「故關，漢舊縣，當在狄道州西洮水西。」弼按：漢有河關縣，無故關縣，謝氏誤。

〔九〕通鑑此句下有「死者萬計」四字。

〔一〇〕上邽縣，後漢屬漢陽郡，今甘肅秦州東南四十里。

〔一一〕毛本「西」作「鄧」，誤。上已書鄧艾，不必再有「鄧」字。

〔一二〕胡三省曰：「漢書田榮傳：蝮螫手則斬手，螫足則斬足。陸佃埤雅：蝮蛇怒時，毒在頭尾，螫手則手斷，螫足則足斷，蛇之尤毒烈者也。」

〔一三〕通鑑「割」作「據」。

〔一四〕宋本「提」作「持」。

〔一五〕胡三省曰：「櫟陽縣，前漢屬左馮翊，後漢、魏省。余謂：櫟陽在長安東北，維兵方至狄道，安得便可東據櫟陽？泰蓋言略陽耳。櫟，音藥；藥、略聲相近，因語訛而致傳寫字訛耳。」

〔一六〕胡三省曰：「四郡，謂隴西、南安、天水、略陽。略陽時爲廣魏郡，及晉乃更名略陽。」

〔一七〕通鑑「橨榅」作「轒轀」，從木誤，當從車。胡三省曰：「此孫子之言也。孫子之説，以攻城爲不得已。魏武注曰：修，治也；櫓，大楯也；轒轀者，轒牀也。轒伏其下，四輪從中推之，至城下也。杜佑曰：攻城戰具作四輪車，車上以繩爲脊，生牛皮蒙之，下可藏十人，填隍推之，直抵城下，可以攻掘，金、火、木、石所不能敗，謂之轒轀車。」注又曰：「距堙者，踊土稍高而前，以附其城也。杜佑曰：土山即孫子所謂距闉也。應劭曰：轒轀，匈奴車。非也。蓋攻城之車耳。師古曰：轒，扶云翻；轀，於云翻。」

〔一八〕胡三省曰：「僑，寄也，客也。」

〔一九〕胡三省曰：「文子之言。淮南子亦有是言。」

〔二〇〕水經注曰：「隴西首陽縣有高城嶺，嶺上有城，曰渭源城。」方輿紀要：「今蘭州府渭源縣西二十五里南谷山上。」

〔二一〕毛本「謂」作「詣」，誤。或改「救兵」作「兵救」。

〔二二〕趙一清曰：「陳少章云：維意集衆須時，又已設伏深險，先事遏截，則外救必不能達，城可拔耳。及泰至神速，而又從他道進兵，不墮其伏，乃若從天而下，其懼固宜。前後之言，本不相礙。裴氏摘而論之，似未悉兵家之曲折矣。一清案：少章之論固當，然三日設伏之文，敘入衆集乃發之下，尤爲明曉也。」陳仁錫曰：「設伏與震懼，兵機倉猝皆有之，何疑？」

〔二三〕趙一清曰：「千字譌于。方輿紀要卷六十：沃千嶺在蘭州西南。舊志云：自涼州濟河，必度沃千嶺，乃至狄道。」

〔二四〕通鑑作「向非救兵速至」。

〔二五〕胡三省曰：「隴西、略陽、天水、南安，秦州也。」

〔二六〕胡三省曰：「差，擇也。遣還王經所統將士，更擇軍以守狄道。勞，力到翻；差，初佳翻。」

初，泰聞經見圍，以州軍將士，素皆一心，加得保城，非維所能卒傾。表上進軍，晨夜速到，還。〔一〕衆議以經奔北，城不足自固，維若斷涼州之道，兼四郡民夷，據關、隴之險，敢能沒經軍，而屠隴右。宜須大兵四集，乃致攻討。大將軍司馬文王曰：「昔諸葛亮常有此志，卒亦不能，事大謀遠，非維所任也。且城非倉卒所拔，而糧少爲急，征西速救，〔二〕得上策矣。」泰每以一方有事，輒以虛聲擾動天下，故希簡白上事，驛書不過六百里。〔三〕司馬文王語荀顗曰：「玄伯沈勇能斷，荷方伯之重，救將陷之城，而不求益兵，又希簡上事，必能辦賊故也。

都督大將，不當爾邪！」

〔一〕「還」字與下文「敢能」字，疑皆有脱誤。

〔二〕泰爲征西將軍。

〔三〕胡三省曰：「狄道東至洛陽二千二百餘里，而驛書不過六百里，蓋傳入近裏郡縣，使如常郵筒以達洛陽也。」沈欽韓曰：「初學記二十引漢舊儀：驛三騎行日夜，千里爲程。」

後徵泰爲尚書右僕射，〔一〕典選舉，加侍中光禄大夫。吴大將孫峻出淮、泗，〔二〕以泰爲鎮軍將軍，〔三〕假節都督淮北諸軍事，詔徐州監軍已下受泰節度。峻退，軍還，轉爲左僕射。諸葛誕作亂壽春，司馬文王率六軍軍丘頭，〔四〕泰總署行臺。司馬景王、文王皆與泰親友，及沛國武陔亦與泰善。〔五〕文王問陔曰：「玄伯何如其父司空也？」陔曰：「通雅博暢，能以天下聲教爲己任者，不如也；明統簡至，〔六〕立功立事，過之。」〔七〕泰前後以功增邑二千六百户，賜子弟一人亭侯，二人關内侯。景元元年薨，〔八〕追贈司空，謚曰穆侯。

干寶晉紀曰：高貴鄉公之殺，司馬文王會朝臣謀其故。太常陳泰不至，使其舅荀顗召之。顗至，告以可否。泰曰：「世之論者，以泰方於舅，今舅不如泰也。」〔九〕子弟内外，咸共逼之，垂涕而入。王待之曲室，謂曰：〔一〇〕「玄伯，卿何以處我？」對曰：「誅賈充以謝天下。」文王曰：「爲我更思其次。」泰曰：「泰言惟有進於此，〔一一〕不知其次。」文王乃不更言。〔一二〕

魏氏春秋曰：帝之崩也，太傅司馬孚、尚書右僕射陳泰枕帝尸於股，號哭盡哀。時大將軍入于禁中，泰見之悲慟，大將軍亦對之泣。謂曰：「玄伯，其如我何？」泰曰：「獨有斬賈充，少可以謝天下耳。」大將軍久之，曰：〔一三〕「卿更思其他。」泰曰：「豈可使泰復發後言！」遂嘔血薨。〔一四〕

臣松之案：本傳泰不爲太常，未詳干寶所由知之。孫盛改易泰言，雖爲小勝，然檢盛言，諸所改易，皆非別有異聞，率更自以意制，多不如舊。凡記言之體，當使若出其口。辭勝而違實，固君子所不取，況復不勝而徒長虛妄哉！〔一五〕

案博物記曰：太丘長陳寔，寔子鴻臚紀，紀子司空羣，羣子泰。四世於漢、魏二朝，並有重名，而其德漸漸小減。時人爲其語曰：「公慙卿，卿慙長。」〔一六〕

子恂嗣。恂薨，無嗣，弟溫紹封。咸熙中，開建五等，以泰著勳前朝，改封溫爲慎子。〔一七〕

案陳氏譜：〔一八〕羣之後，名位遂微。〔一九〕諶孫佐，官至青州刺史。佐弟坦，廷尉；佐子準，太尉；封廣陵郡公。準弟戴、徽及從弟堪，並至大位。準孫逵，字林道，有譽江左，爲西中郎將，追贈衛將軍。

〔一〕尚書僕射，見明紀景初元年。

〔二〕吳志孫峻傳：「峻使呂據等自江都入淮、泗。」胡三省曰：「自邗溝入淮，自淮入泗。」

〔三〕泰前已爲征西將軍，似不應降爲鎮軍將軍，疑有誤。洪飴孫曰：「鎮軍將軍一人，第三品。晉紀：太始五年，始罷此官。」

〔四〕胡三省曰：「是役也，司馬昭改丘頭曰武丘，以旌武功。武丘，唐爲沈丘縣。」吳熙載曰：「今河南陳州府沈丘縣東北。」

〔五〕武陔字元夏，沛國竹邑人。陔事見齊王紀嘉平六年注引魏書。列名奏永寧宮，又見胡質傳注引虞預晉書。

〔六〕世說「統」作「練」。

〔七〕晉書武陔傳：「文帝甚親重之，數與詮論時人。嘗問陳泰孰若其父羣？陔各稱其所長，以爲羣、泰略無優劣，帝然之。」世説品藻篇所云與本傳同。

〔八〕晉書荀顗傳：「顗甥陳泰卒，顗代泰爲僕射。」

〔九〕胡三省曰：「方，比也。言顗阿附司馬氏，而已忠於魏室。」

〔一〇〕毛本「謂」作「詣」，誤。

〔一一〕胡三省曰：「言當以弑君之罪罪昭。」

〔一二〕晉書文帝紀：「帝召百寮謀其故，僕射陳泰不至。帝遣其舅荀顗輿致之，延於曲室，謂曰：玄伯，天下其如我何？泰曰：惟腰斬賈充，微以示天下。帝曰：卿更思其次。泰曰：但見其上，不見其次。於是歸罪成濟而斬之。」

〔一三〕毛本「久」作「入」，誤。

〔一四〕世説注引漢晉春秋曰：「曹髦之薨，司馬昭聞之，自投於地，曰：天下謂我何！於是召百官議其事。昭垂涕問陳泰曰：何以居我？泰曰：公光輔數世，功蓋天下，謂當並迹古人，垂美於後。一旦有殺君之事，不亦惜乎？速斬賈充，猶可以自明也。昭曰：公閭不可得殺也，卿更思餘計。泰厲聲曰：意唯有進於此耳，餘無足委者也！歸而自殺。」袁宏三國名臣序贊曰：「玄伯剛簡，大存名體。志在高構，增堂及陛。端委虎門，正言彌啓。臨危致命，盡其心禮。」

〔一五〕通鑑考異曰：「魏氏春秋云云，裴松之以爲違實，今從干寶晉紀。」何焯曰：「請誅賈充，蓋非實録。玄伯説曹爽自歸者也，使持忠入地，咸熙之封不及温矣。」姚範曰：「許允、陳泰並説曹爽自歸，當時仲達逆節未著，若玄伯之在子元、子上時，身效驅策之寄矣。崔林與陳羣論崔季珪云：大丈夫爲有邂逅耳，即如卿諸人，良足貴乎！玄伯之非忠亮，當時志節之士，固已知之矣。朱子嘗論名節之頽，太丘啓之，非苟論也。」弼按：本傳言司馬文王率六軍軍丘頭，泰總署行臺。司馬景王文王皆與泰親交，不言請誅賈充事，亦不載嘔血自殺事。此等關繫名節之舉，承祚何以絶無一辭？爲晉諱歟？抑事非實録，不足徵信歟？

〔一六〕姚範曰：「裴氏載此，蓋以干孫所記爲虛耳。」

〔一七〕郡國志：「豫州汝南郡慎。」一統志：「慎縣故城，今安徽潁州府潁上縣西北四十里江口鎮。」

〔一八〕陳氏譜，隋、唐志不著録。

〔一九〕沈家本曰：「羣疑當作泰。泰有名魏世，不得云遂微也。」弼按：據陳氏譜所云，陳氏後輩亦多至大位，不得云微。「位」字或爲「德」字之誤，「羣」字不誤也。

陳矯字季弼，廣陵東陽人也。〔一〕避亂江東及東城，〔二〕辭孫策、袁術之命，還本郡。太守陳登請爲功曹，使矯詣許，謂曰：「許下論議，待吾不足，〔三〕足下相爲觀察，還以見誨。」矯還曰：「聞遠近之論，頗謂明府驕而自矜。」登曰：「夫閨門雍穆，有德有行，吾敬陳元方兄弟；淵清玉潔，有禮有法，吾敬華子魚；清修疾惡，有識有義，吾敬趙元達；〔四〕博聞彊記，奇逸卓犖，吾敬孔文舉；雄姿桀出，有王霸之略，吾敬劉玄德。所敬如此，何驕之有？餘子瑣瑣，亦焉足録哉！」登雅意如此，而深敬友矯。

〔一〕郡國志：「徐州廣陵郡東陽，故屬臨淮。」一統志：「東陽故城，今安徽泗州天長縣西北。」謝鍾英曰：「東陽縣，魏志因陳矯而書。據孫權、孫韶傳，徐、泗閒無郡縣。」潘眉曰：「晉書陳騫傳云：臨淮東陽人。騫即矯子。劉頌傳云：臨淮陳矯。蓋晉置臨淮郡，分廣陵之東陽屬臨淮，故矯在魏爲廣陵東陽人，在晉又爲臨淮東陽人也。」

〔二〕郡國志：「徐州下邳國東城。」一統志：「今安徽鳳陽府定遠縣東南。」

〔三〕何焯校「足」字下補「者」字。

〔四〕范書陶謙傳：「別駕從事趙昱，知名士也。昱字元達，琅邪人。清己疾惡，潛志好學。」又見本志陶謙傳注引謝承漢書。

郡爲孫權所圍於匡奇，〔一〕登令矯求救於太祖。矯說太祖曰：「鄙郡雖小，形便之國也，若蒙救援，使爲外藩，則吳人剉謀，徐方永安。武聲遠震，仁愛滂流，未從之國，望風景附，崇德養威，此王業也。」太祖奇矯，欲留之。矯辭曰：「本國倒懸，本奔走告急，縱無申胥之效，敢忘弘演之義乎？」

劉向新序曰：齊桓公求婚於衛，衛不與，而嫁於許。衛爲狄所伐，桓公不救，至於國滅君死。懿公屍爲狄所食，惟有肝在。懿公有臣曰弘演，適使反，致命於肝曰：「君爲其内，臣爲其外。」乃刳腹内肝而死。齊桓公曰：「衛有臣若此而尚滅，寡人無有，亡無日矣！」乃救衛，定其君。〔二〕

太祖乃遣赴救。吳軍既退，登多設閒伏，勒兵追奔，大破之。

〔一〕「權」當作「策」，「匡奇」注詳見本志卷七陳登傳注引先賢行狀注。姚範曰：「於字上疑有脱誤。」謝鍾英曰：「匡琦城近故射陽，射陽廢城，今江蘇淮安府山陽縣東南七十里。」林國贊曰：「考陳登守廣陵，孫策猶未殁，據矯傳，矯辭策就登，隨即有匡奇之圍，是時策在可知。下忽作孫權，豈不自戾？徐宣傳稱宣辭孫策之命，還本郡，與陳矯並爲綱紀，俱見器於太守陳登云云，亦足互證。」

〔二〕吕氏春秋卷十一：「衛懿公有臣曰弘演，有所於使。翟人攻衛及懿公於滎澤，殺之，盡食其肉，獨捨其肝。弘演至，報使於肝，畢，呼天而啼，盡哀而止。曰：臣請爲襮，因自殺。先出其腹實内懿公之肝。桓公聞之，曰：衛之亡也，以爲無道也；今有臣若此，不可不存。於是復立衛於楚丘。弘演可謂忠矣。」弼按：新序所載，與此小異，當爲劉向引呂覽，裴注又引新序，略有刪節耳。

太祖辟矯爲司空掾屬，除相令，〔一〕征南長史，〔二〕彭城、樂陵太守，〔三〕魏郡西部都尉。〔四〕曲周民父病，〔五〕以牛禱，縣結正棄市。矯曰：「此孝子也。」表赦之。遷魏郡太守。時繫囚千數，至有歷年。矯以爲周有三典之制，〔六〕漢約三章之法，今惜輕重之理，而忽久繫之患，可謂謬矣。悉自覽罪狀，一時論決。大軍東征，入爲丞相長史；軍還，復爲魏郡，轉西曹屬。〔七〕從征漢中，還爲尚書。行前未到鄴，太祖崩洛陽，羣臣拘常，以爲太子即位，當須詔命。〔八〕矯曰：「王薨于外，天下惶懼，太子宜割哀即位，以繫遠近之望。且又愛子在側，〔九〕彼此生變，則社稷危矣。」即具官備禮，一日皆辦。〔一〇〕明旦，以王后令，策太子即位，大赦蕩然。文帝曰：「陳季弼臨大節，明略過人，信一時之俊傑也！」〔一一〕帝既踐阼，轉署吏部，〔一二〕封高陵亭侯，遷尚書令。〔一三〕明帝即位，進爵東鄉侯，邑六百户。車駕嘗卒至尚書門，〔一四〕矯跪問帝曰：「陛下欲何之？」帝曰：「欲案行文書耳。」矯曰：「此自臣職分，非陛下所宜臨也。若臣不稱其職，則請就黜退。陛下宜還。」帝慙，回車而反。其亮直如此。〔一五〕

世語曰：劉曄以先進見幸，因譖矯專權。矯懼，以問長子本，本不知所出。次子騫曰：「主上明聖，大人大臣，今若不合，不過不作公耳。」後數日，帝見矯，矯又問二子。騫曰：「陛下意解，故見大人也。」既入，盡日。帝曰：「劉曄構君，朕有以迹君，朕心故已了。」以金五鉼授之。矯辭。帝曰：「豈以爲小惠？君已知朕心，顧君妻子未知故也。」帝憂社稷，問矯：「司馬公忠正，〔一六〕可謂社稷之臣乎？」矯

曰：「朝廷之望；社稷，未知也。」〔一七〕

加侍中光禄大夫，遷司徒。景初元年薨，謚曰貞侯。〔一八〕

魏氏春秋曰：矯本劉氏子，出嗣舅氏，而婚于本族。徐宣每非之，庭議其闕。太祖惜矯才，量欲擁全之。乃下令曰：「喪亂已來，風教彫薄，謗議之言，難用褒貶。自建安五年已前，一切勿論。其以斷前誹議者，以其罪罪之。」〔一九〕

〔一〕郡國志：「豫州沛國相。」一統志：「今安徽鳳陽府宿州西北。」

〔二〕征南將軍之長史。

〔三〕郡國志：「(徐)〔青〕州(彭城國)〔平原郡〕樂陵。(郡)」建安中，魏武分青州平原郡置，改隸冀州。

〔四〕建安十八年分魏郡爲東、西部都尉。

〔五〕郡國志：「冀州鉅鹿郡曲周。」三國魏改屬廣平郡，廣平郡，即魏郡西部也。曲周見鮑勛傳。

〔六〕周禮秋官大司寇：「掌邦之三典，以佐王刑邦國，詰四方。一曰刑新國，用輕典；二曰刑平國，用中典；三曰刑亂國，用重典。」

〔七〕吴本無「轉」字。官本考證曰：「宋本無郡字，毛本無轉字。」

〔八〕胡三省曰：「謂須待漢帝詔命也。」

〔九〕胡三省曰：「愛子，謂鄢陵侯彰也。」林國贊曰：「操所最愛者倉舒、植、良，倉舒久死，植更不必論。良之母乃力勸立丕者，然則矯語殊無徵，皆妄爲臆測，以迎合丕意，不足信。」

〔一〇〕宋本作「辨」，通鑑同。胡三省曰：「辨與辦同。蜀本作辦。」

〔一一〕矯爲尚書，列名勸進，見禪代衆事。

〔一二〕毛本「轉」作「整」，誤。

〔一三〕趙一清曰：「晉書嵇含傳：昔魏武每有軍事，增置掾屬。青龍二年，尚書令陳矯以有軍務，亦奏增郎。」

〔一四〕胡三省曰：「卒，讀曰猝。尚書門，尚書臺門也。」

〔一五〕北堂書鈔一百五十八引魏名臣奏：「尚書令陳矯、僕射衛臻言：往者賊亮縮藏窟穴，猶有怖懼，而頻歲三出，鳴鼓邊陲，由此言之，賊未可忽。」

〔一六〕通鑑「正」作「貞」。

〔一七〕胡三省曰：「陳矯、賈逵皆忠於魏，而二人之子，皆爲晉初佐命，豈但利禄之移人哉？非故家喬木，而教忠不先也。」

〔一八〕明紀：「景初元年五月，以尚書令陳矯爲司徒；七月丁卯，司徒陳矯薨。」謚法：「不隱無屈曰貞，清白守節曰貞。」

〔一九〕晉書陳騫傳：「矯本廣陵劉氏，爲外祖陳氏所養，因而改焉。」又晉書劉頌傳：「頌嫁女臨淮陳矯，矯本劉氏子，與頌近親，出養于姑，改姓陳氏。中正劉友譏之，頌曰：舜後姚、虞、陳、田，本同根系，而世皆爲婚，禮律不禁。今與此同義，爲婚可也。友方欲列上，爲騫所止，故得不劾。」潘眉曰：「矯娶劉頌女。矯本劉氏子，與頌近親。按太平御覽五百四十一引魏氏春秋云：司空東萊王基，當世大儒，豈不達禮，而納司空王忱女，以姓同源異故也。若如陳矯，可謂姓異源同矣。」姚範曰：「矯年位先頌。頌卒於永寧，距矯之殁，已六十餘年。」弼按：據劉頌傳，中正劉友方欲劾矯，則必矯尚生存。然矯死已久。又云爲陳騫所止，故得不劾。不知騫爲矯子，既欲劾矯，騫何能止？此皆事之可疑者，宜承祚之不採録也。

子本嗣。〔一〕歷位郡守、九卿，所在操綱領，舉大體，能使羣下自盡。有統御之才，不親小事，不讀法律，而得廷尉之稱，優於司馬岐等。精練文理，遷鎮北將軍，假節都督河北諸軍

事。薨，子粲嗣。本弟騫，咸熙中爲車騎將軍。案：晉書曰：騫字休淵，〔二〕爲晉佐命功臣，至太傅，封高平郡公。〔三〕

〔一〕世説注引世語曰：「本字休元。」世説方正篇：「夏侯泰初與廣陵陳本善，本與玄在本母前宴飲，本弟騫行還，徑入堂户。泰初因起曰：可得同，不可得而雜。」名士傳曰：「玄以鄉黨貴齒，本不論德位，年長者必爲拜。與陳本母前飲，騫來而出，其可得同，不可得而雜者也。」

〔二〕潘眉曰：「裴注所引晉書，乃虞預晉書。今唐修晉書陳騫傳闕字，當以此補之。」弼按：唐避淵字諱，故闕字。

〔三〕晉書騫傳：「武帝受禪，以騫佐命之勳，進車騎將軍，封高平郡公。元康二年薨，年八十一。贈太傅，謚曰武。子輿，字顯初，嗣爵。」

初，矯爲郡功曹，使過泰山，泰山太守東郡薛悌異之，結爲親友。戲謂矯曰：「以郡吏而交二千石，鄰國君屈從陪臣游，不亦可乎！」悌後爲魏郡及尚書令，皆承代矯云。世語曰：悌字孝威。年二十二，以兗州從事爲泰山太守。初，太祖定冀州，以悌及東平王國爲左、右長史，後至中領軍。並悉忠貞練事，爲世吏表。

徐宣字寶堅，廣陵海西人也。〔一〕避亂江東，又辭孫策之命，還本郡。與陳矯並爲綱紀，〔二〕二人齊名，而私好不協。然俱見器於太守陳登，與登並心於太祖。海西、淮浦二縣民作亂，〔三〕都尉衛彌、〔四〕令梁習〔五〕夜奔宣家，密送免之。太祖遣督軍扈質來討賊，以兵少不進。宣潛見責之，示以形勢，質乃進，破賊。太祖辟爲司空掾屬，除東緡、發干令。〔六〕遷齊郡太守，〔七〕入爲門下督，〔八〕從到壽春。會馬超作亂，大軍西征，太祖見官屬曰：「今當遠征，而此方未定，以爲後憂，宜得清公大德以鎮統之。」乃以宣爲左護軍，〔九〕留統諸軍。還，爲丞相東曹掾，出爲魏郡太守。太祖崩洛陽，羣臣入殿中發哀。或言可易諸城守，用譙、沛人。〔一〇〕宣厲聲曰：「今者遠近一統，人懷效節，何必譙、沛，而沮宿衛者心！」文帝聞曰：「所謂社稷之臣也。」帝既踐阼，爲御史中丞，賜爵關内侯，徙城門校尉；〔一一〕旬月，遷司隸校尉，轉散騎常侍。從至廣陵，六軍乘舟，風浪暴起，帝船回倒，〔一二〕宣病在後，陵波而前，羣寮莫先至者。帝壯之，遷尚書。

〔一〕郡國志：「徐州廣陵郡海西。」方輿紀要：「今江蘇海州南一百二十里。」謝鍾英曰：「今江蘇淮安府安東縣北。」

〔二〕「郡綱紀」見劉放傳。

〔三〕郡國志：「徐州下邳國淮浦。」洪亮吉曰：「據徐宣傳，淮浦蓋漢末移屬廣陵。」一統志：「淮浦故城，今安東縣治西。」

〔四〕應劭曰：「每有劇賊，郡臨時置都尉。」李祖楙曰：「秦每郡置尉一人。景帝中二年，更名都尉。郡亦有時不置太守，並職於都尉也。」

〔五〕習爲海西令，見習傳。

〔六〕郡國志：「兗州山陽郡東緡；東郡發干。」一統志：「東緡故城，今山東濟寧州金鄉縣東北二十里；發干故城，今山東東昌府堂邑縣西南。」

〔七〕郡國志：「青州齊國。」建安十一年，國除爲郡。

〔八〕胡三省曰：「門下督，督將之居門下者。」

〔九〕洪飴孫曰：「魏武爲漢丞相時置護軍。建安十二年，改爲中護軍，左護軍疑不常設。」

〔一〇〕胡三省曰：「曹氏沛國譙人，小見者以鄉人爲可信也。」

〔一一〕百官志：「城門校尉一人，比二千石，掌雒陽城十二所。」

〔一二〕何焯曰：「囘，即桅也。古字通用。」梁章鉅曰：「邵晉涵亦同此說。竊謂囘倒不過囘旋顛倒之意，以囘通桅，未見所出。且以舟中挂帆之木爲桅，本係俗稱，初不知所據也。説文：桅，黄木可染者。與舟木何涉乎？」

明帝即位，〔一〕封津陽亭侯，邑二百户。中領軍桓範薦宣曰：〔二〕「臣聞帝王用人，度世授才，爭奪之時，以策略爲先；分定之後，以忠義爲首。故晉文行舅犯之計而賞雍季之言，

呂氏春秋曰：昔晉文公將與楚人戰於城濮，召咎犯而問曰：「楚衆我寡，柰何而可？」咎犯對曰：「臣聞繁禮之君，不足於文；繁戰之君，不足於詐。君亦詐之而已。」文公以咎犯言告雍季，雍季曰：「竭澤而漁，豈不得魚？而明年無魚。焚藪而田，豈不得獸？而明年無獸。詐僞之道，雖今偷可，後將無復，非長術也。」文公用咎犯之言，而敗楚人於城濮。反而爲賞，雍季在上。左右諫曰：「城濮之功，咎犯之謀也。君用其言，而後其身，或者不可乎！」〔三〕文公曰：「雍季之言，百代之利；〔四〕咎犯之言，一時之務也。焉有以一時之務先百代之利乎！」

高祖用陳平之智而託後於周勃也。〔五〕竊見尚書徐宣，體忠厚之行，秉直亮之性。清雅特立，不拘世俗；〔六〕確然難動，有社稷之節。歷位州郡，所在稱職。今僕射缺，宣行掌後事，腹心任重，莫宜宣者。」帝遂以宣爲左僕射，〔七〕後加侍中光禄大夫。車駕幸許昌，總統留事。帝還，主者奏呈文書。〔八〕詔曰：「吾省與僕射何異？」〔九〕竟不視。尚方令坐猥見考竟，〔一〇〕宣上

疏陳，威刑大過，又諫作宮殿，窮盡民力。帝皆手詔嘉納。宣曰：「七十有縣車之禮，〔一一〕今已六十八，可以去矣。」乃固辭疾遜位，帝終不許。青龍四年薨，遺令布衣疏巾，斂以時服。詔曰：「宣體履至實，直內方外，歷在三朝，公亮正色，有託孤寄命之節，可謂柱石臣也。常欲倚以台輔，未及登之。惜乎！大命不永。其追贈車騎將軍，葬如公禮。」謚曰貞侯。子欽嗣。

〔一〕吳本、毛本、局本無「明」字，誤。

〔二〕桓範事見曹爽傳注引魏略。

〔三〕毛本作「城濮之奏功」，今本呂氏春秋卷十四作「城濮之功，咎犯之謀也。君用其言而賞後其身，或者不可乎」。

〔四〕毛本奪「季」字，宋本「利」下有「也」字。

〔五〕長短經任長篇引桓範語，此句下有「古語云：守文之代，德高者位尊；倉卒之時，功多者賞厚」數語。

〔六〕御覽「拘」作「隨」。

〔七〕胡三省曰：「漢成帝罷中書宦者，置尚書五人，一人爲僕射，四人分爲四曹。一曰常侍曹，二曰二千石曹，三曰民曹，四曰主客曹。後又置三公曹，是爲五曹。光武改常侍曹爲吏部曹，又置中都官曹，合爲六曹。并令、僕二人，謂之八坐。後改吏部爲選部，魏又改選部爲吏部。又有左民客曹、五兵度支凡五曹尚書，左右二僕射，一令，爲八坐。」

〔八〕胡三省曰：「尚書諸曹，各有主者。」

〔九〕通鑑「僕射」下有「省」字。

〔一〇〕百官志：「尚方令一人，六百石，掌上手工作御刀劍諸好器物。」

〔一一〕沈欽韓曰：「白虎通致仕篇：懸車，示不用也。公羊桓五年傳疏云：舊說，日在縣輿，一日之暮。人生七十，亦一世之暮，而致其政事于君，故曰縣輿致仕也。按淮南天文訓：「日至于悲泉，爰息其馬，是謂懸車。」

衛臻字公振，陳留襄邑人也。〔一〕父茲，有大節，不應三公之辟。太祖之初至陳留，茲曰：「平天下者，必此人也。」太祖亦異之，數詣茲議大事。從討董卓，戰于滎陽而卒。〔二〕太祖每涉郡境，輒遣使祠焉。

先賢行狀曰：茲字子許。不爲激詭之行，不徇流俗之名，明慮淵深，規略宏遠。爲車騎將軍何苗所辟，司徒楊彪再加旌命。董卓作亂，漢室傾蕩，太祖到陳留，始與茲相見，遂同盟，計興武事。茲答曰：「亂生久矣，非兵無以整之。」且言「兵之興者，自今始矣」。深見廢興，首讚弘謀。合兵三千人，從太祖入滎陽，力戰終日，失利，身殁。

郭林宗傳曰：〔三〕茲弱冠與同郡圈文生俱稱盛德。〔四〕林宗與二人共至市，子許買物，隨價讐直，〔五〕文生訾呵，減價乃取。〔六〕林宗曰：「子許少欲，文生多情。此二人非徒兄弟，〔七〕乃父子也。」後文生以穢貨見損，〔八〕茲以烈節垂名。〔九〕

夏侯惇爲陳留太守，舉臻計吏，命婦出宴。〔一〇〕臻以爲末世之俗，非禮之正。惇怒，執臻，既而赦之。後爲漢黄門侍郎。東郡朱越謀反，引臻。太祖令曰：「孤與卿君同共舉事，〔一一〕加欽令問。始聞越言，固自不信；及得荀令君書，具亮忠誠。」會奉詔命，聘貴人于魏，〔一二〕因表留臻參丞相軍事。追録臻父舊勳，賜爵關内侯，轉爲户曹掾。文帝即王位，爲散騎常侍。〔一三〕及踐阼，封安國亭侯。時羣臣並頌魏德，多抑損前朝。臻獨明禪授之義，稱揚漢美。帝數目臻曰：「天下之珍，當與山陽共之。」〔一四〕遷尚書，轉侍中吏部尚書。〔一五〕帝幸廣陵，行中領軍，從。〔一六〕征東大將軍曹休表得降賊辭，「孫權已在濡須口。」臻曰：「權恃長江，未敢亢衡，〔一七〕此必畏怖僞辭耳。」考核降者，果守將詐所作也。

〔一〕襄邑見武紀初平四年。

〔二〕武紀：「初平元年，陳留太守張邈遣將衛茲分兵隨太祖。到滎陽汴水，遇董卓將徐榮，與戰不利，士卒死傷甚多。」

〔三〕郭林宗傳，隋、唐志不著録。

〔四〕毛本無「圈」字，作空格；成都局本「圈」作「爲」，誤。廣韻：圈，姓也。漢末圈稱字幼舉。

〔五〕毛本「讐」作「酬」。

〔六〕毛本「呵」作「阿」，「價」作「債」。

〔七〕毛本「兄」作「見」，誤。

〔八〕監本「損」作「捐」。盛德以穢貨見損，則盛德直虛聲耳。

〔九〕毛本「茲」作「資」，誤。

〔一〇〕當時甄、郭出拜，相習成風。

〔一一〕卿君，謂臻父茲也。

〔一二〕武紀：「建安十八年，天子娉公三女爲貴人。」獻帝起居注云：「使使持節之鄴，納娉。」

〔一三〕臻爲散騎常侍，列名勸進，見禪代衆事。

〔一四〕魏奉漢帝爲山陽公。

〔一五〕吏部尚書右於諸曹尚書。授此職者，稱吏部尚書；若授諸曹尚書，直云尚書。臻由散騎常侍遷尚書，又轉吏部尚書也。

〔一六〕晉書百官志曰：「漢建安四年，魏武丞相府置中領軍。文帝踐阼，始置領軍將軍，資輕者爲中領軍。」

〔一七〕胡三省曰：「亢與抗同。」

明帝即位，進封康鄉侯。〔一〕後轉爲右僕射，典選舉如前，〔二〕加侍中。中護軍蔣濟遺臻書曰：「漢祖遇亡虜爲上將，〔三〕周武拔漁父爲太師。〔四〕布衣廝養，〔五〕可登王公，何必守文，試而後用？」臻答曰：「古人遺智慧而任度量，須考績而加黜陟。今子同牧野於成、康，喻斷蛇於文、景，〔六〕好不經之舉，開拔奇之律，〔七〕將使天下馳騁而起矣。」諸葛亮寇天水，臻奏：「宜遣奇兵入散關，絕其糧道。」乃以臻爲征蜀將軍，〔八〕假節督諸軍事。到長安，亮退。還，復職，加光祿大夫。是時，帝方隆意於殿舍，臻數切諫。〔九〕及殿中監擅收蘭臺令史，〔一〇〕臻奏案之。詔曰：「殿舍不成，吾所留心，卿推之何？」〔一一〕臻上疏曰：「古制侵官之法，〔一二〕非惡其勤事也；誠以所益者小，所墮者大也。臣每察校事，〔一三〕類皆如此。懼羣司將遂越職，以至陵遲矣。」〔一四〕亮又出斜谷，〔一五〕征南上「朱然等軍已過荆城」。〔一六〕臻曰：「然，吳之驍將，〔一七〕必下從權，且爲勢以綴征南耳。」權果召然入居巢，進攻合肥。〔一八〕帝欲自東征，臻曰：「權外示應亮，內實觀望。且合肥城固，不足爲慮。車駕可無親征，以省六軍之費。」帝到尋陽，而權竟退。〔一九〕

〔一〕趙一清曰：「水經潁水注：東出陽關，歷康亭城南，魏明帝封衛臻爲康鄉侯，此即臻封邑也。方輿紀要卷四十七：

康城在禹州西北三十里。」

〔二〕劉曄傳：「尚書衛臻議禮，與曄議同，事遂施行。」此太和三年事。

〔三〕胡三省曰：「謂韓信。」

〔四〕胡三省曰：「謂呂望。」

〔五〕吴本、毛本「廝」作「廁」。胡三省曰：「廝，音斯；養，羊尚翻。」

〔六〕胡三省曰：「謂草創之規略，不可同於承平之時也。」

〔七〕宋本「律」作「津」。通鑑同。胡三省曰：「經，常也。津，江河濟渡之要，故以爲喻。」

〔八〕洪飴孫曰：「征蜀將軍一人，第三品。」趙一清曰：「水經渭水注：成國渠，魏尚書左僕射衛臻征蜀所開也。一清案：西京已有是渠，衛公更開治之耳。」

〔九〕通鑑編此事於青龍三年，在諸葛亮既死之後，於事實爲近。胡三省曰：「諸葛亮死，帝乃大興宫室。」

〔一〇〕胡三省曰：「此殿中監，以其時營造宫室，使監作殿中耳，非唐殿中監之官也。觀後所謂校事可知矣。又據晉書輿服志：大駕鹵簿左殿中御史、右殿中監。則魏時殿中監已有定官。蘭臺令史屬御史臺。會要曰：漢謂御史臺爲蘭臺。」

〔一一〕通鑑「何」下有「也」字。胡三省曰：「推，考鞫也。」

〔一二〕胡三省曰：「古者，百官不相踰越。左傳：欒鍼曰：侵官冒也。」

〔一三〕胡三省曰：「魏武建國，置校事，使察羣下。」

〔一四〕通鑑「遲」作「夷」。

〔一五〕斜谷關，今陝西鳳翔府郿縣。亮出斜谷，在青龍二年。

〔一六〕征南將軍表上也。

〔一七〕宋本「吴」作「吾」，誤。

〔一八〕通鑑：「青龍二年二月，諸葛亮由斜谷入寇，遣使約吴，同時大舉。五月，吴人入居巢湖口，向合肥新城。」

〔一九〕尋陽見明紀卷首。

幽州刺史毌丘儉上疏曰：「陛下即位已來，未有可書。吴、蜀恃險，未可卒平，聊可以此方無用之士，〔一〕克定遼東。」臻曰：「儉所陳皆戰國細術，非王者之事也。吴頻歲稱兵，寇亂邊境，而猶案甲養士，未果尋致討者，〔二〕誠以百姓疲勞故也。且淵生長海表，相承三世，〔三〕外撫戎夷，内修戰射，而儉欲以偏軍長驅，朝至夕卷，〔四〕知其妄矣！」儉行軍，遂不利。

〔一〕胡三省曰：「卒，讀曰猝。鄭玄曰：聊，且略之辭。」

〔二〕趙一清曰：「上云吴、蜀恃險，此不得單舉吴，疑傳寫脱蜀字。尋字衍。」李慈銘曰：「吴下當有蜀字，尋字當衍。」弼按：通鑑無「蜀」字，亦無「尋」字。

〔三〕胡三省曰：「度、康、淵，凡三世。」

〔四〕胡三省曰：「卷，讀曰捲。」

臻遷爲司空，徙司徒。正始中，進爵長垣侯，〔一〕邑千户，封一子列侯。初，太祖久不立太子，而方奇貴臨菑侯。丁儀等爲之羽翼，勸臻自結，臻以大義拒之。及文帝即位，東海王霖有寵，帝問臻：「平原侯何如？」臻稱明德美，而終不言。曹爽輔政，使夏侯玄宣指，欲引臻入守尚書令，及爲弟求婚，皆不許。固乞遜位。〔二〕詔曰：「昔干木偃息，義壓彊秦；〔三〕留侯頤神，不忘楚事。〔四〕讜言嘉謀，望不吝焉。」賜宅一區，位特進，秩如三司。薨，追贈太尉，諡曰敬侯。子烈嗣。咸熙中，爲光禄勳。〔五〕

臣松之案舊事〔六〕及傅咸集，〔七〕烈終於光禄勳。烈二弟京、楷，皆二千石。楷子權，字伯輿。晉大司馬汝南王亮輔政，以權爲尚書郎。傅咸與亮牋曰：「衛伯輿貴妃兄子，誠有才章，應作臺郎。然未得東宮官屬。東宮官屬，前患楊駿，親理塞路，今有伯輿，復越某作郎。一犬吠形，羣犬吠聲，懼於羣吠，遂至回聽。」〔八〕權作左思吴都賦敍及注。敍粗有文辭，至於爲注，了無所發明，直爲塵穢紙墨，不合傳寫也。〔九〕

〔一〕兗州陳留郡長垣。一統志：「今直隸大名府長垣縣東北。」

〔二〕臻繼陳矯爲司徒，在景初二年，明帝託孤在景初三年，驛馬遠召仲達，而不聞謀及於臻。臻遜位在正始九年，司馬氏當國，權勢已成。臻十年三公，無所建樹，不及陳季弼之知司馬氏於未然也。

〔三〕吕氏春秋：「魏文侯過段干木之閭而軾之。秦興兵，欲攻魏，司馬唐諫秦君曰：（淮南子作司馬庾。）段干木，賢者也，而魏禮之，天下莫不聞，無乃不可加兵乎？秦君以爲然，乃按兵輟，不敢攻之。」（淮南子、新序所載略同。）高士傳：「段干木，晉人。治清節，遊西河，師事卜子夏，守道不仕。魏文侯就造其門，干木踰牆而避文侯，文侯以客禮待之。」

〔四〕史記留侯世家：「於是上自將兵而東。留侯病，自彊起，至曲郵，見上曰：臣宜從，病甚，楚人剽疾，願上無與楚人爭鋒。」

〔五〕烈爲三豫之一，見本志諸葛誕傳注引世語。

〔六〕魏覬傳注引魏書曰：「初，漢朝遷移，臺閣舊事散亂。自都許之後，漸有綱紀。覬以古義多所正定。」沈家本曰：「隋志：舊事篇，漢魏吴蜀舊事八卷，無撰人姓名。二唐志同。書鈔設官部引漢故事，衣冠部引魏舊事，御覽職官部引魏故事，初學記中宮部、書鈔設官部、御覽兵部並引漢魏故事。晉書禮志亦引漢魏故事。此注所引，爲衛臻之子烈事，當是魏舊事也。」姚振宗曰：「御覽經史圖書綱目有魏舊事。」

〔七〕晉書傅咸傳：「咸字長虞，剛簡有大節。好屬文，論雖綺麗不足，而言成規鑒。咸寧初，襲父玄爵，爲司徒左長史，上書言事，遷尚書左丞，又遷御史中丞，再爲本郡中正，以議郎長兼司隸校尉。吳郡顧榮曰：傅長虞爲司隸，勁直忠果。劾按驚人，雖非周才，偏亮可貴也。」隋書經籍志：「晉司隸校尉傅咸集十七卷，梁三十卷，録一卷。」又傅咸集奏，見御覽；傅咸七經詩，見藝文類聚、初學記。

〔八〕晉書傅咸傳載咸諫汝南王亮書，無「衛伯輿貴妃兄子」以下數語，「回聽」作「叵聽」。

〔九〕隋書經籍志：「梁有張載及晉侍中劉逵、晉懷令衛瓘（「瓘」當作「權」。）注左思三都賦三卷。」晉書左思傳：「思三都賦成，張載爲注魏都，劉逵注吴、蜀。陳留衛權，又爲思賦作略解序曰：余觀三都之賦，言不苟華，必經典要，品物殊類，稟之圖籍，辭義瓌瑋，良可貴也。有晉徵士故太子中庶子安定皇甫謐，西州之逸士，耽籍樂道，高尚其事。覽斯文而慷慨爲之都序。中書著作郎安平張載、尚書郎濟南劉逵，並以經學洽博，才章美茂，咸皆悦玩，爲之訓詁。其山川、土域、草木、鳥獸、奇怪珍異，僉皆研精所由，紛散其義矣。余嘉其文，不能默已。聊藉二子之遺忘，又爲之略解。祇增煩重，覽者闕焉。」世説文學篇注思别傳曰：「皇甫謐，西州高士；摯仲洽，宿儒知名，非思倫匹。劉淵林、衛伯輿並蚤終，皆不爲思賦序注也。凡諸注解，皆思自爲，欲重其文，故假時人名姓也。」嚴可均曰：「左思傳作陳留衛瓘，瓘乃權之誤。魏志衛臻傳注：權作左思吴都賦序及注。瓘乃衛覬子，河東安邑人，而云陳留衛瓘，轉刻之誤無疑。」又曰：「皇甫高名，一經品題，聲價十倍。摯虞雖宿儒，與思同在賈謐二十四友中，要是倫匹。劉逵，元康中尚書郎，累遷至侍中。衛權，衛貴妃兄子，元康初尚書郎。兩人蚤終，何不可爲思賦序注？況劉、衛後進，名出皇甫下遠甚，何必假其名姓？今皇甫序、劉注在文選，劉序、衛序在晉書，皆非苟作。魏志衛臻傳注云：權作左思吴都賦序及注，序麤有文辭，至於爲注，了無所發明，直爲塵穢紙墨，不合傳寫。如裴此説，權貴游好名，序不嫌空疏，而躓於爲注。使思自爲，何至塵穢紙墨？別傳道聽塗說，無足爲憑。晉書彙十八家舊書，兼取小說，獨棄別傳不採，斯史識也。」吳士鑑曰：「水經淄水注、文選二十八注，均引左思齊都賦注，知注亦思自撰。惟本傳云：爲之都序。又云皆悅玩爲之訓詁，與別傳假時人名姓之說不合。嚴氏謂別傳失實，是也。」

盧毓字子家，〔一〕涿郡涿人也。〔二〕父植，有名於世。

續漢書曰：植字子幹，少事馬融，與鄭玄同門相友。植剛毅有大節，常喟然有濟世之志，不苟合取容，不應州郡命召。建寧中，徵博士，出補九江太守，以病去官。〔三〕作尚書章句、禮記解詁。〔四〕稍遷侍中、尚書。〔五〕張角起，以植爲北中郎將〔六〕征角，失利抵罪。頃之，復以爲尚書。〔七〕張讓劫少帝奔小平津，植手劍責數讓等。讓等皆放兵垂泣謝罪，遂自殺。〔八〕董卓議欲廢帝，衆莫敢對。植獨正言，語在卓傳。植以老病去位，隱居上谷軍都山，〔九〕初平三年，卒。〔一〇〕太祖北征柳城，過涿郡，〔一一〕令告太守曰：「故北中郎將盧植，名著海内，學爲儒宗，士之楷模，乃國之楨幹也。昔武王入殷，封商容之閭；〔一二〕鄭喪子產，而仲尼隕涕。〔一三〕孤到此州，嘉其餘風。春秋之義，賢者之後，有異於人。〔一四〕敬遣丞掾修墳墓，〔一五〕并致薄醊，〔一六〕以彰厥德。」植有四子，毓最小。〔一七〕

毓十歲而孤，遇本州亂，二兄死難。當袁紹、公孫瓚交兵，幽、冀饑荒，養寡嫂孤兄子，以學行見稱。文帝爲五官將，召毓署門下賊曹。〔一八〕崔琰舉爲冀州主簿。〔一九〕時天下草創，多逋逃，〔二〇〕故重士亡法，罪及妻子。亡士妻白等，始適夫家數日，未與夫相見，〔二一〕大理奏棄市。毓駮之曰：「夫女子之情，以接見而恩生，成婦而義重。故詩云：未見君子，我心傷悲；亦既見止，我心則夷。〔一二〕又禮：未廟見之婦而死，歸葬女氏之黨，以未成婦也。今白等生有未見之悲，死有非婦之痛，而吏議欲肆之大辟，則若同牢合巹之後，罪何所加？且記曰：附從輕。言附人之罪，以輕者爲比也。又書云：與其殺不辜，寧失不經。恐過重也。苟以白等皆受禮聘，已入門庭，刑之爲可，殺之爲重。」太祖曰：「毓執之，是也。〔一三〕又引經典有意，使孤歎息。」由是爲丞相法曹議令史，轉西曹議令史。〔一四〕

〔一〕潘眉曰：「唐書宰相世系表作字子象。」

〔二〕郡國志：「幽州涿郡涿。」一統志：「涿縣故城，今順天府涿州治。」洪亮吉曰：「黃初七年，涿郡改名范陽郡。」謝鍾英曰：「王觀傳：明帝時爲涿郡太守，孫禮、盧毓、劉放並書涿郡人。水經注：晉太始元年，改爲范陽郡。惟晉志、通典云：魏改涿爲范陽，寰宇記遂謂黃初七年改。洪氏從之，誤矣。」沈欽韓曰：「名勝志：盧植故宅，在涿州東十五里，地名盧家灤。土壤肥饒，子孫世居焉。」弼按：晉書盧欽傳作「范陽涿人」。

〔三〕范書盧植傳：「植身長八尺二寸，音聲如鍾。少與鄭玄俱事馬融，能通古今學，好研精而不守章句。融外戚豪家，多列女倡，歌舞於前。植侍講積年，未嘗轉眄。融以是敬之。學終辭歸，闔門教授。性剛毅，有大節，常懷濟世志。不好辭賦，州郡數命，植皆不就。建寧中，徵爲博士，乃始起焉。熹平四年，九江蠻反，四府選植才兼文武，拜九江太守，蠻寇賓服。以疾去官。」

〔四〕范書植傳：「作尚書章句、三禮解詁。時始立太學石經，以正五經文字。植乃上書曰：臣少從通儒故南郡太守馬融受古學，頗知今之禮記，特多回冗。臣前以周禮諸經，發起粃謬，敢率愚淺，爲之解詁。而家乏無力，供繕寫上。願得將能書生二人，共詣東觀，就官財糧，專心研精，合尚書章句，考禮記失得，庶裁定聖典，刊正碑文。」章懷注：「詁，事也。言解其事意。」釋文序録：「盧植注禮記二十卷。」隋書經籍志：「禮記十卷，漢北中郎將盧植注。」舊唐書元行沖傳：「行沖著釋疑論曰：小戴之禮，行於漢末，馬融注之，時所未覩。盧植分合二十九篇，而爲説解，代不傳習。」王應麟曰：「詩疏嘗引盧植禮記注。」朱彝尊經義考云：「續漢書禮儀志注，亦引植注；通典亦引之。」臧琳經義雜記云：「盧氏校定禮記，今日雖亡，漢、唐人間有稱述，尚可得其略。」曾璞補後漢書藝文志考云：「禮記正義謂鄭亦附馬、盧之本，而爲之注。則植爲鄭所宗矣。然今考諸書所引盧注，亦頗有與鄭不合者。」馬國翰輯本序曰：「禮記正義謂鄭亦依盧、馬之本而爲之注，本傳載刊正碑文之奏，未經允行，而植所自爲禮注，推本師説，訂改紕謬，當必獨成善本，故鄭氏用之也。今就羣書所引，輯録一卷。」姚振宗曰：「按元行沖言，則盧氏又於四十九篇中，刪定二十九篇，是爲盧氏重定本。」吳承仕經典釋文序録疏證云：「釋文正義，隋志並云鄭注依馬、盧之本。元行沖云盧注分合二十九篇，正不審其何據。二字或爲四字之譌。而若爲分合，則終不可説也。」潘眉曰：「植上書云：臣前以周禮諸經，發起粃繆，敢率愚淺，爲之解詁。是植又有周禮解詁甚明，當從植傳作三禮解詁。」

〔五〕范書植傳：「會南夷反叛，以植嘗在九江，有恩信，拜爲廬江太守。歲餘，復徵拜議郎，與諫議大夫馬日磾、議郎蔡邕、楊彪、韓説等並在東觀，校中書五經記傳、補續漢記。帝以非急務，轉爲侍中，遷尚書。」

〔六〕劉昭曰：「漢末有四中郎將，皆帥師征伐，不知何時置。」

〔七〕范書植傳：「初平元年，黄巾賊起，四府舉植，拜北中郎將，連戰破賊帥張角，斬獲萬餘人。角等走保廣宗，植築圍鑿塹，造作雲梯，垂當拔之。帝遣小黄門左豐詣軍，觀賊形勢。或勸植賂豐，植不肯。豐還，言於帝，遂檻車徵植，減死罪一等。及車騎將軍皇甫嵩討平黄巾，盛稱植行師方略，嵩皆資用規模，濟成其功。以其年復爲尚書。」惠棟曰：「續漢書云：征角失利，抵罪。然皇甫奏捷，植之行師方略，嵩實資之，謂爲失利抵罪，失其實矣。」

〔八〕杜佑曰：「鞏縣西北有小平縣故城，又北有津曰小平津。」吳熙載曰：「在今河南府鞏縣。」范書何進傳：「張讓、段珪等將太后、天子及陳留王，又劫省内官屬，從複道走北宮。尚書盧植執戈於閣道窗下，仰數段珪，乃釋太后，將帝與陳留王奔小平津，公卿無得從者，唯植夜馳河上。」

〔九〕樂史引後漢書云：「植隱居上谷軍都山，立黌肆教授，好學者(至)〔自〕遠方而至。」方輿紀要卷十一：「軍都山在昌平州西北二十里，層巒疊嶂，奇險天開。太行第八陘曰軍都，即此山也。」

〔一〇〕范書植傳：「植臨困，敕其子儉葬于土穴，不用棺槨，附體單帛而已。所著碑、誄、表記，凡六篇。」隋書經籍志：「梁有盧植集二卷。」兩唐志同。嚴可均輯文五篇。

〔一一〕武紀：「建安十二年，北征烏丸，涉鮮卑庭，東指柳城。」

〔一二〕張宗泰魯巖所學集讀三國志校字云：「封當作式。黃權傳注：表商容之閭。表亦誤。」

〔一三〕左傳曰：「仲尼聞子產死，出涕曰：古之遺愛也！」

〔一四〕「有異於人」，范書作「宜有殊禮」。

〔一五〕范書此句下有「存其子孫」四字。

〔一六〕李賢曰：「醊，祭酹也，音張芮反。」

〔一七〕沈欽韓曰：「植墓在涿州東河村里，土人呼爲南臺。」

〔一八〕武紀：「建安十六年，天子命丕爲五官中郎將，置官屬。」續百官志：「賊曹，主盜賊事。」

〔一九〕崔琰傳：「琰謂毓清警明理，百鍊不消，公才也。」

〔二〇〕毛本「逋」作「連」，誤。

〔二一〕官本考證云：「太平御覽作皆未與夫相見。」

〔二二〕毛詩周南草蟲之章。鄭箋云：「未見君子，謂女子適人在塗時也；我心傷悲，謂父母思己，故己亦傷悲也。既見，謂已同牢而食也。夷，平也。」

〔二三〕或校改作「毓之所執，是也」。

〔二四〕續百官志：「法曹，主郵驛科程事；西曹，主府史署用。」

魏國既建，爲吏部郎。文帝踐阼，〔一〕徙黄門侍郎，出爲濟陰相，〔二〕梁、譙二郡太守。帝以譙舊鄉，故大徙民充之，以爲屯田。而譙土地墝瘠，百姓窮困，毓愍之，上表徙民於梁國，〔三〕就沃衍，失帝意。雖聽毓所表，心猶恨之。遂左遷毓，使將徙民爲睢陽典農校尉。〔四〕毓心在利民，躬自臨視，擇居美田，百姓賴之。遷安平、廣平太守，〔五〕所在有惠化。

〔一〕毛本「文」作「父」，誤。

〔二〕黄初三年，彭城王據徙封濟陰，毓爲相當在此時。

〔三〕梁於太和六年始改郡爲國，上文言梁、譙二郡，此言梁國，似有誤。

〔四〕郡國志：「梁國睢陽。」一統志：「今河南歸德府商丘縣南。」劉昭注引魏志曰：「曹公置典農校尉，秩比二千石。」

〔五〕冀州安平國，魏除作郡。廣平郡，魏黄初二年以魏郡西部置。太和中，毓爲廣平太守，到官三日，致禮張臶，教見管寧傳。

青龍二年，入爲侍中。先是散騎常侍劉劭受詔定律，未就。毓上論古今科律之意，〔一〕以爲法宜一正，不宜有兩端，使姦吏得容情。及侍中高堂隆數以宮室事切諫，帝不悦，毓進曰：「臣聞君明則臣直，古之聖王恐不聞其過，故有敢諫之鼓，近臣盡規，此乃臣等所以不及隆。隆諸生，名爲狂直，陛下宜容之。」在職三年，多所駮爭。〔二〕詔曰：「官人秩才，聖帝所難，必須良佐，進可替否。侍中毓，稟性貞固，心平體正，可謂明試有功，不懈於位者也。其以毓爲吏部尚書。」使毓自選代，曰：「得如卿者乃可。」毓舉常侍鄭沖。帝曰：「文和，吾自知之，

更舉吾所未聞者。」乃舉阮武孫邕，帝於是用邕。〔三〕

〔一〕御覽「科」作「制」。
〔二〕御覽「爭」作「易」。
〔三〕管寧傳：「正始二年，侍中孫邕薦寧。」孫邕又見齊王紀嘉平六年，又見鮑勛傳。

前此諸葛誕、鄧颺等馳名譽。有四窗八達之誚，〔一〕帝疾之。時舉中書郎，詔曰：「得其人與否，在盧生耳。選舉莫取有名，名如畫地作餅，〔二〕不可啖也。」〔三〕毓對曰：「名不足以致異人，而可以得常士。常士畏教慕善，然後有名，非所當疾也。愚臣既不足以識異人，又主者正以循名案常爲職，但當有以驗其後。故古者敷奏以言，明試以功。今考績之法廢，而以毀譽相進退，故真僞渾雜，虛實相蒙。」帝納其言，即詔作考課法。會司徒缺，毓舉處士管寧。帝不能用，更問其次。毓對曰：「敦篤至行，則太中大夫韓暨；亮直清方，則司隸校尉崔林；貞固純粹，則太常常林。」帝乃用暨。〔四〕毓於人及選舉，先舉性行，而後言才。黄門李豐嘗以問毓，毓曰：「才所以爲善也。故大才成大善，小才成小善。今稱之有才而不能爲善，是才不中器也。」豐等服其言。

〔一〕「窗」當作「聰」，見諸葛誕傳注引世語。
〔二〕御覽下「名」上多「者」字。
〔三〕胡三省曰：「啖，徒覽反，食也。」

〔四〕韓暨傳：「景初二年，以暨爲司徒。」

齊王即位，賜爵關内侯。時曹爽秉權，將樹其黨，徙毓僕射，以侍中何晏代毓。頃之，出毓爲廷尉，〔一〕司隸畢軌又枉奏免官。衆論多訟之，〔二〕乃以毓爲光禄勳。爽等見收，太傅司馬宣王使毓行司隸校尉，治其獄。復爲吏部尚書，〔三〕加奉車都尉，〔四〕封高樂亭侯，轉爲僕射，故典選舉，加光禄大夫。〔五〕高貴鄉公即位，進封大梁鄉侯，封一子高亭侯。〔六〕毌丘儉作亂，大將軍司馬景王出征，毓綱紀後事，加侍中。正元三年，疾病遜位。遷爲司空，〔七〕固推驃騎將軍王昶、光禄大夫王觀、司隸校尉王祥。詔使使者即授印綬，進爵封容城侯，〔八〕邑二千三百户。〔九〕甘露二年薨，〔一〇〕謚曰成侯。孫藩嗣。〔一一〕毓子欽、珽。咸熙中，欽爲尚書，珽泰山太守。〔一二〕

世語曰：欽字子若，珽字子笏。欽，泰始中爲尚書僕射，領選。咸寧四年卒，追贈衛將軍，開府。虞預晉書曰：欽少居名位，不顧財利，清虚淡泊，動修禮典。同郡張華，家單少孤，不爲鄉邑所知，惟欽貴異焉。〔一三〕欽子浮，字子雲。晉諸公贊曰：張華博識多聞，無物不知。浮高朗經博，有美於華。起家太子舍人，病疽，截手，遂廢。朝廷器重之，就家以爲國子博士，遷祭酒。永平中，爲祕書監。珽及子皓、志，並至尚書。〔一四〕志子諶，字子諒。温嶠表稱諶清出有文思。〔一五〕諶别傳曰：〔一六〕諶善著文章。洛陽傾覆，北投劉琨，琨以爲司空從事中郎。琨敗，諶歸段末波。〔一七〕元

帝之初，累召爲散騎中書侍郎，不得南赴。永和六年，卒於胡，胡中子孫過江。〔一八〕妖賊帥盧循，諶之曾孫。〔一九〕

〔一〕胡三省曰：「尚書内朝官，九卿外朝官，故云出。」

〔二〕曹爽傳：「何晏等與廷尉盧毓素有不平，因毓吏微過，深文致毓法，使主者先收毓印綬，然後奏聞。」

〔三〕何焯曰：「子家議論平易確切，一時之良，特以與何、畢相左，遂爲司馬氏所用，有愧於子幹之抗卓矣。」

〔四〕百官志：「奉車都尉比二千石，掌御乘輿車。」

〔五〕齊王紀注：「嘉平六年，毓列名奏永寧宫。」

〔六〕潘眉曰：「高字宜衍。高、亭字相近，譌複也。」

〔七〕高貴鄉公紀：「甘露元年冬十月，以尚書左僕射盧毓爲司空。」

〔八〕幽州涿郡容城縣，今直隸保定府定興縣北，詳見孫禮傳。

〔九〕吴本、毛本脱「户」字，誤。

〔一〇〕初學記八載毓冀州論曰：「冀州，天下之上國也，尚書何平叔、鄧玄茂謂其土產無珍，人生質樸，上古以來，無應仁賢之例，異徐、雍、豫諸州也。盧釋曰：除高帝以前，未可備聞，略言唐、虞已來，冀州乃聖賢之淵藪，帝王之寶地。東河以上，西河以來，南河以北，易水已南，膏壤千里，天地之所會，陰陽之所交，所謂神州也。」又曰：「常山爲林，大陸爲澤，蒹葭蒲葦，雲母御席。魏郡好杏，常山好梨，房子好緜，河内好稻，真定好稷，中山好栗，地產不爲無珍也。」（據嚴可均輯。毓又著書稱徐邈，見本志徐邈傳。）隋志：「梁有九州人士論一卷，魏司空盧毓撰，亡。」

〔一一〕錢大昭曰：「本傳毓封高樂亭侯，進封大梁鄉侯，進爵容城侯。高貴鄉公即位，封一子高亭侯。而晉書盧欽傳云：欽父毓，欽襲父爵大利亭侯，以吏部尚書進封大梁侯，卒。子浮嗣。魏志作孫藩嗣，晉書作子欽嗣；魏志作容城侯，晉書作大梁侯，二説不同。竊疑藩所嗣封者容城侯，欽所封者，即魏志所謂封一子高亭侯也。晉書蓋誤併二侯爲一，所以與魏志不合。」

〔一二〕毓女適城門校尉華長駿，見管輅傳注。

〔一三〕晉書張華傳：「華字茂先，范陽方城人。少孤貧，自牧羊。同郡盧欽見而器之，鄉人劉放亦奇其才，以女妻焉。」又晉書盧欽傳：「欽歷宰州郡，不尚功名，唯以平理爲務。禄奉散之親故，不營貲産，動循禮典。」

〔一四〕晉書盧欽傳：「志字子道，累官鄴令。成都王穎鎮鄴，愛其才，以爲謀主。齊王冏起義，穎以志爲諮議參軍左長史。穎前鋒爲倫所敗，衆議欲還保朝歌。志言宜更選精兵，出賊不意，穎從之。及倫敗，志勸穎推崇齊王，穎遂以母疾還藩，由是獲四海之譽。朝廷封志爲武强侯，穎表志爲中書監，留鄴，參署相府事。乘輿敗於蕩陰，王浚攻鄴，志勸穎奉天子還洛陽。右將軍張方逼天子幸其壘，帝垂泣就輿，唯志侍側。復西從至長安。穎被黜，志亦免官。及穎薨，官屬奔散，唯志親自殯送，時人嘉之。永嘉末轉尚書。洛陽没，志北投并州刺史劉琨，至陽邑，爲劉粲所虜，與次子謐、詵等俱遇害于平陽。長子諶。」周濟晉略論曰：「八王之變，始于官屬，自孫秀、李含、皇甫兄弟以下，莫不好亂樂禍，徇私滅公，蒼生塗炭，咎由數人。嗚呼，酷矣！惟志謀謨卓著，貞白靡忒，綢繆繾綣，終始如一。其諸甯武子、子家羈之流亞歟？并州之行，亦欲有所附託，以展力效。道阻事乖，没命豺虎，遺嗣漂泊，可勝嘆哉！」趙一清曰：「晉書陸機傳：范陽盧志，於衆中問機曰：陸遜、陸抗，於君近遠。機曰：如君於盧毓、盧珽。志默然既起，雲謂機曰：殊邦遐遠，容不相悉，何至於此？機曰：我父祖名播四海，寧不知邪？議者以此定二陸優劣。」又曰：「成都王穎與河閒王顒起兵討長沙王乂，假機後將軍河北大都督。穎左長史盧志，心害機寵，言於穎曰：陸機自比管、樂，擬君闇主。自古命將遣師，未有臣陵其君而可以濟事者也。穎默然。然則機之死，固由牽秀、孟玖，亦其恃才傲物，有以自取之也。」

〔一五〕官本「出」作「飭」。晉書盧欽傳：「諶名家子，早有聲譽，才高行潔，爲一世所推。值中原喪亂，與清河崔悦、潁川荀綽、河東裴憲、北地傅暢，並淪陷非所。雖俱顯于石氏，恒以爲辱。諶每謂諸子曰：吾身没後，但稱晉司空從事中郎爾。撰祭法，注莊子及文集皆行世。」

〔一六〕諶別傳，隋、唐志未著録。

〔一七〕張宗泰曰：「即段末（丕）〔柸〕。柸、波聲相近也。」

〔一八〕梁章鉅曰：「兩胡字，衍一字。」沈家本曰：「卒於胡句絶，胡中下屬，非衍。」

〔一九〕晉書盧循傳：「循字子先，小名元龍。雙眸烱徹，瞳子四轉。善草隸奕棊之藝。循娶孫恩妹，及恩作亂，與循通謀。恩亡，餘衆推循爲主。劉裕討循，循寇廣州，自攝州事，遣使貢獻。朝廷新誅桓氏，乃權假循廣州刺史，後爲劉裕所敗，自投於水。」

評曰：桓階識覩成敗，才周當世。陳羣動仗名義，有清流雅望；泰弘濟簡至，允克堂構矣。魏世事統臺閣，重内輕外，故八座尚書，即古六卿之任也。陳、徐、衛、盧，久居斯位；矯、宣剛斷骨鯁，臻、毓規鑒清理，咸不忝厥職云。

魏書二十三

和常楊杜趙裴傳第二十三

和洽〔一〕字陽士，汝南西平人也。〔二〕舉孝廉，大將軍辟，皆不就。袁紹在冀州，遣使迎汝南士大夫，洽獨以「冀州土平民彊，〔三〕英桀所利，四戰之地。本初乘資，雖能彊大，然雄豪方起，〔四〕全未可必也。荊州劉表，無他遠志，愛人樂士，土地險阻，山夷民弱，易依倚也」。遂與親舊俱南從表，表以上客待之。洽曰：「所以不從本初，辟爭地也。昏世之主，不可黷近，久而阽危，

臣松之案：漢書文紀曰：「阽於死亡。」食貨志曰：「阽危若是。」注曰：「阽，音鹽，如屋簷，近邊欲墮之意也。」一曰：「臨危曰阽。」〔五〕

必有讒慝間其中者。」〔六〕遂南度武陵。〔七〕

〔一〕胡三省曰：「姓譜，和本羲和之後。一曰卞和之後。」

〔二〕郡國志：「豫州汝南郡西平。」一統志：「西平故城，今河南汝寧府西平縣西四十五里。」

〔三〕監本、官本「民」作「兵」。

〔四〕監本、官本「方」作「四」。

〔五〕服虔曰：「阽，音反坫之坫。」孟康曰：「阽，音屋檐之檐。」如淳曰：「阽，近邊欲墮之意。」師古曰：「服、孟二音並通。」錢大昭曰：「說文：阽，壁危也。」

〔六〕吳本、毛本無「必」字。

〔七〕荊州武陵郡。

太祖定荊州，〔一〕辟爲丞相掾屬。時毛玠、崔琰並以忠清幹事，其選用先尚儉節。洽言曰：「天下大器，在位與人，不可以一節儉也。〔二〕儉素過中，自以處身則可，以此節格物，〔三〕所失或多。今朝廷之議，吏有著新衣乘好車者，謂之不清；長吏過營，形容不飾，衣裘敝壞者，謂之廉潔。至令士大夫故汙辱其衣，藏其輿服；朝府大吏，或自挈壺餐以入官寺。夫立教觀俗，貴處中庸，爲可繼也。〔四〕今崇一概難堪之行，以檢殊塗，〔五〕勉而爲之，必有疲瘁。古之大教，務在通人情而已。凡激詭之行，則容隱僞矣。」〔六〕

孫盛曰：昔先王御世，觀民設教，雖質文因時，損益代用，至於車服禮秩，貴賤等差，其歸一揆。魏承漢亂，風俗侈泰，誠宜仰思古制，訓以約簡，使奢不陵肆，儉足中禮，進無蜉蝣之刺，退免采莫之譏。〔七〕如此，則治道隆而頌聲作矣。夫矯枉過正，則巧僞滋生；以克訓下，則民志險隘；非聖王所以陶化民物，閑邪存誠之道。和洽之言，於是允矣。

〔一〕監本「定」作「奪」，誤。
〔二〕通鑑作「不可以一節取也」，册府「儉」作「論」。錢大昭曰：「下文今崇一概難堪之行，以檢殊塗，即此意。儉當作檢。」
〔三〕通鑑無「節」字。胡三省曰：「格，正也。」
〔四〕胡三省曰：「中者，正道；庸者，常道。程子曰：不偏之謂中，不易之謂庸。」周壽昌曰：「中庸，唐以前多作中人解。此稱中庸爲貴，可云特識。」
〔五〕胡三省曰：「檢，束也。」
〔六〕周壽昌曰：「後世矯激沽名，多蹈此弊，不圖三國時已如此。此緣東漢之季，士重風節，而作僞釣名者亦不少。至於焦先輩刻苦不堪，時謂之行同禽獸，可知矣。」
〔七〕毛本「譏」作「機」，誤。詩曹風：「蜉蝣之羽，衣裳楚楚。」刺奢也。詩魏風：「彼汾沮洳，言采其莫。」莫，菜也，刺儉也。

其事。〔一〕魏國既建，爲侍中。後有白毛玠謗毁太祖，太祖見近臣怒甚。洽陳玠素行有本，求按實其事。〔二〕罷朝，太祖令曰：「今言事者白玠不但謗吾也，乃復爲崔琰觖望。此損君臣恩義，〔三〕妄爲死友怨歎，〔四〕殆不可忍也。昔蕭、曹與高祖並起微賤，致功立勳。高祖每在屈笮，〔五〕二相恭順，臣道益彰，所以祚及後世也。和侍中比求實之，所以不聽，欲重參之耳。」洽對曰：「如言事者言，玠罪過深重，非天地所覆載，臣非敢曲理玠以枉大倫也。〔六〕以玠出羣吏之中，特見拔擢，顯在首職，〔七〕歷年荷寵，剛直忠公，爲衆所憚，不宜有此。然人情難保，要宜考覈，〔八〕兩驗其實。今聖恩垂含垢之仁，不忍致之于理，更使曲直之分不明，疑自近始。」太祖曰：「所以不考，欲兩全玠及言事者耳。」洽對曰：「玠信有謗主之言，〔九〕當肆之市朝；〔一〇〕若玠無此，言事者加誣大臣〔一一〕以誤主聽。二者不加檢覈，臣竊不安。」太祖曰：「方有軍事，安可受人言便考之邪？狐射姑刺陽處父於朝，此爲君之誡也。」〔一二〕

〔一〕毛玠傳：「桓階、和洽進言救玠。」通鑑：「桓階求按實其事。」然據此傳，求案實者洽，非階。

〔二〕胡三省曰：「觖有二音。音窺端翻者，望也；言有所冀望也。音古穴翻者，怨望也。此當從入聲。」

〔三〕通鑑「損」作「捐」。

〔四〕胡三省曰：「死友，言其背公而相爲死也。」

〔五〕周壽昌曰：「屈笮，是委屈急迫之意。史記大宛傳徐廣注：屈，抑退也。荀子榮辱篇注：屈，竭也。笮，說文：迫也。漢書王莽傳：迫笮青、徐盜賊，即此意。」

〔六〕胡三省曰：「孟子曰：内則父子，外則君臣，人之大倫也。」

〔七〕玠時爲尚書僕射。

〔八〕毛本「覈」作「竅」，誤。

〔九〕馮本「主」作「上」。

〔一〇〕胡三省曰：「論語：子服景伯曰：吾力猶能肆諸市朝。應劭曰：大夫以上尸諸朝，士以下尸諸市。」

〔一一〕通鑑「言」下又有「言」字。

〔一二〕左傳文公六年：「晉使狐射姑將中軍，趙盾佐之。陽處父易趙盾將中軍，(射姑)〔賈季〕怨陽子之易其班也，而知其無援於晉也，使(狐)〔續〕鞫居殺陽處父。書曰：晉殺其大夫，侵官也。」杜預曰：「君已命帥，處父易之，故曰侵官。」穀梁傳狐射姑作狐夜姑。

太祖克張魯，洽陳便宜，以時拔軍徙民，可省置守之費。太祖未納，其後竟徙民，棄漢中。出爲郎中令。〔一〕文帝踐阼，爲光禄勳，〔二〕封安城亭侯。明帝即位，進封西陵鄉侯，邑二百户。

〔一〕洽爲郎中令，列名勸進，見上尊號奏。潘眉曰：「漢制，郎中令居禁中，魏制不居禁中。洽由侍中爲郎中令，故曰出。」弼按：續漢志百官志五：武帝改漢郎中令之名，（劉昭曰：「改爲光禄勳。」）而王國如故。郎中令一人，千石，掌王大夫。郎中宿衛官，如光禄勳。據此志所言，漢雖改郎中令爲光禄勳，而王國之郎中令如故也。此時魏爲王國，故有郎中令之官。文帝踐阼，改郎中令爲光禄勳，見文紀黄初元年。是和洽由侍中爲郎中令，仍居宿衛，不得云出。潘説或爲誤解。且在和洽之前爲郎中令者，有袁涣、王修。袁涣傳：魏國初建，爲郎中令。王修傳：魏國既建，爲大司農、郎中令。俱不言出爲郎中令。此或承祚一字之誤。

〔二〕潘眉曰：「因改官名爲光禄勳，與遷調有别。」弼按：漢志云：光禄勳卿一人，掌宿衛宫殿門户。郎中令與光禄勳，本爲一官。潘氏魏制不居禁中之語，未知何據。

太和中，散騎常侍高堂隆奏：「時風不至，而有休廢之氣，必有司不勤職事，以失天常也。」詔書謙虚引咎，博諮異同。洽以爲：「民稀耕少，人食者多。〔一〕國以民爲本，民以穀爲命。故費一時之農，〔二〕則失育命之本。是以先王務蠲煩費，以專耕農。自春夏以來，民窮於役，農業有廢，百姓囂然。時風不至，未必不由此也。消復之術，莫大於節儉。太祖建立洪業，奉師徒之費，供軍賞之用，吏士豐於資食，倉府衍於穀帛，由不飾無用之宫，絶浮華之費。方今之要，固在息省勞煩之役，損除他餘之務，以爲軍戎之儲。三邊守禦，宜在備豫，料賊虚實，蓄士養衆，算廟勝之策，明攻取之謀，詳詢衆庶，以求厥中。若謀不素定，輕弱小敵，軍人數舉，舉而無庸，〔三〕所謂悅武無震，〔四〕古人之誡也。」

〔一〕宋本「人」作「浮」。

〔二〕宋本「費」作「廢」。

〔三〕庸，功也。

〔四〕張照曰：「册府悦作玩。國語：武不可覿，文不可匿，覿武無震，匿文不祥。此必引此語，自當作覿。悦、玩二字俱非。」

轉爲太常，清貧守約，〔一〕至賣田宅以自給。明帝聞之，〔二〕加賜穀帛。薨，謚曰簡侯。子禽嗣。

禽，音離。〔三〕

禽弟適，才爽開濟，官至廷尉、吏部尚書。〔四〕

晉諸公贊曰：和嶠字長輿，適之子也。少知名，以雅重稱。〔五〕常慕其舅夏侯玄之爲人，厚自封植，〔六〕嶷然不羣。於黄門郎〔七〕遷中書令，〔八〕轉尚書。〔九〕愍懷太子初立，以嶠爲少保，加散騎常侍。家産豐富，擬於王公，而性至儉吝。嶠同母弟郁，素無名，嶠輕侮之，以此爲損。卒於官，贈光禄大夫。郁以公彊當世，致位尚書令。〔一〇〕

〔一〕何焯曰：「陽士嘗非崔、毛過崇節儉之弊，而處身清約，此爲深識治體，而非立異同之論，以苟便己私者也。」弼按：

此即洽所謂儉素過中，自以處身則可之論也。」

〔二〕錢大昭曰：「上文已言太和中矣，此明字衍文。」

〔三〕梁章鉅曰：「禽當作离，蓋字形相近而誤。注音離可證。」潘眉曰：「呂忱字林：离，蟲名也。」

〔四〕陳景雲曰：「適當爲逌。高貴鄉公紀侍中和逌作詩稽留，即是此人。晉書和嶠傳：父逌，魏吏部尚書。字並作逌。」

〔五〕世説注「重」作「量」。

〔六〕晉書和嶠傳作「厚自崇重」。

〔七〕「於」當作「爲」。

〔八〕晉書嶠傳：「舊監、令共車入朝，時荀勗爲監。嶠鄙勗爲人，每同乘，高抗專車而坐。監、令異車，自嶠始。」

〔九〕晉書嶠傳：「嶠見太子不令，因侍坐曰：皇太子有淳古之風，而季世多僞，恐不了陛下家事。帝默然。後與荀顗、荀勗同侍，帝曰：太子近入朝，差長進。顗、勗並稱太子明識弘雅，嶠曰：聖質如初。」

〔一〇〕晉書嶠傳：「嶠以弟郁子濟嗣，位至中書郎。郁字仲輿，才望不及嶠，而以清幹稱。歷尚書左右僕射、中書令、尚書令。洛陽傾没，奔於苟晞，疾卒。」

洽同郡許混者，許劭子也。〔一〕清醇有鑒識，明帝時爲尚書。

劭字子將。汝南先賢傳曰：〔二〕召陵謝子微，高才遠識，見劭年十八時，乃歎息曰：「此則希世出衆之偉人也。」〔三〕劭始發明樊子昭於鬻幘之肆，〔四〕出虞永賢於牧豎，召李叔才鄉閭之間，〔五〕擢郭子瑜鞍馬之吏，援楊孝祖，舉和陽士。兹六賢者，皆當世之令懿也。其餘中流之士，或舉之於淹滯，或顯之于童齒，莫不賴劭顧采之榮。〔六〕凡所拔育，顯成令德者，不可殫記。其探擿僞行，抑損虛名，則周之單襄無以尚也。〔七〕劭宗人許栩，沈没榮利，致位司徒。舉宗莫不匍匐栩門，承風而驅，官以賄成，惟劭不過其門。〔八〕廣陵徐孟本來臨汝南，〔九〕聞劭高名，請爲功曹。饕餮放流，潔士盈朝。袁紹公族好名，爲濮陽長，棄官來還，有副車從騎，將入郡界，紹乃歎曰：「吾之輿服，豈可使許子將見之乎？」遂單車而歸。〔一〇〕辟公府掾，拜鄢陵令，〔一一〕方正徵，皆不就。避亂江南，〔一二〕所歷之國，必翔而後集。〔一三〕終于豫章，時年四十六。〔一四〕有子曰混，顯名魏世。

〔一〕劭事見武紀卷首注引世語，又見吳志劉繇傳注引袁宏漢紀。

〔二〕隋書經籍志雜傳類：「汝南先賢傳五卷，魏周斐撰。」唐經籍志：「汝南先賢傳三卷，周裴撰。」（「裴」乃「斐」之誤。）藝文志：「周斐汝南先賢傳五卷。」史通雜述篇曰：「若圈稱陳留耆舊，周斐汝南先賢，此之謂郡書者也。」章宗源隋志攷證曰：「史通外篇注作汝南先賢行狀。世説注諸書所引，皆稱傳，惟太平御覽人事部引胡定在喪，雪覆其屋事，作行狀。」侯康曰：「諸書引者甚多，如周乘之器識，闞敞之貞廉，黄浮、李宣之公正，陳華、王恢之義烈，李鴻、李先、殷燀之孝友，許嘉之志節，郭亮之幼慧，薛勤之知人，史傳皆佚其事，且有不知姓名者。胥賴此書以傳。惟載及侯瑾、葛玄、胡定、劉巴諸人事，皆非汝南人，疑引書者輾轉傳譌也。」

〔三〕范書許劭傳：「劭，汝南平輿人。兄虔，亦知名汝南，人稱平輿淵有二龍焉。」惠棟曰：「汝南先賢傳云：虔字子政，體尚高潔，雅正寬亮。謝子微見虔兄弟，歎曰：若許子政者，幹國之器。虔弟劭聲未發時，時人以爲不如。虔恒撫髀稱劭，自以爲不及也。釋褐爲郡功曹，黜奸發惡，一郡肅然。年三十五卒。」侯康曰：「御覽四百四十四引汝南先賢傳曰：謝稟甄氣聰爽，明識達理，見許子將兄弟弱冠之歲，曰：平輿之淵，有二龍出焉。察其盻睞，則貴其心；覩其顧步，則知其道。世説亦以爲謝子微語。」

〔四〕范書劭傳：「劭好人倫，多所賞識。若樊子昭、和陽士者，並顯名於世。」惠棟曰：「蔣濟萬機論云：許子將褒貶不平，以拔樊子昭而抑許文休。劉曄曰：子昭誠自賈豎，年至耳順，退能守静，進能不苟。濟答曰：子昭誠自長幼完潔，然觀其搖牙樹頰，自非文休敵也。」

〔五〕宋本「叔」作「淑」。

〔六〕宋本「采」作「歎」，吳本、毛本作「採」。

〔七〕韋昭注：「單襄公名朝，王卿士。其先爲單伯，封于單，周之親族也。」

〔八〕錢大昭曰：「許栩，後漢書許劭傳作許相。相與栩並爲司徒，字形又相近，未知孰是。」何焯曰：「後漢書言許劭從祖敬，敬子訓，訓子相，並爲三公。相以能諂事宦官，故自致臺司封侯。數遣請劭，劭惡其薄行，終不候之。栩疑相之誤也。靈帝初爲三公者，亦有許栩，史不詳其何所人。建寧元年，由大鴻臚爲司空，二年，免。時許訓爲司徒，四年，訓免，橋玄代之。是年，栩代玄爲司徒。名輩在子將之前，蓋先賢傳失之也。」惠棟曰：「汝南先賢傳相作栩。栩字季闕，桓帝時司徒。栩，河南人，又與劭世次不相及。何進傳有少府許相，爲袁紹所殺，未嘗爲三公，所未詳也。」柳從辰曰：「靈紀：中平二年十月，光祿大夫許相爲司空。注云：相字公弼，平輿人，許訓之子。四年五月，司空許相爲司徒，袁紀同。又何進傳，少府許相，袁紀作故司空許相。惠云未詳，抑太疏矣。今案：許相中平五年八月罷司徒，未嘗復爲司空，以何進傳證之，蓋即左轉少府耳。至其爲河南尹，靈紀謂之僞，由宦官僞以詔署之，亦相諂事宦官之證。」弼按：范書順帝紀：「永建二年七月，光祿勳許敬爲司徒。」章懷注：「許敬字鴻卿，平輿人。」桓帝紀：「延熹六年三月，衛尉潁川許栩爲司徒。」章懷注：「栩字季闕，郾人。」靈帝紀：「建寧二年六月，太常許訓爲司徒。」章懷注：「訓字季師。」平輿人。中平二年十月，光祿大夫許相爲司空。章懷注、相字公弼，平輿人，許訓之子。是范書劭傳所載，汝南平輿許氏三世爲三公，又爲劭之從父昆弟，毫無疑義。至潁川許栩亦爲司徒，先賢傳謂爲劭之宗人，與平輿之許氏，地望不同；惟賄官之事，與許相相類。諸家遂因此致疑，衆說紛紜，莫衷一是耳。

〔九〕武紀建安十三年注引先賢行狀：「徐璆字孟平。」范書徐璆傳：「璆字孟玉，廣陵海西人。再徵，遷汝南太守」。詳見武紀注。

〔一〇〕范書劭傳：「劭初爲郡功曹，太守徐璆甚敬之。府中聞子將爲吏，莫不改操飾行。同郡袁紹公族豪俠，去濮陽令歸，車徒甚盛。將入郡界，乃謝遣賓客曰：『吾輿服豈可使許子將見？』遂以單車到家。」

〔一一〕郡國志：「豫州潁川郡鄢陵。」一統志：「今河南開封府鄢陵縣西北。」

〔一二〕監本「亂」作「能」，誤。

〔一三〕論語：「翔而後集。」邢昺曰：「迴翔審觀而後下止。」

〔一四〕范書劭傳：「司空楊彪辟舉方正，敦樸徵，皆不就。避地廣陵，徐州刺史陶謙禮之甚厚，劭不自安，復投揚州刺史劉繇於曲阿。及孫策平吴，劭與繇南奔豫章而卒，時年四十六。」寰宇記卷一百六：「許子將墓在洪州南昌縣南六里。雷次宗豫章記云：劭就劉繇於曲阿，繇敗，隨繇奔豫章，中路疾卒，因焚屍柩。吴天紀中，太守吴興沈法秀招魂，葬劭於此。」

常林字伯槐，河内温人也。〔一〕年七歲，有父黨造門，問林：「伯先在否？〔二〕汝何不拜？」林曰：「雖當下客，臨子字父，何拜之有！」於是咸共嘉之。

魏略曰：林少單貧。雖貧，自非手力，不取之於人。性好學，漢末爲諸生，帶經耕鉏，其妻常自餽餉之。〔三〕林雖在田野，其相敬如賓。

太守王匡起兵討董卓，〔四〕遣諸生於屬縣微伺吏民罪負，便收之，考責錢穀贖罪，稽遲則夷滅宗族，以崇威嚴。林叔父撾客，爲諸生所白，匡怒收治。舉宗惶怖，不知所責多少，懼繫者不救。林往見匡同縣胡母彪曰：〔五〕「王府君以文武高才，臨吾鄙郡，鄙郡表裏山河，土廣民殷，又多賢能，惟所擇用。今主上幼沖，賊臣虎據，華夏震慄，雄才奮用之秋也。若欲誅天下之賊，扶王室之微，智者望風，應之若響，克亂在和，何征不捷？苟無恩德，任失其人，覆亡將至，何暇匡翼朝廷，崇立功名乎！君其藏之。」〔六〕因説叔父見拘之意。彪即書責匡，匡原林叔父。林乃避地上黨，耕種山阿。當時旱蝗，林獨豐收，盡呼比鄰，升斗分之。依故河間太守陳延壁。陳、馮二姓，舊族冠冕。張楊利其婦女，貪其資貨，林率其宗族，爲之策謀。見圍六十餘日，卒全堡壁。

〔一〕河內温縣，見司馬芝傳注。

〔二〕梁章鉅曰：「伯先是常林父字，名無可考。」

〔三〕書鈔九十七「自」下有「擔」字。

〔四〕王匡事見武紀初平元年。

〔五〕姚範曰：「何(屺)〔屺〕瞻疑彪即匡妹壻班也。如何所疑，則彪或爲虨。」弼按：王匡、胡母班俱泰山人，胡母班事見本志袁紹傳注「董卓使執金吾胡母班奉詔到河內，王匡受袁紹旨，收班繫獄」。班方在囹圄，安能爲常林叔父移書責匡乎？則彪、班爲二人，姚、何説俱非。

〔六〕「藏」疑「識」之譌。

并州刺史高幹表爲騎都尉，林辭不受。後刺史梁習，薦州界名士林及楊俊、王淩、王象、荀緯，太祖皆以爲縣長。林宰南和，〔一〕治化有成，超遷博陵太守、〔二〕幽州刺史，所在有績。〔三〕文帝爲五官將，林爲功曹。太祖西征，田銀、蘇伯反，〔四〕幽、冀扇動。文帝欲親自討之，林曰：「昔忝博陵，又在幽州，賊之形勢，可料度也。北方吏民，樂安厭亂，服化已久，守善者多。銀、伯犬羊相聚，智小謀大，不能爲害。方今大軍在遠，外有彊敵，將軍爲天下之鎮也，〔五〕輕動遠舉，雖克不武。」文帝從之，遣將往伐，應時克滅。〔六〕

〔一〕郡國志：「冀州鉅鹿郡南和。」武紀：「建安十七年，割南和益魏郡。」文紀：「黄初二年，以魏郡西部爲廣平郡，南和改屬廣平。」一統志：「今直隸順德府南和縣治。」

〔二〕范書桓帝紀：「延熹元年六月，分中山置博陵郡。」錢大昭曰：「博陵一郡，兼得中山、安平、河間之地，不獨分中山也。」

〔三〕御覽四百三十一引魏略曰：「林歷宰、守、刺史，所在檢身節用。其家常飢乏，糟糠縕敝。」

〔四〕田銀、蘇伯反河間事，在建安十七年，互見國淵、程昱傳。

〔五〕胡三省曰：「謂留守鄴也。」

〔六〕遣將軍賈信討之。見程昱傳注引魏書。

出爲平原太守、魏郡東部都尉，〔一〕入爲丞相東曹屬。魏國既建，拜尚書。文帝踐阼，遷少府，〔二〕封樂陽亭侯，

魏略曰：林性既清白，當官又嚴。少府寺與鴻臚對門，時崔林爲鴻臚。崔性闊達，不與林同，數數聞林撾吏聲，不以爲可。林夜撾吏，不勝痛，叫呼敖敖徹曙。明日，崔出門，與林車相遇。乃嘲林曰：「聞卿爲廷尉，爾邪？」林不覺答曰：「不也。」崔曰：「卿不爲廷尉，昨夜何故考囚乎？」林大慙，然不能自止。

轉大司農。明帝即位，進封高陽鄉侯，徙光祿勳、太常。〔三〕晉宣王以林鄉邑耆德，〔四〕每爲之

拜。或謂林曰：「司馬公貴重，君宜止之。」林曰：「司馬公自欲敦長幼之敘，爲後生之法，貴，非吾之所畏；拜，非吾之所制也。」言者踧踖而退。

魏略曰：初，林少與司馬京兆善。〔五〕太傅每見林，輒欲跪，林止之，曰：「公尊貴矣，止也！」及司徒缺，太傅有意欲以林補之。　案：魏略此語，與本傳反。臣松之以爲：林之爲人，不畏權貴者也；論其然否，謂本傳爲是。

時論以林節操清峻，欲致之公輔，而林遂稱疾篤。拜光禄大夫。年八十三，薨，追贈驃騎將軍，葬如公禮，諡曰貞侯。子旹嗣，爲太山太守，坐法誅。旹弟静紹封。

案晉書，諸葛誕反，大將軍東征，旹坐稱疾，爲司馬文王所誅。〔六〕魏略以林及吉茂、沐並、時苗四人爲清介傳。

吉茂字叔暢，馮翊池陽人也。〔七〕世爲著姓。〔八〕好書，不恥惡衣惡食，而恥一物之不知。建安初，關中始平，茂與扶風蘇則共入武功南山隱處，〔九〕精思數歲。州舉茂才，除臨汾令，〔一〇〕居官清静，吏民不忍欺。轉爲武德侯庶子。〔一一〕二十二年，坐其宗人吉本等起事被收。〔一二〕先是科禁内學及兵書，而茂皆有，匿不送官。及其被收，不知當坐本等，顧謂其左右曰：「我坐書也。」會鍾相國證茂、本服第已絶，故得不坐。後以茂爲武陵太守，不之官。轉酇相，〔一三〕以國省，拜議郎。景初中病亡。自茂修行，〔一四〕從少至長，冬則被裘，夏則裋褐，行則步涉，食則茨藿，臣役妻子，室如懸磬。其或餽遺，一不肯受。雖不以此高人，亦心疾不義而貴且富者。先時國家始制九品，各使諸郡，選置中正，差敘自公卿以下，至於郎吏，功德材行所任。茂同郡護羌校尉王琰，前數爲郡守，不名爲清白。而琰子嘉仕歷諸縣，亦復爲通人。嘉時還爲散騎郎，馮翊郡移嘉爲中正。嘉敍茂雖在上第，而狀甚下，云：「德優能少。」茂愠曰：「痛乎，我效汝父子冠幘劫人邪！」初，茂同産兄黄，以十二年中從公府掾爲長陵令。〔一五〕是時科禁長吏擅去官，而黄聞司徒趙温薨，自以爲故吏，違科奔喪，爲司隸鍾繇所收，遂伏法。茂時爲白衣，始有清名於三輔，以爲兄坐追義而死，怨怒不肯哭。至歲終，繇舉茂，議者以爲茂必不就。及舉既到，而茂就之。故時人或以茂爲畏繇，或以茂爲髦士也。〔一六〕

沐並字德信，河間人也。少孤苦。袁紹父子時，始爲名吏。有志介，嘗過姊，姊爲殺雞炊黍而不留也。然爲人公果，不畏彊禦。丞相召署軍謀掾。黄初中，爲成皋令。校事劉肇出過縣，〔一七〕遣人呼縣吏，求索槀穀。是時蝗旱，官無有見。〔一八〕未辦之間，〔一九〕肇人從入並之閤下，〔二〇〕呴呼罵吏。並怒，因躧履提刀而出，多從吏卒，欲收肇。肇覺知驅走，具以狀聞。有詔：「肇爲牧司爪牙吏，而並欲收縛，無所忌憚，自恃清名邪！」遂收，欲殺之。肇髡決減死，刑竟復吏。〔二一〕由是放散十餘年，至正始中，爲三府長史。時吴使朱然、諸葛瑾攻圍樊城，遣船兵於峴山東斫材，牂柯〔二二〕人兵作食，有先熟者，呼後熟者，言「共食來」。後熟者答言：「不也」。〔二三〕呼者曰：「汝欲作沐德信邪？」其名流布，播於異域如此。雖自華夏，不知者以爲前世人也。爲長史八年，晚出爲濟陰太守，召還，拜議郎。年六十餘，自慮身無常，豫作終制，誡其子以儉葬。曰：「告雲儀等：〔二四〕夫禮者，生民之始教，而百世之中庸也。故力行者則爲君子，不務者終爲小人。然非聖人，莫能履其從容也。是以富貴者有驕奢之過，而貧賤者譏於固陋。於是養生送死，苟竊非禮。由斯觀之，陽虎璵璠，甚於暴骨；〔二五〕桓魋石椁，不如速朽。〔二六〕此言儒學撥亂反正，鳴鼓矯俗之大義也，未是夫窮理盡性，陶冶變化之實論也。〔二七〕若能原始要終，以天地爲一區，萬物爲芻狗，該覽玄通，求形景之宗，同禍福之素，一死生之命，吾有慕於道矣。夫道之爲物，惟恍惟忽，壽爲欺魄，夭爲鳧没，身淪有無，與神消息，含悦陰陽，甘夢太極。奚以棺椁爲牢，衣裳爲纏？〔二八〕屍繫地下，長幽桎梏，〔二九〕豈不哀哉！昔莊周闊達，無所適莫；又楊王孫裸體，〔三〇〕貴不久容耳。〔三一〕至夫末世，〔三二〕緣生怨死之徒，乃有含珠鱗柙，玉牀象衽，殺人以徇。壙穴之内，錮以紵絮，藉以蜃炭，〔三三〕千載僵燥，託類神仙。於是大教陵遲，競於厚葬，謂莊子爲放蕩，以王孫爲戮屍。豈復識古有衣薪之鬼，而野有狐狸之歯乎哉！〔三四〕吾以才質滓濁，〔三五〕汙於清流。昔忝國恩，歷試宰守，所在無效，代匠傷指，〔三六〕狼跋首尾，無以雪恥。如不可求，從吾所好。今年過耳順，奄然無常，苟得獲没，即以吾身襲於王孫矣。上冀以贖市朝之逋罪，下以親道化之靈祖。顧爾幼昏，未知臧否，若將逐俗，抑廢吾志，私稱從令，未必爲孝，而犯魏顆聽治之賢，〔三七〕爾爲棄父之命，誰或矜之！使死而有知，吾將屍視。」至嘉平中，〔三八〕病甚。臨困，又敕豫掘埳。戒氣絶，令二人舉屍即埳，絶哭泣之聲，止婦女之送，禁弔祭之賓，無設搏治粟米之奠。〔三九〕又戒後亡者不得入藏，不得封樹。妻子皆遵之。

時苗字德胄，鉅鹿人也。少清白，爲人疾惡。建安中，入丞相府，出爲壽春令，〔四〇〕令行風靡。揚州治在其縣，〔四一〕時蔣濟爲治中。〔四二〕苗以初至，往謁濟。濟素嗜酒，適會其醉，不能見苗。苗恚恨還，刻木爲人，署曰「酒徒蔣濟」。置之牆下，旦夕射之。州郡雖知其所爲不恪，然以其履行過競，〔四三〕無若之何。又其始之官，乘薄軬〔四四〕車，〔四五〕黄牸牛，布被囊。居官歲餘，牛生一犢。及其去，留其犢，謂主簿曰：「令來時本無此犢，犢是淮南所生有也。」羣吏曰：「六畜不識父，自當隨母。」苗不聽，時人皆以爲激，然由此名聞天下。還爲太官令，〔四六〕領其郡中正，定九品，於敘人才不能寬，〔四七〕然紀人之短，雖在久遠，銜之不置。如所忿蔣濟者，仕進至太尉，濟不以苗前毁己爲嫌，苗亦不以濟貴更屈意。爲令數歲，不肅而治。遷典農中郎將，〔四八〕年七十餘，以正始中病亡也。

〔一〕武紀：「建安十八年十月，分魏郡爲東、西部，置都尉。」

〔二〕林爲少府，列名勸進，見上尊號奏。百官志：「少府卿一人，中二千石，掌中服御諸物、衣服、寶貨、珍膳之屬。」漢官曰：「少者，小也；小故稱少府。王者以租税爲公用，山澤陂池之税，以供王之私用。古皆作小府。」惠棟曰：「漢官儀曰：少府掌山澤陂池之税，名曰禁錢，以給私養。自別爲小藏，故曰少府。大用由司農，小用由少府，故曰小藏也。」

〔三〕盧毓傳：「會司徒缺，毓薦太常常林貞固純粹。」

〔四〕司馬氏亦河内温人。

〔五〕司馬朗傳注：「父防字建公，官京兆尹。有子八人，朗最長，次即晉宣皇帝也。」

〔六〕宋本「誅」作「法」。

〔七〕一統志：「池陽故城，今陝西西安府涇陽縣西北。」

〔八〕風俗通：「吉，周尹吉甫之後。漢有漢中太守吉恪。」

〔九〕本志蘇則傳：「則，扶風武功人。」注引魏略云：「則與馮翊吉茂等，隱於郡南太白山中。」

〔一〇〕郡國志：「司隸河東郡臨汾。」一統志：「臨汾故城，今山西絳州東北。」

〔一一〕百官志：「列侯置家丞、庶子各一人，主侍侯使理家事。」本志文紀：「延康元年，封王子叡爲武德侯。」明紀：「年十五，封武德侯。」武德，見文紀延康元年。

〔一二〕范書獻紀、本志武紀、通鑑俱在二十三年。范書耿秉傳作吉丕。章懷注：「丕或作平。」

〔一三〕本志武文世王公傳：「中山恭王衮，建安二十一年封贊侯，黄初四年封贊王，七年徙封濮陽。」

〔一四〕毛本「自」作「司」，誤。

〔一五〕趙一清曰：「漢志長陵屬左馮翊，續志無是縣，蓋省之也。豈魏時復置邪？」弼按：郡國志：京兆尹長陵，故屬馮翊。趙說誤。一統志：「長陵故城，今陝西西安府咸陽縣東北四十里。蕭何所築，俗名蕭城。」

〔一六〕李慈銘曰：「髦士，疑冒仕之音誤。」

〔一七〕毛本「校」作「梭」，誤。

〔一八〕李慈銘曰：「有見疑當作見有。」

〔一九〕「辨」當作「辦」。

〔二〇〕毛本「閤」作「閣」，誤。

〔二一〕姚範曰：「蓋肇爲之請，得髡決減死也。」李慈銘曰：「此當讀肇髡決爲句，以肇亦有罪，故髡而決之也。減死刑竟復吏，則指並言。謂卒減並死刑一等，刑竟乃復爲吏也。」趙一清曰：「肇字衍。下云刑竟復吏，謂沐並被刑也。何與於肇？」弼按：趙說是。

〔二二〕牂柯，宋本作牂牁。潘眉曰：「斫材下疑脫爲字。牂牁，繫船杙也。」弼按：下文「其名流布，播於異域」之語，應作牂牁，且屬下讀。

〔二三〕御覽「不」下有「往」字，蕭常書本傳同。

〔二四〕雲儀，並子名。

〔二五〕解見文紀黃初三年「季孫以璠璵斂」。

〔二六〕禮記檀弓上曰：「昔者夫子居於宋，見桓司馬，自爲石椁，三年而不成。夫子曰：若是其靡也，死不如速朽之愈也。死之欲速朽，爲桓司馬言之也。」鄭注云：「桓司馬，宋向戌之孫，名魋。」

〔二七〕册府「是」作「臻」。

〔二八〕「纆」疑作「纆」。纆，音墨；纆，索也。

〔二九〕馮本「梏」作「梏」，誤。

〔三〇〕漢書楊王孫傳：「楊王孫者，孝武時人也。及病且終，先令其子曰：吾欲贏葬，以反吾真。」師古曰：「贏者，不爲衣衾棺椁者也。」

〔三一〕「容」當作「客」。楊王孫傳：「焉用久客。」王先謙曰：「歸土則與爲一，久不歸是客也。」沈欽韓曰：「西京雜記：楊貴字王孫，京兆人。死卒裸葬於終南山。」

〔三二〕憑本「末」作「未」，誤。

〔三三〕解見文紀黄初三年「無施葦炭」。

〔三四〕馮本「狐」作「孤」，誤。

〔三五〕馮本「才」作「材」。

〔三六〕老子：「代司殺者殺，是謂代大將斲。夫代大匠斲者，希有不傷其手矣。」

〔三七〕左傳宣公十五年：「魏顆敗秦師于輔氏，獲杜回，秦之力人也。初，魏武子有嬖妾，武子疾，命顆曰：必嫁是。疾病則曰：必以爲殉。及卒，顆嫁之。曰：疾病則亂，吾從其治也。及輔氏之役，顆見老人結草以亢杜回。夜夢之曰：余，而所嫁婦人之父也。爾用先人之治命，余是以報。」

〔三八〕毛本無「至」字。

〔三九〕一切經音義：「搏飯也。」

〔四〇〕趙一清曰：「寰宇記卷百二十九：故壽春縣在壽春縣西一里，縣前有時苗飲犢池。又卷五十九：邢州平鄉縣東北二十里，有時苗冢。苗，鉅鹿人，晉末移葬於此。」

〔四一〕惠棟曰：「顧野王輿地記：揚州刺史先理歷陽，後理壽春，後又徙曲阿。」

〔四二〕本志蔣濟傳：「濟爲州別駕。」宋書：「刺史官屬有別駕從事史一人，治中從事史一人。」
〔四三〕宋本「競」作「人」。
〔四四〕原注：「音飯。」
〔四五〕沈家本曰：「釋名：『奄，藩也；藩蔽水雨也。』」
〔四六〕百官志：「太官令一人，六百石，掌御飲食。」
〔四七〕御覽作「至於敘人才，不能寬大」。
〔四八〕劉昭注引魏志云：「曹公置典農中郎將，秩二千石。」

楊俊字季才，河內獲嘉人也。〔一〕受學陳留邊讓，讓器異之。〔二〕俊以兵亂方起，而河內處四達之衢，必爲戰場，乃扶持老弱，詣京、密山閒，〔三〕同行者百餘家。俊振濟貧乏，通共有無。宗族知故爲人所略作奴僕者凡六家，俊皆傾財贖之。司馬宣王年十六七，與俊相遇。俊曰：「此非常之人也。」又司馬朗早有聲名，其族兄芝，衆未之知，惟俊言曰：「芝雖夙望不及朗，實理但有優耳。」俊轉避地并州，本郡王象，少孤特，爲人僕隸。年十七八，見使牧羊而私讀書，因被箠楚。俊嘉其才質，即贖象著家，娉娶立屋，然後與別。

〔一〕郡國志：「司隸河內郡獲嘉。」一統志：「獲嘉故城，今河南衛輝府新鄉縣西南十二里。」
〔二〕邊讓事見武紀建安二十五年注引曹瞞傳。
〔三〕郡國志：「河南尹京、密。有大騩山，有梅山，有陘山。」一統志：「京縣故城，今河南開封府滎陽縣東南二十里；密縣故城，今開封府密縣東南三十里。」

太祖除俊曲梁長，〔一〕入爲丞相掾屬，舉茂才，安陵令，〔二〕遷南陽太守。宣德教，立學校，吏民稱之。徙爲征南軍師。〔三〕魏國既建，遷中尉。〔四〕太祖征漢中，魏諷反於鄴，〔五〕俊自劾詣行在所。俊以身方罪免，牋辭太子。太子不悦，曰：「楊中尉便去，何太高遠邪！」遂被書左遷平原太守。〔六〕文帝踐阼，復在南陽。時王象爲散騎常侍，薦俊曰：「伏見南陽太守楊俊，秉純粹之茂質，履忠肅之弘量，體仁足以育物，篤實足以動衆，克長後進，惠訓不倦，外寬内直，仁而有斷。自初彈冠，所歷垂化，再守南陽，恩德流著，殊鄰異黨，襁負而至。今境守清静，無所展其智能，宜還本朝，宣力輦轂，熙帝之載。」

〔一〕郡國志：「冀州魏郡曲梁。」王先謙曰：「三國魏改屬廣平。」一統志：「曲梁故城，今直隸廣平府永年縣治。」

〔二〕郡國志：「司隸右扶風安陵。」一統志：「安陵故城，今陝西西安府咸陽縣東二十一里。」

〔三〕征南將軍之軍師也。時曹仁爲征南將軍。

〔四〕建安十八年，魏國初置中尉；黄初元年，改爲執金吾。

〔五〕事在建安二十四年九月。

〔六〕徐奕傳：「魏諷等謀反，中尉楊俊左遷。」

俊自少及長，以人倫自任。〔一〕同郡審固、陳留衛恂，本皆出自兵伍，俊資拔奬致，咸作佳士。後固歷位郡守，恂御史、縣令。〔二〕其明鑒行義，多此類也。初，臨菑侯與俊善，太祖適嗣未定，密訪羣司。俊雖並論文帝、臨菑，才分所長，不適有所據當，然稱臨菑尤美，〔三〕文帝常以恨之。黄初三年，〔四〕車駕至宛，以市不豐樂，發怒收俊。尚書僕射司馬宣王、常侍王象、荀緯請俊，叩頭流血，帝不許。俊曰：「吾知罪矣！」遂自殺。衆冤痛之。〔五〕

世語曰：俊二孫，覽字公質，汝陰太守；猗字公彦，尚書；晉東海王越舅也。覽子沈，字宣弘，散騎常侍。

魏略曰：王象字羲伯。既爲俊所知拔，果有才志。建安中，與同郡荀緯等俱爲魏太子所禮待。〔六〕及王粲、陳琳、阮瑀、路粹等亡後，新出之中，惟象才最高。魏有天下，拜象散騎侍郎，遷爲常侍，封列侯。受詔撰皇覽，使象領秘書監。象從延康元年始，撰集數歲，成，藏於秘府，合四十餘部。部有數十篇，通合八百餘萬字。象既性器和厚，又文采温雅，用是京師歸美，稱爲儒宗。〔七〕車駕南巡，未到宛，有詔百官不得干豫郡縣。及車駕到，而宛令不解詔旨，閉市門。帝聞之，忿然曰：「吾是寇邪！」乃收宛令及太守楊俊。詔問尚書：「漢明帝殺幾二千石？」時象見詔文，知俊必不免，乃當帝前叩頭，流血竟面，請俊減死一等。帝不答，欲釋入禁中。象引帝衣，帝顧謂象曰：「我知楊俊與卿本末耳。今聽卿，是無我也。卿寧無俊邪？無我邪？」象以帝言切，乃縮手。帝遂入，決俊法，然後乃出。象自恨不能濟俊，遂發病死。

〔一〕「人倫」解見蜀志龐統傳。
〔二〕百官志：「侍御史十五人，六百石。」劉昭注引蔡質漢儀曰：「出治劇爲刺史、二千石，平遷補令。」
〔三〕宋本「尤」作「猶」。

〔四〕宋本「二」作「三」。

〔五〕楊俊之死，鮑勛之誅，皆魏文之以私憾誅戮大臣者。荀緯事見王粲傳及注引文章敍録。

〔六〕王粲傳：「河内荀緯等，亦有文采。」衛覬傳：「黄初時，散騎常侍河内王象，亦與覬並以文章顯。」嚴可均全三國文王象小傳云：「象，并州人。」蓋沿楊俊傳「俊轉避地并州，本郡王象」云云而誤。不知本郡者謂俊之本郡河内，非謂并州也。嚴氏博洽，竟有此疏失。

〔七〕文紀：「帝好文學，使諸儒撰集經傳，隨類相從，凡千餘篇，號曰皇覽。」曹爽傳注引魏略曰：「桓範延康中以有文學，與王象等典集皇覽。」隋書經籍志：「王象集一卷。」

杜襲字子緒，潁川定陵人也。〔一〕曾祖父安，祖父根，著名前世。

先賢行狀曰：安年十歲，名稱鄉黨。至十三，入太學，號曰神童。既名知人，清高絶俗。洛陽令周紆數候安，安常逃避不見。時貴戚慕安高行，多有與書者，輒不發，以慮後患。常鑿壁藏書。後諸與書者果有大罪，推捕所與交通者。吏至門，安乃發壁出書，印封如故，當時皆嘉其慮遠。三府並辟，公車特徵，拜宛令。先是宛有報讎者，其令不忍致理，將與俱亡。縣中豪彊有告其處者，致捕得，安深疾惡之，到官治戮，肆之於市。懼有司繩彈，遂自免。後徵拜巴郡太守，率身正下，以禮化俗。以病卒官，時服薄斂，素器不漆，子自將車。州郡賢之，表章墳墓。〔二〕根舉孝廉，除郎中。〔三〕時和熹鄧后臨朝，外戚橫恣，安帝長大，猶未歸政。根乃與同時郎上書直諫，〔四〕鄧后怒，收根等，伏誅。〔五〕誅者皆絹囊盛，於殿上撲地。執法者以根德重事公，默語行事人，使不加力。誅訖，車載城外，根以撲輕得蘇息，遂閉目不動摇。經三日，乃密起逃竄，〔六〕爲宜城山中酒家客。〔七〕積十五年，〔八〕酒家知其賢，常厚敬待。鄧后崩，安帝謂根久死。以根等忠直，普下天下，録見誅者子孫。根乃自出，徵詣公車，拜符節令。〔九〕或問根：「往日遭難，天下同類知故不少，〔一〇〕何至自苦歷年如此！」根答曰：「周旋人閒，非絶迹之處，邂逅發露，禍及親知，故不爲也。」遷濟陰太守，以德讓爲政，風移俗改。年七十八，以壽終。棺不加漆，斂以時服。長吏下車，常先詣安、根墓致祠。

襲避亂荆州，劉表待以賓禮。同郡繁欽，〔一一〕數見奇於表，襲喻之曰：「吾所以與子俱來者，徒欲龍蟠幽藪，待時鳳翔，豈謂劉牧當爲撥亂之主，而規長者委身哉！〔一二〕子若見能不已，非吾徒也，吾其與子絶矣。」欽慨然曰：「請敬受命。」襲遂南適長沙。

〔一〕郡國志：「豫州潁川郡定陵。」一統志：「定陵故城，今河南南陽府舞陽縣北十五里。」

〔二〕范書杜根傳：「安字伯夷，少有志節。」惠棟曰：「謝承書云：豫章宗度，拜定陵令。縣民杜伯夷，清高不仕。度就與高談，伯夷感德詣縣，縣署功曹。」

〔三〕范書根傳：「根字伯堅，性方實，好絞直。永初元年，舉孝廉，爲郎中。」

〔四〕何焯曰：「和熹之崩，在永寧二年三月，至五月而鄧騭等以罪自殺。計下詔求根等，即在是年。攷和熹既立安帝，久不歸政，至是凡十五年，遂稱制終身，誠過于持權。若永初元年，帝尚未加元服，不得謂之年長。根等何據，輒進諫哉？」

〔五〕監本「誅」作「赫」，誤。

〔六〕范書根傳：「太后大怒，收執根等，令盛以縑囊，於殿上撲殺之。執法者以根知名，私語行事人，使不加力。既而載出城外，根得蘇。太后使人檢視，根遂詐死三日，目中生蛆，因得逃竄。」沈銘彝曰：「袁宏紀云：根先知之，召司撲者，陰共爲意。使不加力，故以撲輕得免。但如范書，則根身分更高。」周壽昌曰：「國策：秦茅焦有囊撲二弟語，是撲刑起於暴秦。申屠剛傳：尚書近臣，至乃捶撲牽曳於前。則光武時已有撲刑。左雄傳：孝明皇帝始有撲罰，皆非古典。順帝陽嘉年閒，從雄言改之，其後九卿無復捶撲者。根尚在安帝時，且爲郎中，非九卿。」黃山曰：「撲本即扑字，虞書扑作教刑，月令司徒搢扑，皆謂以榎楚撻之，即杖刑也。一切經音義十四引通俗文：連杖曰撲，則撲殺猶杖殺耳。明帝捶撲尚書近臣，開後世廷杖之漸，三代所未有，雖秦之暴，亦不聞有此定規。明帝固非，然未至殺人也。至以囊盛人，而加撲於殿上至於死，則迥非常法，不得與明帝之捶撲牽曳並論。周以始皇之囊撲二弟爲比，可也，乃謂撲始於秦，而疑根非九卿可撲，則誤甚。」

〔七〕郡國志：「荆州南郡宜城。」三國魏改屬襄陽郡。一統志：「宜城故城，今湖北襄陽府宜城縣南。」范書根傳「客」作「保」。章懷注：「宜城縣出美酒。廣雅云：保，使也；言爲人傭力，保任而使也。」惠棟曰：「司馬貞云：欒布傳賣庸于齊，爲酒家人。漢書作酒家保，謂庸作于酒家，言可保使也。」

〔八〕柳從辰曰：「袁宏紀載根上書直諫，在永初二年十二月後，積十五年，作積十年餘。」

〔九〕范書根傳作「拜侍御史」。續百官志：「符節令一人，六百石。」

〔一〇〕范書「同類」作「同義」。胡三省曰：「天下之士，以根直諫，同義之也。」

〔一一〕欽見王粲傳。

〔一二〕或謂「長」字從本音，去「者」字。

建安初，太祖迎天子都許，襲逃還鄉里，太祖以爲西鄂長。〔一〕縣濱南境，寇賊縱橫，時長吏皆斂民保城郭，不得農業，野荒民困，倉庾空虛。襲自知恩結於民，乃遣老弱，各分散就田業，留丁彊備守，吏民歡悅。會荆州出步騎萬人來攻城，襲乃悉召縣吏民任拒守者、五十餘人，與之要誓。其親戚在外，欲自營護者，恣聽遣出，皆叩頭願致死。於是身執矢石，率與戮力，吏民感恩，咸爲用命。臨陣斬數百級，而襲衆死者三十餘人，其餘十八人盡被創，賊得入城。襲帥傷痍吏民決圍得出，死喪略盡，而無反背者。遂收散民，徙至摩陂營，〔二〕吏民慕而從之如歸。

九州春秋曰：建安六年，劉表攻西鄂，西鄂長杜子緒帥縣男女嬰城而守。時南陽功曹柏孝長亦在城中，〔三〕聞兵攻聲，恐懼，入室閉户，牽被覆頭。相攻半日，稍敢出面。其明，側立而聽。二日，往出户問消息。至四五日，乃更負楯親鬭。語子緒曰：「勇可習也。」

〔一〕郡國志：「荆州南陽郡西鄂。」方輿紀要：「今河南南陽府南陽縣北五十里。」應劭曰：「江夏有鄂，故此加西。」

〔二〕摩陂在今河南汝州郟縣南，汝水支流所。

〔三〕吴本、毛本「功」作「攻」，誤。

司隸鍾繇表拜議郎參軍事。荀彧又薦襲，太祖以爲丞相軍祭酒。〔一〕魏國既建，爲侍中，與王粲、和洽並用。彊識博聞，〔二〕故太祖游觀出入，多得驂乘，〔三〕至其見敬，不及洽、襲。嘗獨見，〔四〕至于夜半。粲性躁，競起坐曰：「不知公對杜襲道何等也？」洽笑答曰：「天下事豈有盡邪？卿晝侍可矣，悒悒於此，欲兼之乎！」後襲領丞相長史，隨太祖到漢中討張魯。太祖還，拜襲駙馬都尉，留督漢中軍事。綏懷開導，百姓自樂出徙洛、鄴者，八萬餘口。〔五〕夏侯淵爲劉備所没，軍喪元帥，將士失色。襲與張郃、郭淮，糾攝諸軍事，權宜以郃爲督，以一衆心，三軍遂定。太祖東還，當選留府長史，鎮守長安。主者所選多不當，太祖令曰：「釋騏驥而不乘，焉皇皇而更索？」遂以襲爲留府長史，駐關中。〔六〕

〔一〕軍師祭酒見武紀建安三年。
〔二〕宋本「彊」上有「粲」字。
〔三〕晉書職官志：「侍中，魏、晉以來置四人，掌儐贊威儀。大駕出則次直侍中護駕，正直侍中負璽陪乘。」
〔四〕宋本「嘗」上多一「襄」字。
〔五〕何焯曰：「先從八萬餘口，蓋知此地之難與蜀爭，豫爲之所也。」
〔六〕胡三省曰：「置留府于關中者，以備蜀也。」

時將軍許攸〔一〕擁部曲，不附太祖而有慢言。太祖大怒，先欲伐之。羣臣多諫，可招懷攸，共討彊敵。太祖橫刀於膝，作色不聽。襲入欲諫，太祖逆謂之曰：「吾計以定，卿勿復言。」襲曰：「若殿下計是邪，臣方助殿下成之；若殿下計非邪，雖成宜改之。殿下逆臣，令勿言之，何待下之不闡乎！」〔二〕太祖曰：「許攸慢吾，如何可置乎？」〔三〕襲曰：「殿下謂許攸何如人邪？」太祖曰：「凡人也。」襲曰：「夫惟賢知賢，惟聖知聖，凡人安能知非凡人邪？方今豺狼當路，而狐狸是先，人將謂殿下避彊攻弱，〔四〕進不爲勇，退不爲仁。臣聞千鈞之弩，不爲鼷鼠發機；萬石之鍾，不以莛撞起音。〔五〕今區區之許攸，何足以勞神武哉！」太祖曰：「善。」遂厚撫攸，攸即歸服。時夏侯尚暱於太子，情好至密。襲謂尚非益友，不足殊待，以聞太祖。文帝初甚不悦，後乃追思，語在尚傳。其柔而不犯，皆此類也。

〔一〕通鑑作「關中營帥許攸」。胡三省曰：「此又一許攸，非自袁紹來奔之許攸也。」官本考證曰：「此非南陽許攸，御覽作許遊。」

〔二〕胡三省曰：「(闡)〔闢〕，開也大也，明也。」

〔三〕胡三省曰：「置，捨也。」

〔四〕謂棄巴、蜀也。

〔五〕胡三省曰：「三十斤爲鈞。千鈞之弩，言其重也。鼷鼠，小鼠也。說文曰：有螫毒者，或謂之甘鼠。陸佃埤雅曰：鼷鼠者，甘口，螫人及鳥獸皆不痛。博物志云：鼠之最小者。本草說：鼷鼠極細，不可卒見。四斤爲石，石百二十斤也。莛，草莖也。東方朔曰：以莛撞鍾，是。皆言力勢重者，不以輕觸而發動也。鼷，音奚；莛，音廷；撞，直江翻。」弼按：班書律歷志云：「二十四銖爲兩，十六兩爲斤，三十斤爲鈞，四鈞爲石。」胡注誤作四斤爲石，當爲刻本之誤。

文帝即王位，賜爵關内侯。及踐阼，爲督軍糧御史，封武平亭侯，更爲督軍糧執法，〔一〕入爲尚書。明帝即位，進封平陽鄉侯。諸葛亮出秦川，〔二〕大將軍曹真督諸軍拒亮，徙襲爲大將軍軍師，〔三〕分邑百户，賜兄基爵關内侯。真薨，司馬宣王代之，襲復爲軍師，〔四〕增邑三百户，〔五〕並前五百五十户。以疾徵還，拜大中大夫。薨，追贈少府，謚曰定侯。子會嗣。

〔一〕洪飴孫曰：「督軍糧御史一人，第七品。出征則置；督軍糧執法一人，第六品，出征則置。」

〔二〕胡三省曰：「關中之地，沃野千里，秦之故國，謂之秦川。」

〔三〕洪飴孫曰：「軍師一人，第五品。」趙一清曰：「軍師之官，並見楊俊、趙儼、裴潛等傳。魏時特置。」弼按：楊俊爲征南將軍之軍師，趙儼爲征東將軍之軍師，裴潛爲太尉之軍師，並非一官。杜襲則大將軍曹真之軍師也，趙說少誤。

〔四〕温恢傳注引魏略云：「諸葛亮出祁山，答司馬宣王書，使杜子緒宣意於孟公威，當在襲復爲軍師之時。」

〔五〕馮本、吴本、毛本均無「户」字。

趙儼字伯然，潁川陽翟人也。〔一〕避亂荆州，與杜襲、繁欽通財同計，合爲一家。太祖始迎獻帝都許，儼謂欽曰：「曹鎮東應期命世，〔二〕必能匡濟華夏，吾知歸矣。」建安二年，年二十七，遂扶持老弱詣太祖，太祖以儼爲朗陵長。〔三〕縣多豪猾，無所畏忌。儼取其尤甚者，收縛案驗，皆得死罪。儼既囚之，乃表府解放，自是威恩並著。時袁紹舉兵南侵，〔四〕遣使招誘豫州諸郡，諸郡多受其命，惟陽安郡不動，而都尉李通急録户調。〔五〕儼見通曰：「方今天下未集，諸郡並叛。懷附者復收其綿絹，小人樂亂，能無遺恨？且遠近多虞，不可不詳也。」通曰：「紹與大將軍相持甚急，〔六〕左右郡縣背叛乃爾。若綿絹不調送，觀聽者必謂我顧望，有所須待也。」儼曰：「誠亦如君慮。然當權其輕重，小緩調，當爲君釋此患。」乃書與荀彧曰：「今陽安郡當送綿絹，道路艱阻，必致寇害。百姓困窮，鄰城並叛，易用傾蕩，乃一方安危之機也。且此郡人執守忠節，在險不貳，微善必賞，則爲義者勸。善爲國者，藏之於民。以爲國家宜垂慰撫，所斂綿絹，皆俾還之。」彧報曰：「輒白曹公，公文下郡，綿絹悉以還民。」上下歡喜，郡内遂安。

〔一〕潁川郡，治陽翟，見武紀卷首。

〔二〕武紀：「建安元年，魏武遷鎮東將軍。」

〔三〕朗陵見荀彧傳，又見李通傳。

〔四〕建安五年。

〔五〕陽安都尉見李通傳。錢大昭曰：「陽安縣本屬汝南郡，晉志無陽安郡，惟魏志李通傳有陽安都尉。劉昭注續漢志引魏氏春秋云：初平三年，分二縣置陽安都尉。蓋大郡置太守，小郡則置都尉也。通稱亦曰太守，故魏略云：儼與領陽安太守李通同治。」胡三省曰：「調，徒釣翻。户出緜絹謂之調。録，收拾也。」

〔六〕趙一清曰：「將字衍。」弼按：武紀「建安元年九月，以魏武爲大將軍」。又按通鑑作「公與袁紹相持甚急」。公者，魏武也。仍以作大將軍爲是。

入爲司空掾屬主簿。

魏略曰：太祖北拒袁紹，時遠近無不私遣牋記，通意於紹者。儼與領陽安太守李通同治，通亦欲遣使。儼爲陳紹必敗意，通乃止。及紹破走，太祖使人搜閱紹記室，惟不見通書疏，陰知儼必爲之計。乃曰：「此必趙伯然也。」〔一〕

臣松之案：魏武紀破紹後得許下軍中人書，皆焚之。若故使人搜閱，知其有無，則非所以安人情也。疑此語爲不然。〔二〕

時于禁屯潁陰，樂進屯陽翟，張遼屯長社，諸將任氣，多共不協；使儼并參三軍，每事訓喻，遂相親睦。太祖征荆州，以儼領章陵太守，〔三〕徙都督護軍，護于禁、張遼、張郃、朱靈、李典、路招、馮楷七軍。〔四〕復爲丞相主簿，遷扶風太守。太祖徙出故韓遂、馬超等兵五千餘人，使平難將軍殷署等督領，〔五〕以儼爲關中護軍，盡統諸軍。羌虜數來寇害，儼率署等追到新平，〔六〕大破之。屯田客吕並自稱將軍，聚黨據陳倉，〔七〕儼復率署等攻之，賊即破滅。

〔一〕魏略所載，與李通傳異。

〔二〕何焯曰：「陽焚之而密使人搜閲，既安反側，又審情僞。操多疑，或有是。」

〔三〕章陵郡互見本志劉表傳注。胡三省曰：「四親園廟在章陵，時以爲郡，置守。」錢大昭曰：「章陵縣屬南陽郡，晉、宋諸志不載章陵置罷之事。」侯康曰：「章陵本南陽屬縣，洪亮吉謂章陵漢末曾升作郡。後漢書劉表傳荆州八郡注稱漢官儀一爲章陵，趙儼傳儼爲章陵太守，疑魏平荆州後方省也。」趙一清曰：「續郡國志：南陽郡章陵，故春陵，世祖更名。方輿紀要卷七十九：建武十八年，使中郎將耿遵築章陵城，後嘗爲章陵郡。魏黄初二年更章陵爲安昌縣。」吴增僅曰：「魏武紀：建安二年，南陽章陵諸縣復叛爲繡，則是時尚未爲郡。魏志劉表傳注引傅子：蒯越佐表平定荆土，詔拜章陵太守，則郡立於建安初年，十八年省州併郡。獻帝起居注所載荆州統郡之數，章陵尚未省廢。黄初三年封曹據爲章陵郡，（弼按：「郡」當作「王」。）其年徙封義陽王。據水經注：文帝改章陵縣曰安昌，安昌爲義陽郡領縣，義陽似即章陵之改名。」王先謙曰：「章陵，漢末置郡，見劉表傳注及百官志注。魏文改章陵縣曰安昌，立義陽郡治，見沔水注及寰宇記。」一統志：「故城今湖北襄陽府棗陽縣東。」

〔四〕趙一清曰：「此于禁所督之七軍也。互見于禁傳注。」

〔五〕胡三省曰：「平難將軍，曹氏所置。」

〔六〕新平郡見文紀延康元年注引魏略。謝鍾英曰：「今陝西邠州之長武、乾州之永壽，是其地。」洪亮吉曰：「魏略：李偉爲新平太守。」

〔七〕今陝西鳳翔府寶雞縣東二十里。

時被書差千二百兵往助漢中守，署督送之。行者卒與室家别，皆有憂色。署發後一日，儼慮其有變，乃自追至斜谷口，〔一〕人人慰勞，又深戒署。還宿雍州刺史張既舍。署軍復前四十里，兵果叛亂，未知署吉凶。而儼自隨步騎百五十人，皆與叛者同部曲，或婚姻，得此問，各驚，被甲持兵，不復自安。儼欲還，既等以爲：「今本營黨已擾亂，一身赴之無益，可須定問。」儼曰：「雖疑本營與叛者同謀，要當聞行者變，乃發之。又有欲善不能自定，宜及猶豫促撫寧之。且爲之元帥，既不能安輯，身受禍難，命也。」遂去。行三十里止，放馬息。〔二〕盡呼所從人，喻以成敗，慰勵懇切。皆慷慨曰：「死生當隨護軍，不敢有二。」前到諸營，各召料簡諸姦結叛者〔三〕八百餘人，散在原野，惟取其造謀魁率治之，餘一不問。郡縣所收送，皆放遣，乃即相率還降。儼密白：「宜遣將詣大營，〔四〕請舊兵鎮守關中。」太祖遣將軍劉柱將二千人，〔五〕當須到乃發遣，而事露，諸營大駭，不可安喻。〔六〕儼謂諸將曰：「舊兵既少，東兵未到，〔七〕是以諸營圖爲邪謀。若或成變，爲難不測。因其狐疑，當令早決。」遂宣言當差留新兵之温厚者千人，鎮守關中，其餘悉遣東。〔八〕便見主者，内諸營兵名籍，案累重，立差別之。〔九〕留者意定，與儼同心。其當去者〔一〇〕亦不敢動。儼一日盡遣上道，因使所留千人，分布羅落之。〔一一〕東兵尋至，〔一二〕乃復脅喻，并徙千人，令相及共東，凡所全致二萬餘口。

孫盛曰：盛聞爲國以禮，民非信不立。周成不棄桐葉之言，〔一三〕晉文不違伐原之誓，〔一四〕故能隆刑措之道，建一匡之功。儼既詐留千人，使效心力，始雖權也，宜以信終。兵威既集，而又逼徙，信義喪矣，何以臨衆？〔一五〕

〔一〕今陝西鳳翔府郿縣。蜀志諸葛亮傳：「揚聲由斜谷道取郿。」寰宇記：「郿城南當斜谷口。」

〔二〕或曰：「息」上疑少一字。

〔三〕胡三省曰：「料，音聊。量度也，理也。」

〔四〕毛本「大」作「太」，誤。胡三省曰：「大營，謂操營也。將，讀如字送也。」

〔五〕通鑑「人」下有「往」字。

〔六〕胡三省曰：「不可以言語喻之，使安帖也。」

〔七〕監本「東」作「策」，誤。

〔八〕胡三省曰：「遣之東赴操營。」

〔九〕胡三省曰：「主者，主兵籍者也。差，初皆翻；擇也。又初加翻，言以等差別異之也。別，彼列翻；分也，異也。」

〔一〇〕馮本無「其」字。

〔一一〕胡三省曰：「分布于行者之閒，羅列而遮落之也。」

〔一二〕胡三省曰：「東兵，劉柱所將之兵也。」

〔一三〕史記：「成王與叔虞戲削桐葉爲珪，以與叔虞曰：以此封若。史佚因請擇日立叔虞。成王曰：吾與之戲耳。史佚曰：天子無戲言。於是遂封叔虞於唐。」呂氏春秋、說苑俱云周公對成王之言。

〔一四〕左傳僖公二十五年：「晉侯圍原，命三日之糧。原不降，命去之。諜出曰：原將降矣。軍吏曰：請待之。公曰：信，國之寶也，民之所庇也。得原失信，何以庇之？所亡滋多。退一舍而原降。」

〔一五〕宋本「衆」作「民」。

關羽圍征南將軍曹仁於樊，儼以議郎參仁軍事南行，還平寇將軍徐晃俱前。〔一〕既到，羽圍仁遂堅，餘救兵未到。晃所督不足解圍，而諸將呵責晃促救。〔二〕儼謂諸將曰：「今賊圍素固，水潦猶盛，我徒卒單少，而仁隔絕不得同力，此舉適所以弊內外耳。當今不若前軍偪圍，遣諜通仁，使知外救，以勵將士。計北軍不過十日，尚足堅守，然後表裏俱發，破賊必矣。如有緩急之戮，〔三〕余爲諸軍當之。」〔四〕諸將皆喜，便作地道，箭飛書與仁，〔五〕消息數通，〔六〕北軍亦至，并埶大戰。羽軍既退，舟船猶據沔水，襄陽隔絶不通。而孫權襲取羽輜重，羽聞之，即走南還。仁會諸將議，咸曰：「今因羽危懼，必可追禽也。」〔七〕儼曰：「權邀羽連兵之難，〔八〕欲掩制其後，顧羽還救，恐我乘其兩疲，故順辭求效，〔九〕乘釁因變，以觀利鈍耳。今羽已孤迸，〔一〇〕更宜存之，以爲權害。若深入追北，權則改虞於彼，將生患於我矣。〔一一〕王必以此爲深慮。」仁乃解嚴。〔一二〕太祖聞羽走，恐諸將追之，果疾敕仁，如儼所策。

〔一〕胡三省曰：「平寇將軍亦曹操所置。考沈約志，不在四十號之數。」趙一清曰：「徐晃時爲平寇將軍，遷字誤。」陳景雲曰：「册府遷作與，通志同，當從之。」弼按：通鑑：「操使平寇將軍徐晃屯宛，以助曹仁攻羽；使趙儼以議郎參曹仁軍事，與徐晃俱前。」

〔二〕通鑑「呵」作「呼」。

〔三〕「緩急」，宋本作「緩救」，通鑑同；元本作「援救」，均誤。

〔四〕通鑑「軍」作「君」。何焯曰：「敵方乘勝，若督促解圍，士衆豫怯，輕動而敗。即後至者，望風奔北，不能禦寇矣。晃之成功，賴儼能見兵勢也。」

〔五〕御覽三百八十二引此，「箭」上有「射」字。弼按：此即孫權請討關羽自効之書。

〔六〕胡三省曰：「消者，浸微浸滅之意；息者，漸生漸長之意。消息數通，則城内城外，各知安否也。晃營迫羽圍如此，而不能制，使呂蒙不襲取江陵，羽亦必爲操所破，而操假手於蒙者，欲使兩寇自敝，而坐收漁人田父之功也。」

〔七〕通鑑無「必」字。

〔八〕胡三省曰：「邀當作徼。徼，幸也。難，乃旦翻。謂與曹仁連兵。」

〔九〕胡三省曰：「求效，猶言求自效也。或曰：巽順其辭，以求成效。」

〔一〇〕胡三省曰：「言羽失根本而勢孤奔迸也。」

〔一一〕胡三省曰：「虞，度也，防也。謂度羽不能爲害，則改其防羽之心而防操，則必爲操之患矣。」何焯曰：「羽存則兩疲，羽亡則劉、孫連兵不解，爲魏利皆甚大也。況羽士衆尚盛，又無歸路，若急追之，人皆致死。我新勝而驕，又自戰其地，必喪前勞。萬一大衄，方生他變。昔黄池之役，晉甘爲吴所先，正慮此也。謂權改虞而生患於我，乃儼之巧詞。」

〔一二〕胡三省曰：「趙儼之計，此戰國策士所謂兩利而俱存之之計也。解嚴，解所嚴兵，不復追羽也。是後陸遜敗劉備于峽中，收兵而還，不復追備，計亦出此。」

文帝即王位，爲侍中。頃之，拜駙馬都尉，領河東太守、〔一〕典農中郎將。〔二〕黄初三年，賜爵關内侯。孫權寇邊，征東大將軍曹休統五州軍禦之，〔三〕徵儼爲軍師。權衆退，軍還，封宜土亭侯，轉爲度支中郎將，〔四〕遷尚書。從征吴，到廣陵，復留爲征東軍師。明帝即位，進封都鄉侯，邑六百户，監荆州諸軍事，假節。會疾，不行，復爲尚書，出監豫州諸軍事，轉大司馬軍師，〔五〕入爲大司農。齊王即位，以儼監雍、涼諸軍事，假節。轉征蜀將軍，又遷征西將軍，都督雍、涼。正始四年，老疾求還，徵爲驃騎將軍，

魏略曰：舊故四征，有官廚財籍，遷轉之際，無不因緣。因儼叉手上車，〔六〕發到霸上，忘持其常所服藥。

雍州聞之，乃追送雜藥材數箱。儼笑曰：「人言語殊不易，我偶問所服藥耳，何用是爲邪？」遂不取。

遷司空，薨，〔七〕謚曰穆侯。子亭嗣。初，儼與同郡辛毗、陳羣、杜襲並知，名號曰辛、陳、杜、趙云。

〔一〕儼爲河東太守，録送生人婦，見杜畿傳注引魏略，本傳諱之。

〔二〕郡縣有屯田者，置典農中郎將。見武紀建安元年。

〔三〕監本「休」作「仁」，誤。盧明楷曰：「曹休傳：帝征孫權，以休爲征東大將軍。仁未嘗爲征東也。」弼按：曹休傳「督張遼等及諸州郡二十餘軍」。洪飴孫云：「征東將軍，統青、兖、徐、揚四州刺史，資深者爲大將軍。」未言統五州軍也。

〔四〕度支中郎將一人，二千石，掌諸軍兵田。見文紀延康元年。

〔五〕監本「馬」作「農」，誤。

〔六〕書鈔三十八「乂」上有「自征西徵爲驃騎」七字。

〔七〕正始六年二月丙子，遷司空。六月，儼薨。見齊王紀。會葬賓客衆多，見夏侯玄傳注引魏氏春秋。

裴潛字文行，河東聞喜人也。〔一〕

魏略曰：潛世爲著姓。父茂，仕靈帝時歷縣令、郡守、尚書。建安初，以奉使率導關中諸將討李傕有功，封列侯。〔二〕潛少不修細行，由此爲父所不禮。

避亂荊州，〔三〕劉表待以賓禮。潛私謂所親王粲、司馬芝曰：「劉牧非霸王之才，乃欲西伯自處，〔四〕其敗無日矣。」遂南適長沙。〔五〕太祖定荆州，以潛參丞相軍事，〔六〕出歷三縣令，入爲倉曹屬。〔七〕太祖問潛曰：「卿前與劉備俱在荆州，卿以備才略如何？」潛曰：「使居中國，能亂人而不能爲治也。若乘閒守險，足以爲一方主。」〔八〕

〔一〕郡國志：「司隸河東郡聞喜，本曲沃。」一統志：「聞喜故城，今山西絳州聞喜縣治。」鄒安鬯曰：「今聞喜縣東三十里。」惠棟曰：「劉寬碑陰作熹，古字通。」

〔二〕裴茂事見董卓傳。范書獻帝紀：「初平四年，遣侍御史裴茂訊詔獄，原輕繫。」唐書宰相世系表云：「非子之支孫，封䣛鄉，因以爲氏。今聞喜縣䣛城是也。六世孫陵，封解邑君，乃去邑從衣爲裴。九世孫燉煌太守遵，從光武平隴、蜀，徙居河東安邑。安、順之際，徙聞喜。曾孫曄，并州刺史、度遼將軍。子茂，字巨光，靈帝時歷郡守、尚書。率諸將討李傕有功，封陽吉平侯。三子，潛、徽、輯。」本志武紀建安十九年注引獻帝起居注作「左中郎將楊宣亭侯裴茂」。周嘉猷南北史世系表作吉陽平侯。

〔三〕本志劉表傳注引傅子云：「傅巽客荆州，證裴潛終以清行顯。」

〔四〕毛本「伯」誤作「北」。

〔五〕毛本「適」作「過」，誤。

〔六〕胡三省曰：「時方用兵，故丞相府置參軍事。職官分紀：漢三公府有參軍事。蓋亦謂此時所置耳。」

〔七〕續百官志：「倉曹，主倉穀事。」

〔八〕林國贊曰：「曹操新定荆州，前此與先主周旋，已有天下英雄惟使君之論，是操知先主已久，原不待問；疑從後附會之詞。」

時代郡大亂，以潛爲代郡太守。烏丸王及其大人，凡三人，各自稱單于，〔一〕專制郡事。

前太守莫能治正，太祖欲授潛精兵以鎮討之。潛辭曰：「代郡户口殷衆，士馬控弦，動有萬數。單于自知放横日久，内不自安，今多將兵往，必懼而拒境；少將則不見憚。宜以計謀圖之，不可以兵威迫也。」遂單車之郡，單于驚喜。潛撫之以静，單于以下，脱帽稽顙，悉還前後所略婦女、器械、財物。潛案誅郡中大吏與單于爲表裏者郝温、郭端等十餘人，北邊大震，百姓歸心。在代三年，還爲丞相理曹掾。〔二〕太祖褒稱治代之功，潛曰：「潛於百姓雖寬，於諸胡爲峻。今計者必以潛爲理過嚴，〔三〕而事加寬惠；彼素驕恣，過寬必弛；既弛，又將攝之以法，〔四〕此訟爭所由生也。〔五〕以執料之，代必復叛。」〔六〕於是太祖深悔還潛之速。〔七〕後數十日，三單于反，問至，乃遣鄢陵侯彰爲驍騎將軍〔八〕征之，

〔一〕胡三省曰：「代郡烏桓單于，其一曰普盧，其二曰無臣氐，其三則未之聞也。」

〔二〕趙一清曰：「續志及宋志，公府掾曹無理曹，高柔亦爲理曹掾。觀魏武令，是刑法之職。」弼按：武紀：「建安十九年，選明達法理者，使持典刑，於是置理曹掾屬。」

〔三〕通鑑「計」作「繼」，「理」作「治」，均是。

〔四〕胡三省曰：「攝，持也，整也。」

〔五〕通鑑「訟爭」作「怨叛」。

〔六〕胡三省曰：「後魏陸侯治高車，與潛異世而同轍。」

〔七〕何焯曰：「此魏失并州之故，因循至晉，遂有劉、石之禍。由於操方角逐羣雄，不思靖亂，亦其規模狹小，聽讒忽賢之病。」

〔八〕胡三省曰：「鄢陵縣屬潁川郡，驍騎將軍始於漢武帝以命李廣。」

潛出爲沛國相，遷兖州刺史。〔一〕太祖次摩陂，歎其軍陳齊整，特加賞賜。文帝踐阼，〔二〕入爲散騎常侍，出爲魏郡、潁川典農中郎將，奏通貢舉，比之郡國，由是農官進仕路泰。遷荆州刺史，賜爵關内侯。明帝即位，入爲尚書，出爲河南尹，轉太尉軍師、大司農，封清陽亭侯，邑二百户。入爲尚書令，奏正分職，料簡名實，出事使斷官府者百五十餘條。喪父去官，拜光禄大夫。正始五年薨。追贈太常，謚曰貞侯。

魏略曰：時遠近皆云當爲公，會病亡。始潛自感所生微賤，無舅氏，又爲父所不禮。即折節仕進，雖多所更歷，清省恪然，每之官，不將妻子，妻子貧乏，織藜芘以自供。〔三〕又潛爲兖州時，嘗作一胡牀，及其去也，留以挂柱。又以父在京師，出入薄軬車；〔四〕羣弟之田廬，〔五〕常步行。家人小大，或并日而食。其家教上下相奉，事有似於石奮。〔六〕其履檢校度，自魏興少能及者。潛爲人材博，有雅要容，〔七〕然但如此而已，終無所推進。故世歸其潔而不宗其餘。〔八〕

子秀嗣。遺令儉葬，墓中惟置一坐，瓦器數枚，其餘一無所設。秀，咸熙中爲尚書僕射。

文章敍録曰：秀字季彦，弘通博濟，八歲能屬文，遂知名。〔九〕大將軍曹爽辟，〔一〇〕喪父，服終，推財與兄弟。年二十五，遷黄門侍郎。爽誅，以故吏免。遷衛國相，累遷散騎常侍，〔一一〕尚書僕射、令，〔一二〕光禄大夫。咸熙中，晉文王始建五等，〔一三〕命秀典爲制度，封廣川侯。〔一四〕晉室受禪，進左光禄大夫，〔一五〕改封鉅鹿公，〔一六〕遷司空。著易及樂論，又畫地域圖十八篇，傳行於世。〔一七〕盟會圖及典治官制皆未成。年四十八，泰始七年薨，謚元公，配食宗廟。少子頠，字逸民，襲封。〔一八〕

荀綽冀州記曰：頠爲人弘雅有遠識，博學稽古，履行高整，自少知名。歷位太子中庶子、侍中尚書。元康末，爲尚書左僕射。趙王倫以其望重，畏而惡之；知其不與賈氏同心，猶被枉害。〔一九〕臣松之案：陸機惠帝起居注稱「頠雅有遠量，當朝名士也」。又曰：「民之望也。」頠理具淵博，贍於論難，著崇有、貴無二論，以矯虛誕之弊。文辭精富，爲世名論。〔二〇〕子嵩，字道文。荀綽稱嵩有父祖風。爲中書郎，早卒。〔二一〕頠從父弟邈，字景聲，有儁才，爲太傅司馬越從事中郎，假節，監中外營諸軍事。〔二二〕潛少弟徽，字文季，〔二三〕冀州刺史。有高才遠度，善言玄妙，事見荀粲、傅嘏、王弼、管輅諸傳。〔二四〕徽長子黎，字伯宗，一名演，遊擊將軍。次康，字仲豫，太子左衛率。次楷，字叔則，侍中中書令、光禄大夫，開府。次綽，字季舒，黄門侍郎，早卒，追贈長水校尉。康、楷、綽皆爲名士，而楷才望最重。

晉諸公贊曰：康有弘量，綽以明達爲稱，楷與琅邪王戎俱爲掾發名。鍾會致之大將軍司馬文王曰：「裴楷清通，王戎簡要。」文王即辟爲掾，進歷顯位。謝鯤爲樂廣傳，稱楷儁朗有識具，當時獨步。〔二五〕黎子苞，秦州刺史。康子純，黄門侍郎；次盾，徐州刺史；次邵，〔二六〕有器望。晉元帝爲安東將軍，邵爲長史。侍中王曠與司馬越書曰：「裴邵在此，雖不治事，然識量弘達，此下人士，大敬附之。」次廓，中壘將軍。楷子瓚，中書郎。〔二七〕次憲，豫州刺史。〔二八〕綽子遐，太傅主簿。〔二九〕瓚、遐並有盛名，早卒。〔三〇〕晉諸公贊稱「憲有清識」。〔三一〕

魏略列傳以徐福、嚴幹、李義、張既、游楚、梁習、趙儼、裴潛、韓宣、黄朗十人共卷，其既、習、儼、潛四人自有傳。徐福事在諸葛亮傳，游楚事在張既傳。餘幹等四人，〔三二〕載之於後。

嚴幹〔三三〕字公仲，李義字孝懿，皆馮翊東縣人也。〔三四〕馮翊東縣舊無冠族，故二人並單家，〔三五〕其器性皆重厚。當中平末，同年二十餘，幹好擊劒，義好辦護喪事。馮翊甲族桓、田、吉、郭〔三六〕及故侍中鄭文信等，頗以其各有器實，共紀識之。會三輔亂，人多流宕，而幹、義不去，與諸知故相浮沈，採樵自活。逮建安初，關中始開，詔分馮翊西數縣爲左内史郡，治高陵，以東數縣爲本郡，治臨晉。〔三七〕義於縣分當西屬。義謂幹曰：「西縣兒曹，不可與爭坐席，今當共作方牀耳。」遂相附結，皆仕東郡爲右職。司隸辟幹，不至。歲終，郡舉幹孝廉，義上計掾。義留京師，爲平陵令。〔三八〕遷冗從僕射，〔三九〕遂歷顯職。逮魏封十郡，請義以爲軍祭酒，又爲魏尚書左僕射。及文帝即位，拜諫議大夫、執金吾、衛尉。卒官。義子豐，字宣國，〔四〇〕見夏侯玄傳。幹以孝廉拜蒲阪令，〔四一〕病，去官。復舉至孝，爲公車司馬令。〔四二〕爲州所請，詔拜議郎，還參州事。會以建策捕高幹，又追録前討郭援功，封武鄉侯，〔四三〕遷弘農太守。及馬超反，幹郡近超，民人分散。超破，爲漢陽太守，遷益州刺史。以道不通，黄初中轉爲五官中郎將。明帝時，遷永安太僕。〔四四〕數歲，卒。始，李義以直道推誠於人，故于時陳羣等與之齊好。雖無他材力，而終仕進不頓躓。幹從破亂之後，更折節學問，特善春秋公羊。司隸鍾繇不好公羊，而好左氏，謂左氏爲太官，而謂公羊爲賣餅家，故數與幹共辯析長短。繇爲人機捷，善持論，而幹訥口，臨時屈無以應。繇謂幹曰：「公羊高竟爲左丘明服矣。」幹曰：「直故吏爲明使君服耳，公羊未肯也。」

韓宣字景然，〔四五〕勃海人也。爲人短小。建安中，丞相召署軍謀掾，〔四六〕冗散在鄴。嘗於鄴出入宮，〔四七〕於東掖門内與臨菑侯植相遇。時天新雨，地有泥潦。宣欲避之，閡潦不得去，乃以扇自障，住於道邊。植嫌宣既不去，又不爲禮，乃駐車使其常從問宣何官？宣云：「丞相軍謀掾也。」植又問曰：

「應得唐突列侯否？」宣曰：「春秋之義，王人雖微，列於諸侯之上，未聞宰士而爲下土諸侯禮也。」植又曰：「即如所言，爲人父吏，見其子應有禮否？」宣又曰：「於禮，臣、子一例也，而宣年又長。」植知其枝柱難窮，乃釋去。具爲太子言，以爲辯。黄初中，爲尚書郎，嘗以職事當受罰於殿前，已縛，束杖未行。文帝輦過，問「此爲誰？」左右對曰：「尚書郎勃海韓宣也。」帝追念前臨菑侯所説，乃寤曰：「是子建所道韓宣邪？」特原之，遂解其縛。時天大寒，宣前以當受杖，豫脱袴，纏褌面縛；及其原，褌腰不下，乃趨而去。帝目而送之，笑曰：「此家有瞻諦之士也。」後出爲清河、東郡太守。明帝時爲尚書、大鴻臚。數歲，卒。宣前後當官，在能否之閒，然善以己恕人。始，南陽韓暨以宿德在宣前爲大鴻臚。暨爲人賢，及宣在後，亦稱職。故鴻臚中爲之語曰：「大鴻臚，小鴻臚，前後治行曷相如！」案本志，宣名都不見，惟魏略有此傳，而世語列於名臣之流。

黄朗字文達，沛郡人也。爲人弘通有性實。父爲本縣卒，朗感其如此，抗志游學，由是爲方國及其郡士大夫所禮異。特與東平右姓王惠陽爲碩交，惠陽親拜朗母於牀下。朗始仕黄初中，爲長吏，遷長安令，會喪母不赴。〔四八〕復爲魏令，遷襄城典農中郎將、涿郡太守。以明帝時疾病，卒。始朗爲君長，自以父故，常忌不呼鈴下伍伯，而呼其姓字；至於忿怒，亦終不言。朗既仕至二千石，而惠陽亦歷長安令、酒泉太守。故時人謂惠陽外似麤疏而内堅密，能不顧朗之本末，事朗母如己母，爲通度也。

魚豢曰：世稱君子之德，其猶龍乎，蓋以其善變也。昔長安市儈有劉仲始者，一爲市吏所辱，乃感激，蹋其尺折之，遂行學問，經明行修，流名海内。後以有道徵，不肯就。衆人歸其高。余以爲前世偶有此耳，而今徐、嚴復參之，若皆非似龍之志也，其何能至於此哉！李推至道，張工度主，韓見識異，黄能拔萃，各著根於石上，而垂陰乎千里，亦未爲易也。游翁慷慨，展布腹心，全軀保郡，見延帝王；又放陸生，優游宴戲，〔四九〕亦一實也。梁、趙及裴，雖張、楊不足，至於檢己，老而益明，亦難能也。

〔一〕或謂兗州疑豫州之誤。摩陂在豫州潁川郡郟縣境内，若在兗州，魏武何由歎其軍陳齊整乎？弼按：温恢傳，潛實爲兗州刺史，是時諸軍會摩陂，豫州刺史爲呂貢也。注引魏略亦云潛爲兗州。何焯曰：「摩陂之役，蓋集數州之衆，以解二城之圍，亦勍矣哉！」

〔二〕毛本「阼」作「昨」，誤。

〔三〕官本「蔾」作「藜」，御覽四百八四引典略作「荊芘」，又七百六六引魏略作「箣笓」。注：上音貍，下音毗。

〔四〕解見常林傳。

〔五〕孫志祖曰：「之當作乏。」弼按：之，往也。與下文常步行相應。

〔六〕漢書石奮傳：「奮及四子，皆二千石，號萬石君，以孝謹聞乎郡國。」

〔七〕官本考證曰：「要字疑衍。」

〔八〕周壽昌曰：「潛父在漢靈帝時，貴爲列侯，而儉約至此。潛少不修細行，而履檢校度，魏時無能及者。卒以無所推進，世不宗之。可知漢、魏時以薦才爲第一義。」

〔九〕本志郭淮傳注引晉諸公贊云：「淮弟配。裴秀、賈充，皆配女壻。」

〔一〇〕晉書裴秀傳：「渡遼將軍毌丘儉嘗薦秀於大將軍曹爽曰：生而岐嶷，長蹈自然，玄静守真。性入道奥，博學彊記，無文不該。孝友著於鄉黨，高聽聞於遠近。誠宜弼佐謨明，助和鼎味，毗贊大府，光昭盛化。非徒子奇、甘羅之疇，兼包游、夏、顔、冉之美。爽乃辟爲掾。」

〔一一〕三少帝紀高貴鄉公甘露元年注引傅暢晉諸公贊曰：「帝常與散騎常侍裴秀等講宴于東堂，名秀爲儒林丈人。」

〔一二〕續百官志：「尚書僕射一人，六百石。」「令」字疑衍。陳志潛傳、晉書秀傳均作「尚書僕射」，不言「尚書僕射令」也。

晉書秀傳：「軍國之政，多見信納。遷散騎常侍。帝之討諸葛誕也，秀與尚書僕射陳泰、黃門侍郎鍾會以行臺從，豫參謀略。及誕平，轉尚書。常道鄉公立，以豫議定策，遷尚書僕射。」

〔一三〕詳見陳留王紀咸熙元年。

〔一四〕晉書秀傳：「封濟川侯，地方六十里，以高苑縣濟川墟爲侯國。」郡國志：「青州樂安國高苑（縣）。」一統志：高苑故城，今山東濟南府新城縣治。」

〔一五〕晉書職官志：「左右光禄大夫，假金章紫綬。」

〔一六〕晉書作「封鉅鹿郡公」。

〔一七〕晉書秀傳：「秀以職在地官，以禹貢山川地名，從來久遠，多有變易。後世説者，或彊牽引，漸以闇昧。於是甄擿舊文，疑者則闕，古有名而今無者，皆隨事注列。作禹貢地域圖十八篇奏之，藏於祕府。其序曰：圖書之設，由來尚矣。自古立象垂制而賴其用。三代置其官，國史掌厥職。暨漢屠咸陽，丞相蕭何盡收秦之圖籍。今祕書既無古之地圖，又無蕭何所得，惟有漢氏輿地及括地諸雜圖，各不設分率，又不考正準望，亦不備載名山大川。雖有麤形，皆不精審，不可依據。或荒外迂誕之言，不合事實，於義無取。大晉龍興，混一六合，以清宇宙，始於庸蜀，冞入其阻。文皇帝乃命有司，撰訪吳、蜀地圖。蜀土既定，六軍所經，地域遠近，山川險易，征路迂直，校驗圖記，罔或有差。今上考禹貢山海、川流、原隰、陂澤，古之九州，及今之十六州郡、國、縣、邑，疆界鄉陬，及古國盟會舊名，水陸徑路，爲地圖十八篇。制圖之體，有六焉：一曰分率，所以辨廣輪之度也；二曰準望，所以正彼此之體也；三曰道里，所以定所由之數也；四曰高下；五曰方邪；六曰迂直。此三者各因地而制宜，所以校夷險之異也。有圖象而無分率，則無以審遠近之差；有分率而無準望，雖得之於一隅，必失之於他方；有準望而無道里，則施於山海絶隔之地，不能以相通；有道里而無高下、方邪、迂直之校，則徑路之數必與遠近之實相違，失準望之正矣。故以此六者，參而攷之。然遠近之實，定於分率；彼此之實，定於道里；度數之實，定於高下、方邪、迂直之算。故雖有峻山鉅海之隔，絶域殊方之迥，登降詭曲之因，皆可得舉而定者。準望之法既正，則曲直遠近無所隱其形也。秀創制朝儀，廣陳刑政，朝廷多遵用之，以爲故事。」水經穀水注：「京相璠與裴司空季彦修晉輿地圖。」書鈔九十六引晉諸公贊云：「司空裴秀以舊天下大圖，用縑十八疋，省視既難，事又不審。乃裁減爲方丈圖，以一分爲十里。」沈家本曰：「晉書作禹貢地域圖十八篇，疑此奪禹貢二字。」弼按：秀制圖六法，實爲測地繪圖之先河。

〔一八〕晉書秀傳：「秀以尚書三十六曹，統事準例不明，宜使諸卿任職，未奏而薨。友人料其書記，得表草言平吳事。其詞曰：孫皓酷虐，不及聖明御世，兼弱攻昧，使遺子孫，將遂不能臣。時有否泰，非萬安之勢也。臣昔雖已屢言，未有成旨；今既疾篤不起，謹重尸啓，願陛下時共施用。乃封以上聞。詔報曰：司空薨，痛悼不能去心，又得表草，雖在危困，不忘王室，盡忠憂國，省益傷切。輒當與諸賢共論也。咸寧初，與石苞等並爲王公，配享廟庭。有二子，濬、頠。濬嗣，位至散騎常侍，早卒。濬庶子憬不慧，別封高陽亭侯，以濬少弟頠嗣。」

〔一九〕晉書裴頠傳：「楊駿將誅，駿黨左軍將軍劉豫陳兵在門，遇頠，問太傅所在，頠紿之曰：向於西掖門遇公，乘素車從二人西出矣。豫曰：吾何之？頠曰：宜至廷尉。豫從頠言，遂委去。尋詔頠代豫領左軍將軍，屯萬春門。駿誅，論功，封子該武昌侯，遷侍中。時天下暫寧，頠奏修國學，刻石寫經。皇太子既講，釋奠祀孔子，飲饗射侯，甚有儀序。又令荀藩終父勖之志，鑄鐘鑿磬，以備郊廟朝享禮樂。頠通博多聞，兼明醫術。荀勖之修律度也，檢得古尺，短世所用四分有餘。頠上言宜改諸度量，若未能悉革，可先改太醫權衡。此若差違，遂失神農、岐伯之正。藥物輕重，分兩乖互，所可傷夭，爲害尤深。古壽考而今短折者，未必不由此也。卒不能用。樂廣嘗與頠清言，欲以理服之，而頠辭論豐博，廣笑而不言。時人謂頠爲言談之林藪。頠以賈后不悦太子，抗表請增崇太子所生謝淑妃位號，仍啓增置後衛率吏，給三千兵，於是東宫宿衛萬人。遷尚書，侍中如故，加光禄大夫。頠深慮賈后亂政，與司空張華、侍中賈模議廢之而立謝淑妃。華、模皆曰：帝自無廢黜之意，若吾等專行之，上心不以爲是。且諸王方剛，朋黨異議，恐禍如發機，身死國危，無益社稷。頠曰：誠如公慮。但昏虐之人，無所忌憚，亂可立待，將如之何？華曰：卿二人猶且見信，然勤爲左右陳禍福之戒，冀無大悖，幸天下尚安，庶可優游卒歲。此謀遂寢。頠旦夕勸説從母廣城君，令戒喻賈后，親待太子而已。愍懷太子之廢也，頠與張華苦爭不從。初，趙王倫諂事賈后，頠甚惡之。倫數求官，頠與張華復固執不許，由是深爲倫所怨。倫又潛懷篡逆，欲先除朝望，因廢賈后之際，遂誅之。時年三十四。」

〔二〇〕晉書頠傳：「頠深患時俗放蕩，不尊儒術。何晏、阮籍，素有高名於世，口談浮虛，不遵禮法，尸祿耽寵，仕不事事。至王衍之徒，聲譽太盛，位高勢重，不以物務自嬰。遂相放效，風教陵遲。乃著崇有之論，以釋其蔽。」

〔二一〕晉書頠傳：「頠二子，嵩、該。趙王倫亦欲害之。梁王肜、東海王越稱頠父秀有勳王室，配食太廟，不宜滅其後嗣，故得不死，徙帶方。惠帝反正，追復頠本官，謚曰成。以嵩嗣爵，爲中書黃門侍郎。」

〔二二〕藝文類聚卷六十載邈文身劍銘曰：「器以利顯，實以名舉，長劍耿介，體文經武。陸斷玄犀，水截輕羽，九功斯象，七德是輔。」又文身刀銘曰：「良金百煉，名工展巧，寶刀既成，窮理盡妙。文繁波迴，流光靈照，在我皇世，戢而不耀。」

〔二三〕唐書宰相世系表作「字文秀」。又云：「茂長子均」，與晉書裴秀傳異。

〔二四〕潘眉曰：「裴徽於魏志惟見管輅傳，至如傅嘏傳無裴徽，惟注引傅子有徽，非傳也。荀粲、王弼，魏志皆無傳，何劭作荀粲及王弼傳。荀粲傳引於荀彧傳，王弼傳引於鍾會傳，皆注也。若據陳志而言，則當云徽事見管輅傳；若兼傳注而言，則當云見荀彧、傅嘏、鍾會、管輅諸傳；若據所出書而言，則當云見荀粲、王弼、管輅傳及傅子。」沈家本曰：「裴注凡云見某傳者，皆兼傳注而言，初不分析。此注惟荀粲當作荀彧耳。王弼附於鍾會，故亦得稱王弼傳。但改粲爲彧，於本書次序甚合，可無疑也。」弼按：裴儁字奉先，潛弟，見蜀志孟光傳注引傅暢裴氏家記。

〔二五〕吴本、毛本「具」作「且」。晉書裴楷傳：「楷明悟有識量，弱冠知名，尤精老、易。少與王戎齊名。爲吏部郎，容儀俊爽，時人謂之玉人。出入宮省，見者肅然改容。武帝初登阼，探策以卜世數多少而得一。帝不悅，羣臣失色，莫有言者。楷正容儀、和其聲氣，從容進曰：臣聞天得一以清，地得一以寧，王侯得一以爲天下貞。武帝大悦，羣臣皆稱萬歲。累遷散騎常侍，轉侍中。與山濤、和嶠並以盛德居位。帝嘗問曰：朕應天順時，海内更始，天下風聲，何得何失？楷對曰：陛下受命，四海承風，所以未比德於堯、舜者，但以賈充之徒尚在朝耳。方宜引天下賢人，以弘正道，不宜示人以私。」

〔二六〕「郃」當作「邵」。晉書楷傳：「盾弟邵，字道期。元帝爲安東將軍，以邵爲長史，王導爲司馬，二人相與爲深交。」

〔二七〕晉書楷傳：「瓚字國寶，風神高邁，見者皆敬之。」

〔二八〕晉書楷傳：「憲字景思。永嘉末，王浚爲石勒所破，棗嵩等莫不謝罪軍門，貢賂交錯，惟憲及荀綽恬然私室。家有書百餘袠，鹽米各十數斛而已。」

〔二九〕晉書楷傳：「遐善言玄理，嘗與河南郭象談論，一坐嗟服。」

〔三〇〕晉書楷傳：「瓚爲亂兵所害，遐爲東海王越子毗所害。」

〔三一〕晉書楷傳：「裴、王二族，盛於魏、晉之世，時人以爲八裴方八王：徽比王祥，楷比王衍，康比王綏，綽比王澄，瓚比王敦，遐比王導，頠比王戎，邈比王玄云。」

〔三二〕馮本、監本作「徐、韓」，宋本、元本作「餘韓」，均誤。盧明楷曰：「幹等即指下嚴幹、李義、韓宣、黄朗等四人也。且上文已云徐福事在諸葛亮傳，不應又云徐、韓也。」

〔三三〕書鈔九十五引作嚴韓，御覽五百四十二引作嚴翰。

〔三四〕趙一清曰：「東縣，臨晉以東之縣也。」

〔三五〕單家，單，寒也。

〔三六〕宋本、元本、馮本、監本「田」誤作「甲」。

〔三七〕錢大昕曰：「劉昭注續漢志不載此事。」何焯曰：「時權置旋復，故司馬氏不載。然劉注當補見。」趙一清曰：「長安之爲内史郡，實始於秦。漢景帝因之，分左、右内史。武帝改三輔曰京兆尹、左馮翊、右扶風。晉書地理志云、魏改京兆尹爲太守，馮翊、扶風各除左右，此是禪位後定制如此。當關中始開之時，分馮翊之西爲左内史，東爲本郡，其名則同於漢，其實則非也。高陵縣，秦爲左輔都尉治所，漢屬左馮翊，三國魏改爲高陵縣，屬京兆郡。臨晉城在同州朝邑縣西南二里，本晉邑，秦取其地，嘗築壘以臨晉國，因名。漢屬左馮翊，晉爲馮翊郡治，蓋承曹魏之制也。」吳增僅曰：「考獻帝起居注，建安十八年，省州併郡，所載雍州統二十二郡，内無左内史，知置郡未久即廢也。」又曰：「漢時三輔諸縣，凡以陵名者，皆陵寢所在，因以立縣。魏氏受禪，於京兆之杜陵縣，則去陵爲杜；於高陵縣則改陵爲陸；於扶風之平陵縣，則改爲始平，意謂夷漢陵爲平路耳。」弼按：吳説似不盡然。霸陵、長陵、陽陵、安陵、茂陵，俱未改也。杜陵爲後魏所改，見地形志，乃誤以元魏爲曹魏耳。一統志：「高陵故城，今西安府高陵縣西南；臨晉故城，今陝西同州府治。」

〔三八〕一統志：「平陵故城，今西安府咸陽縣西北十五里。」

〔三九〕范書梁商傳有冗從僕射杜永，續百官志有中黄門冗從僕射。范書桓帝紀：永壽三年，置冗從右僕射。

〔四〇〕夏侯玄傳作「字安國」。

〔四一〕郡國志：「司隸河東郡蒲坂。」一統志：「今山西蒲州府城東南。」

〔四二〕續百官志：「公車司馬令一人，六百石，掌宫南闕門。」李祖楙曰：「公車，門名；公車所在，因以名焉。見光武紀注，所説不同。公車門，或即南闕門也。」

〔四三〕此與蜀志諸葛亮傳諸葛亮所封之武鄉侯當别爲一地。晉書地理志并州上黨郡有武鄉縣，嚴幹立功在并州，其封邑當亦在并州之郡縣。

〔四四〕本志后妃傳：「明帝即位，尊文德郭后爲皇太后，稱永安宫。」太后三卿：衛尉、太僕、少府，皆隨太后宫爲官號，位在九卿下。

〔四五〕書鈔五十四作「字子景」。
〔四六〕監本、官本「署」作「置」，誤。
〔四七〕御覽「出」作「步行」。
〔四八〕宋本、馮本「赴」作「對」。
〔四九〕何焯校改「戲」作「喜」。

評曰：和洽清和幹理，常林素業純固，楊俊人倫行義，杜襲温粹識統，趙儼剛毅有度，裴潛平恒貞幹，皆一世之美士也。至林能不繫心於三司，以大夫告老，美矣哉！〔一〕

〔一〕劉咸炘曰：「此諸人皆歷中外，而和、杜、趙、裴又皆自荆州歸曹氏。」又曰：「此篇與下篇稍類敘之耳。此篇諸人，官皆至卿；下篇諸人，官皆至公。俱無大卓異，亦不甚關魏之盛衰也。」弼按：高柔諸奏，皆關國計，宜分别論之。